经典战史回眸 抗战系列

晋北争锋

忻口会战

童屹立 著

武汉大学出版社

图书在版编目(CIP)数据

晋北争锋:忻口会战/童屹立著. —武汉:武汉大学出版社,2015.11
经典战史回眸·抗战系列
ISBN 978-7-307-17128-2

Ⅰ.晋… Ⅱ.童… Ⅲ.国民党军—抗日战争时期战役战斗—史料—华北地区 Ⅳ.K265.201.6

中国版本图书馆 CIP 数据核字(2015)第 272749 号

责任编辑:王军风　　　责任校对:汪欣怡　　　版式设计:马　佳

出版发行:武汉大学出版社　（430072　武昌　珞珈山）
（电子邮件:cbs22@whu.edu.cn　网址:www.wdp.com.cn）
印刷:武汉中科兴业印务有限公司
开本:720×1000　1/16　印张:19.75　字数:411 千字
版次:2015 年 11 月第 1 版　　2015 年 11 月第 1 次印刷
ISBN 978-7-307-17128-2　　定价:44.00 元

版权所有,不得翻印;凡购我社的图书,如有质量问题,请与当地图书销售部门联系调换。

目 录

第一章	日军侵入山西	001
第二章	弃守内长城防线	026
第三章	崞县城附近的战斗	050
第四章	原平镇附近战斗	064
第五章	大战前夕	087
第六章	激战南怀化	098
第七章	北云中河以北的战斗	133
第八章	关子村西南高地的战斗	144
第九章	左右翼地区的战斗(上)	180
第十章	左右翼地区的战斗(下)	203
第十一章	大撤退	216
第十二章	旧关鏖战	238
第十三章	川岸的左钩拳	263
第十四章	晋东战线的崩溃	283
主要参考文献		306

第一章　日军侵入山西

日军的作战设想

1937年7月底，日军"中国驻屯军"侵占平津地区后暂停进攻，准备等本土新派遣的3个师团到达后，再发动更大规模的进攻。这时，宋哲元第29军已撤至静海、涿县、固安、永清以南地区；中央军则陆续北上，集结于河北省中部，准备抵御日军的南侵。

当中日两军还在平津地区激战的时候，日本参谋本部即开始研究今后的作战指导方针。此时，恰好参谋次长今井清中将、第2（情报）部长渡久雄中将都卧病不起，参谋总长又是皇族（闲院宫载仁亲王）。这样在参谋本部里，第1（作战）部长石原莞尔就成了实际的最高负责人。石原担心因中国大陆的消耗战而削弱对苏作战的战力，于是他对日军侵略华北的行动采取消极的态度。以石原为主导的参谋本部，从不扩大战局的角度出发，决定在侵占平津地区后，再发动一次局部战役（将作战地区限定在保定、独流镇以北的华北局部地区），击败北上的中央军，迫使中国屈服求和。

7月30日下午4时，日本参谋总长闲院宫载仁亲王在上奏《对华作战计划大纲》时，天皇问："想打到什么地方为止？"闲院宫答道："从作战观点来看，前进到保定一线。"次日，石原代表参谋次长向天皇报告作战计划，谈道："在作战上，马上就使用4个以上师团有困难。以此兵力进入保定一线已是竭尽全力，再向前进无论如何也做不到了。进入这一线以后，当务之急是尽速以外交谈判求得收兵机会。"说到这里天皇点了点头。

然而，日本参谋本部内部也有不同的意见。一些人认为，进攻到保定一线不足以使蒋政权屈服，应该打到石家庄、沧州一线。8月5日，这些人对今后的形势作出判断："中国驻屯军"在新派遣兵团到达后，断然进行华北会战，将河北省的中国军队击退至石家庄、沧州一线以南，并对中国军队主力，尤其是中央军给予致命打击，就能使南京政府在失败感下不得已而屈服，并由此造成结束战局的机会。

此外，还有不少日军高级将领认为，在向华北进攻中根本不该也不需要什么限制线，应迅速地击败中国军队，占领全华北。这些人中间，有不少中国通，但他们对中国的认识还停留在一二十年前，先入观念很强，看不到中国正在前进的大势，过于注重军阀将领和政客们的动向，而不了解处于社会下层的中国民众的抗日意识和抗战力量。他们非常轻视中国军民的抗战力量，甚至认为："假如中国的抗日精神强，即使日军被诱入内地也并不危险，因为对方会采取攻势，我们正好可以给予大力打击，反而对我们有利。"尤其是华北战场上的一些日军将领，如板垣征四郎等人，从一开始，就擅自选定了超过作战任务的进攻目标，使得日军在华北的战线逐步扩大。

当然，中国方面无从知道日军的上述企图。8月6日，国民政府在南京召开第一次最高国防会议，会议做出了华北的防御部署：以保定－沧州一线为主要防御线，以彰德－济南一线为第二线，以洛阳－郑州－开封－徐州－淮阴一线为第三线。而在淞沪会战爆发后，国民政府于8月16日下达了总动员令，建立战时体制。8月20日，国民政府军事委员会颁布战区及战斗序列，成立五个战区：第一战区为河北及鲁北地区，司令长官由蒋介石兼任；第二战区为晋察绥地区，司令长官为阎锡山；第三战区为京沪杭地区，司令长官为冯玉祥（后改由蒋介石兼）；第四战区为闽粤地区，司令长官为何应钦；第五战区为鲁南及苏北地区，司令长官由蒋介石兼任（后改为李宗仁）；另将西南各省部队编为1、2、3、4四个预备军，随时听候调遣。

日军预料外的察哈尔作战

平绥铁路自北平经察南的张家口、晋北的大同，至绥远西部的包头，是联系华北与蒙疆的大动脉。平绥路东段的重镇南口，地处战略要冲，长城八达岭入口处，扼冀察与山西咽喉。为巩固平绥线，牵制日军南下平汉、津浦铁路，蒋介石于7月底决定，以汤恩伯指挥所部第13军（辖第4、89师）及第84师，担任南口至赤城方面的防御；刘汝明指挥所部担任张家口方面的防御。汤恩伯接到蒋介石的命令后，立即率领所部进入察哈尔省东部，向八达岭、南口一带进发。

既然南口如此重要，日军当然也盯上了它。此时，日军"中国驻屯军"正准备发动保定会战，为了掩护其右侧背的安全，也命令独立混成第11旅团（旅团长铃木中将）立即抢占南口。可是，独混第11旅团因洪水挡路，集结迟缓，还没等他们到达指定地点，一支中国部队就抢先到达南口附近，从西北方威胁着平津地区的"中国驻屯军"的后侧。

这支中国部队是王仲廉的第89师。8月5日，该师全部到达南口前线，随即接替第29军刘汝明部在南口、延庆等地的防务（而后至19日，第4、21、72、84、94师、独立第7旅以及炮兵第27团也相继到达南口战场。本来中国方面预定使用于南口附近战斗的兵力，只限于3个师，但后来陆续增兵，实际参战的部队在3个军以上）。

日军很快发现了第89师的行动。"中国

第一章 日军侵入山西

"驻屯军"司令官香月清司中将为在主力南下作战前排除背后的威胁，命独立混成第11旅团从8月11日开始攻击南口的中国军队。日本参谋本部得知情况后，也决定在保定作战之前，"中国驻屯军"在关东军配合下，先进行"察哈尔作战"，以歼灭察哈尔省内的中国军队。"中国驻屯军"为主攻，关东军相策应。

独立混成第11旅团自11日起以主力沿平绥铁路向南口、居庸关方向攻击；以另一部（以坂田善市中佐指挥的1个大队为基干）向南口西侧地区长城线攻击。起初，该旅团的进攻还算顺利，13日即攻占中国守军的主阵地南口镇。可接下来他们的进攻却在守军的顽强阻击下受挫，直到16日仍然毫无进展。于是，当日"中国驻屯军"将刚集结完毕的第5师团（师团长板垣征四郎中将）投入南口攻击战。

17日以后，日军第5师团主力向西穿插，迂回汤军侧翼，终于取得突破。23日，日军占领镇边城，汤军因侧后受敌，遂于当日（23日）从居庸关方面撤出阵地。27日，日军第5师团、独立混成第11旅团分别占领怀来、延庆。

第5师团师团长板垣征四郎本来就对参谋本部设置限制线极为不满，极力主张攻占山西。这样，当第5师团突破了南口防线以后，板垣就抱着"将在外，君命有所不受"的态度，与关东军的部队相配合，独断地把进攻的矛头指向山西。

板垣征四郎

日本岩手县人，1885年1月21日出生。1904年10月24日毕业于日本陆军军官学校第16期，1916年11月25日陆军大学第28期毕业，就任步兵第4联队中队长。1945年日本战败后，板垣征四郎被远东国际军事法庭定为甲级战犯，被判处死刑。1948年12月23日，板垣征四郎在东京都丰岛区池袋巢鸭监狱内被处以绞刑。

1917年8月6日	参谋本部附（驻昆明）
1919年4月	中支那派遣队司令部附
1919年7月	中支那派遣队参谋
1920年4月	晋升陆军步兵少佐
1921年4月	步兵第47联队大队长
1922年4月	参谋本部员（支那课）
1923年8月	晋升陆军步兵中佐

晋北争锋 忻口会战

1924年6月9日	支那公使馆附陆军武官辅佐官（驻北平）
1926年8月10日	参谋本部支那班长
1927年5月28日	步兵第33旅团参谋
1927年7月12日	第10师团司令部附（派往中国）
1928年3月8日	晋升陆军步兵大佐，步兵第33联队联队长
1929年5月14日	关东军高级参谋
1931年10月5日	关东军第二课课长
1932年8月8日	晋升陆军少将，关东军司令部附（"满洲国"执政顾问兼奉天特务机关长）
1933年2月8日	参谋本部附（派往欧洲）
1934年8月1日	关东军司令部附（"满洲国"军政部最高顾问）
1934年12月10日	关东军参谋副长兼驻"满洲国"大使馆附陆军武官
1936年3月23日	关东军参谋长
1936年4月28日	晋升陆军中将
1937年3月1日	第5师团师团长
1938年5月25日	参谋本部附
1938年6月3日	陆军大臣
1939年8月30日	参谋本部附
1939年9月4日	支那派遣军总参谋长
1941年7月7日	晋升陆军大将，朝鲜军司令官
1945年2月1日	兼第17方面军司令官兼朝鲜军管区司令官
1945年4月7日	第7方面军司令官（直到二战结束）

中国抗战时期，他参与的侵略作战有察哈尔作战、内长城线作战、太原攻略战、南部山东省剿灭战（临沂战役及台儿庄战役）、徐州会战等。1937年5月8日获得勋一等瑞宝章，1937年7月7日获得勋一等旭日大绶章，1940年4月29日获得功二级金鵄勋章。

九一八事变以来，关东军就一直企图控制华北五省，并促进内蒙（当时指绥远、察哈尔）的"自治"。因此，七七事变爆发后，日本关东军曾多次提出要派部队配合华北作战，并准备在内蒙动武。但此前日本参谋本部处于不扩大战线的考虑，拒绝了其要求。而到8月7日，形势发生变化，参谋本部为解除汤恩伯部对"中国驻屯军"后侧的威胁，终于批准了关东军的要求，并于8月9日命令关东军派出部队从热河省及内蒙方面支援"中国驻屯军"的作战。

关东军随即抽调部队编成"关东军察哈尔派遣兵团"（9月6日改称"蒙疆兵团"），由关东军参谋长东条英机中将亲自指挥，派往察哈尔方面。"关东军察哈尔派遣兵团"之所以积极入侵察哈尔地区，不仅是为了配合"中国驻屯军"打击向这个方向挺进的中国军队，还为了借此机会侵占内蒙和山西。在这一点上，"关东军察哈尔派遣兵团"和第5师团达成了默契。

当东条看到独立混成第11旅团在南口遇阻时，命令将另被派到天津的混成第2旅团（由第1师团下属的步兵第1、3联队为主力的步兵部队和第4师团下属的野炮兵第4联队组成）抽调出来，从热河省的承德经多伦转进张北（位于张家口以北约10公里处）。

8月19日，混成第2旅团抵达张北。而东条为指挥察哈尔作战，早在两天之前就在这里设立了前方指挥所，等待手下各部队的到来。他指挥的部队，除了混成第2旅团（包括堤支队和大泉支队）以外，还有后来到达的混成第15旅团（以第2师团的步兵第16、30联队为骨干的混合旅团）以及从"中国驻屯军"归还关东军的独立混成第1旅团（酒井兵团）。

东条英机

日本岩手县人，1884年12月30日出生，1905年3月30日毕业于日本陆军军官学校第17期，1915年12月11日陆军大学第27期毕业。日本战败后，于1945年9月11日自杀未遂，1948年12月23日作为日本罪行最大的甲级战犯被远东国际军事法庭处以绞刑。

1916年8月18日	陆军兵器本厂附兼陆军省副官
1918年6月1日	陆军省副官
1919年7月25日	步兵第48联队附
1919年8月	以武官身份驻瑞士
1920年8月10日	晋升陆军步兵少佐
1921年7月	以武官身份驻德国
1922年11月28日	陆军大学教官

1923年10月5日	参谋本部员
1923年10月23日	兼步兵学校研究部员
1924年8月20日	晋升陆军步兵中佐
1926年3月23日	陆军技术本部附兼陆军省军务局军事课高级课员
1928年3月8日	陆军省整备局动员课长
1928年8月10日	晋升陆军步兵大佐
1929年8月1日	步兵第1联队长
1931年8月1日	参谋本部编制动员课长
1933年3月18日	晋升陆军少将，参谋本部附
1933年8月1日	陆军兵器本厂附（军事调查委员长）
1933年11月22日	陆军省军事调查部长
1934年3月5日	陆军军官学校干事
1934年8月1日	步兵第24旅团长
1935年8月1日	第12师团司令部附
1935年9月21日	关东军宪兵队司令官兼关东局警务部长
1936年12月1日	晋升陆军中将
1937年3月1日	关东军参谋长
1938年5月30日	陆军次官
1938年6月18日	兼陆军航空本部长
1938年12月10日	陆军航空总监兼陆军航空本部长
1940年2月21日	兼临时军事参议官
1940年7月22日	陆军大臣兼对满事务局总裁
1941年10月18日	晋升陆军大将，内阁总理大臣兼陆军大臣兼内务大臣
1942年2月17日	免兼内务大臣
1943年11月1日	兼军需大臣
1944年2月21日	兼参谋总长
1944年7月18日	免兼参谋总长
1944年7月22日	辞职，编入预备役

他直接参与的侵华战役只有察哈尔作战。1937年7月7日获得勋一等瑞宝章，1940年4月29日获得勋一等旭日大绶章、功二级金鸱勋章。

20日，集结于张北之日军混成第2旅团、堤支队、大泉支队及伪蒙军1个师向张家口发起攻击，很快突破长城防线，占领神威台等地。23日，守军第143师在万全城顽强抵抗后，退守张家口西南高地，在此激战3昼夜，给日军以重大杀伤。27日，由于延庆、怀来相继陷落，刘汝明奉命率第143师撤出战斗，向宣化、涿鹿转移。张家口于当日被日军占领。

日军在南口、张家口附近战斗中伤亡较重。日军第1军参谋部第1课于1938年5月编写的《支那驻屯军作战经过概要》记载，在南口附近战斗中，独立混成第11旅团伤亡约600人，第5师团伤亡约1100人。另据《独立混成第11旅团战斗详报》附表第5记载，1937年8月11日至27日期间，独立混成第11旅团战死133人，负伤470人，计603人。（《第26师团编成详报之件》记载，1937年8月独立混成第11旅团战死131人，负伤461人，病118人，计710人。）

《混成第2旅团张家口会战战斗详报》记载，在张家口附近战斗中（8月15日至27日），混成第2旅团参战4199人，战死130人，负伤368人，生死不明3人（以上数据不包括堤支队、大泉支队）。

据中国方面的资料记载，南口、张家口附近战斗中，中国军队参战约7万人，伤亡26736人。

中途停止的大同会战

山西表里山河，地势雄固，为华北天然堡垒，又是拱卫陕甘西北之屏障。作为"山西王"的阎锡山，在其统治山西时期，以其精明独到的政治手腕，勤奋的苦干精神，在治理山西、建设山西过程中都有不俗的表现。他统帅下的晋绥军是当时中国较有影响的一支军事力量，其整体性，忠诚度等特点都比较显著，还有山西的兵工企业为其生产较优良的武器装备。但是，中原大战结束后，阎锡山逐渐失去了晋绥军初创时期的那种宽大胸怀，变得心胸狭窄，气量极小，对部下猜疑重重，为晋绥军的衰落埋下了伏笔。

晋绥军原先有七八万人，抗战爆发后编为第6、7两个集团军。第7集团军总司令傅作义所辖的绥远军队，只有一个第35军，包括孙兰峰、董其武、马延宁3个独立旅。第6集团军杨爱源所辖的晋军共4个军，即第19军军长王靖国所部3个独立旅，第33军军长孙楚所部3个独立旅，第34军军长杨澄源所部1个师2个独立旅，以及第61军军长李服膺所带领的1个师2个独立旅。此外，还有赵承绶带领的6个骑兵团和周玳领导的8个炮兵团。

张家口、南口失守后，第二战区司令长官阎锡山判断侵犯华北西线的日军，下一步将沿平绥线进犯大同，战场可能局限于雁门山以北的雁北地区。基于以上判断，第二战区决定进行大同会战。其大致部署为：以一部在蔚县、平型关间及天镇、阳高进行抵抗，以主力在大同附近集结，准备在聚乐堡与日军决战。

"关东军察哈尔派遣兵团"在攻占张家

晋北争锋 忻口会战

阎锡山抗战简历

阎锡山（1883—1960年），陆军一级上将。字百川、伯川，号龙池，汉族，1883年10月8日（清光绪九年九月初八），出生于山西省五台县河边村（今定襄县河边镇）。日本陆军士官学校第6期毕业生，清朝陆军步兵科举人、协军校，同盟会会员，组织与领导了太原辛亥起义。民国时期，历任山西省都督、督军、省长、北方国民革命军总司令、国民党中央政治委员、军事委员会副委员长、太原绥靖公署主任、第二战区司令长官、山西省政府主席。解放前夕去台湾，1960年，病逝于台北，葬于七星区阳明山。奉行"中庸哲学"的阎锡山，从辛亥革命开始统治山西达38年之久。

口附近后，于9月5日以混成第2、15旅团向天镇方向进攻，很快即冲破晋绥军第61军据守的从永嘉堡到天镇间的国防阵地，推进到天镇城下。6日，日军向天镇守军发动全线攻击，攻占城东南的盘山。7日拂晓，守军除天镇城内第399团坚守城垣阻击日军外，其余全被日军冲垮，向后撤退。混成第2、15旅团除留下部分兵力继续进攻天镇以外（此后防守天镇县城的守军第399团陷入孤立，但仍然坚持抵抗，11日才突围撤守），其余部队均越过天镇南北一线，转入追击。8日，日军混成第2、15旅团分别占领阳高、镇宏堡。11日，混成第15旅团又突破聚乐堡附近第209旅（旅长段树华）的阵地。当晚，陷入孤立的第399团也突围撤守，天镇失陷。

9月中旬，日军第5师团也开始从花稍宫、西河营附近进攻广灵。其中央纵队（步兵第9旅团及山炮兵联队的主力）从东面攻击广灵附近的阵地，右纵队（步兵第21旅团及野炮兵联队）则从阳原附近迂回到广灵守军的左侧背。13日拂晓，日军步兵1000余人，在炮10余门、飞机6架支援下，向第73师安头山及东西南加斗、洗马庄一带阵地猛攻，激战至12时，第423团团长吕超然上校阵亡，阵地被突破。该师遂撤至井林、长城梁亘郭卯尖之线占领阵地，继续阻击南下日军。14日拂晓前，日军趁势向广灵攻击，激战至10时许，广灵城沦陷。15日上午，日军又以一部夺取第73师的松树山阵地，师长刘奉滨力战负伤。在日军的猛攻之下，第73师终被打垮，遂向平型关方向溃退。在这之前，骑兵第5联队于11日占领了蔚县。

天镇、阳高、聚乐堡的失守，动摇了阎锡山进行大同会战的决心。而当他得知第5师团正向广灵攻击后，更担心后路被切断，因此决定放弃"大同会战"，命令雁北各作战部队撤至大同以南山地。因为中国军队的后撤，"关东军蒙疆兵团"（原"关东军察哈尔派遣兵团"）于9月13日兵不血刃占领晋北重镇大同。

据日方资料记载：广灵附近战斗中，第5师团伤亡359人；天镇附近战斗中，混成第15旅团战死15人，负伤106人，混成第2旅团战死6人，负伤22人；阳高附近战斗中，混成第2旅团战死27人，负伤86人；镇宏堡、聚乐堡附近的战斗中，混成第15旅团战死10人，负伤37人。

日军占领大同后，关东军的作战告一段落。当时，日本参谋本部对华北作战以打到保定附近为限、察哈尔作战以打到平地泉附近为限，并未考虑到把战线扩大到山西省内。因此，日军占领大同后，参谋本部只想以关东军的部队担当平地泉以东及内蒙、察哈尔方面的警备，第5师团则尽快由蔚县撤至平汉线方面。

而"关东军蒙疆兵团"占领大同后，却向参谋本部提出超越参谋本部规定的河北中部与察哈尔地区作战制限，"增加两个师团展开对山西省北部的进攻作战，以便与河北省的作战相呼应"。第5师团长板垣征四郎也有类似的想法。

日军参谋本部没有同意关东军的方案，其担心日军长驱山西腹地势必增派大量的兵力，如此，平汉线主要作战方向上进攻兵力必呈劣势。而且，战事一开必定牵涉察哈尔之蒙疆兵团；而关东军本为专事对苏作战之部队，如果牵兵南下，必对日本整个国防带来危机，因而决定掣肘板垣兴兵山西且同时遏止关东军南下意图，据此于9月13日对关东军与第5师团下达了如下命令："（关东军部队）占领大同附近要地，负责确保作战地区内察哈尔省之安定；第5师团应准备保定作战。"

随后，关东军大致按照参谋本部的意图采取行动。不久，东条英机就把"关东军蒙疆兵团"的指挥权交给了副参谋长笠原幸雄，自己返回了"新京"（长春）。但板垣却贼心不死，向石原莞尔发出私人信件，企图以私人感情打动石原，"诚诚恳恳地"陈述攻占山西的必要性，迫切希望付诸实施。与板垣关系密切的石原莞尔终于心为所动，答应替板垣游说，便向参谋次长多田骏汇报陈情，但是多田骏不容分说，坚决拒绝了板垣的建议。

关于这个事情，石原莞尔在后来的战史听证会上，是这样讲的："我是极力反对山西作战的，根据我的研究，山西的地形适合依靠'游击战'的抗战，我想最好不要在这个地方动手。可是，板垣阁下给我寄来书信，说是若有一个师团，就能荡平山西。一个不写书信的人就这样特意写得很详细，因此，我的想法也就有了转变，把山西交给板垣不就很好吗，但我向非常熟悉地理的多田

晋北争锋 | 忻口会战

▲1937年9月13日,日本"关东军蒙疆兵团"占领大同。

阁下陈述后，他说不行，所以也就暂时作罢了。"

尽管攻占山西的建议未获上级批准，但板垣仍然一意孤行，想以既成事实迫使上级承认，于是独断地率部向中国的内长城防线进击。

日军华北方面军内部的分歧

日本参谋本部原计划在攻占平津地区后，击败北上的中央军，进入保定、独流镇一线，为此动员第5、6、10师团连同第20师团共4个师团担当此项任务，另外考虑到在青岛就地保护侨民，又动员了第14师团。然而，由于准备保定作战期间第5师团被用于对付南口方面的汤恩伯部，因而参谋本部认为仅以3个师团的驻屯军对付北上的中央军，可能连完成保定作战都有困难。于是又向华北增派了第16、第108、第109共3个师团，同时撤销"中国驻屯军"番号，编成华北方面军，以寺内寿一大将为司令官，辖第1军和第2军，直辖第5师团、第109师团、中国驻屯混成旅团、临时航空兵团。

第1军司令官香月清司中将，下辖第6、第14、第20师团；第2军司令官西尾寿造中将，下辖第10、第16、第108师团。

华北方面军担负的作战任务是：占领平津附近之主要地区并确保其安定；迅速歼灭河北省中部之中国军队，摧毁其作战意志，以获得结束战争之机会。

9月4日，华北方面军司令官寺内寿一到达天津，当日即以歼灭保定、沧县一线附近之中国军队为目的，下达了方面军命令，命第5师团（已突破冀察省境的长城线，进入怀来平原地带）推进到蔚县（张家口西南约150公里）附近，准备对保定平原地带进行作战；命第1军进入易县（保定北方约50公里）、霸县（易县东南偏东约80公里）一线，准备攻击保定附近的中国军队，命第2军进入马厂(天津西南约55公里)附近，准备攻击沧县附近的中国军队。

9月11日，第5师团占领蔚县。其后，派出一部到涞源、以另一部经广灵到灵丘，为今后的行动作准备。而在平汉线方面，第1军自9月14日起突破了涿州、固安附近的中国军队第一线阵地，进展顺利。这期间，华北方面军研究了第5师团前出到蔚县附近后，是经涞源前出到保定附近，直接配合方面军主力作战，还是向太原方面前进的问题。对此，华北方面军内部的意见不一致。

华北方面军参谋部第1课的意见为："第5师团应该先使用于太原方面，接着视情况迅速前出到石家庄方面，切断平汉线。但其兵力有限，因此今后两个月的时间内需要关东军部队的密切配合。"但第2课认为此意见放弃了既定的作战方针。第3课则认为当前准备不足，如实施太原作战，后方的补给难以跟上。于是，第2、3课共同反对第1课的意见。

华北方面军参谋长冈部直三郎少将也不同意进行山西作战。他认为，如第5师团深入山西作战，方面军在平汉线方面（第1军）的兵力就会处于劣势。而且，关东军目前固然可以暂时配合第5师团，但其终究

晋北争锋 忻口会战

要返回"满洲",到时会使第5师团陷入孤立。如果方面军去解救的话,就会将方面军主力吸引到该方面。另外,即使占领太原,从地形上来看对石家庄方面并无大的影响。

18日上午,冈部向华北方面军司令官寺内寿一陈述了上述幕僚的意见,且阐明了他本人不赞成将第5师团使用于太原方面的意见,并提请寺内作出决断。

冈部直三郎

日本广岛县人,1887年9月30日出生。1905年11月25日毕业于日本陆军军官学校第18期炮兵科,1915年12月11日陆军大学第27期毕业。日本投降后,于1946年7月被中国军事法庭确定为战犯嫌疑转押至上海。同年11月28日,冈部直三郎因精神紧张突发脑溢血,在医院中死去。

1916年4月	晋升陆军炮兵大尉
1916年8月	参谋本部附勤务
1917年2月	参谋本部部员
1918年6月	参谋本部附
1918年8月	浦盐派遣军司令部附
1920年8月	陆军大学教官
1921年7月	晋升陆军炮兵少佐
1922年6月2日	波兰公使馆附陆军武官
1925年5月1日	野炮兵第4联队附
1926年3月	晋升陆军炮兵中佐
1926年12月	陆军大学专攻学生
1927年12月9日	陆军大学教官
1929年8月1日	晋升陆军炮兵大佐
1930年4月24日	野炮兵第1联队联队长
1931年8月1日	炮兵监部员
1932年2月23日	上海派遣军高级参谋
1932年12月7日	参谋本部演习课长
1934年8月1日	晋升陆军少将,陆军大学研究部主事
1935年3月15日	陆军大学校干事
1937年3月1日	技术本部总务部长
1937年8月26日	北支那方面军参谋长

1937年11月1日	晋升陆军中将
1938年7月15日	第1师团师团长
1939年9月12日	驻蒙军司令官
1940年9月29日	参谋本部附
1940年12月2日	陆军技术本部长
1942年10月8日	军事参议官兼陆军大学校长
1943年2月10日	晋升陆军大将
1943年10月29日	第3方面军司令官
1944年8月25日	北支那方面军司令官
1944年11月22日	第6方面军司令官（直到二战结束）

中国抗战时期，他直接参与或谋划的侵略作战有平汉线作战、津浦线作战、太原攻略战、"宋哲元军扫荡战"、黄河渡河作战、河北平定作战、南部山东省剿灭战（临沂战役及台儿庄战役）、徐州会战、第一次后套作战、第二次后套作战等。1940年4月29日获得勋一等旭日大绶章，功二级金鵄勋章。

其实，和板垣一样，寺内寿一也是一个扩大派，他在赴任前后说过："不到黄河，兵不会停"，极力主张进行山东作战。但如果第5师团使用于太原方面，他预定使用于山东作战的兵力就不足了。况且，这时日本参谋本部已有将第5师团一部调往华中方面充当登陆作战兵团的设想，并秘密地通报了寺内寿一。这样，若将第5师团投入山西作战，也会造成其而后转用的困难。但是，寺内又考虑到"在敌人占领雁门关的阵地线的形势下，仅确保大同平地不利，并会对阎锡山等实施的谋略工作带来不利影响"。因此，虽然他最终决定第5师团以主力转进保定，但同时也打算把该师团精锐的一部留在山西省北部，配合关东军进攻雁门关的山地线。

结果，当日华北方面军作出以下决定：

第5师团以有力的一部协力关东军，攻击当面之敌，前出到灵丘西方，准备而后的作战；以师团的主力适时从涞源方面参加保定会战。保定会战结束后，预期以方面军的一部从代州方面及正太线方面前出到太原平地。

其理由如下：

（一）判断敌人企图于保定、沧州一线进行相当顽强的抵抗，其使用的兵力，津浦线方面约10个师，平汉线方面约20几个师，另外两线中间还配置有第二线兵团。预想敌人使用于保定的兵力约20个师左右。为了在保定会战中给予上述约20个师以大的打击，我军至少需要5个师团的兵力。这样，第5师团如按原计划从涞源南下,保定会战会收到更大的效果,对我极为有利。

(二)要控制山西,就需要第5师团迅速前出到代州方面,并占领太原。这样在全盘的战略政略上才能取得较大利益,但敌人留在山西省的兵力约2个师,另外在陕西省方面的军队(中央军4个师、中央旁系军4个师、陕西军以及其他4个师)的过半可使用于山西省内。因此,以第5师团独力前出到太原能否实现,还有很大疑问。况且,以有力的兵团进入太原的场合,也会造成中央军盘踞山西,增加而后对山西方面政治工作的难度。

(三)尽管占领太原平地在一般战略、政略上的利益极大,但鉴于方面军目前的兵力,可暂时放一放,先取得保定会战的决定性胜利,再将第5师团的主力从正太沿线使用于太原方面,第5师团的其余兵力转进到南方(华中),两方面相结合,促使山西方面屈服。而以现在的形势,不适合实施攻略太原平地的企图。

(四)在敌人占领雁门关的阵地线的形势下,仅仅确保大同平地不利,并会对阎锡山等实施的谋略工作带来不利影响。据此第5师团应以一部协力关东军攻略雁门关的山地线。

平型关附近的初期战斗

第5师团步兵第21旅团主力在9月14日攻占广灵以后,将旅团指挥所设在广灵;并以步兵第11联队第1大队及步兵第21联队第3大队向灵丘方面,以步兵第21联队主力(1、2大队,欠第3大队)向浑源方面急追中国军队;同时,后续的步兵第42联队第2大队陆续在广灵集结。第5师团主力(欠步兵第21旅团主力)在9月15日攻占蔚县以后,集结于该地附近,准备下一步行动。

9月18日,华北方面军作出了决定,"第5师团以有力的一部协力关东军,攻击当面之敌,前出到灵丘西方,准备而后的作战。同时以师团的主力适时从涞源方面参加保定会战"。

但第5师团长板垣征四郎只是命令国崎登少将指挥的步兵第9旅团的主力(欠步兵第11联队第1大队)于19日从蔚县出发进入涞源,准备向保定转进;第5师团司令部以及步兵第42联队主力(联队长大场四平大佐,欠第2大队)仍留在蔚县;而上述分向浑源、灵丘追击的部队任务不变。板垣这样的部署,分明是把该师团的主要力量仍留在了山西北部,准备伺机进行太原作战。

步兵第21联队主力(欠第3大队)在广灵战斗后,即向浑源追击中国军队,于16日占领该地。该联队的步兵第3大队从广灵出发后,也向灵丘追击中国军队,于20日黄昏占领该地。步兵第11联队第1大队也于21日进入灵丘。

至此,第5师团的"察哈尔作战"被认为达到了预期目的而告一段落。但是,师团长板垣却不满足于既得战果,决定继续向中国军队的内长城防线进攻。因此于20日命令在广灵的步兵第21旅团长三浦敏事少将指挥在该地集结的步兵第42联队第2大队(当时缺2个中队，后来赶到）、野炮兵1个大队进入灵丘，一并指挥可能已到达该地的步兵第11联队第1大队及步兵第21联队第3大队占领灵丘附近，准备前出到大营镇附近，并控制住大营镇-灵丘-涞源公路。随后，第5师团开始以各种手段侦察大营镇-灵丘公路附近的敌情、地形。

大营镇在灵丘西南约33公里，是山西繁峙县的一个小镇，位于恒山与五台山之间的滹沱河北岸，东距平型关仅15公里，历史上便是屯兵重地。平型关则为内长城南端重要关隘，出平型关向东北，有一条长约8里、宽数十米的乔沟，乔沟两侧是刀削般的陡崖。北沟口有一村落名小寨，由此复向东10余里，便是灵丘县境内的东河南镇。由灵丘到大营的公路，便是经这里到小寨进入乔沟后，再往西经辛庄、东跑池，过杏洼岭到达大营镇的。

大营镇周边的地形，决定其素来为兵家必争之地。板垣征四郎也看中了它，作为进攻的重要目标：由此突破中国守军的内长城防线，进而沿繁峙、代县向太原方面进攻。

9月21日，派遣到第5师团的华北方面军参谋辻政信大尉从飞机上侦察到，灵丘附近吃了败仗的中国军队正在向西面溃逃，另外还发现了大营镇至代州（县）间有部队以及大约40辆卡车通行。板垣收到这个情报后，当日即命令步兵第21旅团长三浦敏事少将指挥在灵丘的部队（即旅团司令部及上述的3个步兵大队和野炮兵1个大队，以下称为三浦支队），沿灵丘-大营镇大道向大营镇追击，并给三浦支队配属兵站汽车1个中队。

另外又令在浑源的步兵第21联队主力（联队长粟饭原吉大佐，欠第3大队）从浑源经山道沟、西河村，向涧峪村附近前进，攻击该地附近的中国军队。

第二战区各作战部队刚从雁北退入雁门山南，战区司令长官部就接到情报，从广灵出发的日军一路人马，正紧追第73师，直捣灵丘。长官部判断，这股日军占领灵丘以后，很可能会进攻平型关，以抄击雁门山后方。因此，他们决定依靠恒山、雁门山为侧背屏障，准备从事内长城防卫战。

此时，阎锡山还记得1927年他和奉军混战于灵丘、五台、繁峙地区时让奉军进入平型关内予以打击的成功经验，计划放纵日军逾越平型关，诱其深入到砂河以西地区，而后从五台山、恒山南北发动钳击，同时截断平型关险隘，把敌板垣主力围歼于滹沱河上游的盆地里。阎锡山对这个计划，自赞为："布好口袋阵，让敌进得来，出不去。"

但孙楚（时任第6集团军副总司令）却对敌情判断失误，认为从察南蔚县攻广灵指向灵丘的日军，只能是一支较有力的游动奇兵。而日军主力正准备利用雁北方面平绥铁道输送的便利，突然向大同集结，以南攻雁门关，雁门山线才是主决战方面，平型关只能是支战场。如果把平型关外之敌放进关里来，就正合敌的分进合击要求，而非掌握内线作战要领。他估计以其当前所指挥的部队守住险要，御敌侵入，尚有"把握"；再以八路军第115师配合，抄到敌后，就很可能打个局部胜仗，而为雁门方面的主决战创造良好形势。杨爱源（时任第6集团军总司

晋北争锋 忻口会战

令）、王靖国（时任第19军军长）等人十分赞同孙楚的见解，于是向阎锡山进行了陈说。

在他们的陈说下，阎锡山改变了原定的"将敌人放进平型关内打"计划，并决定把第15、19、34、35军等4个军配置于雁北方面（部署刘茂恩第15军于恒山，王靖国第19军于雁门关东西，杨澄源第34军于雁门山右，并拟控置第35军于雁门关后以为策应）；同时另以一部坚守平型关附近，以掩护雁北大军退入雁门山内进行集中部署。

广灵失陷后，第73师一路被日军紧追，平型关正面阵地尚无部队据守。于是，阎锡山急调孟宪吉独立第8旅和高桂滋第17军前往平型关附近布防，责成他们抢守平型关的正面阵地。随后，他又令第6集团军副总司令兼第33军军长孙楚率集团军总部到大营镇统一指挥第17军（军长高桂滋）的第21师（师长李仙洲）、第84师（师长高桂滋）和从广灵退下来的第73师（王思田代理师长），以及第33军的独立第3旅（旅长章拯宇）和独立第8旅（旅长孟宪吉）于灵丘、繁峙间，沿内长城线已设省防阵地，阻止从灵丘西犯之敌。

当时，独立第8旅的主力（第622团、第624团及旅直属部队）尚远在砂河附近，只有第623团在雁门关跟前，离平型关较近。该团奉命后，于19日星夜出发，向平型关挺进。21日，第623团到达平型关，团部随即进驻平型关村内。团长郎春生命令第1营布防于平型关口左侧至东跑池，第2营在第1营的右翼，即平型关口右侧布防。

孙楚抗战简历

陆军上将。字萃崖，山西解县人，保定陆军军官学校第1期步兵科毕业。1889年出生，1962年1月28日病逝。全面抗战爆发时，任第33军军长。

1937年8月　第6集团军副总司令兼第33军军长

1939年3月　山西第3行署（晋东南）主任兼任第8集团军总司令

1941年2月　第二战区长官部主持委员会委员

抗战期间，孙楚直接指挥的战役仅有平型关战役。

高桂滋抗战简历

字培五,陕西省定边县人。1891年出生,1959年1月9日在北京病逝。全面抗战爆发时,任第84师师长。

1937年8月　　第17军军长兼第84师师长

1939年10月　　第36集团军副总司令兼第17军军长及第84师师长

中条山失守后　免兼第84师师长

1945年　　　 毕业于陆大将官班

抗战期间,他参与的战役有南口战役、平型关战役、1939年冬季攻势、中条山战役等。

第1营营长刘光耀受命后,先带各连长到平型关村前指定布防地点,然后到东跑池侦察地形。第2天一早,他命令第1连在平型关大道右侧占领阵地,第2连在平型关大道左侧布防,第3连在第2连左翼至东跑池前方占领阵地。机枪连分属各连,第1连和第2连各1挺,第3连2挺。营指挥所设在第2连后不到50米处。

第1营各连奉命后,开始急速地构筑防御工事及隐蔽部,并由第2连派出中尉排长司金贵带1个排到前方公路侦察敌情。接下来的几天里,他们发现由灵丘方向撤退下来的散兵络绎不绝,就随时把这一情况用电话向团长汇报,并报告该营布防及构筑工事进度。同时,刘光耀又督促各连加紧构筑工事。当时该营有官兵500余人,重机枪4挺,每连有轻机枪3挺,冲锋枪9支,其余都是晋造六五步枪和手榴弹。装备和日军比较,有一定差距,但守土抗战的士气,还是很高涨的。

9月21日上午10时,第17军第84师也接到了布防团城口－平型关一线的命令,当时该师仅有4291人。该师自1937年7月9日参加抗日战争以来,经历南口、晋北火烧岭等一系列战斗,伤亡较重,且未得到任何补充。尽管如此,该师奉命后仍义无反顾,指定高建白第251旅在长城线团城口北起1886.4高地(不含)南至东跑池(不含)北的新阵地修筑工事。李少棠第250旅为预备队。第17军暨84师师部驻繁峙上台庄,第84师前沿指挥所驻迷回村。

第84师第251旅(旅长高建白)的2个团于9月22日上午相继进入指定阵地构筑工事,整顿部队。其中,吕晓韬第501团防守西河口(不含)以南至团城口之线,艾捷三第502团防守由团城口以南至1886.4高地

（不含）之线。其左翼西河口（不含）沿长城线为第21师李仙洲部防线；其右翼平型关之太戏山为独立步兵第8旅孟宪吉部、附新编步兵第11团守备阵地，独8旅阵地迤南为第73师刘奉滨部（该部实际已失去战斗力）。

9月22日午后3时，日军三浦支队乘坐兵站汽车第87中队（中西中队）的卡车从灵丘出发，以大营镇为目标，沿公路追击第73师。当日傍晚，三浦支队的先头部队在蔡家峪附近与正在破坏公路的新编第11团的1个营遭遇。日军很快便将该营击溃，随即经小寨村、辛庄村，向内长城线的中国军队阵地迫近，途中又和第84师王新耀营断路部队遭遇，双方展开激烈战斗。不久，王新耀营因伤亡过重不支，被迫向团城口撤退。三浦支队趁势追击，却遭到独立第8旅第623团的顽强阻击，不得不后退数里。

1936年蔚代公路通车之后，从灵丘到大营镇及繁峙的汽车并不是从平型关关口经过，而是经过东西跑池之间的杏洼梁，这一带的制高点是东跑池村北的1886.4高地。三浦支队是以汽车实施机动的摩托化部队，要想进攻大营镇，必定要控制公路两侧的制高点。

因此，三浦支队随后调整了部署，将部队分成左右两翼：左翼为平岩大队（步兵第21联队第3大队），进攻东跑池附近第623团第1营阵地。右翼为尾家大队（步兵第11联队第1大队，欠第2中队），进攻团城口附近第502团阵地。

平岩大队发起进攻后，攻势迅猛。第623团第1营前进阵地的几个高地先后失守，在此警戒的1个排从阵地上溃退下来。接着，平岩大队又向第1营主阵地展开进攻。

9月23日拂晓，第1营营长刘光耀发现日军由山下公路向第2连和第3连阵地分路进攻。该营早有戒备，待日军进至近距离后，突然集中火力向其射击。但是，日军队形比较疏散，虽然有些人猝不及防，当即中弹倒地，但大多数人仍能及时反应过来，就地卧倒隐蔽。而且，第2、3连的射击暴露了其火力点位置，日军的掷弹筒、轻机枪随即对其实施压制射击，掩护步兵继续向守军阵地猛冲。守军的抵抗相当顽强，第2连中尉排长司金贵奋不顾身，在投弹中身负重伤，士兵也伤亡20余人，连续打退了日军的多次进攻。双方激战到晚间，第1营主阵地开始动摇。鉴于严峻的形势，郎团长急电求援。

独立第8旅旅长孟宪吉于半夜11时率第622团到达大营，听到平型关枪炮声异常激烈，即命第622团第3营火速增援第623团阵地。第3营营长秦騆奉命后，率全营于24日拂晓前3时到达郎团阵地，当即延伸增加于郎团左翼高地。天明发现其左翼迷回村公路上友军新编第4团阵地失守，有一小部日军约二十余人已突进阵地壕沟内，威胁其阵地左侧背。秦騆即派第9连连长张保旺率部下山从左翼侧击这股日军。他们下山后，利用地形隐蔽，突然冲进壕沟，先扔手榴弹，后用刺刀展开肉搏战，不到半小时就把这二十几个日军全部歼灭，缴获一批枪支、军刀、望远镜和作战地图等，该连伤亡13人。此次战斗结束后，张保旺晋级少校，排长以下官

▲平型关战役中国军队与日军展开肉搏战（这似乎是事后补拍的电影资料）。

兵均受到嘉奖表扬。

9月23日上午，当日军左翼平岩大队与第623团激战的同时，其右翼尾家大队也以第1、3中队作为第一线，开始进攻团城口附近第502团阵地。多年以后，该团老兵回忆这个情景时，还是那么印象深刻："敌士兵一手拿着轻机关枪，一手拿面小旗，利用烟雾的掩护，像螃蟹一样爬近我们的阵地。"

第502团为了阻击日军，将王新耀营和李荣光营全部投入战斗。当时，该团的主要武器是北伐时期生产的汉阳造和山西土制手榴弹。只有待日军走近时，几个手榴弹绑在一起扔出去，才能有较大杀伤力。而且，因团城口一带事先并未挖设工事，第502团进驻后匆忙挖的掩体无法抵挡日军猛烈炮火，其官兵多被弹片及炸开的石片伤及背部。日军第1、3中队在火力掩护下，相继突入第502团阵地的一角。艾捷三团长因调度不及，亲率1个连抢堵日军的突破口，腹部中弹负伤，李荣光营长阵亡。

高桂滋得知情况后，即令第250旅前去支援。第501团吕晓韬团长也亲自率队出击，战至下午4时，日军终被击退。黄昏，阴云密布，细雨蒙蒙，继而越下越大，中国官兵没有雨具，全身湿透浸泡在泥水里，以血肉之躯坚守阵地。

高桂滋部受日军猛攻，伤亡较大，即向孙楚告急。孙楚手里无部队，只作了空口鼓励。高桂滋遂转向雁门的阎锡山直接告急。但是，阎锡山未能明了团城口高军告急的真

晋北争锋 | 忻口会战

相。在对全局情况的迷惘下，自认出于慎重处理，对高桂滋说："即派郭宗汾预备军（第71师及新编第1师）增援。"实际只命郭宗汾的预备第2军（第71师及新编第1师）到大营，听孙楚相机使用，同时命陈长捷的预备第1军（第72师）向砂河集结待命。

▲1937年9月，日军进攻平型关的第5师团野战炮兵第5联队。

当日，阎锡山令第18集团军以第115师，由中国军队右翼向北攻击平型关附近敌之侧背。阎当时电告第18集团军总司令朱德："我决歼灭平型关之敌，增加8团兵力，明拂晓可到，希电林师夹击敌之侧背。"

同日上午9时，孙楚与第18集团军第115师的联络参谋商定了25日拂晓出击的具体作战计划。策定作战指导如下：

（一）正面以第71师附新编第1师为主攻部队，第84师仍固守原阵地。

（二）第71师以1个团自团城口至2141.96高地间沿山麓向东攻击，再向南旋回，以蔡家峪、小寨为攻击目标；以2个团由2141.96高地至西河口间向东攻击，并掩护团城口正面攻击部队之左侧背，截断敌向浑源撤退之道，以王庄堡为攻击目标；以1个团为预备队，由团城口附近前进。

（三）独立第8旅以一部协同第71师攻击，以辛庄为攻击目标。

（四）第115师担任敌后各地之攻击，以东河南、蔡家峪为目标。

上述计划由第6集团军总司令部发布命令。

按照上述计划，郭宗汾的预备第2军被作为此次出击的核心力量。该军辖第71师（辖陈光斗第202旅和赵晋第214旅）及陈新华新编独立第1旅，另附1个山炮营，23日晚向大营东北地区前进，24日相继抵达大营。该部初次上抗日战场，士气旺盛。郭部到大营受孙楚指挥时，孙楚据平型关外平民报告，八路军确已到达太白山区，遂决心出关决战，以郭军向齐城联系高军前出到团城口，拊敌侧背。

高桂滋得知郭军到达大营后，再次向孙楚求援，且直接要求郭宗汾军即刻增加到前线担任防御任务。郭宗汾以奉令出击为辞未允。24日晚，日军对高桂滋部团城口阵地发动夜攻，高桂滋觉得形势越来越严重，要求开到齐城的郭宗汾军一部就近增援西跑池，郭又未允。孙楚则认为高桂滋部纵感紧急也是暂时的，可以坚持的；郭宗汾军须集结全力作大规模出击，万不可分割应付，陷于胶着。遂要求高桂滋须镇定固守，不得动摇。

24日拂晓，日军左翼平岩大队先以大炮向第623团第1营阵地猛烈轰击，继以步兵轮番向其猛攻。第2连和第3连沉着应战，一次又一次地把日军打退。下午2时许，第624团一部到达平型关战场，随即奉令反攻当面日军，企图把失去的前进阵地两个山头夺回。但经过3个小时的激战，副团长齐骏鸣受伤，营长阵亡一员，伤亡官兵200余人，未能夺回山头，又撤退到主阵地。激战终日，敌我双方伤亡均大，但第1营阵地仍屹立不动。入夜，营长刘光耀命令各连继续整修加强工事和隐蔽部，准备大战。

25日凌晨，日军平岩大队对第1营阵地发起夜袭。凌晨3时30分，龙泽中队根据与石上中队长的协定，命坂田小队在左侧，冈崎小队在右侧，成4路纵队，中队长在前头，以夜袭队形开始前进。随后，该中队不顾大雨如注，突袭了"石山高地"的守军第

晋北争锋 | 忻口会战

平型关战役要图
（1937年9月23日至9月26日）

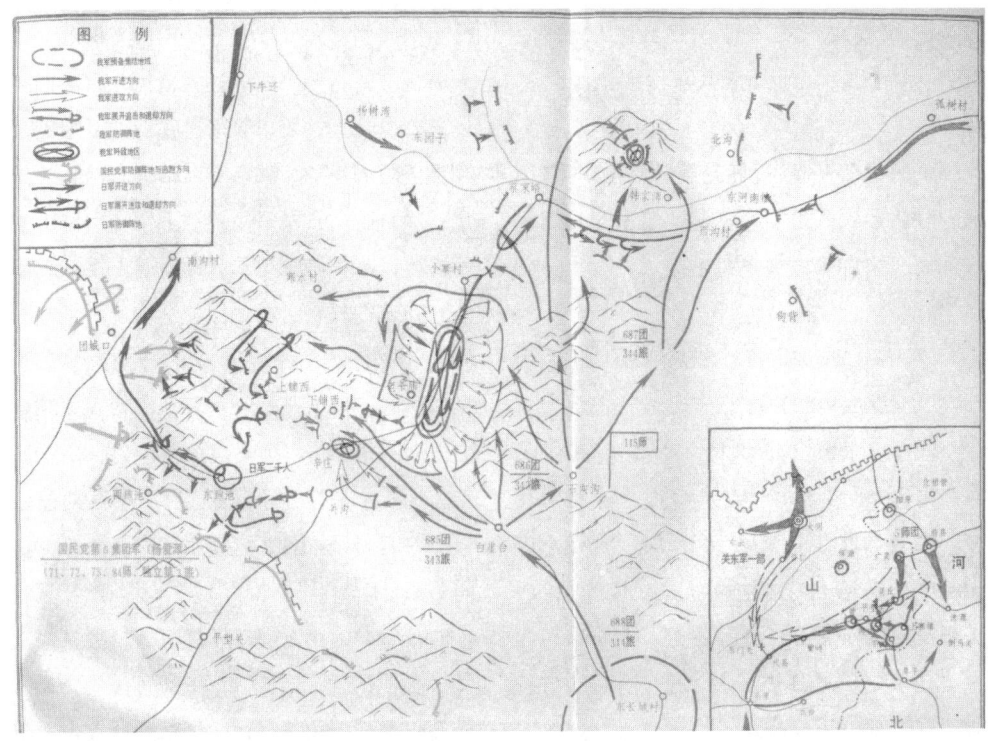

▲中国军队平型关战役要图（1937年9月23日至9月26日）。

622团第3营一部，并占领该地。龙泽中队夜袭成功，而此时石上中队却遇上了麻烦，石上中队长在夜袭中负重伤，由吉川少尉代行指挥该中队。龙泽中队长得知这个情况后，命令山崎小队固守"石山高地"，他则亲率其余兵力与吉川中队一起，准备转攻东跑池村西南的长城豁口（日军称其为平型关口）。

天刚蒙蒙亮，日军便发挥其炮火优势，以大炮由左至右，由右至左，对长城豁口附近的第623团第3连阵地反复实施排炮轰击；同时，日军飞机也来轰炸助战。一时间，整个阵地硝烟弥漫，尘土蔽天，对面不见人，炸弹声、炮弹声震耳欲聋。日军步兵趁势向第3连阵地展开进攻。

第3连在日军猛攻之下，伤亡很大，中尉排长朱某和另一个少尉排长均负重伤，士兵伤亡过半。连长郝骏章在日军强大的压力下，率领残部撤出阵地，退到营指挥部，营长刘光耀见状，当即严肃地命令说："今天是国家民族生死存亡的关头，我们当军人的宁作战死鬼，不当亡国奴，要与阵地共存亡。你马上带领你所有的人给我夺回阵地，否则军法从事！"说完，刘光耀一面请求郎团长增援部队，一面督促郝连长率余部乘日军立足未稳，以手榴弹开路，向前猛冲。

当第3连反击时，正好第115师袭击日军三浦支队的补给部队。于是，平岩大队停止了进攻，除留一部在一线与第623团对峙以外，主力转向辛庄附近。因此第3连很快又夺回了原阵地。

24、25两日，日军平岩大队在东跑池附近与独8旅激战的同时，尾家大队也在团城口附近与高桂滋第84师反复争夺。25日凌晨4时，日军第3中队进行夜袭，占领了1930高地。此次战斗中，该中队付出了惨重的代价，战死千田中尉以下13人，战伤贞井准尉以下9人。而第84师经过连续的激战，也伤亡殆尽。团城口以南的第500团第3营阵地已经没有能战斗的兵，日军端着枪直冲到邵春起营长面前，邵营长刚拿起手枪，大腿就被敌弹贯穿，在这个危急关头，勤务兵急中生智，抱着邵春起一起滚下山坡，两人得以生还。可其他的人就没这么幸运了，该营排长郁凤祥以下数十人全部阵亡。

上午10时左右，团城口阵地也发生溃退。第502团3营机枪连连长邱仰岳后来回忆说："于25日上午10时为止，李仙洲的部队抽调不动，孙楚又不接替防务，炮兵不发射支援，我方阵地上之守兵尽留了些焦头烂额缺臂断腿极少数的官兵。因而枪声渐稀，敌人识破我们已无力再战，又发起了最猛烈的进攻。到了此时，我们无可奈何中，放弃职责，撤退下来……"

至下午1时，第84师阵地全线数处被日军攻破，下级干部伤亡十之六七，弹药几乎全部耗尽，焦头烂额、缺臂断腿的士兵们枪管里塞满雨泥，只得凭手榴弹和石块来坚守据点，各自为战。可就是在这样的情况下，预定于25日出击的郭宗汾预备第2军仍不见踪影。高桂滋遂再次向第二战区和第6集团军求援，希望挽回败局，但直到团城口阵地全部失守，援军始终未到。

为什么预备第2军在25日迟迟不出击呢？这恐怕只有郭宗汾等少数几个人知道内情。目前由于知情者都已去世，且没有留下相关的回忆资料。可能这个问题永远是个谜了。

平型关附近战斗前期双方战斗序列表
（1937年9月21日至9月25日）

中国军队
总指挥：第6集团军总司令杨爱源、副总司令孙楚
第17军军长高桂滋
第84师　　　　　师长高桂滋
　第250旅　　　　旅长刘天禄
　　第499团

　　　　第500团
　　第251旅　　　　旅长高建白
　　　　第501团
　　　　第502团
第21师　　　　师长李仙洲
　　第61旅　　　　旅长崔振东
　　　　第121团
　　　　第122团
　　　　第123团
　　第63旅　　　　旅长吕祥云
　　　　第124团
　　　　第125团
　　　　第126团
　　独立第8旅　　　旅长孟宪吉
　　　　第622团
　　　　第623团
　　　　第624团
　　独立第3旅　　　旅长章拯宇
　　　　第4团
　　　　第5团
　　　　第6团
第115师　　　　师长林彪
　　第343旅　　　　旅长陈光
　　　　第685团
　　　　第686团
　　第344旅第687团

日本军队
第5师团三浦支队　　　支队长三浦敏事少将
　　步兵第21旅团司令部
　　步兵第21联队第3大队

步兵第42联队第2大队
步兵第11联队第1大队
野炮兵第5联队第3大队
(配属部队)第6兵站汽车队本部
　(配属部队)兵站汽车第2、87中队

第二章 弃守内长城防线

平型关大捷

9月25日上午,当日军三浦支队在团城口、东西跑池附近与第84师、独立第8旅杀得难分难解的时候,忽然有一支中国部队从其侧后杀出来,伏击包围了其后方的后续部队及辎重部队。这支中国部队就是英勇善战的第18集团军(1937年8月22日,国民政府军事委员会正式宣布原西北主力红军改编为国民革命军第八路军,简称八路军。9月11日,国民政府军事委员会下令,将八路军改称国民革命军第18集团军,但此后仍习惯称为八路军)第115师。根据中方资料的记载,此次战斗的经过如下:

当日拂晓,日军步兵第21旅团后续部队和辎重部队一部沿着灵丘、东河南镇、小寨,至辛庄的公路由东向西开进。可他们没想到的是,第115师早已在沿途设下了埋伏圈。当这股日军全部进入第115师预伏地区时,埋伏在老爷庙梁(老爷庙以北高地)公路对面高地上的第686团首先用机枪、步枪、手榴弹组成密集的火力网,向日军猛烈射击。日军遭到突然袭击,顿时乱作一团。

被击毁的汽车充塞道路。第686团9连趁势冲下公路,与日军展开白刃战,歼其一部,并将日军行进序列斩为两段。接着,第685团第1、2营也分别从老爷庙梁东南高地及关沟以北高地杀出,迎头截击日军先头部队,封闭了日军西进道路,将日军堵在辛庄以东,随即冲向公路,与被截于老爷庙(不含)至辛庄以东的日军展开厮杀。埋伏在小寨附近的第687团则将日军后尾部队分割包围,同时切断了日军的退路。至此,这股日军完全陷入第115师的包围之中。

三浦支队长得知情况后,立即以步兵第21联队第3(平岩)大队主力向第115师发起疯狂的反扑,企图解救被围的部队。可是,平岩大队在救援途中遇到第115师拦截部队的顽强阻击,根本无法完成救援任务。

这期间,日军被围的部队虽伤亡惨重,但仍拼死顽抗,或利用汽车和沟坎作掩护向八路军射击;或同八路军争夺有利地势,其中一部还抢占了老爷庙梁制高点。第686团3营营长邓克明看到这种情况,大喊着:"12连跟我冲,誓死夺回老爷庙(梁)。"说完他亲率作为预备队的12连(欠1个排)冲过公路,直奔老爷庙梁。由于山上和山下火力的夹击，山坡又陡，该连伤亡较大，邓克明也负伤了，但他坚持不下火线，继续指挥部队作战。随后该连在兄弟部队的积极援助下，终于占领了老爷庙梁制高点，并与公路东侧部队一起，从两面居高临下向日军射击，打得山沟里的日军无处躲藏。日军为了夺回老爷庙梁制高点，曾组织了多次冲锋，均被第686团凭借有利的地形打退。激战至午后，辛庄、老爷庙、小寨村一线山谷中的日军全部被第115师消灭。随后第115师第343旅向东跑池日军展开攻击。然而，由于晋绥军未按预定的协同计划出击，致使第343旅的进攻未能奏效。这期间第115师又得到报告，第84师据守的团城口阵地被日军占领。在这种情况下，师长林彪认为，"晋绥军一直按兵不动，我军若继续前进并仰攻东跑池附近的日军，势必付出极大的伤亡。况且团城口之敌倘若向我迂回，我军腹背受敌，后果不堪设想"。于是，他决定各部队立即停止进攻，除掩护部队外，主力撤出战斗，分途向老爷庙、蔡家峪、东河南镇以南地区转移。

此次战斗，第115师将被围日军主力全歼，缴获了大批日军作战物资。此即著名的平型关大捷，捷报传出，大大鼓舞了全国抗战军民的士气。

对三浦支队来说，更严重的是，此后其后方联络线就被第115师切断了，接济断绝，同时又在前方受到晋绥军及第84师的顽强阻击，因此陷入中国军队的包围之中，被迫作困兽之斗。

25日下午，晋绥军独立第8旅第623团正面的阵地突然沉寂下来，这是因为日军在后方的辎重部队受到第115师的袭击后，日军抽调平型关一线阵地的平岩大队主力前往增援，所以停止对第623团的进攻。

晋绥军的前线总指挥孙楚见此情况，认为出击的时机来临，令郭宗汾的预备第2军联系团城口高桂滋指挥的第84师出击。但是，此时第84师已失去团城口附近主要阵地，且伤亡殆尽。该军的出击已为时太晚。

25日半夜，预备第2军开始向团城口外出击，以陈光斗旅向六郎城以北，带动高军左翼第21师，向日军侧背压迫，相机迂回于蔡家峪，东河南方面和第115师取得联系。军主力则经迷回村，越第84师阵地，直出团城口攻击日军。

当预备第2军两纵队经涧头、迷回分进活动时，突然受到来自团城口、鹞子涧阵地上日军机枪和掷弹筒火力的猛烈射击，引起一阵紊乱。

26日拂晓后，日军开始出击，其北翼从鹞子涧突进，隔断郭军左纵队陈光斗旅；南翼从东跑池也击溃郭军陈旅上山之一部，把郭军主力纵队压迫于迷回、涧头地区。郭宗汾军长同赵晋旅长处于严重危机下，紧急收集所部，于涧头、迷回及北山间就地进行抵抗。经过一番激战后，郭军主力虽局促于涧头、迷回一侧，但已站稳阵地，且监视着西跑池，使东跑池之敌不得直扑大营镇。

这时，阎锡山得到布置在灵丘的秘密电台报告，证实八路军115师在平型关日军侧后发起攻击，而雁门以北迄未发现敌之活动，同时也收到孙楚的报告"团城口失守，大营后方濒于危急"。直到此时，阎才认识到在平型关战线的日军（三浦支队）是一支孤军。这样，他突然奋起战斗积极性，决定集中主力歼灭孤立于平型关战线的日军。因而于26日晚间向五台朱德总司令、大营孙楚副总司令、砂河杨爱源总司令发出了如下命令：

（一）平型关正面之敌连日与我激战，已被我击退，本日敌由浑源、灵丘增援甚众，其一部约2000余（人）、炮20余门，向茹越口一带进攻，似有进入关内之企图。（二）第6集团军应联合18集团军及总预备军，迅速击破攻平型关之敌。第7集团军之杨澄源军应竭力抗拒茹越口一带之敌。其余各军固守阵地，以待我主力转移反攻该敌。（三）各集团军应本以上要旨妥筹部署，即行开始动作。

随后，阎锡山又命令陈长捷率第61军附属1个山炮营速援平型关，傅作义负平型关方面指挥的全责。

傅作义奉命急驰大营孙楚总司令部时，迷回附近的预备第2军和大营镇的联络被阻断，前方情况不明，傅作义设法与第84师取得联系，假借阎长官名义代作慰劳，告以陈长捷第61军正从代县兼程前来和八路军于平型关、东河南间歼敌的胜利消息，传达了阎长官决定配合八路军争取于平型关外歼敌的新的计划。为保持涧头、迷回要点，便利陈军从北翼进击，傅作义要求第84师勉力回

援团城口。可是，高桂滋却有心无力，遂亲自跑到大营镇，向傅解释说他的部队已被日军击溃，尚在散逸，未及收容整顿，"现集结上台庄、茸家庄附近之战斗兵不过两千余"，表示力难从心。傅又和第21师师长李仙洲协商，同样没有效果。

傅作义虽到前方，却没有可以指挥的部队，一筹莫展，只有急电繁峙军邮局转正在路上的陈长捷，令其飞速来援。而陈长捷所部此时刚刚通过繁峙，最快也只能在当夜到达。

26日下午5时30分，中国空军之北正面支队的3架飞机飞抵平型关、蔡家峪上空，发现日军重武器及战车、汽车多辆，当即予以攻击，日军地面部队受到空袭后，陷入一片混乱。

第61军接到阎锡山的命令之后，立即从代县向平型关进发。第61军即原来由第72师同新编独立第4旅编成的预备第1军。阎锡山收押原第61军军长李服膺后，遂改预备第1军为新的第61军，陈长捷任军长兼第72师师长。第72师经过南口战役的消耗，整编为3个团又一个干部营。第217旅旅长梁春溥率第433、第434两团；第208旅旅长吕瑞英率第415团和干部营；新编独立第4旅旅长于镇河率新编第2、第12两团。新的第61军实际只有5个步兵团又一个干部营，配属1个山炮营。

27日，第61军各部相继到达平型关前线附近的齐城。傅作义急令其先头部队第217旅解救预备第2军在迷回、涧头之围。同时，第208旅在齐城以东展开戒备。

第二章 弃守内长城防线

▲中国空军驰援晋北长城一线。

第217旅投入战斗后,以第434团攻击包围涧头日军,把困守该地附近的郭军新编独立第1旅一部救出,并继续向迷回村前进。此时,第61军军长陈长捷接到骑兵的报告:

迷回东南之敌向涧头西进,和第217旅在激战中;西跑池山上郭军一部受敌压迫撤下山来,敌续有增加,向第217旅右侧接近。

这样,他命令炮兵两营在公路两侧分

029

晋北争锋 忻口会战

别占领阵地，由第61军参谋长李铭鼎统一指挥，对迷回以南地区准备火力，并封锁鹞子涧、西跑池之间的隘路；又以第208旅前出到第217旅右侧，迎击从西跑池下山之敌。

接着，第217旅第434团在炮火掩护下，直扑迷回。包围迷回东南侧之日军两度反攻，均被新增加的曹炳第433团击退，守迷回以南的郭军第214旅一部同时出击，第434团乘势从迷回以西冲上北山。时近黄昏，在夜色苍茫中，包围迷回之日军分别向鹞子涧、东西跑池撤退。第71师迷回之围遂被解除。

按预定计划，第61军解了迷回之围后，第217旅即可归还第72师建制，以转用于第208旅右方，使一气攻下东跑池，越过1386.6高地，直趋上、下铺西。以团城口公路线和预备第2军划分作战地境，进而协力发动平型关外的决战。

但是，第61军参谋长和预备第2军参谋长进行协商后，认为鉴于郭军当时的实际情况，第202旅主力尚被包围在六郎城附近，迷回、鹞子涧之敌仍威胁着迷回北山，如果抽下第217旅，可能让敌占据了六郎城西南的1635.9高地，则迷回郭军也将处于敌的隔离和瞰制下，仅凭一个第214旅，难以攻击团城口。

据此，李铭鼎指示第217旅长，在攻下六郎城，联系上郭军第202旅后，即和第202旅协力，一气攻下鹞子涧、团城口，并与进击和挺进在大、小含水岭上的八路军联系，相机绕攻敌后方，与孙楚军从东跑池的出击，会合于蔡家峪、东河南间。

27日晚，占领迷回北山的第217旅第434团，在夺取迷回胜利的鼓舞下，未等主力行动便一举攻占鹞子涧，接着又占领1386.6高地。随后，该团还以张景舜营打通六郎城，使隔离在那里的第202旅顺利转移。

在迷回激战的同时，第208旅（附新编独立第4旅的第2团和山炮两连）也对东、西跑池发起攻击。该旅首先占领西跑池全部阵地，接着又向东跑池进攻。这时，鹞子涧之日军冲过第61军的炮火封锁地带，陆续南援西跑池，一再反击第208旅左翼。占据东跑池之日军也较为顽强，第208旅右翼刘崇一第415团反复强攻，才于27日黄昏占领东跑池。至深夜，第208旅与日军相持于东跑池的南山头线上。第61军则将新编独立第4旅（欠第12团）和炮兵营推进到涧头及其东南地区，和第208旅以及迷回的郭军相联系，于涧头设了指挥所。

28日拂晓，日军在其炮火掩护下，向东跑池大举反扑。第415团团长刘崇一鉴于坚守前沿，伤亡惨重，遂命令部队退据第二线反斜面抵抗，待日军冲上棱线立即发起反突击。两军反复冲杀中，团长刘崇一重伤后仍指挥战斗。最后紧急时，第208旅旅长令第416团团长宋恒宾亲率干部营（大多数是晋绥军军官教导团新拨的300多名学生）前去增援，以冲锋枪、手榴弹作近逼战斗，直到近午，终于把反扑的日军击垮于东跑池山下。此次战斗中，第415团伤亡官兵300余人；第416团干部营营长范占元、马宗俊均负重伤，学生预备干部也牺牲了82人。在此期间，在平型关正面防御的独立第8旅抽调2个营增援东跑池。第61军也派在涧头的独立新2旅的一部向东跑池增援。两方面的增援部队到达时，日军已被第208旅击退至东跑池山下。

这样，到28日中午，平型关战场进入相持的状态。但是，这种状态很快因日军救援部队的到来被打破。

日军步兵第42联队的救援行动

9月25日早晨5时40分，在蔚县的日军志鹤大队（即步兵第42联队第1大队，欠步兵2个中队、重机枪中队和大队炮小队）奉命从蔚县出发，搭乘汽车经灵丘向平型关附近前进，以支援三浦支队在平型关附近的作战。上午11时30分，第5师团接到三浦支队的告急情报，此时志鹤大队尚在行军途中，于是板垣急派在灵丘的步兵第42联队第5中队前去援救。但这支部队守灵丘尚且力不从心，哪里还有余力去救三浦支队呢？这样，板垣只好把希望寄托在志鹤大队上。

26日早晨，志鹤大队匆匆赶到东河南镇。此时，第115师已控制了从东河南镇到老爷庙的公路沿线地区。师长林彪正在谋划下一步的行动，忽然接到如下报告：

（一）东河南方面，发现敌之载重汽车30余辆，满载日军。其后另有敌骑600余，均向蔡家峪前进中。（二）东跑池方面被围之敌，向西北方向突围。（三）平型关守备友军，仍在原阵地，今日行动不明，电台终未能取得联络。（四）我军仍在马路南北高山，昨日激战一天，尚未吃饭。

结合日方的记载分析，东河南方面之敌应为赶来支援的日军志鹤大队，东跑池方面被围之敌则应为三浦支队。当时，第115师并不知道日军的番号，但林彪依据上述情况，估计东河南方面之敌，其企图在为东跑池之敌解围；东跑池之敌正向着友军的方向突围；而"我军分散于马路南北，不便于继续进行战斗"，因此作出以下部署：

（一）以一部在小寨、蔡家峪之间，巩固阵地，钳制由东河南方向增援之敌军，使其不得向东跑池前进。（二）把主力集结于关沟、白崖台之机动地带，以便随地配合友军，消灭敌人。（三）将上项情况及决心部署，专员通知平型关友军。

随后，第115师除担任阻击任务的第687团以及打扫战场的一部以外，其主力转移于白崖台附近。第687团的阻击部署为：1营占领东河南以西的公路两侧高地，隐蔽待命；2营7连负责防守小寨村东北的隘口阵地；3营负责防守以老爷庙为中心的数里防线。

早晨7时30分，日军志鹤大队开始向第687团2营7连据守的小寨村东北隘口阵地发起猛烈进攻。7连凭借有利的地形，沉着应战，尽量把日军放近了再打，并不断实施反冲击，打退了日军的多次进攻。与此同时，东河南镇西侧的1营也积极从侧后打击日军，密切配合7连作战。志鹤大队突击再三受挫，又没有大队炮、重机枪等重武器的支援，黄昏前被迫退出了战斗，进入蔡家峪的庄子里面，与第687团对峙。

25日下午，第5师团命令正在蔚县待机的步兵第42联队主力前往平型关赴援。这之前，步兵第42联队已将第2（折田）大队交由三浦旅团长指挥，并将第1（志鹤）大队派出增援三浦支队。此时，步兵第42联队联队长大场大佐指挥的兵力仅有第3（大町）大队和联队直属部队。

26日上午9时，步兵第42联队主力以大町大队（欠第11、12中队、大队炮小队）作为前卫，其余的部队作为本队，搭乘汽车，从蔚县出发，沿蔚县－广灵－灵丘道路向平型关战场急行。一路上，因连日降雨，路况极差，汽车通行困难。因此，该联队主力在路上走走停停，直到下午5时才到达灵丘宿营。

27日凌晨2时，该联队主力以大町大队（欠第11、12中队、大队炮小队）作为前卫，从灵丘出发，继续向平型关战场前进。早晨5时，大町大队到达东河南镇，因东河南镇西方约1公里附近不能通行汽车，随后改为徒步前进。该大队在师团副官服部少佐的引导下，一边前进，一边侦察敌情、地形。

大队长大町少佐到达蔡家峪西南侧时，发现西南方高地有中国兵活动，同时又接到先遣的工藤少尉的报告："约两个团的敌兵正从北向南移动。"因此他命令尖兵中队第9中队立即展开于小寨村道路西侧高地，掩护主力的展开。早晨6时40分，大町大队下达命令，"陆续到达的第3大队主力展开攻击小寨村东南侧高地之敌（指第687团7连），重点保持在道路东侧"。

7时10分，联队长大场大佐到达小寨村附近，将预备队第12中队复归大町少佐指挥。大町少佐则指挥其已到达的部队展开于道路西侧，从第9中队的右侧加入战斗。8时许，第1机枪中队的1个小队和志鹤大队大队炮小队陆续到达小寨村附近，为协力大町大队的战斗，和大町大队的大队炮小队一起，在道路东侧占领阵地。

上午9时30分左右，在炮兵的火力掩护下，日军右第一线的第10中队击退第687团7连一部，夺取"正面望楼"。接着，左第一线的第9中队攻击前进时，其西方的高地有人挥动着太阳旗，进行联络。

10时40分，志鹤大队的联络者到达联队本部，大场联队长这才知道，刚才与第9中队联络的日军部队是志鹤大队。原来，志鹤大队主力在9月26日白天进攻小寨村东方高地受挫后，当晚改向小寨村西侧迂回，27日拂晓占领小寨村西南方高地。

这时，第687团7连仍然顽强抵抗，日军一时难以取得突破。大场联队长为迅速和三浦支队会合，决定以第10中队（欠1个小队，配属重机枪1个小队）留守原阵地，牵制当面之中国守军（7连），并掩护背后联络线；同时以大町大队主力由公路西侧向西南方迂回。上午11时20分，联队主力开始行动。下午3时5分，大场联队长到达志鹤大队的位置，听取了志鹤大队长的情况汇报。

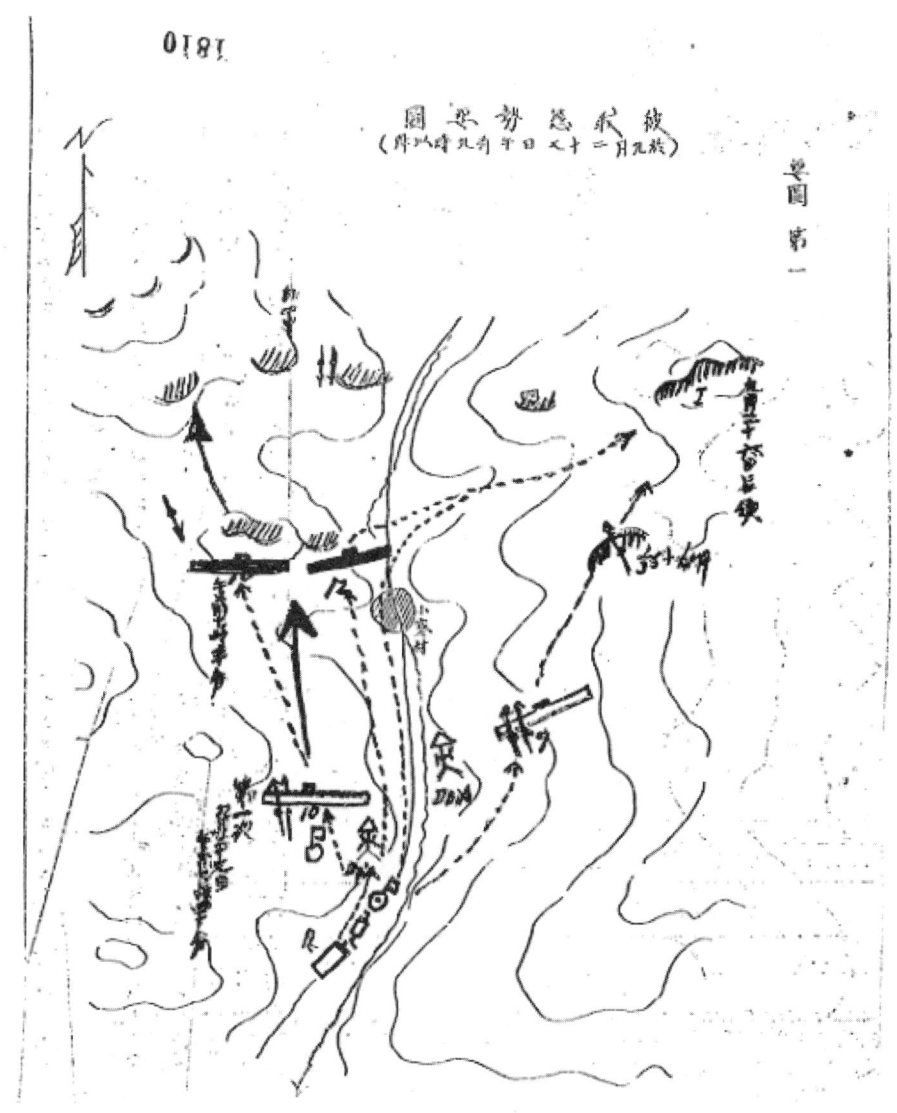

▲1937年9月27日上午9时以后日军第42联队主力的战斗态势图（图上方向标注错误，正确的方位应是上南下北，左东右西）。

步兵第42联队主力绕过7连阵地南下，与志鹤大队会合，据守老爷庙附近的第3营压力大大增加。第687团团长张绍东得知这个情况，感到独木难支，于是在得到上级的允许后，命令该团担任阻击的部队全部撤离战场。

第687团撤走后，步兵第42联队依然小心翼翼地攻击前进。28日早晨6时30分，志鹤大队占领长城线东方约2公里的一个高地。接着，大场联队长为了侦察中国军情，又派出1个小队，顺着棱线前进到附近的一个制高点上。而后，日军就把这个制高点作为瞭望哨观察敌情、地形。上午9时30分左右，日军瞭望哨发现，西北方约2公里的1390高地北侧鞍部道路附近有友军部队，立即挥动太阳旗与之联络，对方也打出了队号符号应答。至此，步兵第42联队开始与三浦支队取得联络。10分钟后，志鹤大队的重机枪及大队炮（92式步兵炮）陆续开来，对公路南侧的守军阵地进行射击。瞬间，守军阵地就被硝烟和轰鸣包围住了。阵地上一片混乱，激烈的枪声、轰隆隆的爆炸声和嘶哑的喊叫声、呻吟声交织在一起。而这时，日军的弹药也即将告罄。

上午10时，步兵第42联队向第5师团司令部发去以下电报（概要）：

（一）已和三浦支队取得联络。（二）尽快用汽车运送步枪、机枪、步兵炮及炮兵弹药到战场。

上午11时20分，同样赶来支援三浦支队的步兵第21联队第1大队，击退步兵第42联队阵地北方约1公里高地的中国守军后，和步兵第42联队取得联络。但这时，无论是步兵第21联队主力，还是步兵第42联队主力，都还没有和三浦支队会合。10分钟后，步兵第42联队派遣第1中队前往旅团司令部，担任联络任务。

下午1时，4架日军飞机飞来助战，向守军阵地投下若干枚炸弹。顿时，阵地上烟雾弥漫，火光冲天。守军的几门迫击炮也被炸毁，火力受到削弱。1个小时以后，满载日军伤兵的4辆卡车从旅团本部位置向步兵第42联队阵地开来。该联队发现这个情况，立即架起重机枪猛烈射击占领公路南侧的中国守军，压制其火力，使卡车安全地通过，开往东河南镇方向。同时，又有日军卡车满载人员、粮秣以及弹药从东河南镇方向开来。

步兵第42联队在补充了弹药之后，一边以猛烈的火力压制附近的中国守军，一边前进，终于在傍晚时分到达旅团司令部的位置。至此，该联队总算完成了救援三浦支队的任务，并重新开通了其后方联络线。

9月25日以来，三浦支队已在中国军队的包围下孤军战斗了4天之久，因此援兵到来后，其官兵无不欢欣鼓舞。

在后方被截断的长达4天的期间内，三浦支队在与中国军队的作战中伤亡很大，粮食和弹药也即将用尽。当时作为随军军医的丰田少尉回忆说，山炮炮弹和步兵炮弹连一发都没有了，增援部队如果不在28日到达的话，支队就会不可避免地全军覆灭。

日军步兵第21联队的救援行动

步兵第21联队主力于9月21日从浑源出发，22日早晨到达羊头崖，开始对该地南面一带的刘茂恩第15军阵地左翼猛攻，被守兵击退。23日夜，该联队从羊投崖撤兵，又企图经龙咀村（在枪风岭南20里）、大坪村（在小窝单西南10里）直捣大营，却受刘茂恩军阵地右翼及前进阵地的处处侧击；24日，与刘军一部在勺窝（枪风岭北10里）龙

羊头崖、棚子沟附近战斗双方战斗序列

中国军队
第15军　　　　　　军长刘茂恩
第64师　　　　　　师长武庭麟
第65师　　　　　　师长刘茂恩（兼）

日本军队
步兵第21联队（欠第3大队）　联队长粟饭原秀大佐

咀村之间以西山地数次激战后，终于占领棚子沟北方的长城一角。

随后，该联队接到辻参谋发来的电报，得知三浦支队于平型关口附近陷入苦战，急需支援，便于26日下午结束棚子沟附近的战斗，准备沿小道沟－龙嘴－王庄堡道路向团城口转进，以救援三浦支队。但因连日的疲劳以及地形的险峻，行军较为缓慢。该联队到达小道沟附近时，已是27日天明，只得转道，向马鹿沟方面迂回。这样，直到27日下午6时，其前卫的先头才到达王庄堡。随后，该联队的其余各部队也陆续到达该地进行休息。

这之前，联队长粟饭原大佐见到此次行军非常迟缓，于是派遣藤村大尉指挥步兵1个小队先行抵达团城口，和三浦支队进行联络。

到晚上9时，粟饭原大佐仍没有接到藤村大尉的任何报告，想转进又不明情况，只好在焦躁不安中等待。一些问题不断浮现在他的脑海里："是否三浦支队已陷于危机，在当地无法和师团方面取得联络呢？万一敌兵占据团城口附近，部队该如何通过呢？"

28日凌晨0时30分左右，藤村大尉终于返回，他报告说："我们到达团城口附近的村落时，受到敌人探照灯的照射，敌人的炮击接踵而至。根据枪声判断，友军远，敌军近。为获取详细情况，把小队留在该村落。"接到他的报告后，粟饭原大佐决定以步兵1个大队向团城口前进（预定午前7时出发），先占领藤村大尉提到的那个村落。

28日早晨，粟饭原大佐在集结地远远地观察团城口附近的地形，发现中国守军（李仙洲第21师）占领了该地两侧的高地。据此，他认为有必要占领团城口两侧的长城线。随后，第1（山口）大队的主力作为前卫出发，进入到上述无名村落中，先和藤村部队的1个小队会合，再展开进攻；联队主力则沿王庄堡－团城口道路前进。

山口大队开始攻击后，得到了联队炮、速射炮的火力掩护。粟饭原大佐又以第2（中岛）大队主力展开于山口大队右侧，并以其一部向团城口北侧高地攻击前进。上午11时30分，山口大队占领"团城口的最高

峰"。接着中岛大队的一部又夺取团城口北侧长城线的一角。粟饭原大佐看到己方的攻击已取得进展，于是立即命令藤村部队攻击"团城口西北方长城线最高峰"，并亲自率领预备队向"团城口南侧最高峰"急追。不久，该联队即夺取团城口两侧的长城线，其山口大队和三浦支队的平岩大队取得联系。

程继贤第434团大部殉国

步兵第21联队在团城口附近和三浦支队取得联系后，接到三浦旅团长的第一个命令就是："粟饭原部队占领迷回村南北一线，准备而后的追击。"但是，横亘在团城口与迷回村之间的鹞子涧，成为了阻其南下的一道屏障。这样，粟饭原命令第1（山口）大队占领鹞子涧附近，掩护部队主力在该地东侧集结。

当时，守卫鹞子涧附近阵地的中国守军是第72师第217旅第434团。团长程继贤（太谷人，北方军校毕业），性格直爽，治军很严。抗日战争开始后，程继贤时常对官兵们说："俗话说：'养兵千日用兵一时'，我辈军人报国之日已经到了。我们为了国家的独立和民族的生存，决不能贪生怕死，置国家民族于不顾。我们死在前线，虽死犹生，假若畏缩不前，死于军法之下，那就遗臭万年了。我们要拯救国家于危亡，誓死不做亡国奴。"全团官兵一千五六百人，在他的教育和训练下，誓死报国的决心和勇敢杀敌的精神，十分坚强。

但是，事与愿违，第72师于1937年8月从雁北奔赴南口抗战时，该团被阎锡山指定留在雁北看守国防工事，未能参战。大同会战初期，又被调到阳高，临时置于李服膺指挥下，辗转避战，全团官兵深以为耻。一直等到第72师从南口横岭城突围回到雁北，该团才在应县归复原师建制，随即开赴平型关战场。这期间，团长程继贤基于全团官兵的忠愤情绪，屡次争取打前锋。

因此，第434团自27日投入平型关战场以来，作为第217旅的先头部队，表现非常活跃，先把困守的郭军新编独立第1旅一部救出；当夜又乘日军南援东跑池，顺利攻占鹞子涧，扼阻了山隘，将团城口和东、西跑池之日军隔开；还以一连占领制高点1386.6高地，担任警戒任务。

然而，形势很快就发生了变化。日军步兵第11联队第1（尾家）大队在丢掉了鹞子涧后，立即组织反扑，以第1、4中队连夜进攻1386.6高地（日军称为望楼高地）。28日凌晨4时30分，其预备队第3中队又从左翼的后方增加到右翼第一线进行攻击，遂于早晨5时30分占领1386.6高地。28日上午，日军援兵步兵第21联队在占领团城口附近以后，又将进攻的矛头指向鹞子涧。第434团顿时陷入这两路日军的夹击之下。

这时，第434团过分突出于鹞子涧，既分散孤立又无后继。加上此前被日军隔离在六郎城的郭军第202旅，在没有和鹞子涧的第434团联系的情况下，就急速南移，使得程团更加孤立。

当在1386.6高地上警戒的1个连被日军尾家大队强袭时，程团长命傅冠英营长率部上山反攻。就在傅冠英营和尾家大队在该高地前沿对峙中，团城口的日军步兵第21联队第1（山口）大队悄悄地拥出隘口，直冲鹞子涧，将第434团团部和梁世荣营包围于村中。傅冠英营从东山回援，占领1386.6高地之尾家大队又随之下冲。第434团在山口、尾家两个大队的夹击下，毫不示弱，团长和两营长分途应战，同士兵一起和日军拼杀。山口大队在炮火掩护下，突入村内。第434团官兵以一口气尚在就要拼到底的精神，用手榴弹和刺刀与日军展开巷战，使日军每夺得一个院落，都要付出惨重的代价。

第217旅旅长梁春溥在迷回北山上，得知第434团被日军包围后，急率曹炳团赴援，却被阻击于鹞子涧西南，仅收容了第434团突围的一些零星人员，其中有负伤的营长张景舜等人。听他们说，第434团除少数人突围以外，已全部殉国。据此，第217旅主力遂退守迷回北山，和从六郎城退回的郭宗汾军第202旅于1635.9高地迄迷回北山间，站稳阵地，以防止日军南扑。

平型关战线再次陷入僵持

三浦旅团长在掌握了步兵第21、42联队主力（各2个步兵大队）之后，其指挥的兵力大大增加，达到了7个步兵大队和1个野炮兵大队。但是，原三浦支队的3个步兵大队在连日的激战中伤亡很大，几乎丧失了战斗力。因此，三浦旅团长决定，先以刚到的步兵第42联队主力将这些部队替换下来。

28日下午3时30分，步兵第42联队第3（大町）大队进驻1930高地，接替了步兵第21联队第3（平岩）大队防务。29日凌晨3时50分，步兵第42联队主力（联队本部、联队直属部队以及志鹤大队主力）进驻小西沟一线阵地，接替了步兵第42联队第2（折田）大队防务。

大场联队长进入折田大队阵地后，听取了代理大队长竹内中尉的报告，得知该大队少尉以上的军官，除竹内中尉以外，非死即伤。三浦支队其他大队的伤亡也很大。当竹内中尉报告到连日恶战的惨状时，怎么也抑制不住内心的悲痛，失声痛哭。平岩、折田两大队在移交完阵地后，作为预备队，退到安全的地方进行休整。

三浦旅团长在调整了兵力部署后，又变得有恃无恐，于28日晚作出以下攻击部署（概要）：

步兵第21联队（欠平岩大队，配属尾家大队）作为右第一线，沿团城口－涧头村道路（包括）以北地区攻击前进，前出到腰站村－迷回村一线。

步兵第42联队（欠大町大队）作为左第一线，展开于鹞子涧南侧地区，攻击团城口、洞封村道路（包括）以南之敌，前出到迷回村－小西沟一线。

29日拂晓，粟饭原大佐随联队主力到达鹞子沟时，听取了山口大队长的报告，得知"当面之敌（指防守迷回北山附近的第202、第217旅）依托坚固阵地，准备顽强抵抗"。

当日黎明，步兵第21联队主力集结于鹞子沟东侧附近，继续侦察敌情、地形，准备进攻迷回北山附近。这时，粟饭原得知团城口北方制高点依然在中国守军（李仙洲第21师）手中，决心先以有力的一部回头驱逐该高地之中国守军，随后再进攻迷回北山附近。

上午10时左右，中岛大队（第5、8中队、机枪1个小队）开始进攻团城口北方制高点（日军以后称其为"中岛山"），遭到第21师的顽强抵抗。粟饭原考虑到中岛大队的兵力过少，万一失败，不容易恢复，于是先后派出军旗中队永田中队以及守备团城口的宇野部队及机枪1个小队前去增援中岛大队。下午1时30分，中岛大队长率预备队发起最后的突击，完全占领团城口北方制高点。此时，宇野部队及机枪1个小队也到达山麓，击退了第21师的反击。在此次战斗中，中岛大队长负伤，宇野部队长接替其指挥。

就在中岛大队进攻团城口北方制高点的时候，步兵第21联队对迷回北山附近进行了侦察，结果发现中国守军只注意迷回北山的守御，在其左翼1635.9高地上，仅配置小部队担任警戒。随后，日军步兵第21联队以山口大队牵制迷回北山的中国守军，以尾家大队由鹞子涧向六郎城西北的盖房沟、黄圪塔迂回，出其不意地攻占了1635.9高地。日军占领该高地后，直接威胁涧头。在涧头的第61军军部随即受到从1635.9高地而来的炮击，第61军参谋长李铭鼎在炮兵指挥所向迷回第217旅长查询，经证实后，觉得情况严重，后方有被截断包抄的危机，立即命令在涧头以东的炮兵营转移射向，以强大火力集中轰击1635.9高地，对日军实施压制。

陈长捷也命令新编独立第4旅（辖第2、12团）旅长于镇河，先把留在西跑池的1个步兵营和机炮连抽回第2团（团长梁鸿勋）建制。然后，由于镇河率领第2团，从涧头村北上仰攻1635.9高地。该团从涧头西面展开后，以小部队分段前进到投手榴弹的有效距离，就集中投掷手榴弹，紧接着大部队分批猛冲。同时，于镇河带机炮连和1个步兵连在1635.9高地的对面高地上，向日军猛烈射击，压制日军火力，支援部队进攻。这时，郭宗汾师长也命令陈光斗旅向该高地东侧反攻，但第202旅士气不振，观望不前，以致第2团被日军炮火阻于半山，再难进展，勉力与敌相持于山麓，掩护了涧头后方。当天，第2团伤亡官兵300多人。

当日中午12时50分，步兵第42联队第一线的志鹤大队也开始攻击前进，却受到中国守军侧防机枪的射击。虽然日军第一线很快发出信号，要求炮兵予以压制，但此时其弹药缺乏，压制射击的效果并不好。加上中国守军阵地前有条大地裂沟，通过极为困难。这样，志鹤大队停止了白天的进攻，企图薄暮以后再发起进攻。这期间，该大队不断派人侦察敌情、地形，并作好攻击的准备。

下午6时50分，志鹤大队再次攻击前进。但是，中国守军以照明弹、探照灯照明，并大量地投掷手榴弹。在这样的情况下，日军前进颇为困难，只得再次停止进攻，又与中国守军对峙，伺机再次攻击。

29日白天的战斗，日军略占优势。但到了当晚，中日两军在平型关战场又进入相持的状态。当时，战场上的具体对阵形势大致是这样的：第21师与中岛大队、大町大队相持于团城口附近；新编独立第4旅第2团与尾家大队相持于1635.9高地；第202旅、第217旅与山口大队相持于迷回北山；第208旅、第214旅、新编独立第4旅第12团与志鹤大队相持于迷回村东南。

关东军部队的策应攻击

9月25日，当日军三浦支队在平型关附近陷入苦战的时候，日本关东军却接到"第5师团已占领了大营镇并继续西进"的错误情报，因此决定发动策应第5师团的作战，协同该师团进入代县附近，随即作出部署：混成第15旅团长一并指挥该旅团及混成第2旅团主力，迅速击破当面之敌，首先进入繁峙；独立混成第1旅团以其主力迅速转进朔县。

混成第15旅团25日从尚希庄出发，当天到达应县，准备经该地南下，从茹越口方面突破中国守军的防线，以快速占领繁峙。此时，关东军配属给混成第15旅团的混成第2旅团已到达浑源。这样，篠原旅团长命令混成第2旅团沿着下社村－龙王塘－西庄（繁峙东面约8公里）大道向繁峙攻击前进，混成第15旅团沿应县－茹越口－繁峙大道地区向繁峙攻击前进。

但是，此时混成第15旅团所辖的步兵第30联队及工兵第2联队主力，正作为关东军的预备队，留在大同。另外，骑兵第2联队

▲1937年9月，战斗间歇时的日军混成第15旅团士兵。

晋北争锋 忻口会战

（附大泉支队）在浑源方面作战。这样，混成第15旅团集结于应县的仅有如下兵力：

旅团本部、步兵第16联队、骑兵1个分队、野炮兵第2联队（欠第1、3大队）、工兵第2联队第1中队（欠2个小队）、师团通信队、关东军第2卫生班、给水班、移动鸽班。

当晚，篠原旅团长命令步兵第16联队（欠第1大队及第6中队）立即从应县出发，以主力前进到崔庄，又以一部前进到王宜

庄，侦察敌情、地形。

茹越口，位于应县城南20公里的茹越山下，是恒山与雁门山衔接处的一个山口，向为兵家必争之地。茹越口的北面是应县，往南下了恒山就是繁峙。茹越口位于茹越沟，沟两边是高山，从应县到繁峙，必须经过这里。这个口子宽约数十米，有大路通行。阎锡山曾在茹越口的两山筑有简单的国防工事，有防空洞（石窟）、碉堡、散兵壕等。

当时，在茹越口布防的中国守军是第34军第203旅（辖第405、406、427三个团）。

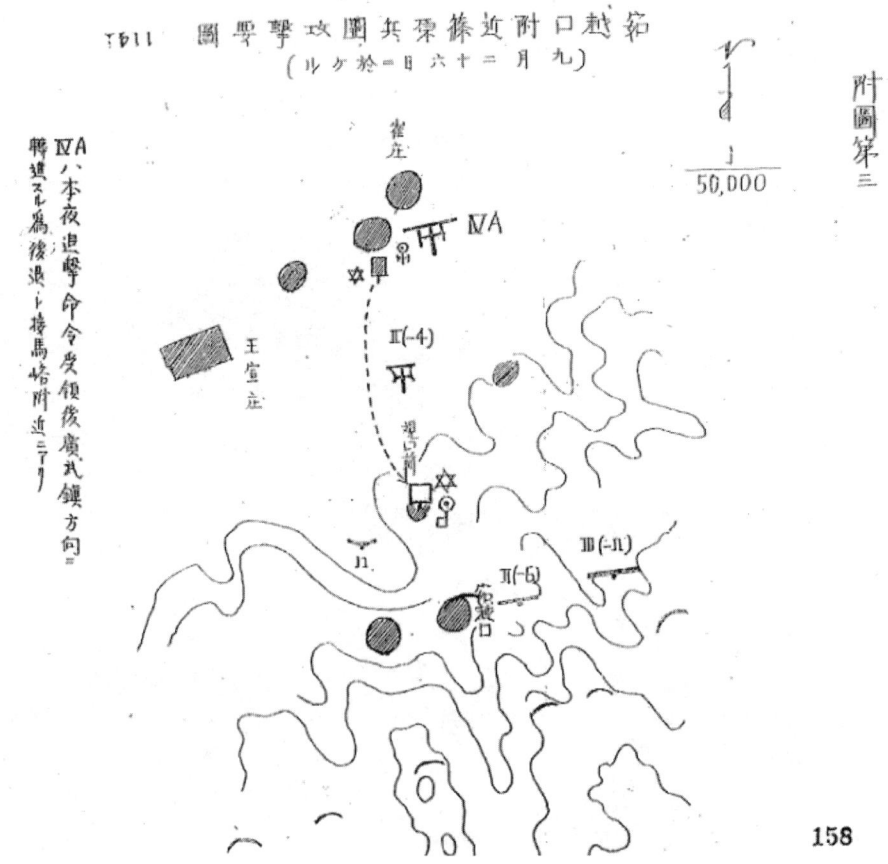

▲茹越口附近日军混成第15旅团攻击要图（1937年9月26日）。

该旅的布防情况是这样的：第427团驻守茹越口东南侧山头，第406团主力（欠第3营）驻守茹越口西侧山头，第405团为预备队。旅部与第406团第3营驻扎于宋家窑。

9月26日凌晨4时，日军混成第15旅团本部和预备队步兵第16联队第1大队一起，从应县出发，向崔家庄东北方棱线前进，但在行军途中却迷失方向，于早晨7时左右，到达北曹山。

在该地，篠原旅团长得知，步兵第16联队长同样在行军中迷失方向，正在王官庄（茹越口北方1里）。这时，篠原还误信了侦察员的报告，认为茹越口的中国守军已退却，于是下令所部向繁峙、代县追击（以步兵第16联队第3大队作为追击队，其他部队在其后方约300米处前进）。

但是，第一线的步兵第16联队很快就发现，茹越口的中国守军仍在坚守阵地，并未撤退。篠原旅团长得知这个情况后，立即前往茹越口西北方1.5公里附近视察。

通过观察，篠原旅团长发现，茹越口东南侧高地地势平缓，易于步炮协同。而当时该旅团的步兵兵力不足，仅有两个半大队。因此，他决定集中有限的兵力，重点攻击茹越口东南侧高地。同时，以一支小部队监视、牵制茹越口西侧高地的中国守军（第406团）。

随后，混成第15旅团取消了追击命令，重新作了一个攻击的部署（要旨）：

（一）步兵第16联队（欠第1大队和第6中队）在午后2时以前展开于规口前东西一线，准备攻击茹越口东南侧高地，同时以一部配置在茹越口西北地区，牵制隘路西侧之中国守军。

（二）实施攻击分为两期：

第1期（自26日午后3时至26日日落）

午后3时，步兵开始攻击，驱逐长城线附近之敌，使而后的前进容易。

第2期（自27日拂晓至27日黄昏）

午前7时，炮兵开始射击。午前8时，步兵发起进攻。随着攻击的进展，以一部进攻隘路西侧地区，使主力通过隘口容易。

（三）炮兵队以主力在崔庄附近，一部在王宜庄附近占领阵地，协力步兵第16联队的攻击。

26日下午2时左右，日军第一线步兵开始发起进攻，黄昏以前夺取长城北方高地的一部分。

27日早晨，步兵第16联队在炮兵的火力掩护下，以第2大队（欠第6中队）作为右第一线，第3大队（欠第11中队）作为左第一线，开始进攻茹越口东南侧高地，下午1时以前占领第427团的主要阵地。

第11中队本来在茹越口西北方地区，监视隘路西侧地区之第406团，随着主力的顺利进展，也开始进攻第406团阵地。上午9时30分，日军又将预备队中的第1中队增加到第11中队右侧。该中队于正午时分展开于上塞东北地区，随后攻击隘路西侧的制高点，下午1时40分占领该地。

当日下午4时20分，混成第15旅团下令，将预备队第1大队（欠第1、3中队）增加到第一线，一并指挥第1中队，攻击隘路西侧之敌（第406团）；步兵第16联队主力依然攻击隘路东侧之敌（第427团）。野炮兵第2联队（欠第1、3大队）随着第一线的攻击进展，将阵地推进到茹越口北方地区。同时，将第11中队调到茹越口，作为旅团的预备队。

此后，战场上的对阵形势为：步兵第16联队以第2、3大队主力攻击隘路东侧的第427团，以第1大队主力攻击隘路西侧的第406团。

隘路东侧方面，当晚日军右第一线第2大队（欠第6中队）以第5中队夜袭石楼子东北方高地的第427团，至28日拂晓前出到石楼子东北侧高地线。左第一线的第3大队（欠第11中队）受阻于前方的地裂沟，不能前进，遂利用黑夜向"规口前"附近后退。不久，第3中队也从茹越口出发，从第2大队的西侧加入战斗，晚上9时突入石楼子东侧高地，占领该地。

隘路西侧方面，第1大队（欠第1、3中队）于下午5时从茹越口出发。该大队到达第一线后，发现第1中队的正面狭小，于是以第2中队由土巷村迂回攻击第406团。随后，该中队通过夜袭夺取三道阵地，当晚10时到达第1中队的西侧高地。第406团在日军第1大队的猛攻之下，伤亡惨重，两个营长和许多连、排长都阵亡了，最后不得已放弃阵地。这样，梁鉴堂旅长命令，第406团退下来的官兵重行整顿，在宋家窑前至茹越口之间的东西山上占领阵地，同时将旅预备队，调至宋家窑，支援第406团拒敌。

当晚，鉴于白天的战斗失利，梁鉴堂旅长派第405团赵陆大团长带2个营袭击日军。出发前，梁旅长对赵团长说："我们打的是民族战争，不要独善其身。"

28日凌晨4时许，篠原旅团长突然听到从茹越口北方传来激烈的枪声，那里是日军炮兵阵地的位置。不久，他接到野炮兵第2联队副官冈田少佐的报告："敌人正在袭击炮兵阵地。"据此，他命令预备队步兵第16联队第11中队以2个分队向枪声前进，攻击前来夜袭的敌人（第405团）。又以师团通信队和旅团本部的卫兵（约1个小队），占领茹越口城墙附近，准备随时攻击。当时，猪鹿仓大佐指挥的步兵第30联队主力（欠第1、3大队）已乘车到达应县。篠原旅团长命令该部队立即赴援茹越口。

第11中队、师团通信队和旅团本部卫兵的兵力显得过于薄弱，而步兵第30联队主力还在应县，远水解不了近渴。这么少的日军，即使他们骁勇善战，也难以抵挡第405团2个营的袭击。

但这次，幸运之神站在日军这边。恰好这时，日军步兵第16联队第3大队主力因昨晚在第一线遇到地裂沟，不能前进，就后退到茹越口附近集结。他们发现中国军队前来夜袭后，立即和第11中队协力发起攻击，终于在早晨5时30分将第405团击溃。

再说梁鉴堂旅长这边，赵团长出发后，一夜未得报告。28日上午，梁旅长心急，立即前往第一线视察。但此时，日军已占领了隘路两侧的一些高地，很快就发现了梁旅长一行。梁旅长行至中途，突然遭到日军居高

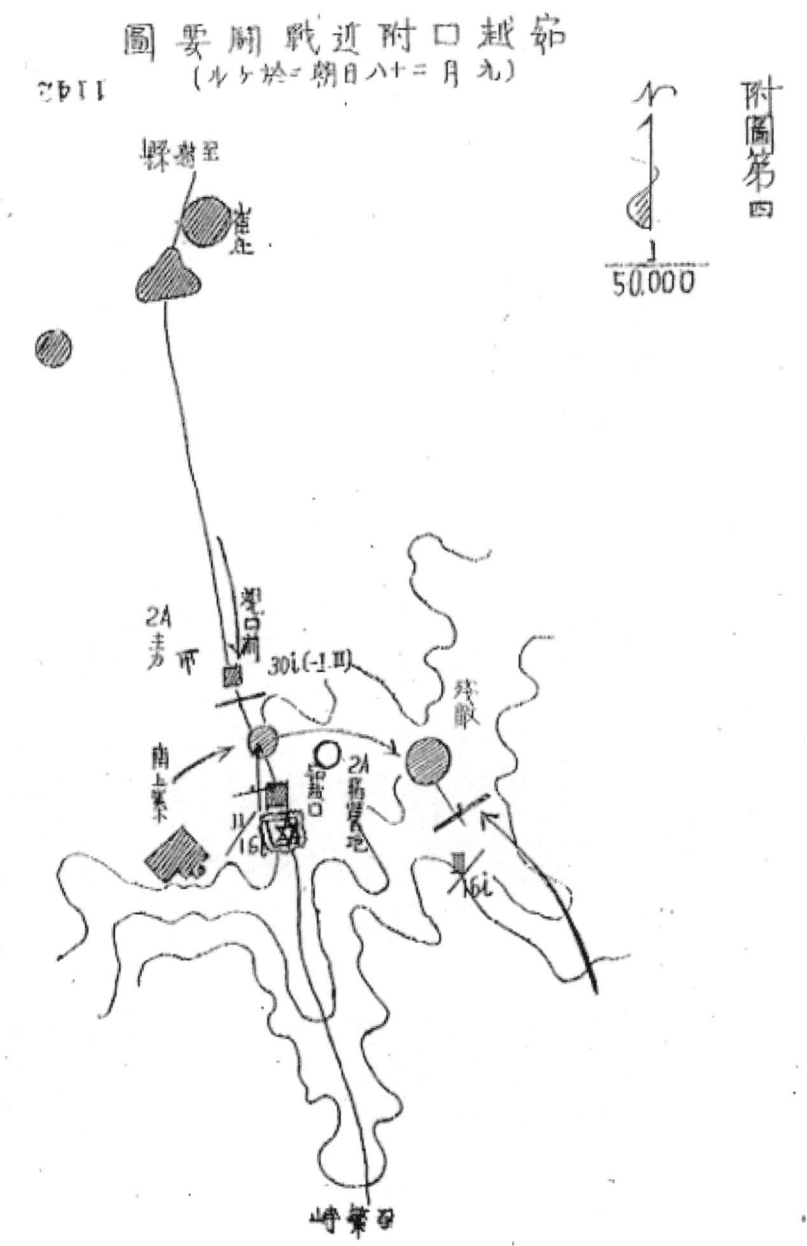

▲日军所绘茹越口附近战斗要图（1937年9月28日早晨）。

临下地射击，当即中弹殉国。

据郭荣显（时任第427团第3营副营长）的回忆，当时的情景是这样的："我看到梁鉴堂旅长带一个警卫排和几个卫士沿茹越沟向我阵地走来，看样子是要到第一线进行指挥。他还是平时那个样子，穿着军官服装，

梁鉴堂抗战简历

梁鉴堂，字镜斋。1897年生于河北蠡县，农民家庭出身。1917年入北京清河陆军预备学校。1920年东渡，入日本士官学校第13期炮科学习。全面抗战爆发时，任第33军第69师203旅旅长。1937年9月28日在茹越口战斗中牺牲。

茹越口附近战斗双方战斗序列

中国军队

第203旅　　旅长梁鉴堂

　　第405团　　团长赵陆大

　　第406团　　团长温冬生

　　第427团　　团长和春澍

日本军队

混成第15旅团

　　步兵第16联队

　　步兵第30联队（欠第1、3大队）

　　骑兵1个分队

　　工兵第2联队第1中队（欠2个小队）

　　野炮兵第2联队（欠第1、3大队）

　　第2师团通信队

　　关东军第2卫生班

　（配属部队）独立山炮兵第12联队

　（配属部队）给水班

迈着雄壮的步子。这时，突然听到一阵机关枪响，同时看到梁鉴堂旅长和七八个士兵倒了下去。我向敌方一看，原来是约1个班的敌人占领了我们阵地前的一个小山头，从这个小山头可以看清茹越沟的动静。敌人就是从那里用机枪扫倒梁旅长和他的警卫排的。当时战斗十分激烈，事先我们未发现敌人占领那个小山头……"

梁鉴堂旅长牺牲后，第203旅余部撤向繁峙以北的铁角岭阵地。上午9时50分，混成第15旅团发现中国守军后撤，立即按下列顺序向铁角岭追击：

步兵第30联队（欠第1、3大队）、步兵第16联队第3大队（欠第11中队）、兵团本部、步兵第16联队第3中队、联队本部、步兵第16联队第2大队（欠第6中队）

（步兵第30联队主力（第1、3大队）于当日早晨7时左右到达茹越口附近。）

28日下午1时左右，混成第15旅团开始攻击铁角岭守军阵地，并在29日拂晓以前进行多次夜袭，夺取守军大部分阵地。29日上午10时许，日军又占领铁角岭的最高点2530高地，守军第203旅余部再也无法坚持，开始全线后撤。日军随即转入追击。

但是，因铁角岭附近的道路非常难行，炮兵、汽车等均不能通过，于是该旅团的辎重兵中队（汽车编成）、给水班、卫生班、移动鸽班以及炮兵联队、工兵联队主力等部队被迫沿应县－山阴－广武镇－代县道路迂回前进，其余的部队则通过铁角岭向繁峙追

▲1937年9月29日，铁角岭陷落，图为占领阵地的日军混成第15旅团步兵第30联队的士兵。

击,并于当日黄昏占领繁峙。该旅团集结于繁峙的兵力如下:

混成第15旅团本部、步兵第16联队(欠第6、11中队、联队炮、速射炮、大队炮)、步兵第30联队本部以及通信班和1个小队、骑兵1个分队、独立山炮兵第12联队(欠2个中队)、工兵第1中队(欠2个小队)、师团通信队主力和临时通信队的一部(步兵部队由于各地的守备、战场扫除等欠一部)。

此时,原守备在内长城防线的第二战区各部队,正沿着滹沱河谷,向忻口附近南撤,其中有一部分正经过繁峙附近。这样,混成第15旅团进行了迎击,虽然给其造成了一定的损失(据日军统计,中国军队遗弃的尸体约150具),但因其兵力较少,并未能阻止中国军队的后撤。

9月30日,混成第15旅团继续追击,其前卫于当晚8时40分占领代县,其主力于10月1日凌晨2时30分进入代县城内,并在该地附近集结兵力。

再说一下关东军其他策应部队的情况,混成第2旅团于25日当晚向下社村前进,27日傍晚突破守军第61军在长城的警戒阵地,

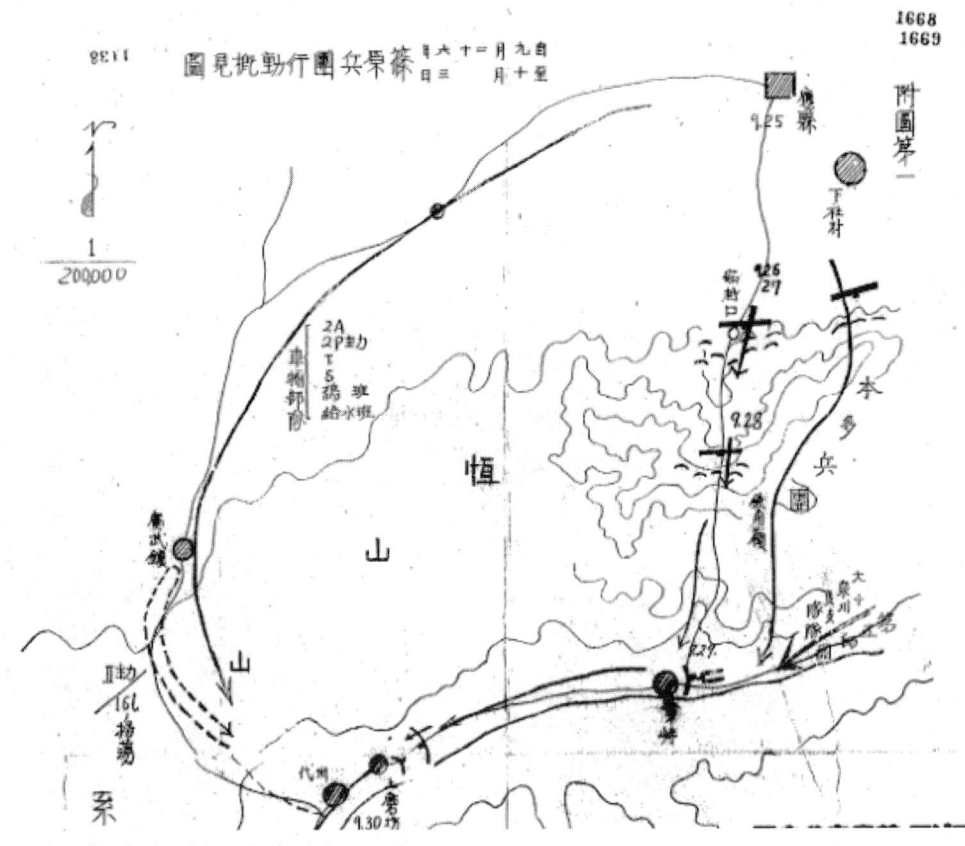

▲日军混成第15旅团行动路线图(1937年9月26日至9月30日)。

28日向内长城线进攻，经激烈的战斗之后侵占小石口。然后即经双秆树、龙王堂，向繁峙前进。

独立混成第1旅团（酒井兵团），26日自右玉出发，向南进攻，28日占领朔县。

内长城防线守军全线后撤

28日，傅作义分析平型关战场上的敌我形势，认为"敌板垣师团已无后续之部，其后方正经我八路军袭击，尚感受潜在的威胁，倾其全力延翼已到极限，第61军已加以制阻，敌今后只可能于调整部署下抽些部队，勉强再兴决斗。我方同样可以乘时调整部署，掌握余力，以为对抗。在平型关正面的寨沟、关沟迄东、西跑池之间，我军较占形势，迷回、涧头地区虽感压迫，而郭、陈两军指挥所正顶住要冲，镇定军心，并运用两军全部炮兵，集中优势炮火，倾击于1635.9高地，亦可以保证阵线不致动摇。若使第61军调整东翼，抽下于旅全部到涧头方面，使郭军调整西翼，腾出梁旅，归陈长捷节制，运用士气尚强的第61军为主力，发动进攻，则不难夺回1635.9高地，趁锐前出到六郎城，再攻夺鹞子涧、团城口"。

傅作义下定决心后，立即命令第61军坚持作战，等待第35军援兵的到来。并且，他亲到雁门关岭口和第二战区司令长官阎锡山商议，得到同意后，即令从绥东长途跋涉初到雁门以西的第35军全部向平型关方面急进。不久，阎锡山也和傅作义同到大营镇。他在大营镇与杨爱源、孙楚、傅作义等研究了一个在平型关外与日军决战的计划，要求第73师和第71师坚守平型关东翼和迷回原有阵地；第61军、第35军、第33军密切协同，向平型关外出击，围歼日军于蔡家峪以南地区；3个军的主力出击以后，守备平型关与迷回地区的部队作为第二线兵团，向蔡家峪、东河南推进。并作出了各军出击的具体作战计划。

决战计划决定以后，傅作义急调第35军速到平型关前线参战。可就在这个时候，突然传来消息，日军已突破茹越口，并把攻击的矛头指向繁峙，严重威胁内长城防线上中国守军的侧后。阎锡山担心内长城防线守军的后路被断，于是取消了决战计划，命令守军全线后撤。

9月30日早晨5时，日军步兵第21旅团各部队又开始攻击前进，却意外发现中国军队已退却（中国方面的资料记载，守军于10月1日凌晨才开始撤退）。而且，中国军队用岩石在道路上设了数道路障，并埋设地雷，使日军不能快速追赶。

等日军好不容易清理完路障、地雷，中国军队早已撤远。这样，日军步兵第21旅团以步兵第42联队作为前卫，沿迷回村－涧头村－大营镇道路向大营镇前进，当日下午1时到达大营镇宿营。

内长城防线上的中国守军撤退以后，日军第5师团长板垣令步兵第21旅团集结于大营镇附近。据日方资料记载，平型关战役期间，第5师团战死270余人，战伤800余人。

平型关附近战斗后期双方战斗序列
（1937年9月26日—9月30日）

中国军队
总指挥：第7集团军总司令傅作义
第61军　　　　　　　　军长陈长捷
　第72师　　　　　　　师长陈长捷
　　第208旅　　　　　　旅长吕瑞英
　　第217旅　　　　　　旅长梁春溥
　　新编独立第4旅　　　旅长于镇河
　第71师　　　　　　　师长郭宗汾
　　第202旅　　　　　　旅长陈光斗
　　第214旅　　　　　　旅长赵晋
　　新编独立第1旅　　　旅长陈庆华
　第21师　　　　　　　师长李仙洲
　　第61旅　　　　　　旅长崔振东
　　　第121团
　　　第122团
　　　第123团
　　第63旅　　　　　　旅长吕祥云
　　　第124团
　　　第125团
　　　第126团
　　独立第8旅　　　　　旅长孟宪吉
　　　第622团
　　　第623团
　　　第624团
　第115师第344旅第687团　团长张绍东

日本军队
　第5师团　　　　　　师团长板垣征四郎中将

步兵第21旅团　　　　　　旅团长三浦敏事少将
　步兵第21联队（欠第3大队）联队长粟饭原秀大佐
　步兵第42联队（欠第2大队）联队长大场四平大佐
　　步兵第11联队第1大队
　　步兵第21联队第3大队
　　步兵第42联队第2大队
　　野炮兵第5联队第3大队
　　独立山炮兵联队第2大队

第三章　崞县城附近的战斗

日军决定实施太原作战

9月18日，日军华北方面军第1课根据情报，得知中国军队已确定放弃保定，这样第1军于保定附近的会战变得容易了。据此，第1课的参谋们认为，第5师团前进到保定方面已没有意义了。于是，当夜他们集体拜访了冈部参谋长，重新呈报实施山西作战的意见。冈部被他们的热心所打动，立即将这个意见呈报给寺内司令官，但寺内依然没有改变以前的决心。另外，之前派遣到第5师团的方面军参谋辻大尉回来后，也再三强调山西作战的必要性，并且强硬地主张实施山西作战，同样被寺内所拒绝。寺内之所以否定山西作战，主要是顾忌到应该顺应参谋本部的企图作战。

但是，9月22日日本参谋本部向华北方面军发来如下电文：

第432号　1937年9月22日午后7时20分发

华北方面军参谋长宛　　　　次长

为河北作战，需要相当多的兵力，但此时第5师团却翻越恒山山脉，进行北部山西省方面作战。贵军对此有何意见。

9月23日，华北方面军对以上电报发了回电：

方参一电第85—1

次长电432号返

预计石家庄攻击缺了第5师团的话，不过只有战果大小的区别。

而太原攻略的政略价值很大，如果没有下列条件阻碍的场合，可果断进行山西作战。

（一）如果不实行太原攻略，山西作战就没有价值。

（二）以第5师团独力对山西实施作战，兵力不足，兵站的推进力也不足。因此太原攻略需要关东军的协力（包括兵站输送机关），此时将关东军的兵力纳入第5师团长的指挥下甚为关键。

（三）太原攻略最早要到10月才能开始，作战至少需要1个半月的时间。

（四）占领太原后，在关东军返回的场合，更有必要增加方面军兵力。而如果在事变解决前放弃一度占领的要地，将给予中国军队精神上的胜利感。

（五）因为方面军要进行太原作战，以及将来的山东作战及兵力转用到海州的需要，不要期待那时能从方面军抽出太多兵力。

（六）考虑到以上各项条件难以满足，而且方面军又在占领保定的关键时期，因此对山西攻略保持消极的态度。

（七）第5师团如要调往南方（华中），今日请速速明示方针。

当日参谋本部的回电为：

关于怎样使用第5师团，中央没有任何的约束。

此时，尽管华北方面军参谋之间对第5师团使用于山西方面的意见再起争执，但冈部认为，以上电报不会改变寺内的决心。

到27日，华北方面军的参谋们得知三浦支队在平型关附近遭到中国军队的反攻，陷入包围后，又提出以第5师团主力向代县方向发起攻势的意见，并由冈部向寺内呈报其要旨。但寺内认为，第5师团要使用于代县方面，以其前进到太原为前提才有意义，而今方面军没有实施太原作战的方针，因此以上方案不能同意。

到9月末，关东军占领繁峙及代县，第5师团三浦支队也夺取了大营镇，内长城防线的中国守军全线后撤。华北方面军的参谋们又提出意见："趁此机会立即实施太原作战。"但是，寺内的决心还是没有变化，依然坚持既定方针。

此时，日本国内的形势也有了新的变化。在参谋本部内部"是否扩大中国战场"的争论中，强硬派始终表现出咄咄逼人的姿态，不断向"不扩大派"施压，要求进一步向中国增兵，给中国致命打击。而以石原莞尔为首的"不扩大派"始终无法控制局面。9月27日，石原莞尔迫于各方面的压力，辞去第1部长的职务，转调关东军副参谋长。其后，没有了石原的参谋本部又对山西的战略价值重新进行分析，终于决定攻打太原。

10月1日晚7时许，华北方面军接到参谋总长的以下电报。

临参命第112号命令

（一）为使敌人丧失战意，决定进行北部山西省作战。

（二）华北方面军司令官以一部兵力进行北部山西省作战，占领太原。

（三）关东军司令官使华北方面军的上述作战容易。

1937年10月1日

奉敕传宣　　参谋总长载仁亲王

华北方面军司令官伯爵　寺内寿一殿

当晚10时30分，华北方面军下达方军作命第55号，命令第5师团攻占太原，并把堀毛中佐派遣到该师团司令部，担任业务辅助以及和关东军的联络等事务。

日军第5师团主力（步兵第21旅团、步兵第11联队第1大队、野炮兵第5联队第3大队以及独立山炮兵联队的第2大队为基干）于9月30日突破内长城线后，集结于大营镇附近。10月2日，该师团终于接到期盼以久的"攻占太原"的命令，却难以立即实施攻击。这是因为，当时第5师团指挥的步兵部队只有步兵第21旅团（旅团长三浦敏事少将）和步兵第11联队的第1大队。而且，第5师团主力刚刚经历了恶战，非常疲劳，其中一些部队伤亡较大，还需要时间休整。

步兵第9旅团（国崎登少将）指挥的步兵5个大队、山炮兵1个大队于9月27日从涞源出发，向保定转进。该旅团到达保定后，华北方面军为充实第5师团的战力，就将该旅团所属的步兵第11联队主力抽出，经由北平，由铁路运送到大同，回归师团主力。另外，还将"中国驻屯混成旅团"之一部，编成萱岛支队（步兵3个大队、1个战车队、骑兵、工兵各1个中队为基干），配属第5师团。该支队预定10月14日以后通过平绥线向大同转送。

中国军队的部署

中国军队在内长城线的防御战失利后，全线后撤。10月2日，第二战区司令长官阎锡山回到太原，立即着手保卫太原的作战部署。当日，蒋介石致电阎锡山，指出：山西抗战关系到全国战局，必须保持山西抗战阵地，坚持时间越长越好，最少要坚持一个半月。为此，中央即派第14集团军增援山西。

阎锡山综合当时状况，判断日军将以主力由大郭村、繁峙，一部由雁门关沿公路南进；另一部由阳方口附近实行牵制，使其主力作战容易。于是决定派兵一部死守忻口附近各要点，以待后续部队到达，而后由两翼出击而歼灭之。据此，第二战区司令部制定了如下作战计划：

方针

（一）本战区军以攻势防御之目的，以主力占领蔡家岗、灵山、界河铺、南怀化、大白水、卫家庄、1482高地迄阳方口既设阵地线，两翼依托五台及宁武各山脉，缩短战线，集中兵力，对侵入之敌，乘其立足未稳，迅速击灭之。

兵力部署

（二）以第18集团军（欠120师）、第73师（附炮兵1营）、第101师（附炮兵1营）及新编第2师为右翼军，归朱德总司令指挥，在五台山、罗圈沟、军马厂、翠岩峰、挂月峰迄峨口、峪口之线占领阵地。

（三）以第14集团军（笔者注：主要辖第14军、第85师）、第9军（欠第47师）、第15军、第17军、第19军及第196旅、炮兵第27团（欠第4、第6连）为中央军，归卫立煌总司令指挥，在蔡家岗、灵山、界河铺、南怀化、大白水至1482高地之线占领阵地，以另一部在中解村、阳明堡、虎头山、黑峪村之线占领阵地。

（四）以第68师、第71师、第120师及独立第7旅，炮第23、24、28团各团第3营为左翼军，归杨爱源总司令指挥，在黑峪村迄阳方口之线占领阵地。

（五）以第34军（欠第196旅）、第35

军、第61军(陈长捷)、第66师，及独立第1旅、第3旅为总预备军，归傅(作义)总司令指挥，位置于定襄、忻县一带，策应各方。

但是，当卫立煌接到上述作战计划时，预定由其指挥的第14军（辖第10、83师）、第9军（欠第47师）、第85师、独立第5旅，正由正太路向忻县输送当中，10月5日以后才能陆续到达。第15军正向横山村集结，10月7日始能整理完毕。第17军正向西冯村、忻县西北集结，10月9日以后才可以整理完毕。其余各部的集结和整理也多未完成。

鉴于这种情况，阎锡山担心日军乘虚而入，于是命令第19军（附第196旅）以主力扼守崞县城，以一部扼守原平镇；独立第7旅固守轩岗（宁武东南约20公里），阻击日军南下，迟滞其前进，掩护战区主力在忻口附近集中。

大郭村前哨战

崞县（今原平市）附近的地形特征，其东西两面是山，两山之间夹平川，滹沱河由北向南流经平原。在这样的地形条件下，第2战区希望第19军（附第196旅）依托崞县城（今崞阳镇）、原平镇（今原平市市区）两座城池阻击日军的进攻，尽量迟滞其前进。

第19军军长王靖国，字治安，号梦飞，为阎锡山"十三太保"之一。他1893年生于山西省五台县新河村，1917年考入保定陆军军官学校第5期步兵科学习。1918年毕业后投身晋军。此后他在阎锡山的晋军中顺利晋升。1935年4月，他被授予陆军中将。1936年，升任第19军军长。他打仗惯于保存实力，因此在晋军内部被认为是"老成谋国"者。

王靖国抗战简历

陆军上将，字治安，号梦飞，乳名村喜，山西省五台县新河村人，保定陆军军官学校第5期步兵科毕业。1893年出生，1952年病死狱中。全面抗战爆发时，任第19军军长。

1938年2月　兼任第二战区北路军第2路军司令

1939年2月　第13集团军总司令

1939年7月　西路军北区总司令

抗战期间，他参与的战役有太原会战等。

晋北争锋 | 忻口会战

平型关战役时，王靖国第19军布防于雁门关一带。该军辖第205旅（旅长田树梅少将）、第209旅（旅长段树华少将）和第215旅（旅长杜堃少将）。第205旅除本旅的第409团、第410团外，还指挥从绥远调来的第204旅第407团。第407团只有两个营。9月28日，茹越口被日军突破，平型关、雁门关一线的中国守军被迫撤守。第19军也由雁门关

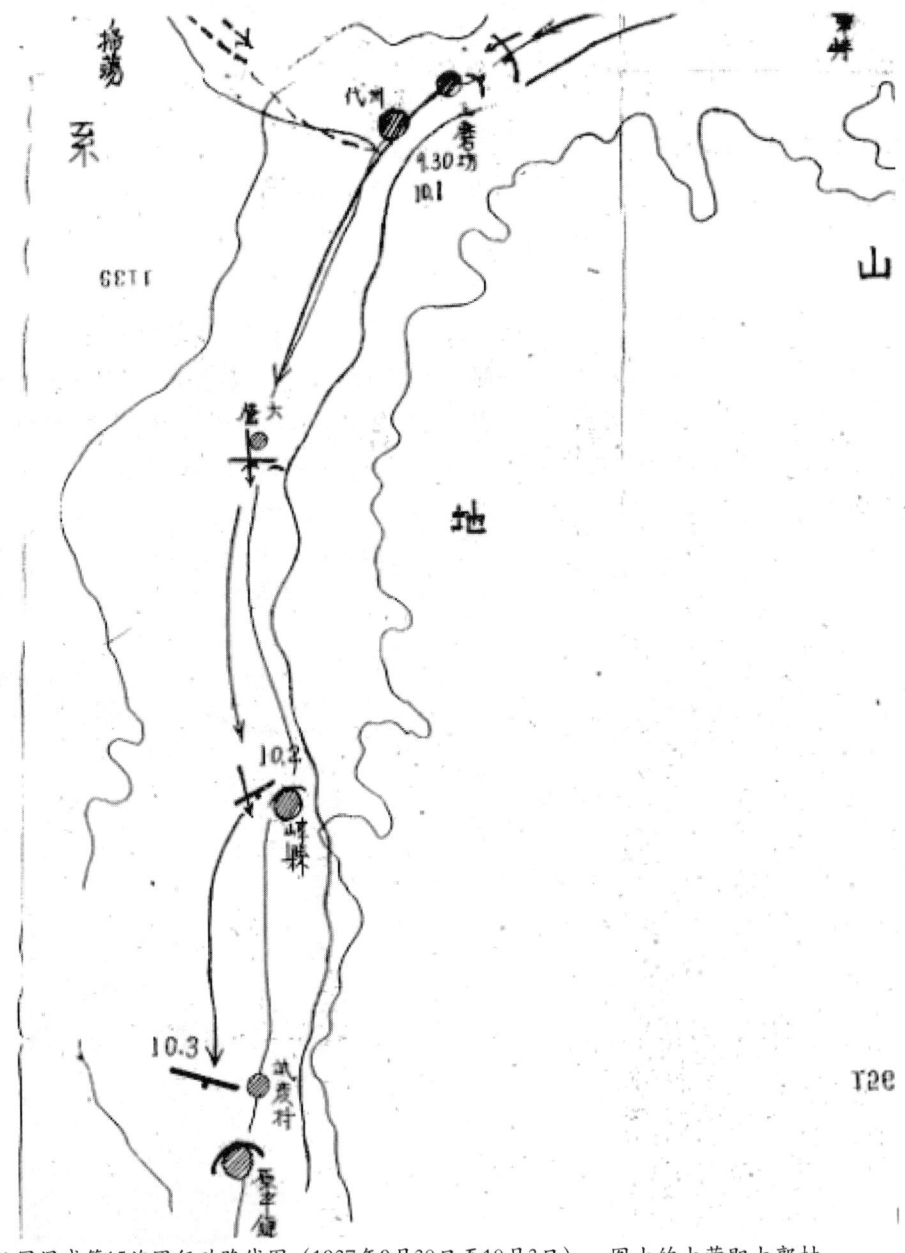

▲日军混成第15旅团行动路线图（1937年9月30日至10月3日），图上的大营即大郭村。

附近经阳明堡直奔代县,担任固守代县的任务。但是,其第205旅到达代县南关时,日军已由北门进城。第407团迫击炮连以4门迫击炮与日军对战一阵后,又退据阳明堡。

9月30日夜,王靖国在阳明堡接到阎锡山的电令,命他带领第19军以及姜玉贞的第196旅,以"依城野战"的方式固守崞县,掩护战区主力布防忻口。据此,王靖国决定以段树华、田树梅、姜玉贞的3个旅占领崞县城北5公里的大郭村(日军称为大营村)及小河线上;以杜堃旅及野炮营、新山炮营占领崞县城,作为全军的支撑。各部奉命后,即于当夜开始行动。10月1日下午,守军正在指定地点加紧构筑工事,突然一股日军进至大郭村附近,但暂不进攻,与段、田、姜各旅,遥遥相对。那么,这股日军是从哪里来的呢?

话得从头说起,此前关东军为策应第5师团,以混成第15旅团对内长城防线发动了进攻,占领了恒山以南至滹沱河上游一带地区,为日军由北面进攻太原创造了条件。

10月1日凌晨3时20分,日军混成第15旅团按照关东军命令(关作命蒙第227号),下达篠作命甲第113号命令,即旅团主力集结于代县,另以有力的一部作为追击队,向大郭村附近(代县南面约18公里)前进。

追击队由步兵第16联队长后藤大佐指挥,其兵力如下:

步兵第16联队(欠1个半大队)、独立山炮第3中队的1个小队、无线机1和汽车1(缴获品)。

追击队实际的步兵兵力如下:

联队本部、第1大队{第1中队(2个小队,编成上缺1个小队)、第2中队(3个小队)、第3中队(2个小队,另有1个小队在铁角岭)}、第7中队(2个小队,另有1个小队担任行李监视,正在追赶中队途中)和第2机枪中队(欠1个小队)。

追击队以外的部队在代县集结的兵力如下:

(一)混成第15旅团本部

(二)步兵第16联队{第2大队本部、第5中队(2个小队)、第6中队(2个小队)、第3大队本部、第10中队、第11中队。}

(三)步兵第30联队{联队本部(32名)、通信班(42名)、第6中队(68名)}

(四)骑兵1个分队

(五)山炮兵第12联队本部及第3中队(缺1门)

(六)工兵第2联队第1中队(欠2个小队)

其他步兵部队的情况:步兵第16联队第9中队作为繁峙警备队;其他部队正在追赶主力途中,其中步兵第30联队第2大队(欠第6中队)于当日下午4时到达代县,与旅团主力会合。

日军追击队于1日上午8时从代县出发,向大郭村前进,下午2时左右到达该地附近。队长后藤大佐得知有中国守军在大郭村南方台地占领阵地,决定对其实施攻击。随后,追击队派出多个小分队侦察了附近的敌情、地形,并命令各队做好进攻准备。如前所述,在大郭村及小河线上布防的中国守军为第19军的第205旅、第209旅和第196旅。

日军通过细致的侦察，用了一两个小时的时间，就大致摸清了守军的防御部署。后藤大佐随即作出部署：以步兵第1大队为第一线部队，薄暮开始攻击；步兵第7中队为预备队。

下午6时20分，步兵第1大队开始发起冲锋。日军以1个不满员的大队进攻守军的大部队，似乎是不可能完成的任务。但他们的运气实在太好了。恰好此时第19军正在调整部署。当日黄昏，王靖国命令姜玉贞的第196旅迅速赶往原平镇设防，当夜又对崞县的防御重新作出部署：以第205旅据崞县北城，以第215旅据崞县西城及南关西南部，以第209旅据崞县东城及南关东部，各旅以三分之一兵力守备城防，另以主力在城外部署，准备作战。各炮兵营控制于城内西北地区，积极备战。

大郭村及小河线上布防的守军3个旅奉命后，相继开始行动。第196旅首先撤出阵地，向原平镇转进。接着，第205旅和第209旅也以一部继续阻击日军，主力向崞县城撤退。这样，日军步兵第1大队的进攻较为顺利，至当晚9时占领大郭村南方高地。

此次战斗，据日方资料记载，日军战死1人，重伤2人，轻伤5人，缴获装甲汽车2辆、迫击炮1门和重机枪2挺。

篠原旅团在崞县附近的战斗

10月2日，日本关东军司令官为使华北方面军进攻太原的作战容易，决定以察哈尔派遣兵团的主力向崞县、原平镇追击，于是下达了如下命令（关作命蒙第229号）（要旨）：

（一）为了太原作战，军迅速向忻口镇急追敌人。（二）酒井兵团（独立混成第1旅团）迅速以主力前出到原平镇西方地区。（三）混成第15旅团（配属混成第2旅团及十川支队）迅速向崞县急追敌人。

而身处最前线的混成第15旅团在接到上述命令以前，就有向太原追击的企图。该旅团于2日早晨6时30分，对关东军司令官及大同战斗司令所呈报了以下意见：

（关东）军有必要向太原（至少为忻县）追击。

理由

（一）据守恒山山脉之敌的大部分已进入五台附近的山地，正在经忻县向太原附近退却。旅团认为其通过山地需要相当时日。

（二）在这种情况下，如果旅团依靠广武镇—代县—太原之间的良好道路，迅速前进，可切断忻县附近之敌的退路。为此应给第一线部队多配属汽车。

早晨7时许，该旅团的追击队长后藤大佐向旅团司令部发来电报："追击队昨1日黄昏占领大郭村南方高地，而后击退优势之敌的两次逆袭，目前正以一部进行追击。"

据此混成第15旅团长篠原诚一郎少将决定亲率主力从代县出发，支援追击队的战斗。但其正要发布命令时，却接到关东军司

第三章 崞县城附近的战斗

令官的上述命令。因此，篠原决定取消支援追击队的计划，并更改部署，于早晨7时45分下达篠作命甲第117号及118号，命令所属部队向崞县追击，其具体部署为：

（一）在大营村（即大郭村）附近的追击队立即向崞县前进。

（二）在代县的部队午前9时在代县南端集合后，以步兵第16联队第3大队（欠第9、11中队）作为前卫，其他作为本队向崞县前进。

（三）步兵第16联队第11中队作为代县警备队，留守该地。

（四）本多兵团（混成第2旅团）以及其他正在追赶旅团主力的部队一律向崞县前进。

追击队长后藤大佐于2日上午10时接到上述旅团的电令后，先集合部队，接着于午后0时30分从大郭村出发，向崞县前进，下午2时许在郑家营附近得知前方有若干的中国守军扼守大道，于是率领所部向大道西侧迂回前进。当晚7时许到达卜家沟后，又派出多个小分队，搜索崞县附近的敌情、地形。

混成第15旅团主力上午9时30分从代县南门出发，其先头于下午6时许到达崞县西北方地区。当时步兵第16联队长后藤大佐指挥的追击队已离开大道，在其东北方地区和中国守军对峙。但该旅团主力并不知道这个情况，依然认为追击队行进在其前方的大道上，于是未向前方派出警戒即放心大胆地走在大道上。这样，其前卫步兵第16联队第3大队（大队长牧少佐，欠第9、11中队）的行军纵队进入到中国守军阵地前沿三四百米时，突然受到第19军猛烈的机枪及步枪射击。刹那间，子弹犹如倾盆大雨般向日军倾泻而来。日军反应很快，立即散开卧倒，开枪还击。

旅团长篠原得知情况后，决定立即后退，与中国守军脱离接触，为此作出以下部署：

（一）以步兵第30联队长指挥的步兵部队占领大道两侧，掩护主力的后退，同时搜索当面的敌情、地形；

（二）以山炮兵中队对守军进行压制射击；

（三）各队大小行李后退到后方的河流一线；

（四）其余部队按步兵第16联队第3大队（欠第9、11中队）、山炮兵中队、旅团本部和通信队的顺序后退到后方500米附近。

当晚11时许，该旅团按以上部署整理完态势，准备次日进攻崞县城。

10月3日拂晓，篠原根据第一线部队报告的侦察结果，得知大部分的守军都在崞县城外的各村落布防，于是决定不直接攻击城墙，而是攻击崞县城西侧村落的守军，为此作出以下部署：

（一）右第一线部队为步兵第16联队本

部、通信班、步兵第1大队（欠第3中队的1个小队）、第7中队（欠2个小队）、第2机枪中队、山炮兵中队的1个小队，由卜家沟附近攻击敌人左侧背。

（二）左第一线部队为步兵第30联队（欠第1、3大队）对崞县城西侧村落之敌进行攻击。

（三）炮兵队在大道附近占领阵地，主要协力左第一线部队的战斗，同时射击崞县城墙。

（四）预备队为步兵第16联队第3大队（欠第9、11中队），在炮兵阵地位置。

步兵第30联队第1大队于当日上午9时到达崞县附近，随后作为旅团预备队由筱原直接指挥。但其机枪中队及大队炮小队被增加到第一线，复归步兵第30联队。

上午8时许，日军第一线步兵开始发起攻击。其左第一线的步兵第30联队主力（欠第1、3大队）以一部从正面牵制守军，主力则向其后方迂回。同时，日军山炮兵中队也对配置在崞县城墙上的守军及其山炮进行压制射击。

日军的攻击意图是逐次将守军向城内压迫，待其后续部队赶到后再予以包围歼灭。但是，出乎日军预料之外的是，城外布防的守军在其猛攻之下纷纷向南撤退。因此，日军步兵第30联队（欠第1、3大队）先向北标村追击守军，而后竟独断沿新道路向原平镇追击。

筱原见此情况，认为崞县守军的大部分已向东南方山地退却，崞县城内虽有部分守军还在坚守，但其已孤立无援。在这样的情况下，旅团若趁势向原平镇追击，不仅可威胁崞县城内守军的背后，使其很快退却；还可使独立混成第1旅团从广武镇向原平镇方向前进容易。况且，对据守城墙的守军进行攻击需要很长时间，不合追击的要领。另外旅团仅有山炮3门，攻击城墙也力不从心（当时混成第15旅团所属的绝大多数炮兵部队因为不能通过铁角岭，被迫绕远路迂回前进，因此未能及时赶来）。

因此，混成第15旅团决定绕过崞县城内的守军，从其西侧迂回，急袭原平镇之守军。但是，日军估计，当日如一举向原平镇前进，到达该地附近时天已黑了。而原平镇为同蒲铁路要点，很可能有有力的守兵把守。部队夜间在未知的地形上前进，如与中国军队发生遭遇战，容易产生混乱。这样不如夜间休息，次日早晨再奇袭原平镇的守军，据此作出如下部署：

（一）右第一线部队以主力向田家庄、以一部向下薛孤前进。

（二）左第一线部队向北丰铺前进。

（三）旅团主力在北贾村附近集结。

日军的意图是将田家庄、下薛孤、北丰铺和北贾村作为进攻出发地，当晚在这些地点集结休息，次日凌晨出发，急袭原平镇的守军。

正好这时混成第15旅团又收到关东军司令官2日下午6时所发的命令（关作命蒙第232号），令该旅团先占领原平镇附近，准备而后的前进。这样，混成第15旅团与关东军司令官的意图竟不谋而合。随后其各部队的行动如下：

右第一线部队于下午5时许到达目的地宿营。

左第一线部队也于下午5时40分到达北丰铺（原平镇北方8公里），但日军了解了当面的守军状况后，又独断决定进入到武彦

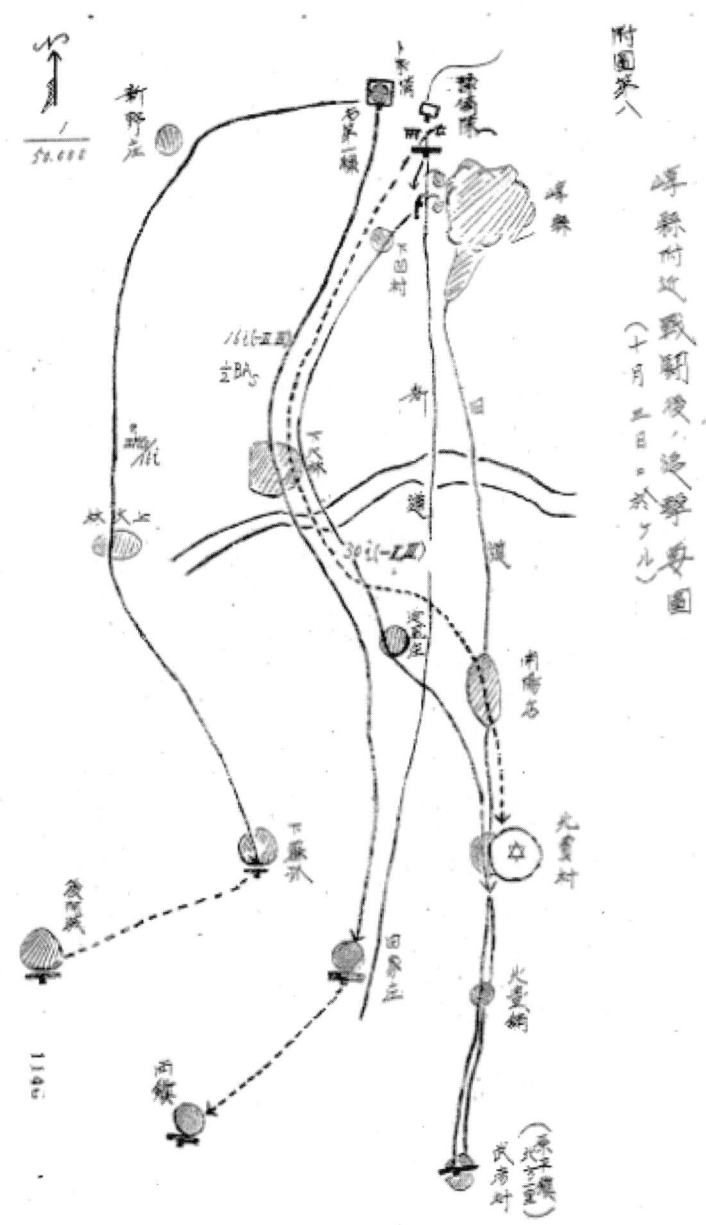

▲1937年10月3日日军混成第15旅团在崞县附近战斗之后的行动要图。

村。晚7时以前，步兵第30联队主力（欠第1、3大队）相继进入武彦村宿营。

该旅团主力上午10时开始出发，下午4时到达北贾村宿营。

而直到4日凌晨5时，第19军发现崞县城西北附近的日军不见了踪影，错误地判断其是向北撤退了，还派队向郑家营西南地区追击。

崞县城的陷落

日军混成第2旅团（旅团长本多政材少将）于10月3日夜到达崞县北方地区，4日上午前出到崞县城外，开始对崞县城内的第19军进行攻击。4日上午10时许，日军步兵在飞机与炮火掩护下，攻到崞县北关跟前。守北关的第407团奋力抵抗，旅长田树梅也光着膀子到城上督战，打退了日军的多次进攻。由于北关战况吃紧，第19军军长王靖国于下午6时命令向郑家营进击部队撤回原防。

5日拂晓，日军又开始猛攻北关。因为日军炮火猛烈，守军第407团的官兵只能隐蔽在工事内，一动也不敢动。突然，该团指挥部的窑洞被一发炮弹直接命中，发生垮塌，团长刘良相、中校团附高育麟、通信排

本多政材

日本长野县人，1889年5月17日出生，1910年5月毕业于日本陆军士官学校第22期，1917年11月陆军大学第29期毕业。1964年7月17日亡故。

1921年1月　　法国出差

1921年12月　　驻法国

1925年8月　　晋升陆军少佐

1928年8月　　晋升陆军中佐

1933年8月　　晋升陆军大佐，步兵第22联队长

1937年8月　　晋升陆军少将，步兵第2旅团长

1939年10月　　晋升陆军中将

1939年12月　　"支那派遣军"总参谋副长

1940年10月　　第8师团长

1942年3月　　第20军司令官

1944年4月　　第33军司令官

1947年8月　　复员

中国抗战时期，他参与的侵略作战有察哈尔作战、内长城线作战、崞县附近战斗、滇西缅北作战。

排长李慕耕以及通信兵、传令兵等多人,被掩埋在窑洞内。由于失去统一指挥,第407团打到中午,就再也顶不住了,被迫撤出阵地,退入崞县城内,日军趁势占领北关。

此时,田树梅旅长亲自到城门洞里指挥督战。当他看到第407团第3营营长柳青魁退下来时,便问柳:"你的部队怎么样了?"柳答:"没有收集起来。"又问:"你们团长怎样?"柳答:"被埋在窑洞里。"又问:"你刨了没有?"柳答:"没有"。田旅长听罢大怒,当即命令将柳枪决。

6日,阎锡山决定对侵入平型关、雁门关、阳方口之日军,乘其立足未稳迅速击破,并先歼灭围攻原平、崞县之日军,据此下达对日军出击的命令。其要点是:以中央集团军由忻口通崞县公路两侧地区向原平、崞县之敌进攻;左、右翼集团军从后侧截击日军。预期于10日晚开始动作。

7日早晨7时,日军混成第2旅团步兵第1联队决定以第1、3大队突击崞县城墙,大致定为下午3时开始突击。

第1大队长奉命后,于下午1时在大乐沟南端围墙内集合各小队长以上军官,下达以下要旨命令:

大队作为右第一线,夺取北正面城墙,我正面凭借150毫米榴弹炮开设突击路,各队按第2、3中队的顺序,在北门外北侧村落庙附近集结,在炮兵破坏城墙时,越过小河到达突击发起点。接着乘炮兵的突击支援射击后瞬间突入城墙破坏口。

第2、3中队随即按照上述命令在庙北侧集结。下午5时30分,日军炮兵在第1大队突击正面打开两道缺口。这时,日军步兵在炮兵的压制射击掩护下,已前出到突击发起地点。但是,两道缺口中,右面的缺口破坏不完全,上部仍有3米的直壁,不能攀登。第1大队长虽立即要求野炮大队使其崩塌,但野炮却不容易命中。该大队遂决定仅凭左面的缺口突入,并要求炮兵实施炮火掩护。

下午6时10分,第2中队的第一线小队抓住其当面的守军受到炮火压制,全躲在掩体内的机会进行突击,终于攀上城墙。接着在该小队的掩护下,第2中队全部登上城墙。随后日军第1大队长又将预备队的1个小队及工兵2个分队增加给第2中队。

王靖国发现日军在北城墙上取得立足点后,命令所部夺回城上的日军据点。首先是田树梅旅长组织的进攻,其后是杜旅卢仪欧团长组织的进攻,均未奏效。关于守军的反击情况,日军资料有如下记载,"敌人从南面城墙及西门楼附近反复逆袭而来。第2中队前出到城墙的第2突出部附近后,战局无进展。加上天已黑了,我军对敌情、地形不明,于是在和敌人进行手榴弹战的同时,积极增强工事,以确保当前阵地。这期间第2中队第1小队长铃木准尉以下9人负伤。"

当夜,谣言开始在守军之间传开,有说日军已进城的,也有说日军已占领原平的。于是军心动摇,指挥不灵,部队渐渐失去控制,陷入一片混乱之中。有的官兵从东城墙跳下逃跑,甚至有人将守东门的警卫人员杀害,夺门而出。当田树梅旅长到东门附近了

晋北争锋 | 忻口会战

解战斗情况时，发现人已不多了。

王靖国见大势已去，便于8日凌晨2时许率部由南门出城，向辛章村、练家岗一带转移。崞县城就这样沦陷了。第19军过滹沱河时，其野炮营的10门野炮，仅1门过了河，其余9门均沉入河底。

混成第2旅团占领崞县后，并未南下，在与第5师团的部队换防后由崞县向大同转进。

由于崞县过早失守影响到原定向日军出击的作战计划，阎锡山于当日命令各军放弃10月6日发布的对日军出击的作战计划，全线改取守势。

崞县城附近战斗双方战斗序列

中国军队
第19军　　　军长王靖国
　第205旅　　旅长田树梅
　　第407团　团长刘良相
　　第409团　团长侯振清
　　第410团　团长石焕然
　第209旅　　旅长段树华
　　第417团　团长张勤增
　　第418团　团长张寿华
　　第432团　团长王鸿浦
　第215旅　　旅长杜堃
　　第408团　团长李秀亭
　　第429团　团长卢仪欧
　　第430团　团长马凤岗
　野炮营

日本军队
10月3日
混成第15旅团
　步兵第16联队
　步兵第30联队（欠第1、3大队）
　骑兵1个分队

工兵第2联队第1中队（欠2个小队）

第2师团通信队主力和临时通信队的一部

（配属部队）独立山炮兵第12联队（欠2个中队）

10月4日以后

混成第2旅团

步兵第1联队　联队长十川次郎大佐

步兵第3联队　联队长汤浅政雄大佐

步兵第57联队第3大队

骑兵第1联队第2中队

工兵第1联队第1中队

（配属部队）野炮兵第4联队

（配属部队）野战重炮兵第9联队

（配属部队）临时重炮兵中队

第四章　原平镇附近战斗

强弩之末

混成第15旅团是由日本关东军第2师团的步兵第15旅团（欠1个步兵大队）、骑兵第2联队（欠1个中队）、野炮兵第2联队（欠第1、3大队）、工兵第2联队（欠1个中队）、师团通信队、辎重兵中队以及关东军第2卫生班等部队混编而成。第2师团为日军最精锐的师团之一，日俄战争时以夜袭弓长岭而闻名，九一八事变时更是在东北横行一时。步兵第15旅团主要由步兵第16、30联队组成。步兵第16联队编成于新发田，其官兵主要来自新潟县东北部；步兵第30联队编成于高田，其官兵主要来自新潟县西南部。新潟县在古代为越后国和佐渡国，是日本有名的贫穷农业县，自然环境艰苦。这里的水土曾孕育了驰骋于战国乱世的"越后之龙"上杉谦信以及一手策划珍珠港事件的山本五十六等一大批精兵捍将。

但是，混成第15旅团为准应急动员编成，其人员、装备数从一开始就连平时编制也未达到（平时编制的部队全部为现役兵组成；战时编制的部队除现役兵外，还有预备役、后备役人员的加强）。1937年日军挽马师团1个步兵联队的平时编制为2310人，战时编制为3747人。而混成第15旅团于1937年8月18日从黑龙江出发时为4106人，其中步兵第16联队仅为1603人，步兵第30联队（欠第3大队）仅为1279人。其各步兵大队仅有3个步兵中队、1个机枪中队和1个大队炮小队。其各步兵中队有的为3小队编成，有的为2小队编成。而且，几乎每个单位的人数都没有达到定员数。再加上8月19日至10月3日期间，即原平镇战斗以前，混成第15旅团伤亡471人（其中步兵第16联队伤亡287人，步兵第30联队伤亡166人），一直没有得到人员的补充。这样，尽管该旅团在尚希庄待机期间，得到独立山炮兵第12联队（欠1个中队）等配属部队，但其实际战力还比不上1个步兵联队。

况且，该旅团自从突破茹越口以来，麻烦就接连不断。因其辎重以及大部分的炮兵、工兵部队等不能通过铁角岭，被迫绕远路迂回，从而与旅团主力分开行动。这样，该旅团主力通过铁角岭后，其后勤补给完全没跟上，主要依靠飞机空投以及在当地掠夺物资来维持供给。另外，其炮兵火力也不足。随旅团主力通过铁角岭南下的炮兵部队只有1个山炮兵中队（3门）以及各步兵联队、大队隶属的大队炮、联队炮和速射炮部队。而且，虽然该旅团向南推进较为顺利，但沿途在新夺取的铁角岭、繁峙、代县、阳明堡等地处处分兵把守，还以一部打扫战场，致使一路南下的旅团主力越分越少，已成强弩之末。

1937年日军平时编制和战时编制的常设四单位挽马师团比较

平时编制的常设四单位挽马师团编制定员表

师团（定员14656名）
　　师团司令部（定员108名）
　　A旅团（定员4688名）
　　　　旅团司令部（定员68名）
　　　　A联队（定员2310名）
　　　　　　联队本部（定员197名）
　　　　　　A大队（定员654名）
　　　　　　　　大队本部（定员71名）×1
　　　　　　　　步兵中队（定员157名）×3
　　　　　　　　机枪中队（定员74名）×1
　　　　　　　　步兵小队（定员38名）×1
　　　　　　B大队（编制定员同A大队）
　　　　　　C大队（编制定员同A大队）
　　　　　　步兵炮中队（定员107名）
　　　　　　速射炮中队（定员44名）
　　　　B联队（编制定员同A联队）
　　B旅团（编制定员同A旅团）
　　骑兵队（定员161名）
　　野炮兵联队（定员1493名）
　　工兵队（定员207名）
　　辎重队（定员526名）
　　其他（师团通信队、卫生队和野战医院）

晋北争锋 忻口会战

战时编制的常设四单位挽马师团编制定员表
师团（定员25251名）
    师团司令部（定员325名）
  A旅团（定员7569名）
    旅团司令部（定员75名）
    A联队（定员3747名）
      联队本部（定员224名）
      A大队（定员1091名）
        大队本部（定员120名）×1
        步兵中队（定员194名）×4
        机枪中队（定员139名）×1
        步兵炮小队（定员56名）×1
      B大队（编制定员同A大队）
      C大队（编制定员同A大队）
      步兵炮中队（定员161名）
      速射炮中队（定员89名）
    B联队（编制定员同A联队）
  B旅团（编制定员同A旅团）
  骑兵联队（定员453名）
  野炮兵联队（定员2556名）
  工兵联队（定员568名）
  辎重兵联队（定员3821名）
  师团通信队（定员255名）
  师团卫生队（定员1054名）
  师团兵器勤务队（定员121名）
  第1、2、3、4野战医院（定员960名）

4日凌晨，日军混成第15旅团的以下各部队分别从田家庄、下薛孤、武彦村和北贾村等地出发，向原平镇进发。

日军混成第15旅团编制如下：

混成第15旅团本部

步兵第16联队主力（联队长后藤大佐）：步兵第16联队本部、通信班、步兵第1大队（欠第3中队的1个小队及大队炮小

队）、第7中队（欠2个小队）、第2机枪中队、山炮兵中队的1个小队

步兵第30联队（联队长猪鹿仓大佐）：联队本部及第1、2大队

预备队：步兵第16联队第3大队（欠第9、11中队）

独立山炮兵第12联队主力（欠第1、2中队）：联队本部和第3中队（欠1个小队）

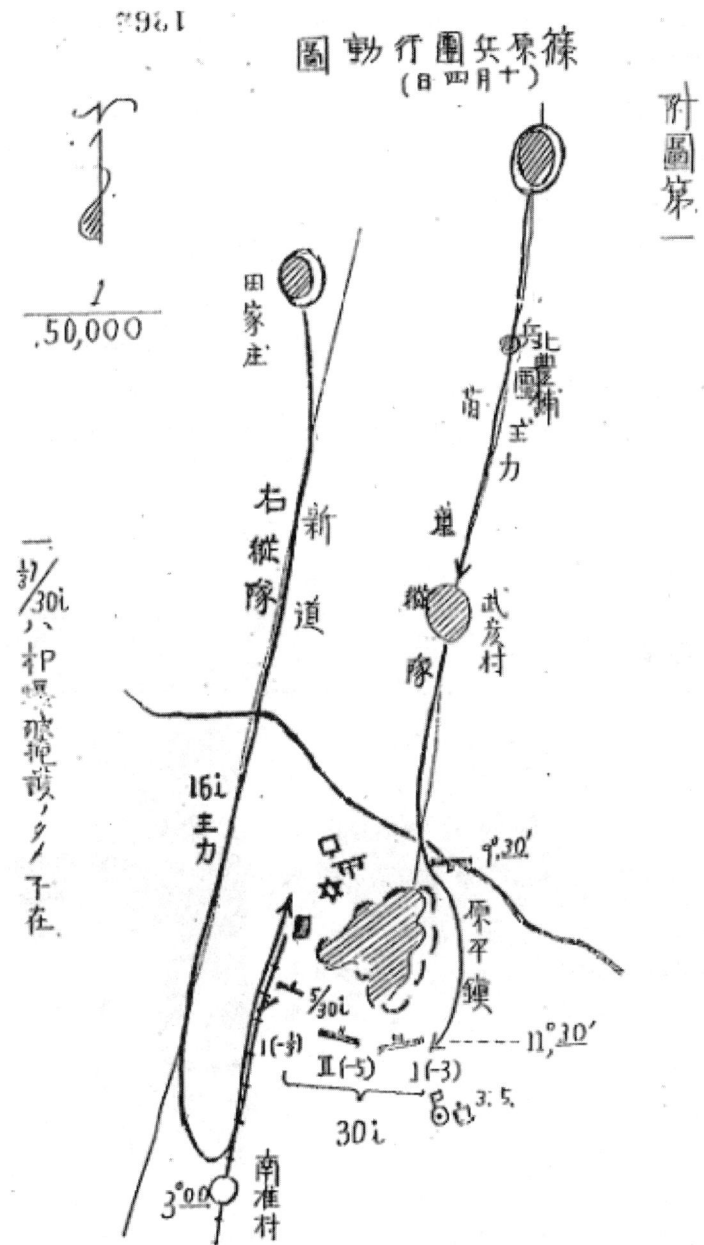

▲日军混成第15旅团行动图（1937年10月4日）。

晋北争锋 | 忻口会战

工兵第2联队第1中队（欠2个小队）

其行动部署为：步兵第16联队主力作为右纵队，早晨5时从田家庄出发，沿新道路向原平镇前进；步兵第30联队第1大队（欠大队炮及重机枪半部）作为左纵队前卫，向原平镇前进；步兵第2大队（欠第5、7中队）的先头在早晨5时30分以前到达武彦村南端，并在本道上集合，随后作为左纵队的前兵沿前卫的进路向原平镇前进；其余的各队作为左纵队的前卫本队，早晨5时30分以前其先头跟随在前兵的后方行进，与其保持约300米的间距。

当时，原平既不是县，也不是市，只是崞县属下的一个镇。但其居大同直通忻州的要道之口，也是同蒲铁路和大同公路的交汇处，其势如"街亭"。如果日军迅速拿下原平镇，并赶在中国军队集结完毕之前直下忻口，战局将不可收拾。防守原平镇的中国守军为晋绥军第196旅。该旅旅长为素有"猛将"之称的姜玉贞。

该旅原属于杨澄源第34军建制，中国守军弃守内长城一线后，又归入第19军序列。该旅为甲种旅，下辖第391团、第392团和第413团。每团有1个迫炮连，每营有1个重机枪连，全旅共4000多人。此外还配属有1个山炮营。

该旅于10月1日接到在原平镇坚守的命令后，连夜开往原平镇。进入原平镇后，其旅部、团部、营部都驻在城内。当时的部署是："第391团守停车场，第392团守公路、第413团为预备队，炮兵在城内放列。"任务下达后，该旅各部队即在城外挖掘掩体，并在城北、城西加紧构筑工事，以阻击日军南下。

姜玉贞简介

字连璧，1894年出生在山东菏泽县(今菏泽开发区)辛集村一个贫苦农民家庭。自幼生活的艰辛，培养了他倔强的性格。1913年，陕西督军陆琅斋招兵，为摆脱贫困处境应招入伍，编入商震团。1916年秋，跟随商震投奔了山西督军阎锡山。姜玉贞在部队中训练认真，又勇于吃苦，赢得了长官的赏识，送他到山西陆军第1混成旅干部学校受训，毕业后在晋军中服役。由于他英勇善战，治军有方，深得士兵的爱戴和长官的重用，被逐级提升为排长、连长、营长、团长、旅长，并在晋军中获得了"猛将"的称号。1937年10月11日，姜玉贞在原平镇战斗中殉国。

初攻原平镇

早晨7时许,日军混成第15旅团司令部到达原平镇北方约1公里的小河一线时,突然受到守军的射击。不久,旅团长篠原少将又接到侦察员的报告,得知原平镇的北面是守军的防御重点。于是,篠原决定避开守军重点防御的方向,迂回攻击其薄弱的方向,据此下达了以下要旨的攻击命令:

(一)步兵第16联队长指挥的部队作为右第一线,攻击当面之敌,向南淮村(原平镇西南方)前进。

(二)步兵第30联队(欠第3大队)作为左第一线,由原平镇的东侧攻击敌人的背后。

(三)山炮兵联队(欠第1、2中队)在原平镇西北方山丘附近占领阵地,协力第一线的攻击。

(四)步兵第16联队第3大队(欠一部)作为预备队,暂在当前位置,其后随着旅团本部的移动,到达原平镇西北方山丘附近。

篠原下达命令后,于上午8时30分左右和幕僚共同前进到原平镇东北方山丘一线,观察前面的敌情、地形。随后,独立山炮兵中队主力也到达该地附近占领阵地。

步兵第16联队早晨5时从田家庄出发,向原平镇前进。途中得知约1个连的守军在原平镇兵营北侧占领阵地,立即以其前卫攻

篠原诚一郎

日本群马县人,1884年5月11日出生,1905年3月30日毕业于日本陆军军官学校第17期。1972年7月8日亡故。

1905年4月21日	授阶陆军步兵少尉
1906年4月4日	步兵第15联队附
1907年12月21日	晋升陆军步兵中尉
1909年3月25日	步兵第12联队附
1916年2月4日	晋升陆军步兵大尉
1916年4月1日	步兵第12联队中队长
1918年4月23日	步兵第12联队附
1918年12月1日	步兵第12联队机枪队队长
1922年2月8日	步兵第10旅团副官
1922年8月15日	晋升陆军步兵少佐
1931年8月1日	晋升陆军步兵大佐,第16师团司令部附

晋北争锋 忻口会战

1933年8月1日	步兵第40联队联队长
1936年3月7日	晋升陆军少将
1936年3月23日	步兵第15旅团旅团长
1938年3月1日	第1国境守备队队长
1939年3月9日	晋升陆军中将，关东军司令部附
1939年5月19日	第116师团师团长
1941年10月15日	参谋本部附
1941年12月2日	转预备役

中国抗战时期，他参与的侵略作战有察哈尔作战、内长城线作战、太原攻略战、反击1939年中国军队的冬季攻势、扬子江方面作战（春季皖南作战）、淮南作战等。1940年4月29日获得勋一等旭日大绶章，1940年5月17日获得勋一等瑞宝章。

击其右翼。前卫在山炮的配合下，上午11时30分将守军击退。随后，该联队接到上述旅团命令，于下午1时30分到达南准村，接着又派遣第3中队的1个小队到永兴村北方高地搜索敌情、地形（该小队从那以后到10月8日一直担任该地的警备。8日和第1中队的1个小队换防，第1中队的1个小队9日到达原平镇，复归原所属）。

步兵第30联队于早晨6时从武彦村出发，向原平镇前进。其先头到达原平镇北方500米的河流一线时，接到上述的旅团命令，据此作出以下部署：

（一）以第2大队（欠第7中队）为左第一线，迂回到原平镇南端；（二）第1大队（欠第3中队）为右第一线，和第2大队联系展开；（三）第3、7中队作为预备队；（四）联队的重点指向第1大队方面。

上午9时15分，第2大队（欠第7中队）开始行动，避开守军阵地的正面，由原平镇东面迂回，准备前出到其南方地区。其具体部署为：第5中队（附重机枪1个小队）为左第一线，首先占领停车场；第6中队（欠1个小队）为右第一线，占领"二轩家"前端附近；第6中队小山小队占领南端道路十字路附近；其余部队在"二轩家"附近位置。上述各队到达指定位置后，立即对各自当面之敌情、地形进行侦察。

上午11时，第2大队长接到第一线中队的报告，在其前方约两三百米的城外房屋及土墙上守军设有射击孔，并在田地中构筑有秘密阵地，侦察员出入附近时受到猛烈的射击。大队长据此命令"重机枪中队主力在二轩家附近，大队炮小队在后方高粱田占领阵地，对当面之敌的机枪火力开始压制射击，援助第一线部队的攻击"。

接着，日军的重机枪子弹如狂风暴雨

第四章 原平镇附近战斗

▲图为身着中国便服的日军便衣斥候在报告对方火力点情况。

般向守军阵地倾泻,同时92式步兵炮发出的炮弹也接二连三地落在守军阵地上,打得那些房屋、土墙尘土飞扬,不断崩塌。第6中队见状,认为守军火力已被压制住了,于是开始放心大胆地攻击前进。可没过多久,守军的机枪又响了起来,冲在前面的几个日军措手不及,被守军密集而又准确的机枪子弹扫倒了。其他的日军连忙匍匐躲闪。原来,守军除了在房屋及土墙上穿有射击孔,还在房屋及土墙下掘有壕沟。日军不知道这个情况,虽将房屋、土墙打垮了,但守军仍然依托房屋下面壕沟顽强抵抗。

第6中队进攻受挫的时候,第5中队的进攻却较为顺利。该中队于上午10时许占领停车场后,又在下午1时排除北侧仓库约150名守兵的顽强抵抗,占领仓库。日军占领停车场及仓库,不仅切断了原平镇守军的补给道路,还使守军完全陷入孤立。

随后守军依托围墙进行还击,而原平镇东侧及东南侧地区的高粱茂盛,既影响日军视野,又妨碍其运动,还不适合设炮兵观测所,因此步兵第30联队的进攻受阻。

但是,对日军有利的是,早晨以来日军釜井飞行队的飞机不时从阳明堡机场飞来,

071

对原平镇守军实施轰炸及扫射。另外，当日下午日军步兵第16联队第2大队主力也到达原平镇附近与旅团主力会合。

下午1时，步兵第30联队长猪鹿仓大佐下达了以下要旨的命令。

要旨命令　　10月4日午后0时30分于原平镇东方　　猪鹿仓大佐

鉴于敌人依托围墙顽强抵抗，各大队在而后的攻击中应考虑到以下事项：

（一）全盘关系上有步炮协同的必要，但目前尚不抱希望。

（二）步兵尽量靠自身的力量达成目的。

（三）可集中使用大队炮、重机枪及掷弹筒等武器。

（四）基于以上要旨命令，各大队应尽全力突破该方面之敌。

下午2时30分，步兵第30联队预备队第7中队结束其任务，复归第2大队，作为第2大队的预备队。随后日军的攻击还是没有取得进展。而整个下午，守军炮兵都对日军实施猛烈射击，杀伤了大量日军。据日军资料记载，当天在下午5时以前仅步兵第30联队第2大队就死伤16人。而据步兵第30联队于1942年3月编写的《支那事变史》中的《战死者名簿》，4日的战斗中该联队战死6人。

当日上午，混成第15旅团接到关东军的新命令。其要旨为：（一）4日下午3时以后，将混成第15旅团、大泉支队、堤支队、独立山炮兵第12联队、临时重炮兵中队、野战重炮兵第9联队第2大队、战车第4大队编入华北方面军司令官的指挥下；（二）将混成第2旅团、十川支队作为关东军的预备队；（三）混成第15旅团以主力在原平镇附近集结，并搜索忻口镇附近的敌情、地形。根据上述命令，该旅团不仅要攻占原平镇，还要侦察忻口镇附近的敌情、地形。

日军的重点进攻

当日军右第一线（步兵第16联队主力）到达南淮村（原平镇西南方），左第一线（步兵第30联队主力）到达原平镇东南方的时候，混成第15旅团又研究了再将预备队（步兵第16联队第3大队）展开于原平镇西北方攻击守军的方案。这样就能完全将守军包围，切断其退路。但是，随后该旅团了解到守军的抵抗相当顽强后，又改变了想法，认为假如完全切断守军的退路，守军将会更加顽强地进行抵抗，增大日军攻击的困难。而且还分散了旅团的兵力，降低了攻击威力。若如此下去，攻击不过徒增伤亡而已，于是中止该攻击方案，决定次日拂晓集中有限的兵力，实行重点进攻。据此于下午4时50分下达如下要旨的命令（篠作命甲第123号）：

（一）原平镇之敌依然持续抵抗。

（二）旅团立即整理态势，准备明日拂晓以主力攻击原平镇西北角。

（三）后藤大佐指挥的部队（欠第2大队及山炮兵1个分队）从薄暮开始转移兵

力，作为右翼队展开于山丘以南地区，准备对原平镇西北角进行攻击。

（四）猪鹿仓大佐指挥的部队乘薄暮转移兵力，作为左翼队展开于原平镇北方约500米的地点，准备对该地北端进行攻击。

（五）两翼队的战斗地境为山丘－原平镇西北角相连一线（线上属右翼队）。

以下略

日军此次攻击的重点在步兵第16联队正面，尤其是西北角。这是因为该地附近的各处山丘适合作炮兵观测所，且有利于步炮兵的协同。

接着，原田参谋对步兵第30联队长以电话垂询夜间转用兵力的可能，得到肯定的回答。另外中村副官也对步兵第16联队传达了上述命令。

步兵第16联队主力基于上述旅团命令离开南淮村后，于4日下午5时在兵营北侧地区集结，5日凌晨2时许开始到达拂晓攻击准备位置。其第1大队（欠第1中队、第3中队的1个小队）为右第一线，第3大队为左第一线，第1中队为预备队。（步兵第16联队第3大队在4日黄昏以前为旅团预备队。该旅团下达篠作命甲第123号命令后，该大队复归步兵第16联队，而该联队第2大队又成为新的旅团预备队。）

步兵第30联队于4日早晨7时30分以主力从原平镇东南方地区、以第2大队（欠第5中队）从原平镇东侧转进到原平镇北侧地区，并在晚7时至10时（第2大队（欠第5中队）在5日凌晨1时）期间完成集结。为了而后的拂晓攻击，其各队于5日凌晨3时于原平镇北方约500米的地点完成展开。板仓（第1）大队（欠1个小队）为右第一线，展开于山丘到河原之间。植田（第2）大队（欠第5中队）为左第一线，联系右大队，展开于本道到河原一线。第5中队（附重机枪2挺）依然在停车场北方仓库进行警备。这期间其各队不断派出小分队侦察当面的敌情、地形。

5日上午8时许，日军山炮兵第3中队开始对守军阵地进行射击。在炮火的掩护下，日军步兵第16、30联队的第一线步兵分由西、北两个方向发起攻击。但守军在围墙附近构筑有坚固的防御设施，当日军炮击时巧妙地隐蔽在里面，以减少伤亡，待日军步兵接近到有效射程时，突然集中步、机枪火力进行射击。冲在前面的几名日军猝不及防，被打倒在地。其余日军虽立即卧倒，借助地形地物的掩护猛烈还击，却仍被守军的火力压制得难以前进。另外，守军阵地被其周围的树林完全遮蔽，这样不但削弱了日军炮兵射击的效果，还增大了日军步炮协同的困难。加上日军山炮兵中队仅有的3门炮，到上午10时10分弹药几乎全部用尽，此后日军的攻击暂处于停顿状态。

但是，随后千叶辎重兵少佐指挥的辎重兵中队终于赶来，下午3时给攻击部队补充了步兵弹药及山炮弹，填补了战斗中的弹药消耗。

下午3时30分，第2大队以第7中队（配属重机枪1个小队）攻击旧道路方面的守军，其余主力攻击"白壁之家"附近的守军阵地。下午4时30分，第6中队（配属重机枪

晋北争锋 | 忻口会战

1个小队）夺取守军阵地的一角，但随后在守军密集的拦阻火力之下难以前进。鉴于这种情况，该中队改变了进攻的策略，采取对壕作业的办法，将交通壕一路向守军的工事挖过去，直逼守军阵地。然而，当该中队的官兵接近守军阵前百二三十米时，突然受到来自数个方向的炮火打击，当场炸死炸伤小山少尉以下30余人。看到这种情况，第2大队乘薄暮将第7中队（配属重机枪1个小队）调到大队本部的后方，准备夜间继续实施攻击。但随后第2大队因不了解第1大队的情况，又取消了进攻的计划，命各部队努力增

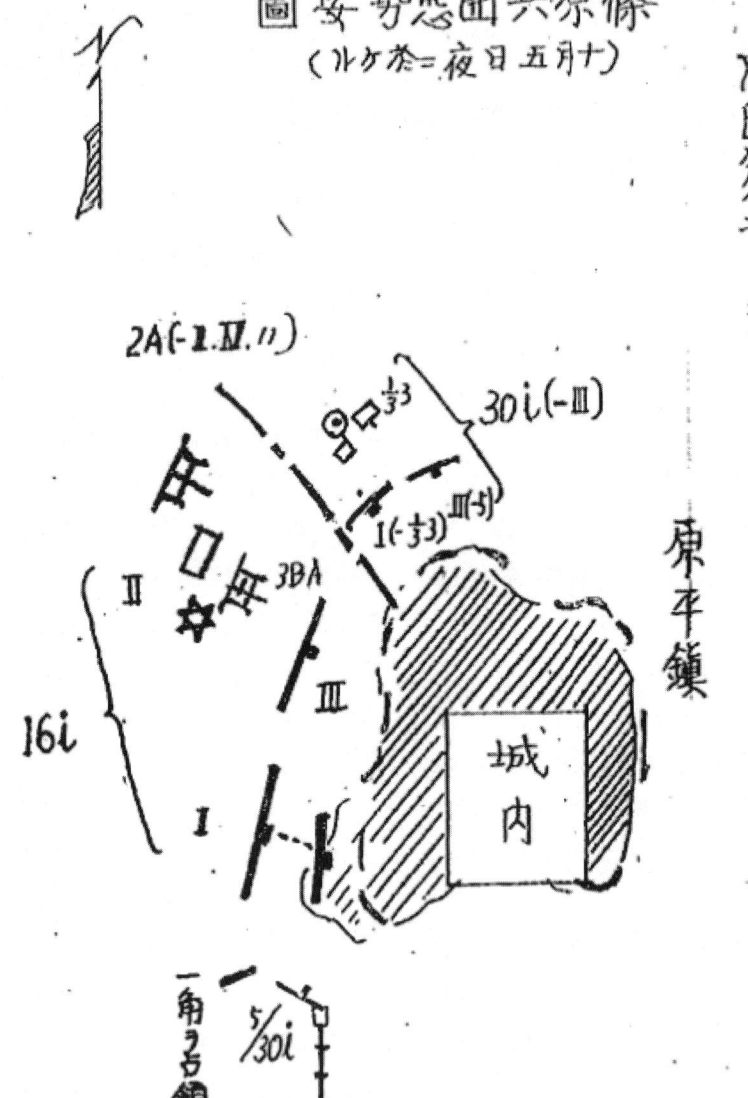

▲日军混成第15旅团态势要图（1937年10月5日夜）。

强工事，确保当前阵地。这样，第2大队彻夜在枪弹如雨的状况下收容第6中队的死伤者。

野炮兵第2联队（欠第1、3大队、第11中队）于黄昏到达战场，但其正准备实施效力射时天就黑了（第1、3大队留在哈尔滨，第11中队正在崞县协力混成第2旅团的攻击）。当天还有步兵第16联队第5中队（从广武镇）、第10中队的1个小队、联队炮中队、独立山炮兵第12联队第2中队、辎重兵中队、卫生班和给水班等部队相继赶到战场。

旅团长篠原少将看到旅团的兵力增加、野炮兵的到来以及弹药得到补给等有利因素，决定次（6）日继续进行攻击，夺取守军阵地。据此，该旅团分别于下午5时30分、10时连下两道命令（篠作命甲第124、125号）。其要旨为：两翼队继续进行攻击，夺取原平镇西侧的村落，野炮兵第2联队主力主要协力右翼队的攻击。

据步兵第30联队于1942年3月编写的《支那事变史》中的《战死者名簿》，5日的战斗中该联队战死15人。

植田大队长的战死

5日，步兵第30联队第2大队的攻击进展甚微。而步兵第30联队又于5日晚8时、6日凌晨2时两次催促第2大队进攻前方的无名村落。因此，大队长植田少佐非常烦闷。通过这两天的战斗，他发现日军的炮兵火力不足，而守军阵地不但坚固，还巧妙地进行了伪装掩蔽，加上村落周围有树木遮蔽视野，以炮火进行压制的效果很小。因此，他不再对炮火的作用抱有希望，决心在6日黎明前凭借夜袭的方式夺取前方的无名村落，并于6日凌晨2时40分下达了以下命令：

（一）大队在本日黎明以前突入原平镇西北角村落，确保该地附近，而后准备攻击主阵地。

（二）第6中队（欠1个小队）作为第一线攻击部队，突入白壁之家北端，占领该地附近。

（三）第7中队（欠2个小队）作为第二线攻击部队，跟在大队本部的后方行进，待第6中队突入后，从其左方超越前进，占领白壁之家东北端附近。

（四）机枪中队以一部前进到第6中队阵地附近，准备协同突入部队。

（五）其余的部队作为待机部队，在当前位置协同第一线攻击部队，并准备在攻击部队夺取敌阵后前进到该地。

6日早晨5时，第2大队的第一线中队（第6中队）开始前进。该中队前进时受到高粱的阻碍，行动较为困难。当该中队近接到守军阵前百二三十米时，就被守军发现了。守军凭借围墙的掩护，实施猛烈射击，日军远家中尉（大队副官）、小野塚军曹（大队书记）等数人相继中弹倒地。植田少佐见到这种情况，立即以机枪中队主力及大队炮小队压制守军的火力，援助第6中队的攻击。第6中队在火力掩护下，继续突击，成功突进到守军阵前约30米。这时，第2大队又将第7中队增加到其左方，大队本部则向两中队的中间前进。

大队长植田少佐为了鼓舞士气，也亲自跑到前沿指挥部队冲锋。正当他高举战刀嚎叫冲锋时，突然被一枪爆头，当场毙命。可是，日军的进攻并未因此停下来。早晨5时30分，第6中队长石原英夫大尉率领10多名部下，在大队炮、重机枪火力的掩护下，通过围墙缺口，首先突入守军第391团（团长谷树枫）第3营阵地的一角。但是，其后续部队却被守军火力压制在阵地前沿不能前进。这样，石原英夫大尉率领的这十几个人就成了孤军。第391团待这些人逼近后，先从各个隐蔽处大量地投掷手榴弹，把他们炸得人仰马翻，随即对其进行猛烈射击。激战中，石原英夫大尉的头部及胸部连中数弹，当场阵亡，其余的日军也纷纷倒下。最后逃出围墙的日军只有数人而已，回去清点人数，突入围墙的日军，有三分之二的人（包括石原英夫大尉在内）战死。

随后，第2机枪中队长滨大尉根据传令兵的报告，得知植田少佐、石原大尉相继战死，夜袭失败的状况后，认为继续进行攻击已不可能，遂决定先整理部队，待天明后再继续进行攻击，并将前方的状况报告联队长。以后，暂由滨大尉代理第2大队长。该大队则就地构筑工事，并努力收容、后送伤员，但在枪林弹雨中从事这项工作是非常困难的。

在第2大队进行夜袭的同时，第1大队也与之相呼应，进行坑道作业，逐步推进。但守军的火力很猛，第1大队推进到守军阵前150米左右时，就再也不能前进了，这种状况一直持续到上午8时。

步兵第30联队长猪鹿仓大佐得知以上状况后，决定迅速整理队伍，于是命令各队暂时确保现当前阵地，整理态势，准备而后的攻击。

"占领原平镇"的误报

随着日军各炮兵部队的陆续到来，到6日清晨混成第15旅团所属的炮兵力量已有1个野炮兵大队（野炮8门）、1个轻型榴弹炮中队（10厘米轻榴弹炮4门）和2个山炮兵中队（山炮6门）。这个阵容与昨日相比，堪称"豪华"。

日军炮兵的作战方法是，先向守军阵地前沿作长时间的集中射击，企图摧毁守军前沿阵地，以掩护其步兵进入冲锋准备位置，这就是所谓的"攻击准备射击"（炮火准备）。当其步兵发起冲锋前夕，炮兵则实施"突击支援射击"（炮火压制），压制中国军队一线步兵，为日军步兵冲锋创造良机。

6日上午8时许，日军开始炮火准备。一时间，守军阵地被爆炸和烟火笼罩。日军第一线步兵趁势顺利地进入冲锋准备位置，准备于上午10时开始突击。但随后因准备不足，篠原少将将步兵突击的时间延期至上午11时30分。

这期间，日军炮兵不断地对守军阵地实施破坏射击。在步兵第30联队正面，炮击效果不佳；但在步兵第16联队正面，射击却比较精确，尤其是在重点方面的步兵第16联队第3大队正面的围墙上打开了1个缺口。步兵第16联队趁势以联队炮在其第1大队正面的围墙上也打开了1个缺口。此时日军飞机也飞来大举轰炸，炸毁守军5门火炮，且破坏其多处阵地。上午11时30分，在飞机、火炮的掩护下，步兵第16、30联队分由西、北两个方向发起冲锋，突入了原平镇西北外廓，接着与守军展开激烈的巷战和肉搏战。在日军的猛攻之下，守军在西北外廓的阵地逐渐缩小，遂一面抵抗，一面向城内撤退。到下午4时许，混成第15旅团大致占领原平镇西北外廓。

这期间，日军大泉支队和工兵第2联队主力到达战场。这样，混成第15旅团又将大泉支队作为预备队，原来的预备队的步兵第16联队第2大队复归步兵第16联队联队长指挥。当日军第一线突入原平镇西北外廓以后，大泉支队也被投入到第一线（其第1中队投入到步兵第30联队方面，其他部队投入到步兵第16联队方面）参加巷战。

当时日军使用的十万分之一的地图不准确，加上原平镇附近的村落树木茂盛，遮蔽了日军的视野。因此，混成第15旅团大致占领原平镇西北外廓后，却误以为已完全占领原平镇，于是向关东军司令官发出已完全占领原平镇的报告。接着，该旅团除命令主力宿营休息，准备次日扫荡残余的守军以外，甚至还决定派出野炮兵第2联队第4大队（欠第11中队，因其炮兵装备为十榴，又称为十榴大队）前往崞县，以配合混成第2旅团的攻城战斗。另外又命大泉支队与独立山炮兵第12联队第2中队向轩岗镇方向前进，以支援正向轩岗镇方向前进的堤支队及骑兵第2联队。

在10月4日至6日的战斗中，混成第15旅团伤亡较大。《步兵第30联队第2大队战斗详报》记载，这期间该大队参战328人，战死34人，负伤57人（其中步兵第6中队参战93人，战死18人，负伤33人）。而据步兵第30联队于1942年3月编写的《支那事变史》中的《战死者名簿》，这期间该联队战死56人（其中6日战死35人）。

篠原旅团的实力增强

7日拂晓，篠原少将接到步兵第16联队长"原平镇有城墙，依然有敌人据之持续抵抗"（在这之前篠原旅团长还没有接到过原平镇有城墙的报告）的报告后，这才明白昨日占领的只是原平镇西北外廓而已。

这时，混成第15旅团经过连续的战斗，伤亡较大，且非常疲劳。于是篠原决定部队休整几天，等后续的重炮兵、战车部队赶到后，再继续攻击城内的守军，这期间各队进行相关的各项准备。他中止了将十榴大队（欠第11中队）派遣到崞县的命令，据此于上午8时30分下令将其招回（篠作命甲第131号）。

8日上午9时，混成第15旅团各步、炮、工兵联队长在该旅团本部开会，以研究下一步的攻击部署。会上，步兵第30联队长提出了从东侧进行攻击的意见，而大多数人则提出从南侧进行攻击的意见。原田参谋比较了两者的利弊后，认为从东侧进行攻击不利，其理由如下："（一）城东侧的高粱较高，且繁茂，不容易作接近运动，也不利于步炮的协同。（二）在城东侧找不到适当的炮兵观测所。"而从南侧进行攻击却没有上述不利，为使攻击容易，因此该旅团决定从南侧进行攻击，随即向各部队长作了传达。而原平镇附近的实际地形与地图有较大差异，篠原感到非常不便，于是又命工兵第2联队联队长重新制作附近的地图。

当日，日军第一线部队继续搜索各自当面的敌情、地形，准备以当前的态势进行攻击。野炮兵第2联队第4中队及独立山炮兵第1小队在停车场南侧占领阵地，主要担任对中国炮兵的压制。在侦察中，日军发现守军阵地较为静寂，判断其可能已退却。于是以战车第4大队第1中队对原平镇南侧及东南侧实施威力侦察。可是，当日军坦克接近守军阵地时，突然遭到步机枪的猛烈射击，连忙退了回来，据此得知守军依然没有退却。下午3时，步兵第30联队在原平城外的村落里火葬了植田中佐等53人的尸体。

6日，日军兵站的补给点推进到阳明堡，混成第15旅团遂使用汽车前去受领物资，同时后送了原平镇附近的伤员。但兵站的补给并不稳定，这是因为其输送力小，补给品也少，而且在沿途还时常受到中国军队的小股部队袭扰。因此该旅团在攻下原平镇以前依然尽量靠掠夺当地的物资维持补给。

4日下午，混成第15旅团原先留守代县、繁峙等地的部队与十川支队的部队换防，其后纷纷赶到原平镇附近与旅团主力会合。在7日，该旅团还首次得到了来自日本本土的193名兵员的补充。加上在铁角岭附近与主力分开行动的炮兵、工兵、辎重等部队的陆续归队。到9日，该旅团在原平镇附近总算聚齐了兵马，但全旅团（不包括配属部队）还是只有3206人，其中步兵第16联队1462人，步兵第30联队930人。尽管此时该旅团的兵力还是比不上1个步兵联队，但其还另有若干的配属部队。尤其是在崞县陷落以后，日军的重炮、战车部队陆续赶到原平镇附近。该旅团增加了这些配属部队以后，火力有所加强。

到9日夜，混成第15旅团所属（隶属、配属）的炮兵、战车部队如下：

野炮兵第2联队：野炮1个大队（野炮8门）、轻榴1个大队（10厘米轻榴弹炮8门）

野战重炮兵第9联队：1个大队（15厘米榴弹炮6门）

临时重炮兵中队：1个中队（15厘米加农炮2门）

独立山炮兵第12联队：2个中队（山炮6门）

战车第4大队（人员708名、各种车辆158辆）

日军的攻击计划

到10月9日，混成第15旅团的各项准备工作已经基本就绪。于是，篠原认为攻城的时机成熟，于当日上午11时下令所属各部队次日拂晓攻击原平城（篠作命甲第133号命令）。其攻击计划为：

第一、方针

（一）旅团10月10日拂晓先以一部夺取南门东南侧敌阵地后，接着以主力攻击南门西方地区，完成城内的扫荡。

第二、军队区分

骑兵队：骑兵第2联队（欠第1中队及第2中队的1个小队）

右翼队：步兵第30联队（欠第3大队）、传令骑兵2名、独立山炮兵第12联队第3中队

左翼队：步兵第16联队、传令骑兵3名、大泉支队的步兵炮队

战车队：战车第4大队

炮兵队：野炮兵第2联队（欠第1、3大队）、独立山炮兵第12联队主力（欠第3中队）、野战重炮兵第9联队的1个大队、临时重炮兵中队

工兵队：工兵第2联队主力（欠第1中队）

预备队：大泉支队（步兵炮队）

第三、攻击准备

10月9日的准备

（二）骑兵队搜索平地泉（原平镇南方约5公里）北方小河一线南侧地区的敌情。

（三）两翼队乘薄暮展开于敌阵地前方约七八百米一线，搜索敌情、地形，同时各以一部留守原平城的北、西侧地区，预防敌突破，且牵制敌人。

（四）两翼队的战斗地境：车站南方道口的东侧山丘、南门东侧相连一线。

（五）战车队以一部在原平城的东侧地区佯动，以牵制东面之敌。

（六）炮兵队在车站附近占领阵地，完成各项准备。

（七）工兵队准备以主力协力左翼队。

（八）兵团本部及预备队在学校及仓库附近位置。

（九）师团通信队计划构建兵团本部和两翼队、炮兵队之间的通信网。

10月10日的准备

（十）骑兵队依然进行昨天的任务。

（十一）两翼队利用炮兵的"攻击准备射击"期间，接近到敌前约200米附近，完成攻击准备。

（十二）战车队在拂晓以前于铁道线路东侧地区完成战斗准备。

（十三）炮兵队展开于车站附近，从早晨7时开始，实施约2个小时的"攻击准备射击"，以压制敌人炮兵、破坏敌阵地、城墙以及开设突击路。

（十四）工兵队继续进行昨天的任务。

（十五）兵团本部及预备队在拂晓以前到达车站东侧山丘附近。

（十六）通信队在拂晓以前完成通信网。

（十七）要求友军飞机于上午8时30分至上午9时期间实施轰炸。

第四、实施攻击

（十八）炮兵队在"攻击准备射击"结束后瞬间，从上午9时开始，先对南门东南侧附近实施3分钟的集中射击，以支援突击。

右翼队与上述炮兵射击紧密衔接，上午

9时刚过即实施突击。突击奏效后向城的东侧攻击，歼灭敌人。

战车队以主力协力右翼队的突击。

这期间炮兵队的一部及左翼队应压制危害右翼队之敌。

（十九）接着炮兵队随着右翼队的攻击进展，对南门附近实施3至5分钟的集中射击。

左翼队紧密联系上述炮兵射击，以主力从西南方、以一部从西方实施突击。

战车队以一部协力左翼队的战斗。

（二十）主要以左翼队、战车队一部、预备队以及工兵队进行城内的扫荡。

第五、追击

（二十一）骑兵队向南方及东南方追击退却之敌。

（二十二）步兵突入城内以后，炮兵队应以一部准备进行追击射击，使退却之敌陷于溃乱。

（二十三）如果必要的话，可使用战车队实施追击。

展开巷战

日军炮兵本来预定从10日早晨7时开始炮火准备，但因为多数炮位都是面向东北方射击，这个时间正好直对太阳，用肉眼观察守军阵地较为困难。加上此时无风，如炮弹爆炸，其产生的烟雾会迟迟不消散，遮蔽炮兵视线，造成观测上的困难。因此，日军将炮兵射击开始的时间延期至早晨7时30分。

上午9时30分，日军的炮火准备结束，接着正准备对右第一线的步兵第30联队正面实施炮火压制时，意外发生了。因为炮兵在炮火准备末期实施的集中射击较为猛烈，在步兵第30联队的炮兵联络军官误认为炮火压制开始了，据此通告猪鹿仓大佐，使该联队提前发起突击。这样一来，日军的步炮协同计划被意外地打乱了，日军炮兵为了不致误伤自己人，取消了炮火压制。

接着，步兵第30联队第一线两大队在坦克的掩护下，对南门东南侧的守军阵地实施突击。守军也不示弱，其侧防火力相当猛烈。据此该联队又将速射炮中队的主力配属第1大队，1个小队配属第2大队，共同压制守军的侧防火力。上午9时50分，该联队第一线两大队突入守军第一线阵地，在城外的南面街市与守军展开巷战。在日军的猛攻之下，守军的伤亡越来越大，遂将其主力退入城内。但仍有一部留在城外的南面街市，依托房屋、土墙等坚持抵抗。上午11时30分，第2大队完全占领南面街市的东南角。下午1时，联队本部与大泉支队的中屋敷中队共同由第2大队的后方地区前进到南面街市。

步兵第30联队突入南面街市后，日军炮兵又对步兵第16联队当面的守军阵地进行了炮火压制。上午10时许，步兵第16联队第2大队在炮火压制结束的瞬间，向原平城西南侧的守军阵地发起冲锋，很快突破守军第一线阵地。第1大队则以自身的火力在西面的城墙上打开了缺口，并于上午11时5分突入城内展开巷战。

当日军步兵第16联队攻进城里后，守军官兵抱定誓与原平镇共存亡的决心，与日军展开逐院、逐屋争夺。有的士兵把日军投过来的手榴弹，又扔过去；有的士兵在房屋内狙击日军，使其受到很大的伤亡。日军步兵第16联队代理第2大队长（原大队长武田少佐9月28日黄昏在铁角岭战斗中战死）冈本猛雄大尉在用望远镜观察守军状况时，突然被一发子弹击中胸部，应声倒地。几乎同时，他身旁的1名哨兵也头部中弹，两人当场死亡。鉴于守军的顽强抵抗，步兵第16联队将轻重机枪架到城墙上进行压制射击，下午2时又以工兵小队爆破（使用炸药约70公斤）南城门，使坦克突入城内，但仍有一部分守军坚守南门不退。

下午1时许，混成第15旅团又以预备队大泉支队的主力增加到步兵第16联队方面，以其1个中队增加到步兵第30联队方面，企图扩张战果。同时又将独立山炮兵第12联队第2中队配属步兵第16联队长。这样，该旅团的预备队仅剩大泉支队的1个小队。

但到当晚7时，守军依然进行顽强抵抗。步兵第30联队受到城外守军的牵制，始终无法突入城内；步兵第16联队虽突入城内，但在巷战中伤亡很大，进展困难。混成第15旅团判断，如日落后继续进行战斗，将会徒增伤亡，且会发生混乱。这样宁愿在夜间整理态势，次日拂晓再进行战斗比较有利（第一线的两联队长有相同意见），据此于下午5时30分命令各部队"趁天色未暗之前继续扫荡，而后整理态势，准备明日拂晓的扫荡"（篠作命甲第134号命令）。

当日，突入城内的寺田少佐（步兵第16联队第1大队长）在原平镇城内的某团指挥

部缴获了一张五万分之一的山西省北部的地图，立即将其送给第5师团，又转送给华北方面军司令部，并要求有关机构将其复制后配发给各部队。日军原来所用的十万分之一的地图与实际情况有甚大差异，这样的地图价值较小。而这五万分之一的地图比较精确，为日军后来的作战带来极大的便利。

原平镇的陷落

10月11日早晨6时30分，混成第15旅团命令各部队拂晓以后再次进行攻击（篠作命甲第135号命令）。

这时，步兵第30联队（右翼队）已将城外南面街市的守军驱逐到城内。篠原认为该联队此时的态势比较有利，于是命令其趁势攻击南门。上午11时，该联队的第2、3中队及机枪中队完全占领南门，随后以主力在城内展开，以一部在城外的东南侧展开，接着联系步兵第16联队（左翼队）的右方，在城内与守军展开巷战。战车队则以一部在城的东侧地区待机，等待守军从城内突围出来。步兵第16联队也逐次扫荡城内，将守军压迫到城内东北角方向。

关于守军此后的状况，据中方战史记载，"第196旅旅长姜玉贞少将率久战创重之余部，浴血苦战至15时许，全旅仅存官兵200余，退守原平城东北角，激战逾2小时，而官兵伤亡殆尽……"

而据日军资料记载，下午4时45分，守军开始从东门突围，向西南方退却，其数约

晋北争锋 | 忻口会战

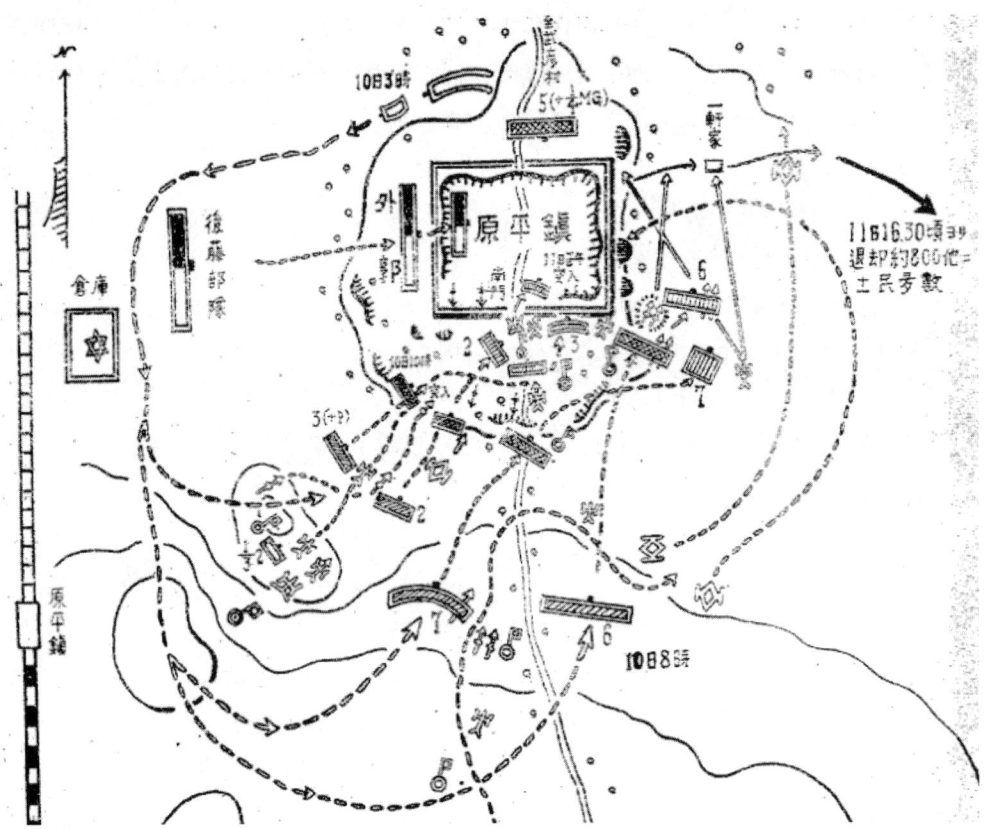

▲日军步兵第30联队原平镇附近战斗经过要图（10月10日至10月11日）。

800人，外加一部分平民。步兵第30联队的第2大队、联队炮及战车队集中猛烈的火力进行射击，给突围的守军造成很大的伤亡（后来日军清点出突围的守军遗弃尸体约350具）。而后步兵第30联队转为追击，日落后回归原态势。但是，此时第196旅除一部突围以外，仍有一部留在北门及东门附近坚持抵抗，日军还是未能在当日完全占领原平城。

10月12日，日军继续对留在城内的守军进行攻击。上午7时，步兵第16联队第1大队占领北门。这时，有4架中国飞机由原平镇北方编队飞来，到原平镇西南侧时开始转为分散飞行，对日军旅团本部、兵营、仓库以及炮兵部队、左右两翼队实施轰炸。当时，外山炮兵大尉正和中队干部在炮厂（保管、补给、维修和回收火炮的机构）察看火炮的保养情况，结果他被当场炸死。

上午8时许，留在城内的守军全部殉国，原平镇附近的战斗至此结束。

后来据突围出来的第196旅官兵说，姜玉贞旅长在撤退途中死于日军炮弹之下。他牺牲时年仅44岁。当第196旅残部撤到太原许坦时，连原先留在阳泉的后勤人员在内，只有五六百人，由第391团团长谷树枫整理编队。

第四章　原平镇附近战斗

▲1937年10月12日，日军第15旅团攻占已成为废墟的原平镇。

双方的伤亡情况

第196旅的官兵4000多人，在此战中几乎全部壮烈殉国，最后成功突围的仅有200多人。该旅付出这样大的牺牲，在原平镇坚守9天，迟滞了日军南下，使第二战区主力在忻口镇附近得以从容布防，在战略上具有重要意义。为此，国民政府军事委员会授该旅以荣誉旅称号，并追赠姜玉贞为陆军中将。

关于日军在原平镇附近战斗中（10月4至12日）的伤亡人数，《篠原兵团战斗详报》记载，这期间日军混成第15旅团隶属部队参战3804人，战死115人，负伤414人（其中步兵第16联队参战1480人，战死46人，负伤203人；步兵第30联队参战1150人，战死61人，负伤162人）。其配属部队参战2203人，战死5人，负伤19人。而篠原支队长的《状况报告》记载，该旅团在此战中死伤582人。

经过连续的战斗以后，该旅团的实力大为削弱，尤其是其步兵兵力已所剩不多。10月12日，步兵第16、30两联队长关于战力的报告如下：

步兵第16联队

第1大队（寺田部队）：本部17人，第1中队30人，第2中队35人，第3中队39人，计121人；第2大队（尾山部队）：本部15人，第5中队69人，第6中队53人，第7中队70人，计207人；第3大队（牧部队）：本部15人，第9中队60人，第10中队70人，第11

中队60人，计205人。（步兵中队平均为55人）第1机枪中队60人；第2机枪中队76人；第3机枪中队50人。以上部队（不完全）合计719人。

步兵第30联队（欠第3大队）

联队本部34人，通信班74人，第1大队（本部25人，第1中队43人，第2中队96人，第3中队87人，第1机枪中队91人，大队炮小队28人）360人（原文如此，但将各分项相加应为370人），第2大队（本部23人，第5中队51人，第6中队49人，第7中队36人，第2机枪中队86人，大队炮小队19人）264

原平镇附近战斗双方作战序列

中国军队

第196旅　　旅长姜玉贞

　　第391团　团长谷树枫

　　第392团　团长张振铃

　　第413团　团长崔杰

　　山炮营

日本军队

混成第15旅团

　　步兵第16联队

　　步兵第30联队（欠第3大队）

　　骑兵第2联队（欠第1中队及第2队的1个小队）

　　工兵第2联队（欠第1中队的1个小队）

　　野炮兵第2联队（欠第1、3大队）

　　辎重兵中队

　　第2师团通信队

　　关东军第2卫生班

　　（配属部队）大泉支队

　　（配属部队）战车第4大队

　　（配属部队）独立山炮兵第12联队

　　（配属部队）临时重炮兵中队

　　（配属部队）野战重炮兵第9联队第2大队

　　（配属部队）给水班

人,速射炮中队57人,联队炮中队50人,计995人(原文如此,但将各分项相加应为849人)。

可与之相对照的是,该旅团从黑龙江出发时,其步兵第16联队每个步兵大队约500人,步兵第30联队每个步兵大队约580人。

表4-1 日军混成第15旅团从驻屯地出发到崞县附近战斗(1937年8月19日至10月3日)的战死伤者数一览表

		战死(含战伤死)				战伤				合计
		将校	准士官、下士官	士兵	计	将校	准士官、下士官	士兵	计	
混成15旅团	旅团司令部				0				0	0
	步兵第16联队	3	5	39	47	6	25	209	240	287
	步兵第30联队(欠第3大队)	1	4	25	30	6	17	113	136	166
	骑兵第2联队(欠1个中队)				0	1	1		2	2
	野炮兵第2联队(欠第1、3大队)				0			4	4	4
	工兵第2联队(欠第1中队)	1			1		2	2	4	5
	第2师团通信队				0				0	0
	辎重兵中队				0				2	2
	关东军第2卫生班				0	3	2		5	5
	计	5	9	64	78	12	45	331	393	471
配属部队	大泉支队	1	2	13	16	2	11	69	82	98
	独立山炮兵第12联队				0		4	6	10	10
	计	1	2	13	16	2	15	75	92	108
合计		6	11	77	94	14	60	406	485	579

注:混成第15旅团负伤者的合计数应为388人,但此表原文的负伤者合计数为393人。

另,本书所列作战双方伤亡数字都经本书作者反复核对。有些合计数似与各相关原始数据之和不符,原文如此,仅供参考。以下除特别情况外,不再说明。

表 4-2　原平镇战斗日军混成第 15 旅团死伤表（1937 年 10 月 12 日调查）

部队名	战斗参加人马			战死			负伤		
	将校	准尉以下	马匹	将校	准尉以下	马匹	将校	准尉以下	马匹
旅团本部	10	53	19						
步兵第 16 联队	49	1431	177	2	44	2	6	197	1
步兵第 30 联队（欠第 3 大队）	36	1114	122	4	57	1	4	158	
骑兵第 2 联队（欠第 1 中队及第 2 队的 1 个小队）	8	137	148					1	
工兵第 2 联队（欠第 1 中队的 1 个小队）	8	166	85					17	
野炮兵第 2 联队（欠第 1、3 大队）	24	527	454	1	7	36	1	25	25
辎重兵中队	3	86						2	
师团通信队	4	86	18					3	
关东军第 2 卫生班	6	56							
大泉支队	17	545	91		2			5	
战车第 4 大队	31	677						11	
独立山炮兵第 12 联队	21	387	213		2		1	2	
临时重炮兵中队	3	119							
野战重炮兵第 9 联队第 2 大队	11	384	301						2
给水班	1	7			1				
总计	232	5775	1628	7	113	39	12	421	28

注：少尉以上将校称为将校。

第五章 大战前夕

中国军队的部署

忻口向有"晋北锁钥"之称，是内蒙和晋北通往太原的交通要道，北同蒲线与太同（太原至大同）公路穿行其中。此地自古即为军事重地，它位处忻县（今忻州市）的北端，在忻定盆地的西北角，南离忻县50里，北距原平镇30里。这里虽然远没有长城那么险要，但仍是南下太原途中一处便于防守的山口。东侧是冈峦起伏的五台山，西面是蜿蜒连绵的云中山，两山之间一片河谷。滹沱河从崞县之东北淌来，北云中河从西淌来，两者在忻口东北约2里的界河铺汇合东流。北云中河之南有关子、南怀化（亦称河南）、旧练家庄、秦家庄、刘家庄等村，北有下王庄、王家庄、弓家庄、怀化北街、旧河北、池上等村。

在河谷中间还有一条不太高、南北长16公里、东西宽3公里的山岭。此山呈东北西南走向，如忻定盆地之一堵西墙，名为金山，俗称四十里孤山。山东之村庄由北而南为：界河铺、忻口、张家窑、淤泥村、泉子沟村、部落村……尹口村。山西之村庄为关子村、南怀化村……嘉禾村。山之南北两端俱为北云中河所绕。金山附近有一些原先修筑的、不够标准的国防工事，按军事地理的要求，不是很理想的阵地。但是，这里两面皆山，日军不能像雁门那样两翼包抄，金山则横在河谷中间，还不失为一处阻止日军南下的要隘。

金山之北段，从张家窑的石人梁至界河铺村北，一道约10余里的大山沟——长沟蜿蜒其间，把金山切成两半，形成一条天然的通道和壕堑。与长沟贯通的还有后沟（约10里）、茄子沟、对臼沟等许多大小沟岔。金山之西，温村、奇村一带又是一个小盆地。金山西北端为刘家庄，从刘家庄以西到朦腾梁，是一个约20里宽的开阔地。

自1937年10月初起，各路抗日大军日夜兼程地赶往忻口附近。刚从内长城防线撤下来的部队（第71师、独3旅、独8旅、第17军、第72师、第35军之第211、218两旅、第15军），由五台开往忻县附近的奇村镇、前后播明、西冯城、白村、高城、部落镇等地集结。第14集团军总司令卫立煌将军率领的4个半师（第9军之第54师、第14军之第10、83两师、第85师、独立第5旅和炮5团），也

晋北争锋 | 忻口会战

▲ 太原市民为即将奔赴忻口前线的中央军官兵壮行。

由石家庄经正太路向太原输送,随即转赴忻县附近。

上述部队中,最先赶到忻口附近布防的,是郝梦龄将军率领的第9军。当时,该军仅辖第54师。第54师辖第161旅和第162旅。第161旅辖第321团和322团。第162旅辖第323团和第324团,全师共约1万人左右。

第9军于10月2日夜乘正太路窄轨火车到太原,随即迅速开赴忻口占领阵地,以掩护第14集团军的展开。10月4日夜,第9军军长郝梦龄同第54师师长刘家麒率军师部和各独立营,分乘两列火车,由太原到达忻口。5日天微明,即按图上研究的防御部署亲自到现地视察。下午乘马到忻口北之下王庄,将此处定为师前进阵地,在这以北4华里的唐林岗为师炮兵阻敌第一火力地带。

随后,第14集团军各部分别赶往以下位置集结:第85师于忻县以南附近;第14军(第10、83师)于关城镇东西地区;独5旅于黄寨附近。这期间,从内长城防线撤下来的各部队也纷纷进入指定位置集结。这样,第二战区作出进一步的调整部署:将中央军担任的25至30公里的正面防线再划分为3个作战地区,将中央军区分为3个兵团,分别防守3个作战地区。并令傅作义率总预备军加入中央军作战。根据阎锡山和卫立煌商定的忻口作战方针,又鉴于卫立煌所部系中央军,编制大,装备好,战斗力较强,阎锡山将忻口作战的指挥权交给了卫立煌,建立了前敌指挥部。具体部署如下:

(一)右地区:东起龙王堂,西到界河

铺,其间的南郭下、东西荣华、东西南贾为主要作战区域。右翼兵团负责本地区作战。

(二)中央地区:东起界河铺,西至新练庄,其中下王庄、弓家庄、旧河北等村与北云中河南的界河铺、关子(官庄)、南怀化(河南)为主要作战地域。中央兵团负责本地区作战。

(三)左地区:东自新练庄,西至南峪,其中大白水、朦腾、南峪等村为主要作战地域。左翼兵团负责本地区作战。

当时,在忻县附近集结的部队虽多,但第71师、第72师、独3旅、独8旅、第84师等部队,在内长城线防御战中伤亡较大。鉴于这种情况,卫立煌将这些部队配置于忻口防线的后方,同时将生力军第9军、第14军(辖第10、83师)、第85师以及在内长城线防御战中伤亡较小的第15军配置在忻口防线的第一线,分别作为中央兵团、左翼兵团和右翼兵团。

中央兵团最初辖第9军、炮兵第23团及第26团之一营、战防炮营和装甲车2队,由第9军军长郝梦龄任指挥官,指挥部设在忻口西北高地后沟战备窑洞内。早在忻口战役的前3年,即1934年,当时的政府就在忻口村北的后沟(陈长捷等的亲历记把"后沟"错写成"红沟")及沟外的西崖下动工修筑战备窑洞,一直修到抗战爆发前,才算竣工。总共修成窑洞47孔。这些窑洞全用石块砌成,既深且宽,是极好的战备用窑,最大的窑洞深20余米,宽在3米以上,高约4米。除用作中央兵团指挥部的3个窑洞外,其余窑洞多作军火库和马厩之用。

第9军的阵地编成和兵力部署是:第161旅旅长孔繁瀛率领第321团(团长王香)和第162旅第324团第1营(营长张清滨)防守

▲进入忻口前线的中央军部队。

晋北争锋 忻口会战

师前进阵地下王庄（在下王庄还有第35军第218旅第436团王建业营），无命令不准脱离半步。第162旅第323团配属战防炮一连，占领忻口东北侧，右接滹沱河东岸灵山之第15军阵地，并与之联系；左接公路桥约400米处的第324团阵地，为右地区队，火力严密封锁两个桥梁。第161旅第324团（欠1个营）右接第323团，左沿河岸到南怀化东约600米处为中央地区队。第161旅第322团右接第324团经河南岸南怀化及河北岸东西长约200米的高地固守起来，作师的依托，为左地区队；左与即将展开的第10师以火力联系，配属山炮一排，由刘家麒师长直接指挥（刘师长当过炮兵旅长）。这样，便形成阵地宽广、兵力薄弱的态势。

左翼兵团最初辖第14军（辖第10、83师）、第85师、炮兵第27团以及战车防御炮营一部，驻防大白水、朦腾村、南峪一带，由第14军军长李默庵任指挥官，指挥所设在沙洼村。其兵力部署如下：第一线摆两个师，第10师在右（大白水正面），第85师在左（朦腾村亘大白水西侧），第83师分散控制于朦腾村附近，为第14军预备队。炮兵主力置于大白水东南之东西胡林，一部在朦腾村东南。

右翼兵团最初辖第15军（辖第64、65师），由第15军军长刘茂恩任指挥官，指挥部设在受禄村。第15军于10月初奉令由凌云口转进，占领界河铺以东一带高地。界河铺以东高地为东西走向，并逐渐向东北延伸，中间偏西有一制高点叫灵山。第15军的配备是：第64师在左，第65师在右，灵山在第64

卫立煌抗战简历

陆军二级上将，字俊如，又字辉珊，安徽省合肥县东乡卫杨村（今肥东县）人。1897年2月16日出生，1960年1月17日在北京逝世。全面抗战爆发时，任豫皖督办。

1937年10月　第二战区前敌总指挥
1938年2月　第二战区副司令长官
1939年1月　第一战区司令长官
1942年1月　西北行营主任
1943年冬　中国远征军司令长官
1945年5月　陆军副总司令

抗战期间，他参与的战役有忻口战役、韩信岭阻击战、缅北滇西反攻战役等。

师防区。

日军的部署

10月3日，第5师团主力从大营镇出发，6日在代县附近集结，准备攻占太原。此时，预定由板垣中将指挥的部队如下：

（一）原隶属、配属第5师团的部队：

第5师团步兵第11、21、42联队的各3个步兵大队，野炮兵第5联队的野炮3个大队（野炮36门）、轻榴1个大队（100毫米轻榴弹炮12门），独立山炮兵第3联队的1个大队（山炮12门）。

（二）关东军新配属给第5师团的部队：

步兵第16联队的3个步兵大队，步兵第30联队的2个步兵大队，堤支队的1个步兵大队、大泉支队的1个步兵大队，野炮兵第2联队的野炮1个大队（野炮8门）、轻榴1个大队（100毫米轻榴弹炮8门），独立山炮兵第12联队的3个中队（山炮9门），野战重炮兵第9联队的1个大队（150毫米榴弹炮6门），临时重炮兵中队的1个中队（150毫米加农炮2门）。

上述部队中，步兵第11联队还在追赶师团主力的途中，尚未到来；步兵第21联队第3大队、步兵第42联队第2大队和步兵第11联队第1大队在平型关战役中伤亡很大，战力大减，尚未得到补充；关东军配属部队的状况则更糟，其7个步兵大队均为平时编制，大多也经过了连续的战斗损耗，许多大队的兵员数仅为第5师团各大队的三分之一。据此，板垣师团长决定将步兵第21旅团作为主攻部队，混成第15旅团作为策应部队。

在代县期间，日军对中国军队以后的动向进行了研究。他们判断，接下来中国军队会在忻口镇至太原之间组织抵抗，竭尽全力阻止日军攻占太原。然而，对于中国军队的防御重心在哪里，关东军和第5师团产生了争议。前者认为，中国军队会在忻口镇组织长期抵抗。后者却认为，当然应该首先攻击忻口镇附近，但从地形上看，忻口镇附近不能长期抵抗，应准备把进攻的重点放在关城镇（在忻县南方）以南。毫无疑问，关东军的判断是正确的。但是，当时第5师团的主张却占了上风，这给日军以后的作战带来一定的影响。

10月9日，步兵第21旅团派出几个侦察组，侦察了忻口镇附近的中国军队阵地。三浦旅团长根据侦察到的情况，向板垣提出建议，"应将师团的进攻重点放在忻口镇西侧高地"。日军所指的"忻口镇西侧高地"，正是前面提到的金山。如果日军控制了金山，就能掌控整个中央地区。因此，板垣同意了三浦的建议，立即指示西村参谋长制订详细的进攻计划。

10月10日，第5师团的各队从代县出发，向忻口镇前进。当日下午，第5师团司令部抵达崞县，步兵第21旅团司令部抵达北贾村，步兵第21联队抵达五家店附近集结，步兵第42联队抵达武彦村附近集结，步兵第21旅团其余部队抵达田家庄附近集结。这时，混成第15旅团（包含大泉支队）仍未攻下原平镇，步兵第11联队主力也尚未到

晋北争锋 忻口会战

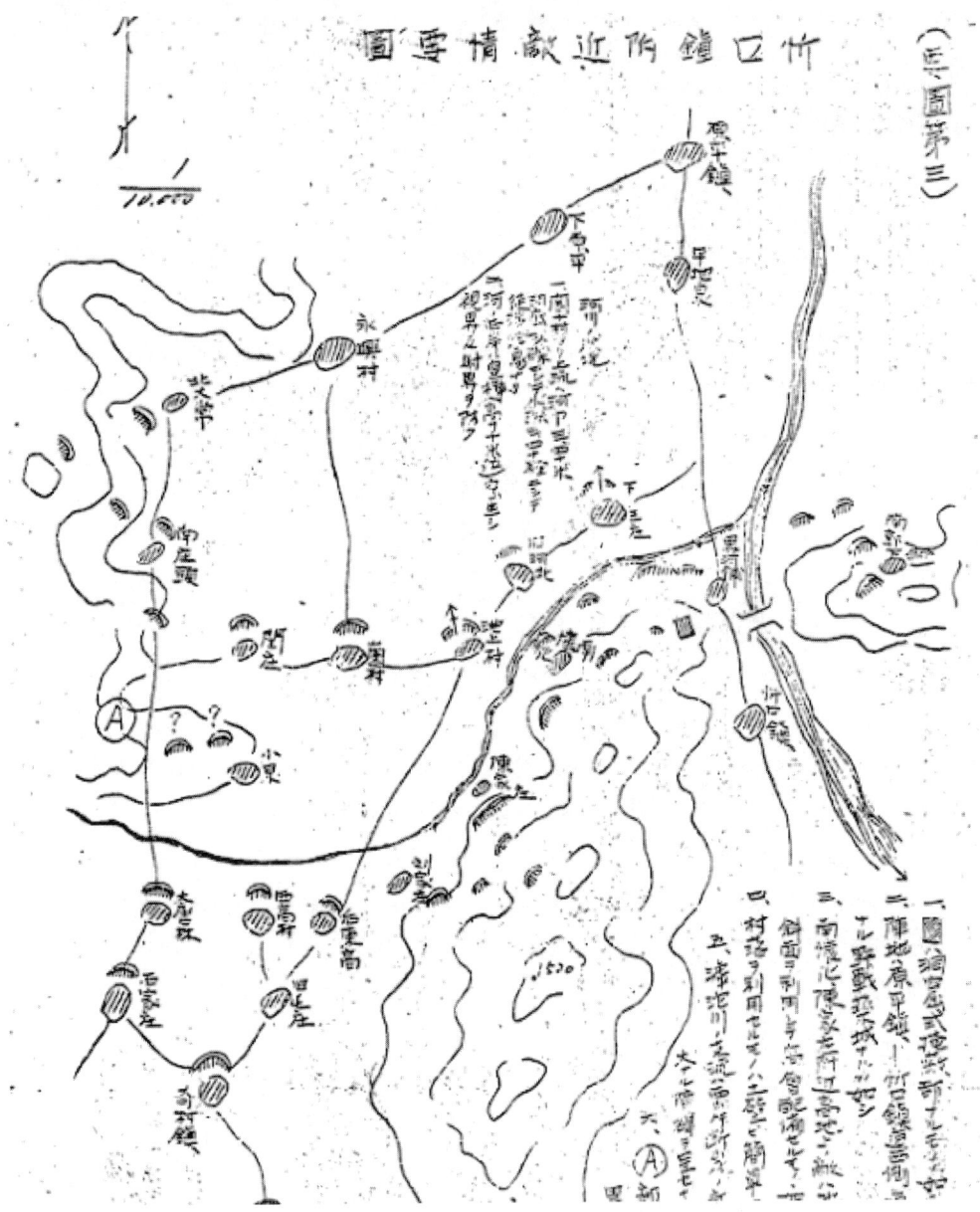

▲战役前夕日军了解到的守军状况图。

来。尽管如此，第5师团长板垣还是于当日下午4时下达了"太作命甲第8号"命令（概要）：

1. 忻口镇附近之敌正在增强阵地。
2. 兵团预定13日拂晓攻击忻口镇附近的敌阵地。
3. 篠原部队（混成第15旅团）在扫荡原

平镇后，向永兴村、南三泉及北三泉附近之间地区前进，准备攻击刘家庄以西之敌。

4.三浦部队（步兵第21旅团）明11日早晨从宿营地出发，向平地泉、桃园村、小库狄及小河上附近的地区前进，准备攻击陈家堡、界河铺之间的敌人。

5.篠原、三浦两部队的作战地境如下（线上属篠原部队）：下小原平－石河－新练家庄－1520高地－秦池－廿里铺一线。

6.堤部队集结于下小原平及柳巷村附近。

7.武田部队（野炮兵第5联队）明11日早晨从宿营地出发，向原平镇、武彦村之间的地区前进，准备协力三浦部队的攻击。临时重炮兵中队的部署如故。另外还部署长岐野重大队在原平镇附近。

日军起草进攻计划时，本来预定10月12日开始进攻忻口，但是混成第15旅团迟迟不能占领原平镇，12日实施攻击非常困难。因此，日军决定延期1天，即13日开始攻击（11日各队到达准备位置，12日完成进攻准备，13日拂晓开始攻击。）。另外，板垣师团长预想到混成第15旅团不能及时进入攻击准备位置，于是又命令堤支队先行前往永兴村西南方高地占领阵地。

小官道附近的遭遇战

10月11日上午8时，步兵第21旅团各部队从各自宿营地出发，向平地泉、南维村之间地区前进。其中，步兵第42联队作为先头部队，从武彦村南端出发，经原平镇向小官道、平地泉之间地区前进；步兵第21联队从五家店南端出发后，跟在步兵第42联队的后方，向小河子、桃园村、小库狭地区前进；旅团其余的部队从田家庄出发，向南维村前进。

这期间，日军第5师团通过进一步侦察，得知中国军队的防御重心在北云中河以南，但其在北云中河以北的下王庄、王家庄、弓家庄、怀化北街、旧河北、池上等村也配置了部分兵力。日军认为，因为这些村落像屏风那样遮蔽着忻口主阵地，加上这一带为日军炮兵的预定展开地，所以在进攻主阵地的前一天，有必要先夺取下王庄、池上村等地，于是变更了部署。

上午11时50分，当步兵第42联队的先头到达小官道西北方约500米附近时，第5师团副官服部少佐乘汽车到来，带来如下变更的命令：

三浦部队本（11）日在唐林岗、平地泉、东泥河间地区集结兵力，搜索前面的敌情地形。

不久，田桑中尉又从旅团司令部前来，带来如下要旨的命令：

1.大场部队进入小官道、东泥河之间，搜索前面的敌情地形。

2.粟饭原部队进入平地泉、唐林岗之间，搜索前面的敌情地形。

3.明（12）日，大场部队攻击池上村之

晋北争锋 忻口会战

敌；粟饭原部队攻击下王庄之敌。

步兵第42联队联队长大场大佐基于以上命令，立即进行部署，命令第3大队于午后1时25分向小官道前进，稍后第3中队（附重机枪1个小队）向东泥河前进，分别占领两地后，侦察前面的敌情地形。

下午2时30分，日军第3大队的先头第9中队在通往小官道的大道上（小官道西南方约1000米），和正在北进的中国军队3辆装甲汽车遭遇。第3大队长大町少佐接到报告后，立即命令第12中队以及速射炮前去支援。

下午3时，第3大队长接到以下报告：

我军以4门速射炮对敌装甲汽车予以猛烈射击，遂缴获1辆装甲汽车，其他的1辆战车、2辆装甲汽车在我射击之下掉头逃跑，向下王庄方向退却。估计逃走的敌战车及装甲汽车也受到相当的损害。目前，第9中队及机枪1个小队进出该方面的本道上，正搜索前面的敌情、地形。

看到这里，大家可能会觉得很奇怪：中国军队的3辆装甲汽车怎么会突然出现在小官道西南方呢？

话得从头说起，到10月10日，中国军队中央集团军在忻口东西之线部署已基本完毕。这时，日军正在猛攻原平镇。当晚，中央集团军卫立煌总司令下令，"第9军应于11日拂晓，以有力一部驱逐原平之敌，解第196旅之围。"第9军军长郝梦龄于11日午前2时30分接到命令后，立即派出1个加强营支援原平，要求接出姜玉贞旅长。该营于拂晓到达平地泉，听到原平镇方向炮声甚烈，至9时又看见有溃兵出城。据此，他们认为原平镇可能已失守，于是又返回原阵地。

11日中午，郝梦龄接到第14集团军参谋长郭寄峤的电话，得知姜玉贞旅仍固守原平镇东半城，士气亦壮。因此，郝梦龄开会研究决定，当晚发起进攻，救援姜玉贞旅，具体部署为：第321团分两路前进，第324团跟进，第323团等上述部队到达原平镇以后再跟进。这时，延毓祺的装甲汽车队已到达忻口镇附近，并应郝梦龄要求，派出一部侦察小官道附近的敌情。谁知却在小官道西南方与日军步兵第42联队一部发生遭遇战。

下午3时，郝梦龄接到如下报告：

我装甲车过小官道，在北三泉之敌，用轻重机枪射击，并坦克车十余辆及小炮向我射击。

随后，从原平镇突围的一些官兵抵达忻口镇附近。第9军从他们口中得知，姜玉贞旅长英勇殉国，原平已被敌人攻陷。据此，第9军取消了救援原平镇的部署，各部队遂奉命撤返原阵地。

当晚，日军步兵第42联队主力（欠第2、3大队）在小官道村落宿营；第3大队则占领西泥河，搜索前面的敌情、地形，准备进攻池上村。

当日下午3时，步兵第21联队第1大队到达唐林岗，和中国军队的一支小部队发生遭

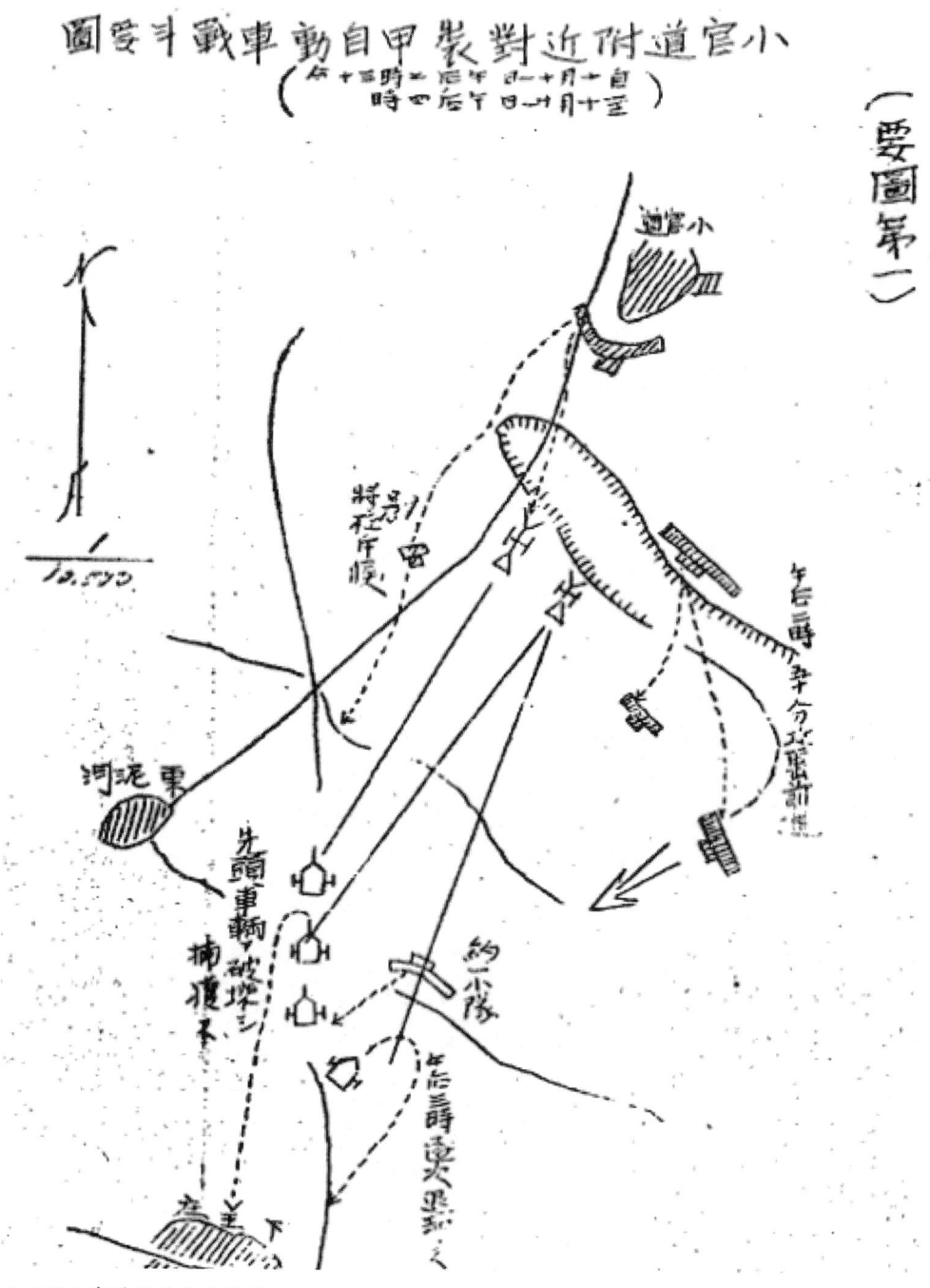

▲日军小官道附近战斗要图。

遇，很快将其击退，随后准备攻击下王庄；第2大队则以一部占领东泥河东端附近，准备攻击弓家庄。当日黄昏，步兵第21联队联队长粟饭原大佐到唐林岗南侧断崖附近，亲

095

自观察中国军队据守的板市、下王庄一带的情况。但是，这一带地势较低，且周围的杨树茂盛，视野受限。

步兵第21旅团向进攻出发地前进

12日早晨，混成第15旅团完全占领原平镇，准备向永兴村附近前进；步兵第21旅团则集结于唐林岗、小官道和西泥河附近，正在侦察前面的敌情、地形；而堤支队于11日就从宁武方面前进到永兴村附近，准备对兰村以西的中国军队阵地进行攻击；从保定转进的步兵第11联队主力也即将到达原平镇。因此，师团长板垣决定以混成第15旅团、堤支队等为右翼队，第5师团为左翼队，按预定计划于13日进行攻击，并于午前8时在崞县下达了太作命甲第12号命令（概要）：

（一）兵团（指第5师团）明13日拂晓以主力攻击忻口镇西方高地之敌，以一部攻击大唐林附近之敌，并将之击灭。关东军临时飞行队及方面军飞行队协力本次攻击。

（二）三浦部队（指步兵第21旅团，欠步兵第21联队第3大队）准备攻击陈家庄南方高地到关子村南方高地之间的敌人，在明13日午前5时以前展开于其北侧河流一线。夺取敌阵地后，进出廿里铺、高家庄一线。13日午前7时30分开始攻击前进。

（三）将步兵第21联队第3大队控置于平地泉，由本人直辖。

（四）堤部队进出刘庄村、魏家庄一线，攻击大唐林附近之敌。突破大唐林附近阵地后，配属野炮兵1个中队，进出上社村（大唐林南方约4里）、北赵村一线。其余的炮兵复归武田部队长的指挥。

（五）篠原部队（混成第15旅团）本日向永兴村前进。

（六）武田部队（野炮兵第5联队）以主力在下王庄、池上村之间占领阵地，以主力协力三浦部队的攻击，以一部对滹沱河左岸高地进行射击准备，并准备阻止敌人从该方面出击。13日午前6时开始进行约1个小时的攻击准备射击。

弹药使用标准如下：

攻击准备射击　0.3基数

实行攻击　　1.2基数

预备　　0.5基数

（七）步兵第11联队第1（尾家）大队（欠2个中队）、步兵第30联队第2（植田）大队（缺一部）及步兵第21联队第3（平岩）大队为预备队，在唐林岗（平岩大队在平地泉）位置，对滹沱河左岸及忻口镇隘路方向之敌进行警戒。

（八）本人明13日午前7时30分到原平镇战斗司令所。

步兵第21旅团长三浦少将接到上述命令后，就把大场、粟饭原两个联队长叫来，一同筹划次日拂晓的攻击。粟饭原认为，目前该联队不管是在侦察方面，还是炮兵的准备方面，都不充分，因此要求延期至14日拂晓开始进攻。但是，当三浦把他的意见呈报给师团时，却遭到师团参谋长西村的断然拒绝。

第五章　大战前夕

这样，步兵第21旅团依然定于13日拂晓开始进攻，据此于午后5时30分进行以下部署：

（一）大场部队（即步兵第42联队，欠第7、8中队，配属笹岛部队的1个中队（欠1个小队）、宫地工兵小队（欠1个分队））作为右第一线，午前5时以前在滹沱河左岸地区展开，准备攻击陈家庄南方高地至南怀化南侧高地之敌。

（二）粟饭原部队（即步兵第21联队，欠第3大队，配属笹岛部队的1个中队）作为左第一线，午前5时以前在滹沱河左岸附近展开，准备攻击南怀化东侧高地至关子村南方高地之敌。

（三）两部队战斗地域的境界为：弓家庄西端、南怀化、金山铺、后明幡、大云各东端相连一线（线上属大场部队）。

当日，日军步兵第42联队以主力集结于西泥河、东泥河、小官道附近，并以一部占领北云中河以北的王家庄、弓家庄、怀化北街、池上村、旧河北等村落。步兵第21联队第1（山口）大队以主力集结于唐林岗附近，并以一部占领板市、龙泉庄附近，准备进攻下王庄；其第2（中岛）大队则进入弓家庄（此前被步兵第42联队占领），并搜索下王庄附近的敌情、地形。

当晚，日军步兵第21旅团各部队开始向各个进攻出发地前进。但是，当步兵第21联队第1（山口）大队进入预定的进攻出发地下王庄时，意外地与中国大部队遭遇并发生激战。以后，该大队就一直被困在下王庄附近，直到17日晚才得以脱身。

晋北争锋 忻口会战

第六章　激战南怀化

南怀化失守

1937年10月13日早晨5时，步兵第21旅团第一线的4个步兵大队，除意外被困于下王庄的步兵第21联队第1（山口）大队以外，其余全部展开于进攻出发地。与此同时，日军炮兵各部队也全部到达指定位置，准备随时射击，其具体情况如下：

第5师团长板垣指挥的野炮兵第5联队（欠第1大队，配属野炮兵第2联队第2大队和野战重炮兵第9联队的1个大队，野炮32门、10厘米轻榴弹炮12门、15厘米榴弹炮6门），在池上村、下王庄之间占领阵地。

步兵第42联队长大场指挥的独立山炮兵第3联队的1个中队（山炮4门），在王家庄附近占领阵地；该联队的联队炮中队（4门）在池上村南方占领阵地；速射炮中队（4门）在联队炮阵地东侧附近占领阵地。

步兵第21联队长粟饭原指挥的独立山炮兵第3联队的1个大队（欠1个中队，山炮8门），在东泥河附近占领阵地；该联队的联队炮（4门）、速射炮中队（4门）在旧河北附近占领阵地。

日军进攻的重点，是南怀化村附近的阵地。南怀化位处金山之北端西侧，因在北云中河南岸，又名河南。该村东距公路七八里，是一个坐落在沟口的村庄。因为该村与北云中河之间有相当宽的开阔地带，是进军河南的理想桥头堡，而从该村沟里一直上去，便是忻口中间地区的制高点。因此，该地就成为日军必须夺取的地方。

此时，中国第9军第54师各团部署如下：第321团（团长王藻臣）和第324团1个营正在下王庄附近和日军山口大队交战；第324团（团长陈荣修，欠1个营）主力在云中桥附近待机，准备随时支援第321团；第323团（团长李棠）配置于界河铺至关子村（不含）阵地，第322团（团长戴慕真）配置于南怀化附近阵地。其中，第322团的布防情况如下：第3营在南怀化西南方沿北云中河南岸构筑防御工事，第2营分配在南怀化东北面北云中河南岸几道土梁上，第1营作为预备队随团部在南怀化村内。

而配属第9军的炮兵部队很少，仅有炮兵第23团（计3个营，其中1个营配备日造41式山炮12门，另外2个营配备山西造13式山炮24门）及第26团之一个营（配备山西造

13式山炮12门），与日军相比，不仅在数量上，而且在质量上也处于绝对劣势。山西造13式山炮是仿制日本41式山炮制造的。当时日军已将41式山炮作为联队炮使用，而中国则将41式山炮和山西造13式山炮作为兵团、军一级的炮兵使用。两相对比，可以想象双方差距之大。

当时，双方的对阵形势为：步兵第42联队右第一线第3大队主力第10、12、9中队，依次从右到左排开阵势，展开于池上村以南及西南地区，准备作为第一线部队，进攻第322团第3营左侧阵地，第11中队充当第3大

南怀化附近战斗①前夕敌我双方战斗序列表
（1937年10月13日晨）

中国军队②
　　第322团　　　　戴慕真

日本军队
　　第5师团　　　　板垣征四郎中将
　　　步兵第21旅团　三浦敏事少将
　　　　步兵第42联队　大场四平大佐
　　　　　第1大队　　志鹤林藏少佐
　　　　　第3大队　　大町茂少佐
　　　　　联队炮中队
　　　　　速射炮中队
　　　　（配属）独立山炮兵第3联队的1个中队
　　　　步兵第21联队　粟饭原秀大佐
　　　　　第2大队　　中岛德夫少佐
　　　　　联队炮中队
　　　　　速射炮中队
　　　　（配属）独立山炮兵第3联队的1个大队（欠1个中队，山炮8门）
　　野炮兵第5联队主力（欠第1大队，配属野炮兵第2联队第2大队和野战重炮兵第9联队的1个大队）　武田馨大佐

---
①不包括下王庄附近的战斗。
②10月13日，第323团布防于界河铺至关子村（不含）阵地，并没有受到日军进攻。

晋北争锋 忻口会战

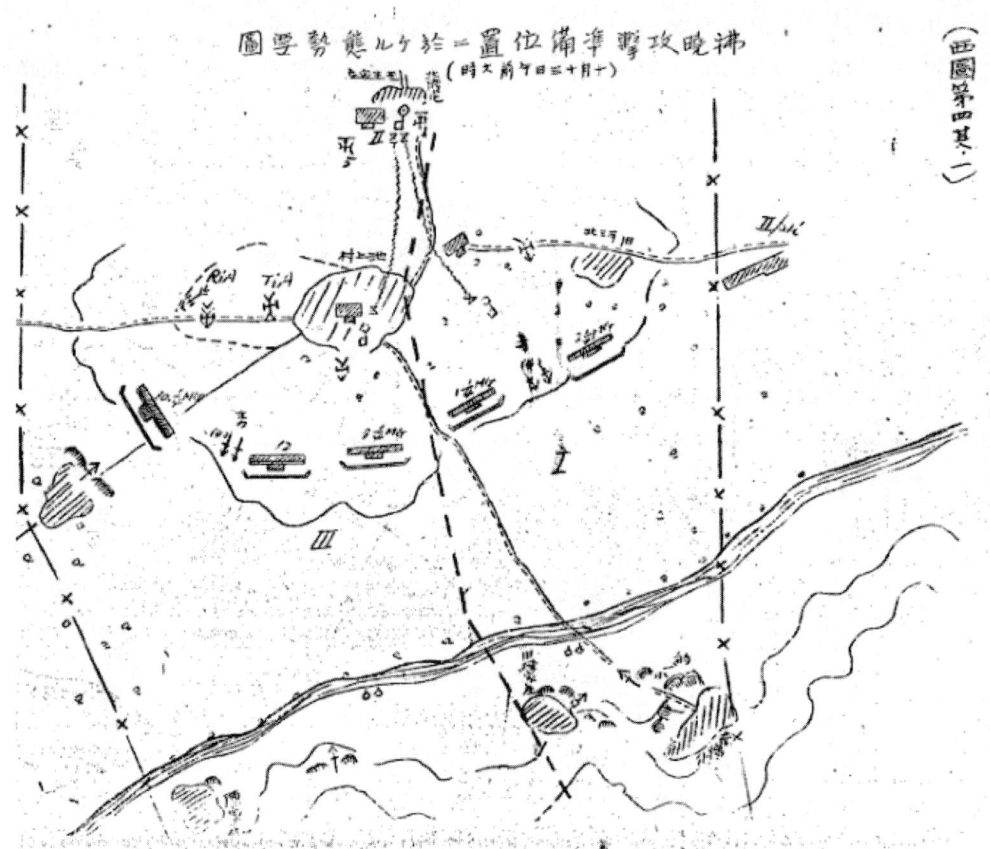

▲忻口战役打响前夕日军第42联队第一线各部队的位置图（图上，Ⅰ代表第1大队，Ⅱ代表第2大队，Ⅲ代表第3大队，阿拉伯数字代表各中队，MG代表重机枪，RiA代表联队炮，TiA代表速射炮）。

队预备队。步兵第42联队左第一线第1大队以第1、3中队（配属重机枪各1个小队）为第一线部队，展开于池上村东南地区，准备进攻第322团第3营右侧阵地。步兵第21联队第2大队展开于旧河北以东地区，准备进攻第322团第2营阵地。这样，第54师第322团将承受日军3个步兵大队的进攻，其中第3营更要承受日军2个步兵大队的进攻。

当日早晨6时，日军开始炮火准备，以78门火炮，向第322团阵地进行了1个小时的集中轰击。一时间，第322团阵地上，剧烈的爆炸声震耳欲聋，一个个烟柱冲天而起。守军隐蔽在工事内，一动也不敢动。许多战壕和掩体被打塌了，里面的官兵被掩埋。炮火刚停，步兵第42联队第10中队就趁势占领北云中河北岸的新练家庄，解除了其后顾之忧。但第10中队并未在该地停留多久，即向北云中河北岸一线前进，准备和其他中队一起渡河。

7时30分，日军步兵第42联队第一线各部队利用炮火准备效果，一齐发起冲击，至上午8时左右大致推进到北云中河北岸一线,做好了渡河冲锋的准备。第3大队左第一线的第9中队首先开始渡河。不久对岸的守军就发现了日军的行动。第9中队的士兵们还没有爬上岸,迎面就射来一阵猛烈的步机枪子弹,"嗖嗖"地呼啸着落在他们周围,溅起了一片片水花,枪声爆豆般响成一片。日军虽然胆战心惊,但仍不顾一切地渡河。枪林弹雨中,有人被子弹击中阵亡,"啊"地发出一声轻微的呻吟声后,就倒在了没膝深的河水中。还有人负伤了,"哎哟、哎哟"地呻吟着由身旁的战友扶着前进。不过,第9中队运气不错,很快得到藤本野炮兵大队、联队炮中队和大队炮小队的火力支援。经过日军炮兵数分钟的炮击,在对岸形成一片弹幕,压制住了守军。第9中队趁势强行登上了河对岸,占领旧练家庄东方高地线的一角。紧接着,中第一线的第12中队河村小队也成功渡河,占领旧练家庄东侧高地。而右第一线的第10中队却遇上了大麻烦,他们在渡河时,受到秦家庄东侧高地守军的猛烈射击,死伤不断,前进受阻。如果没有强大直瞄炮火的支援,任何冲锋只能是徒增伤亡。这样,第10中队只得停止前进,就地转为防御,暂时与守军隔河对峙。

上午7时50分,步兵第42联队第1大队第一线第1、3两个中队到达北云中河北岸时,也突然受到对岸守军的猛烈射击。但日军早有准备,立即以机枪进行压制。右第一线的第1中队则跳入河中,在机枪火力的掩

▲92式步兵炮。

晋北争锋 忻口会战

护下，冲入对岸的守军阵地，以刺刀与手榴弹将守军击退。上午8时30分，第1大队的第一线中队前出到南怀化北端一线；第1机枪中队主力在第1中队的左翼，预备队跟在第1中队的后方前进。可是，就在此时，第一线中队突然遭到旧练家庄南侧高地守军的猛烈侧射，连续出现伤亡。志鹤大队长得知情况后，命令大队炮小队和机枪中队主力对旧练家庄南侧高地守军阵地实施压制射击。9时30分左右，大队炮小队进入阵地把炮架好，立刻集中火力开炮。机枪队主力也架好机枪猛烈射击起来。日军的炮弹、机枪弹如雨点般向旧练家庄南侧高地倾泻，完全压制了守军火力。

当时，日本陆军步兵大队通常下辖4个步兵中队、1个机枪中队和1个大队炮小队。

其中，大队炮小队配2门92式步兵炮，机枪中队配8挺92式重机枪。由此可见，日军一个步兵大队主要的支援火力是8挺92式重机枪和2门92式步兵炮。

92式步兵炮是一种非常优秀的武器，1928年11月开始研制，1930年3月完成样炮试制，1932年7月设计定型，主要由大阪陆军兵工厂和名古屋陆军兵工厂制造。92式步兵炮最大特点就是便携性。该炮全重为216公斤，采用轮式炮架，全长2米，高77.5厘米，去掉防盾后其高度低于60厘米。由于体积小、重量轻，该炮对运输的要求极低。在没有车辆的情况下，可将炮分成3大部分，用牲畜拖曳运输，也可分解成10个部件，由人力负载运输。用当时的标准来看，92式步兵炮是一种完全能跟随步兵作战的火炮。同时该炮结构简单，不仅生产方便，日常使用与维护也较容易。

当然，为突出便携性，该炮在其他技术指标上做了取舍。该炮口径为70毫米，为后装填式火炮，炮身仅长72.3厘米。为降低重量，该炮并未采用楔式炮闩闭锁结构，而采用较老、较复杂的螺式炮闩闭锁结构，试炮兵射击时的操作速度降低。由于炮身较短，其炮口初速也相对较低，只有198米/秒，有效射程仅为2785米。虽然其射程较近，但却可以通过近距离射击，弥补威力的不足。92式步兵炮采用3种炮弹：高爆弹、榴霰弹、烟幕弹，其中高爆弹重3.8公斤，是名副其实的"小炮用大炮弹"。同时，该炮还配备了较为精密的光学测距仪，进一步提高了射击精度。

表6-1　92式步兵炮性能数据

口径	70毫米
炮管长	8.79倍口径
炮全重	0.212吨
炮全长	2.745米
炮全高	0.62米（带防盾）
高低射角	-10度至+75度
范围射界	左右45度
弹种	70毫米高爆弹/榴霰弹/烟幕弹
弹重	3.8公斤（高爆弹）
炮弹初速	198米/秒
最大射程	2788米
最小射程	100米
运输方式	车辆/畜力/人力拖曳，或分解运输。

由于体积小、重心低，92式步兵炮的射角调整范围比较大，火炮仰角能超过80°。这使得该炮几近"全能"：本身既是曲射的榴弹炮，也可当作加农炮平射，足以对付土木工事和一般砖石工事。该炮甚至能像迫击炮那样进行大仰角射击，且弹道比迫击炮稳定得多，精度也比80毫米左右口径的迫击炮要好不少。在山地作战时，92式步兵炮借助高射角，可配置在反斜面阵地上，能在隐蔽自己的同时，为处于棱线或正面阵地上的友军提供火力支援。日本陆军曾对该炮作出评估，认为其是"理想的步兵支援武器"。

92式重机枪为日本陆军在20世纪30年代改良大正3年式重机枪所开发的重机枪。日军在一战前开始配备国产化的大正3年式重机枪，但这种机枪和欧美各国的重机枪相比威力不足，而且防空射击时射程较短。于是日本在大正3年式重机枪的基础上经过局部改进，于1932年推出了新的重机枪，因当年为日本神武纪年2592年，故将其年式定为92式。

92式重机枪将口径由大正3年式重机枪的6.5毫米改为7.7毫米。其瞄准装置采用了光学瞄准镜，远距离的命中精度相当高。子弹涂油装置以及供弹机构与大正3年式重机枪相同，增加了下八字形握把以及枪口消焰器。供应弹方式没有采取弹链供弹而是采取了弹板式。发射方法也不是手指的扳机式，

▲92式重机枪。

晋北争锋 忻口会战

表6-2　92式重机枪性能数据

总重	55.3公斤（连三脚架）
全长	1156毫米
枪管长度	721毫米
弹药	92式7.7毫米子弹
口径	7.7毫米
枪机种类	气动式
发射速率	400-450发/分钟
枪口初速	800米/秒
有效射程	800米
供弹方式	30发保弹板
瞄准具形式	机械瞄具

而是变为对推的压铁式。因其特有的发射声音，后来被盟国的士兵们称为"啄木鸟"。

比起大正3年式重机枪，92式重机枪的重量又往上增幅至27公斤，增加部分主要集中在枪机与枪管上，当时日本陆军并没有改良钢材以承受较高威力子弹的耗损，而用增厚管壁的方式处理并且增加了散热片；相比于同时代空冷式机枪来说92式可说是超重量级装备。其主要优点是：采用光学瞄准，命中率高；握把折叠，容易机动；使用了枪口消焰器。主要缺点是比改装前的三年型机关枪更重了；发射速度和当时的其他机枪相比要慢；战时更换枪管困难。

第1大队的火力压制刚一结束，其第一线中队就趁势发起突击。不久，第1中队占领"右突角"阵地，第3中队占领南怀化东南高地。可是，当他们继续向前推进时，又遭到密集的火力拦阻，被迫停止前进，战斗再次陷入僵局。

上午9时，步兵第42联队联队长大场大佐到池上村南端督战，了解到"第3大队的第一线中队唯有第9中队大致涉渡过河，其他部队受到敌人的猛烈射击，前进受阻，依然在左（北）岸位置侦察前面的敌情、地形"，第1大队的第一线中队虽成功渡河，却在随后的进攻中受阻。当他苦苦思索对策的时候，却于9时10分收到三浦旅团长的通报：

而后第一线部队请求炮火支援时，请直接与直协炮兵联络。但有其他特别要求时，可与旅团联络。

这样，他眼前一亮，立即联络直协炮兵，要求对当面的中国守军实施火力压制。双方很快达成协定：

（一）射击准备。野炮兵第2大队及联队炮中队协力第3大队的战斗；野炮兵第3大队及山炮兵大队协力第1大队的战斗。速射炮中队压制攻击正面的敌重火器。

（二）关于射击的信号。要求射击为"黄龙"，中止射击为"黑龙"。

（三）上午10时15分开始突击支援（压制）射击。

而后，步兵第42联队将上述协定通报给第1、3大队，并命其报告需要炮兵压制的地点。

上午10时15分，"黄龙"信号冲天而起，日军炮兵一齐开火，对第322团阵地进

大场四平

日本宫城县人，1890年1月14日出生。1910年5月毕业于日本陆军军官学校第22期。1963年7月25日亡故。

1910年12月　授阶步兵少尉

1936年8月　晋升步兵大佐，步兵第7联队留守队长

1937年8月　步兵第42联队联队长

1938年7月　丰桥陆军预备军官学校步兵学生队长

1939年8月　晋升陆军少将，留守第10师团司令部附

1940年8月　第10步兵团团长

1942年8月　晋升陆军中将，第16师团师团长

1944年3月　参谋本部附

1944年6月　东京湾要塞司令官

1945年6月　东京湾兵团司令官兼东京湾要塞司令官

中国抗战时期，他参与的侵华作战有察哈尔作战、内长城线作战、太原攻略战、南部山东剿灭战（临沂战役及台儿庄战役）、徐州会战等。

行彻底的压制射击。但是，日军炮兵对第3大队正面的目标识别困难，因此其炮击效果很不理想。上午10时20分，炮兵又开始第2次集中射击，但由于其视线受阻，无法对目标进行准确定位，这样炮弹落入群山间只能听到一声声闷响，至于打没打中目标便不得而知了。

日军炮兵的压制射击开始后，步兵第42联队第3大队第一线各中队也一齐以机枪、掷弹筒，猛烈射击守军的机枪阵地。在其掩护下，未过河的第10、12中队士兵纷纷跳进没膝深的河水中，以各个跃进的方式，渡河前进，陆续占领对岸各要点。至上午11时30分，第10、12中队主力大致占领旧练家庄东北侧高地线。大队长大町少佐趁此机会，率大队主力（机枪中队、第11中队、大队炮小队）渡河前进，于上午11时50分到达旧练家庄西侧高地脚。此时，最先过河的第9中队已占领旧练家庄南方约700米的高地。

日军炮兵的压制射击刚一结束，步兵第42联队第1大队的第一线中队也利用炮击效果发起突击，迅速突破其当面守军的防御阵地，并继续向守军纵深发展进攻。

第322团第3营防守的一线阵地过宽，兵力不足，在日军的猛攻之下，支持不住，被迫放弃阵地后撤。而在南怀化村的第322团团部和第1营，因四周的要点都被日军占领，害怕陷入孤立，也退到村外小高地上。正午时分，南怀化村被日军步兵第42联队第1大队占领。

晋北争锋 | 忻口会战

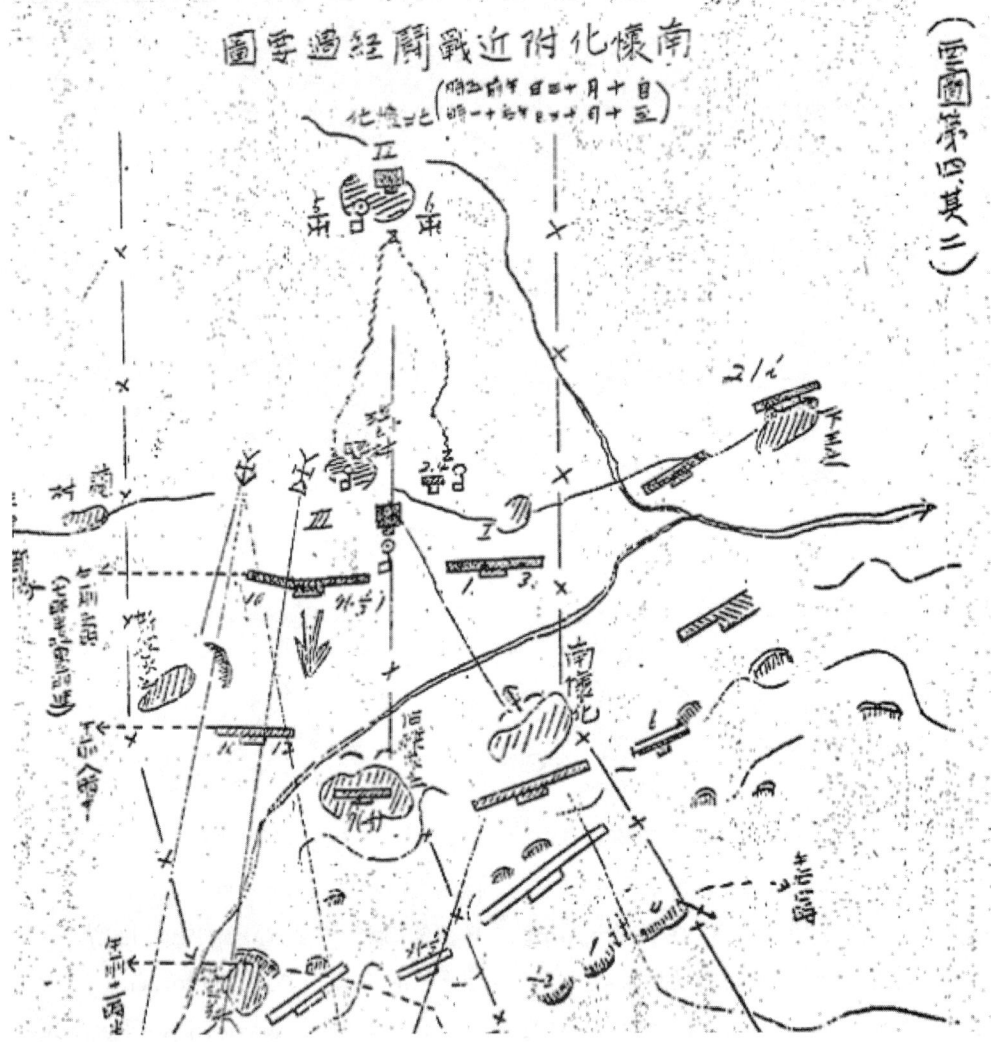

▲日军1937年10月13日南怀化附近战斗经过图（图上，Ⅰ代表第1大队，Ⅱ代表第2大队，Ⅲ代表第3大队，阿拉伯数字代表各中队）。

当步兵第42联队进攻第322团第3营阵地时，步兵第21联队第2大队也对第2营阵地实施攻击。刚开始，该大队因准备不充分，甚至不清楚守军火力点的具体位置，与山炮、野炮的协同也存在问题，山炮兵中队的阵地过远、电话线不足。其步兵冲锋时，也遭到守军第2营密集的机枪火力拦阻，束手无策，无法前进。

10时50分左右，该大队发现，其当面的守军有动摇的模样，于是不失时机地突入第2营阵地，并于11时占领"一木本"高地。粟饭原率领联队本部，随着第一线的战斗进展，跟在其后方前进，于11时40分前出到"一木本"高地，并将预备队永田部队的主力增加到第一线，以寻求进攻的进展。

大町大队孤军深入

当南怀化附近的战斗打响时，郝梦龄还在下王庄督战，加上13日早晨日军的炮击使南怀化至下王庄的电话中断，因此战斗之初郝梦龄并不知道南怀化的具体战况。当他从下王庄回到第9军军部时，这才知道南怀化第322团阵地被日军突破，于是立即要求第21师师长李仙洲派2个团接替第322团阵地，作为新的左地区队；另以1个团为预备队；并请李仙洲统一指挥中、左两地区守军，堵击日军。忻口战役开始前，郝梦龄因所属部队防地广、兵力单，向卫立煌请求增援。正好第21师李仙洲部奉令由五台南援，卫立煌就将该师拨归郝梦龄指挥，暂时配置于金山铺待机。13日下午，李仙洲亲率第124、125两个团赶到第一线，进入新练家庄至南怀化以南金山上的既设阵地布防。第322团主力（团部和第1、3营）则转移到南怀化村东300米处东北西南走向的土梁上占领阵地。

这时，忻口战场中央地区已形成了两个战场，一是下王庄附近战场，第54师第321、324团正在该地，与日军山口大队激战。一是南怀化附近战场，第21师第124、125团和第54师第322团正在南怀化及其附近的旧练家庄一带，与日军步兵3个大队激战。而郝梦龄军长已下定决心，在次日拂晓发起反击，夺回南怀化阵地。但是，第54师及第21师守卫阵地的兵力都不够，反攻实力力不从心。于是，郝梦龄向卫立煌将军提出，将傅作义第35军的第218旅拨归他指挥。但此时傅作义正打算派该旅抄袭北云中河以北的日军各据点。卫立煌对傅作义的这一计划寄以厚望。因此，他并没有同意郝梦龄的请求。

再说日军这边，上午9时40分，日军飞机向日军第5师团通报称，敌人的大纵队正从忻口镇附近向忻县退却。这是一个明显的误报。但师团长板垣对此却深信不疑，认为忻口守军将要全面后撤，据此指示参谋长西村利温部署部队实施追击。下午1时左右，板垣下令（太作命甲第18号），步兵第21旅团向石岭头东西高地一线急追敌人，务必将其捕捉歼灭。但是，此时日军第一线各部队正在向南追击，因此他们并没有及时接到这个命令。

第322团丢掉南怀化、旧练家庄附近的阵地后，向金山上撤退，日军步兵第42联队第1、3大队则在后面穷追不舍。然而，日军不熟悉当地复杂的地形，只好摸索着寻路前行，一路上随处可见的梯田、地裂沟，给日军的行动带来很大的困扰，大大延缓了其追击的速度。这样，第21师第124、125两个团及时进入金山上的既设阵地，重新组织好防御。当步兵第42联队第一线大队接近第21师阵地时，守军即利用既设工事顽强阻击日军。尤其是第1大队受到来自于步兵第21联队右翼前方守军的侧射，前进受阻。该大队与联队本部之间的电话线也被打断，双方失去了联系。于是，联队长大场派出次级副官前田少尉，去和志鹤大队长联络。下午2时50分，步兵第21、42联队之间，产生了较宽的间隙。鉴于以上情况，大场决定，联队暂

晋北争锋 忻口会战

时停止前进,薄暮以后再发动进攻,同时联队整体向左移动,尽量与步兵第21联队阵地衔接。但此时第3大队也受到其侧方守军迫击炮、机枪的猛烈射击,移动困难。这样,大队长大町向大场提出第3大队薄暮以后再移动的意见。

下午4时5分,步兵第42联队接到如下要旨的旅团命令:

大场部队迅速急追当面之敌,日落以前进出金山铺一线。

大场接到这个命令后,虽大感意外,但军令如山,还是命令第一线的第1、3大队在薄暮以后发起追击,前出到金山铺一线。为支援第1、3大队的行动,大场于下午5时10分亲率联队主力抵达南怀化。此时,次级副官前田归来,报告如下情况:"目前第1大队在南怀化南方600米附近道路西南侧高地上,受到敌交叉火力的射击,前进困难。"

原来,步兵第42联队第1大队接到追击命令后,即做出以下部署:

(一)第1中队在机枪中队主力的协力下,经"丸谷山"(中国方面称为1300高地)右鞍部向金山铺追击;(二)第4中队超越第3中队,沿南怀化—金山铺道路向金山铺追击。

可是,随后该大队遭到守军第21师的顽强阻击,前进困难,根本不能按照部署实施追击。于是,大队长志鹤少佐不得不改变了部署:

(一)第1中队(附第2中队的1个小队,机枪1个小队)攻击鞍部北侧高地之敌,向金山铺前进;(二)第4中队(附机枪1个小队)攻击南怀化—金山铺道路右侧高地之敌,向金山铺前进;(三)其余部队在第4中队的后方向金山铺前进。

下午5时40分左右,因命令传达错误,第1大队在集结时,出现混乱。该大队的进攻被迫推迟。但是,同处第一线的第3大队却不知道这个情况,独自南进,终因过于突出而陷入孤立。凑巧的是,就在这个关键时刻,在南怀化的步兵第42联队本部也和第3大队失去了联系,因此未能及时作出调整。

步兵第42联队第3大队接到追击命令后,日落时分集结于旧练家庄南侧凹地,开始向"三角山"左方鞍部追击前进。晚8时,该大队的先头,第9中队及第12中队河村小队在前进途中,突然受到守军第21师步机枪的火力拦阻,立即占领掩护阵地,搜索敌情、地形,等待大队主力的到来。

晚9时许,第3大队主力到达第9中队的位置,并根据该中队的侦察结果,了解到了前方的敌情。半个小时后,该大队又以第11中队为尖兵中队,按第11中队—大队本部—第10中队—第12中队—机枪中队—大队炮小队—第9中队的行进顺序,开始经鞍部向金山铺前进。

晚10时30分,第11中队(欠2个小队)到达鞍部南侧高地时,又遭到猛烈的射击,前进受阻。该大队的后续部队也停止前进，分别占领附近各高地，搜索敌情、地形。

中国军队的初次反击

忻口战役初期，中国军队的作战方针是攻势防御。所谓攻势防御，是指防御一方除防守阵地以外，还采取积极的攻势行动，挫败进攻之敌。战役开始前，卫立煌的作战设想是先行固守，挡住日军横扫之势，把局势稳定下来，等待日军攻势顿挫再行逆袭，消灭日军于云中河谷。1937年10月6日，黄绍竑致蒋介石的密电中也有相似构想："现决心派兵一部死守崞县、原平、忻口镇、忻县各要点，迟滞敌人前进，以待后续部队到达，而后由两翼出击而歼灭之。"

13日晚8时左右，当郝梦龄正计划以第54师、第21师各一部，发起反击，一举歼灭麇集南怀化附近的日军时，中国军队的预备军第61军的新编独立第4旅（旅长于镇河）到达界河铺附近。第61军军长陈长捷和郝梦龄会商后，了解到第9军（欠第47师，配属第21师）面临的巨大压力，就将该旅拨归郝梦龄指挥，以协助第9军攻击。

接着，第61军第72师继于旅之后，进到石合子。陈长捷遂命第72师展开于忻口以西高地，以支援第322团，防止日军从南怀化直攻忻口。当时该师仅有2个团的兵力。因为平型关战役中，第72师伤亡很大，所以该师转进到定襄县南北兰台村后，进行了缩编：第208旅余部整编为第416团，第217旅余部整编为第433团，统归第217旅旅长梁春

溥指挥。

随后，第218旅及独立第2、第3旅等部队，也陆续到达界河铺附近，卫立煌将这些部队拨归陈长捷指挥。陈长捷接受指挥权后，立即命令第218旅推进至下王庄附近，准备进攻北云中河以北的日军据点。同时，他鉴于第54师阵线过长，兵力薄弱，就以独立第3旅第4团接替界河铺至关子村（不含）阵地的防务；以独立第2旅推进至关子村以南地区，支援第54师。这样，第54师得以将第323团主力抽出来，集中配置于关子村，加强了这一地段的守备力量。

新编独立第4旅奉命后，以最快的速度赶到忻口。此时郝梦龄早已派参谋在忻口路上后沟口等候。接头后，该旅的大部分官兵在后沟附近地区隐蔽休息，旅长于镇河则带着参谋长樊明渊与2位团长，跟随来接的参谋去后沟窑洞见郝梦龄。郝先介绍了敌情，接着要求该旅增援第21师李仙洲部的防线，然后让参谋领于镇河等人去见李仙洲师长。

李仙洲和于镇河一见面，李就对于说，"有你们部队增援，我们的防线加强了。两个部队不要交错防守，将阵地左翼划出一段由你们旅担任，但仍属郝指挥。"李在地图上指划完毕，新编独立第4旅随即接替了第21师左翼部分阵地的守备任务。这样，第21师抽出了部分兵力，用于反击孤军深入的日军步兵第42联队第3（大町）大队。

当晚11时，第21师出动了2个营的兵力，突然对日军大町大队第11中队占领的高地发起袭击。该中队实际只有1个中队部和1个小队的兵力，敌不过具有绝对优势兵力的

晋北争锋 忻口会战

中国军队，很快便被全部消灭了。对此，日军《步兵第42联队战斗详报》有如下记载，"午后11时许，约2个大队的敌人忽然强袭尖兵（第11）中队占领的高地，并试图攻击大队主力。午后11时30分，大队长收到该中队全灭的报告"。

第21师全歼第11中队后，趁势向大町大队主力的正面及两翼发起进攻。此时，师长李仙洲为鼓舞士气，亲自到前沿阵地督战，并说要与士兵一起作战。阵地上的官兵怕他出危险，连忙劝道："师长，这儿危险，赶快离开！"李却很坦然，反问他们道："你们是干什么来了？"官兵们坚定地说："打日本鬼子！"李仙洲说："你们打鬼子不怕危险，我就怕危险吗！"坚持不下阵地，在前线指挥作战。李仙洲身先士卒，无疑使士气大增。然而，日军毕竟在装备及战斗技能上都占有优势，而且地势有利，这样从13日深夜打到14日拂晓，尽管第21师向大町大队阵地发起了一次又一次的进攻，伤亡虽大却不能取得进展，被迫于早晨6时30分左右退回原阵地。此战日军虽保住了阵地，却也付出了极高的代价，大队长大町少佐负重伤，第10中队长寺道大尉战死，暂由第9中队长古泽大尉代理大队长。

14日上午，郝梦龄也来到第21师前沿阵地督战。中午，李仙洲陪同郝梦龄在半山腰观察敌情时，突然感觉有个东西碰了他的左胸一下，当时也没在意。可郝梦龄看到李背后渗着血，大声说："李师长，你受伤

中国军队在南怀化附近的首次反击战敌我双方战斗序列表
（1937年10月14日凌晨）

中国军队		
第9军		郝梦龄
第54师		刘家麒
第322团		戴慕真
第21师		李仙洲
第124团		李尚镜
第125团		张子耕
第217旅		梁春溥
第433团		曹炳
第416团		宋恒宾
新编独立第4旅		于镇河
新编第2团		梁鸿勋
新编第12团		赵鸿儒

第六章 激战南怀化

配属部队：
炮兵第23团
炮兵第26团之一个营

日本军队
第5师团　　　　　板垣征四郎中将
　步兵第21旅团　　三浦敏事少将
　　步兵第42联队　大场四平大佐
　　　第1大队
　　　第3大队
　　　联队炮中队
　　　速射炮中队
　　　（配属）独立山炮兵第3联队的1个中队
　　步兵第21联队　栗饭原秀大佐
　　　第2大队
　　　联队炮中队
　　　速射炮中队
　　　（配属）独立山炮兵第3联队的1个大队（欠1个中队，山炮8门）
　野炮兵第5联队主力（欠第1大队，配属野炮兵第2联队第2大队和野战重炮兵第9联队的1个大队）　武田馨大佐

了！"李神态安定地说；"没事，好像是什么碰了一下。"就在郝喊来卫生兵给他包扎时，他昏死过去，不省人事，被抬下了阵地。事后证明，李仙洲实在命大，日军一枪打来，他恰好在呼气，肺叶萎缩，子弹从两叶肺之间穿过，所以没受致命伤，如果是吸气的时候中弹，那就悬了。李仙洲身受重伤时，第21师第一线2个团的伤亡极大。好在该师副师长黄祖埙率第二线部队及时增援，战况才转危为安。此后遂由黄代理师长，继续作战。

13日晚12时，当第21师正向步兵第42联队第3大队发起反击时，日军步兵第21联队第2大队却突然占领了守军第54师与第21师阵地结合部附近的一座山头。第322团阵地因此受到日军侧射，情况极为严重。团长戴慕真立即组织了一个100余人的奋勇队，以第3营第11连少尉排长牛坤山为队长，向那个山头反攻。奋勇队的队员都是自告奋勇者，牛队长出发前曾告诫他们说："无论何

晋北争锋 忻口会战

李仙洲抗战简历

陆军中将。原名李守瀛,字仙洲,山东省长清县人。生于1894年6月17日,1988年10月22日在山东济南病逝。全面抗战爆发时任第21师师长。

1938年2月12日　升任第92军军长兼第21师师长

3月1日　　　　晋任陆军中将

6月8日　　　　辞去师长兼职

1941年5月6日　升任第15集团军中将副总司令兼第92军军长

1943年1月6日　辞去军长兼职。

2月24日　　　调升第28集团军中将总司令(直至抗战结束)

他参与的战役有:南口战役、太原会战、徐州会战、武汉会战、枣宜会战、豫南战役、豫中会战等。1944年7月31日获颁四等云麾勋章,1945年10月10日获颁忠勤勋章。

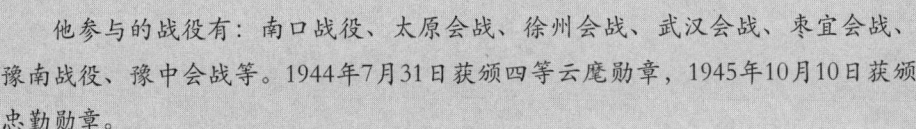

人,无我命令一律不准开枪,只准你们随我向山顶奋勇前进。"时间不长,奋勇队就到达半山腰,成群的手榴弹突然在那个山头炸响。数十分钟后,该山头即被奋勇队攻克。战斗中,队长牛坤山之右臂被弹片打伤骨折,却不肯退下火线,仍以左手持枪指挥战斗,终于攻克山头。

第322团刚夺回其左翼的山头,还没来得及喘口气,又奉命于次日早晨5时向当面的日军发起反击,限3个小时夺回丢失的阵地。这次,由第2营担任主攻,任务是"反攻盘踞在南怀化东侧某土梁上之敌"。营长耿景荣决定兵分两路进攻南怀化东侧的某土梁,第5连连长秦福臻,率领全连,附以晋绥军第217旅第416团1个连后随,从左翼向盘踞该地的日军实施进攻;6连连长赵维宗率领6连,附以晋绥军第416团1个连后随,从右翼向盘踞该地的日军实施进攻。

冲锋号一响,第5连连长秦福臻首先跳出战壕,率部前进。刚出阵地数步,3班班长莫兴顺突然看出异常,赶紧抓住秦福臻的胳膊不放,小声地说:"稍等,连长。"话音未落,枪就响了。原来,这之前日军1个轻机枪分队乘黑夜悄悄摸至离5连阵地不远之处,看到该连跃出战壕,即出其不意地予以火力急袭。冲锋在前的3班猝不及防，除班长莫兴顺以外，全部在瞬间战死。该连后续部队见状，急忙赶了上来，经过奋战，击退了埋伏的日军小分队。第5连乘胜追击，到达离南怀化村东约1里之处时，占据路南坡上魁星楼的日军集中火力向其猛烈扫射。秦福臻当即派第9班班长胡文进率领全班扑向魁星楼，他自己则率领剩下的30人向预定目标推进。

第5连抵达预定目标后，未见日军一人抵抗，却见到地上留有挂好的许多黄色电线。原来，日军步兵第21联队第2大队在白天的战斗中伤亡较大，而且该联队已没有了预备队，无法增援该大队。粟饭原认为，以第2大队的现有兵力，维持阵地的现状都很困难，于是命令该大队放弃了部分阵地。但是，当时秦福臻并不知道这个情况，他还以为落入了日军圈套，就叫部下立即散开。恰在这时，占据北面高地上大庙的日军突然向第5连猛烈开火，子弹如雨点一般，第5连战士连连中弹，一个接一个地倒地。秦福臻看到全连官兵已所剩无几，随后将阵地移交给赶上来的晋绥军1个连。移交完毕后，第5连残余者随秦向原阵地转进。

第322团经过13日白天的防御战以及夜间的反击作战，伤亡惨重，团、营、连长伤亡殆尽，建制系统完全破坏，如不及时合并缩编，不但无法指挥，而且也无战斗力。郝梦龄军长得知情况后，亲临第一线，将该团缩编成1个营，改称第322团第1营，以翟洪章为营长，并令翟一面作战，一面并编原第2营。郝自己亲手整编原1、3两营，把原第1营缩编为第1连；原第3营缩编为第3连；翟洪章将原第2营缩编为第2连，把3个机枪连合并为1个连。编好后，郝梦龄军长以悲壮的语气训话说："就是剩下一个人，也要守这个阵地。我们一天不死，抗战任务一天不能算完。出发前，我在家里写下遗嘱，不打败日军决不生还。现在我和你们一起坚守这个阵地，决不先退。我若先退，你们不管是谁，都可以枪毙我；你们不管是谁，只要后退一步，我就枪毙他！"郝讲完后问大家："你们大家敢陪我在此坚守阵地吗？"官兵齐声回答："誓死坚守阵地！"他们誓死抗日的决心和豪气被淋漓尽致地渲染出来。

大町大队陷入孤立

14日凌晨2时30分，步兵第42联队联队长大场在南怀化听到西南方传来激烈的枪声，立即联系第1大队，得知是第3大队遭到了夜袭。为了策应第一线两大队的攻击，大场于早晨6时30分率联队主力前出到南怀化东南方约1000米处。

这之前的早晨5时，第1大队开始进攻其前方的高地。该大队根据昨晚的侦察，得知该高地的守军（第21师一部）有三道阵地，据此作出了针对性的部署：

第4、1中队分别为左、右第一线，实施突击；第2中队跟在第1中队的后方前进，在第1中队夺取守军第一线阵地后，即向高地顶上超越攻击；机枪主力于现高地准备协力

晋北争锋 忻口会战

第1中队的攻击；第3中队为预备队，在右翼后方前进。大队占领该高地后，一举前出到金山铺。

战斗打响后，日军第1中队（附重机枪1个小队）在机枪火力的掩护下，从右侧方实施强攻；第4中队（附重机枪1个小队）则利用地形地物作掩护，从左侧方的守军视觉盲区隐蔽接近。守军很快发现了日军的行动，却难以使用步机枪进行有效射击。怎么办呢？守军连长看到最前面的日军离阵地只有十几米了，忽然大吼一声："扔手榴弹！"随即，他用力一挥，投出一颗手榴弹。手榴弹正好落在冲在最前面的几个日军中间，有的日军躲闪不及，随着"轰隆"一声巨响，被炸倒在地。其他官兵也紧跟着投弹，一颗颗手榴弹接连不断地向日军飞去，蹿起一团团爆炸的火光。日军在突然的打击下败下阵来，背起死伤者向山下跑去。接着，日军第1、4中队又向守军阵地冲了数次，全被手榴弹雨压了回来。战斗中，有的日军也向守军投掷手榴弹，企图凭借手榴弹投掷距离上的优势进行攻击（训练的结果），但受抛物线原理限制，效果很不理想。更不利的是，因为日军的手榴弹是圆形的，从下往上投时，有几颗还从山上滚回来，险些炸伤他们自己人。

当时，忻口守军普遍使用的手榴弹是山西军人工艺实习厂生产的晋造木柄手榴弹。晋造木柄手榴弹有大、中、小三种型号，采用圆柱形铸铁弹体、木柄和拉发火机构，弹体直径56毫米，全弹长290－310毫米不等，

内装TNT炸药和硝酸钾混合炸药70－100克不等。经过多次实验和战场的实践，木柄铸铁手榴弹弹体可以爆裂成数十粒乃至上百粒弹片，杀伤力大。

日式手榴弹通常是圆形的，我国将它们称为"甜瓜"手榴弹。其使用过程，先拔出保险销，然后将引信头部在硬物上用力敲击一下，待引信发火后，才能向目标投掷。93式和97式手榴弹是日军在侵华战争中使用最普遍的两种手榴弹。93式手榴弹是日本在1930年代研制并装备的一种轻型手榴弹，也是同时期日本手榴弹的代表作，其最大特点是结构简单、小巧轻便，全弹长83毫米，直径50毫米，全弹质量370克，装有39.5克TNT炸药，引信延时5－6秒。93式手榴弹外形为圆柱形，弹体上刻有5条横向槽，用于防滑和控制破片数量及大小。其缺点是弹体爆炸后产生的破片不均匀，有时过大的弹片会飞出很远，甚至伤害到使用者，另外拉火装置的防潮性能不甚理想，因此最终被使用撞击发火引信的97式手榴弹所取代。97式手榴弹1937年正式装备日军。此弹是在91式手榴弹的基础上改进而成，七七事变后在侵华战场上大量使用，它是侵华日军使用最普遍的步兵投掷武器。该手榴弹采用圆柱形铸铁弹体，全弹质量450克，装56克TNT，引信延时4－5秒。其缺点是圆柱形弹体握持、投掷不便，并且也不利于形成均匀的破片。

日军进攻受挫后，想到了一个诡计。他们时不时地发出呐喊，佯装突击，以消耗守军的手榴弹。守军果然中计，一听到喊声就

第六章 激战南怀化

▲插着安全插销的日军97式手榴弹。

表6-3　97式手榴弹性能数据

弹径	49.5毫米
全弹长	95毫米
全弹质量	450克
装药类型	黄色炸药
装药质量	56克
延期时间	4-5秒燃烧型引信
杀伤半径	7-10米

大投手榴弹。等他们醒悟过来，已把手榴弹用得差不多了。早晨5时50分，日军第1中队通过试探，发现守军投出的手榴弹没有几颗了，就趁势突入守军阵地。接下来的战斗变成了残酷的肉搏，双方都用刺刀、枪托和拳头来拼命。守军渐渐处于下风，很快便伤亡殆尽，第一线阵地失守。接着，日军第2中

队又超越第1中队实施攻击，夺取了第二线阵地右侧的一角。但此时天已大亮，第1大队受到其前方及左右高地守军交叉火力的猛烈射击，只得就地转为防御，第3、4中队面向前方占领阵地；第2中队面向左侧方占领阵地；第1中队在其后方集结。

就在第1大队的进攻略有进展的时候，第3大队的情况却糟糕透了。上午8时，第3大队的联络员来到步兵第42联队本部，向大场大佐汇报了该大队陷入苦战，其第11中队"全灭"的情况。大场听后，心情肯定不会太好，但接下来的这个事，又给他添堵了。

上午11时，数架日军飞机从远处云层中钻出，飞临金山上空，进行轰炸，大批炸弹像冰雹一样倾泻到守军阵地上。第3大队的官兵们看到守军阵地被浓烟和火光所吞没，他们在欢呼的同时，也担心受到误炸，不仅布置了信号板联络，还叫人不停地向空中挥舞太阳旗。可是，还是有9枚航空炸弹呼啸着从他们头顶上空落下来，掉到了第3大队的阵地上。一阵阵惊心动魄的爆炸过后，日军阵地上一片狼藉，到处都是血肉模糊的肢体残骸，负伤者则躺倒在血泊之中，痛苦地挣扎、蠕动。这次误炸事件对第3大队的士气是个很大的打击。

然而，对第3大队来说，更加危险的是，此时中国左翼兵团之第10师一部已推进至旧练家庄一线，切断其后路及供给线。第3大队和日军主力被分隔开，完全陷入孤立。上午11时30分，第3大队副官松田少尉又到联队本部报告说，"目前大队的补给道路被敌人切断，弹药将尽，个别部队正进行

晋北争锋 | 忻口会战

石头战"。

大场此时也没有什么好办法，先是命令联队炮中队以炮火支援第3大队作战，下午2时25分又将直协炮兵的联络军官叫到联队本部，商议双方协同作战的具体事宜。

下午4时左右，第3大队的联络员又来到联队本部，要求炮兵在夜间实施拦阻射击。1个小时过后，日军联队炮中队观察到，有2个连的中国兵正在第1、3大队中间的高地上集结，估计他们可能要从侧面袭击第3大队，于是立即实施猛烈射击，使其散乱退却。

当时，日军联队炮中队配有4门41式75毫米山炮。该炮1908年（明治38年）由大阪兵工厂试制，1911年（明治41年）完成测试量产。该炮的特点是分解组合容易，重量很轻（540公斤），2个士兵就能推著移动，机动性很高，在各种地形使用都很方便。而且，该炮初速高，炮弹威力大，又非常精准，完全可以作为直瞄炮火使用。

当天，守军第322团第1营得到晋绥军第217旅的支援，顶住了日军步兵第21联队第2大队的疯狂进攻。

晚11时，忻口中央地区的守军再次全线反击，但在日军炮兵的拦阻射击下伤亡惨重，加上日军步兵的顽抗，最终无功而返。

▲日军41式山炮。

表 6-4　41 式 75 毫米山炮性能数据

口径	75 毫米
总重量	725 公斤
炮全长	4.32 米
炮宽度	1.2 米
炮管长度	1.32 米（18 倍径）
操作人数	10 人
最大射击仰角	-8-25 度
最大发射速率	10 发/分钟
炮弹初速	360 米/秒
最大射程	6300 米
配用弹种	通常弹（榴弹）、榴散弹、穿甲弹、破甲弹、白磷弹

1300高地之战

15日天亮以后，大场大佐向西北方高地望去，只见山顶被皑皑白雪覆盖，景色十分壮观。上午7时30分，野炮兵第5联队一齐向守军阵地开火。此次炮击，一方面是为了振奋第一线日军的士气，另一方面是企图以地动山摇般的大炮声来威慑中国军队，削弱其战斗意志。随后，该联队又把各个炮群的火炮部署位置向前推进，以便更准确地打击守军。

这期间，步兵第42联队伤愈出院的丸山曹长以下约60人，以及在广灵警备的河部小队返回联队归建，喜出望外的大场立即将他们投入到第一线。上午10时40分，该联队接到步兵第21旅团的如下命令（概要）：

（一）三浦部队期望本（15）日午后3时突破敌军的后方阵地带，向预定线实施追击。野炮兵第5联队从午后2时30分开始射击。其第2、3大队协力步兵第42联队的战斗；野炮兵第2联队第2大队协力步兵第21联队的战斗；十榴（100毫米榴弹炮）大队以主力协力步兵第42联队，以一部协力步兵第21联队的战斗。

（二）第一线两联队突破各自当面的敌阵，向指定线追击。

（三）步兵第42联队第2大队作为预备队在现地附近待命。

据此，步兵第42联队决定，将进攻的重点放在第1大队正面；第1大队占领忻口以西的制高点1300高地、突破当面之敌后，即向指定线追击；第2大队为预备队，随战斗的进展，跟在第1大队的后方前进。

上午11时20分，大场联队长召集各炮兵队长开会，就步炮协同等事项进行协商。会上双方商定：炮兵于下午3时开始炮火准备，下午3时40分开始炮火压制。相关的信号为，压制射击为黄龙，中止射击为黑龙，并制定了关于射击目标的详细协定。

下午3时，野炮兵第5联队的各型火炮开始向1300高地上守军第21师第61旅阵地怒吼，实施炮火准备。阵地上硝烟弥漫，弹片如雨，尘土飞扬，沙石四溅。第1大队各步兵中队趁此良机，按第3、2、1、4中队的次序，相继向1300高地前进；机枪主力则留在原阵地，准备压制突然出现的守军侧防火力。下午3时30分，先头的第3中队已运动到

晋北争锋　忻口会战

第61旅前进阵地前50米，占领进攻出发地。10分钟后，日军炮兵开始压制射击，守军被炮火压得抬不起头来。炮火刚停，日军左第一线第3中队（附重机枪1个小队）就立即发起冲锋，很快突入前进阵地。守军刚一抬头，就发现日军已端着刺刀扑了上来。结果可想而知，3时50分，守军1个连全部战死，第3中队占领前进阵地。与此同时，日军右第一线第2中队（附重机枪1个小队）也夺取了第3中队右方的高地。

日军炮兵在第一线中队攻击得手后，继续实施徐进弹幕射击（即以炮兵火力在冲击的步兵前方构成一道移动的弹幕），掩护步兵继续向1300高地第61旅主阵地冲击前进。

第1中队长丸谷大尉冲在中队的先头，随着日军炮兵的射程延伸，紧紧地跟着绵密的弹幕推进。当他前进到山脚时，炮击结束了。此时，跟上来的只有4个人（曹长1人、下士官2人和士兵1人），但也顾不了这么多，5个人借着炮击的效果，一举突入1300高地上的第61旅主阵地的一角。接着，丸谷又一并指挥相继追赶上来的河野小队及第4中队的1个小队，于下午5时完全占领1300高地。日军为了表彰丸谷的功绩，以后就将1300高地称为"丸谷山"。

1300高地战斗中，中国第21师第61旅的营长焦秀民阵亡，团附白英书、营长吴步云、宋天修负伤，其余官兵伤亡六七百名。而日军的损失却不大。

步兵第42联队第1大队进攻1300高地的时候，步兵第21联队第2大队也于下午4时攻击其当面的守军，经过20分钟的激战，占领"最高峰"阵地。但在此次战斗中，中岛大队长、宇野部队长等多人战死，由藤村大尉代理大队长。而第322团第1营经过了两天

▲忻口战役中的日军炮兵阵地。

的恶战，兵员急剧减少。营长翟洪章为了确保阵地和继续作战，写了一个请求增援的报告，呈送给军长郝梦龄。郝批了"站在何处，死在何处"八个字。这八个字不仅表明了他的英雄气概和抗敌决心，也使翟洪章感到只有与阵地共存亡这一条途径。于是，翟当即拿着批示，冒着枪林弹雨，穿梭于全营各战壕内，晓谕官兵，鼓舞斗志。

郝梦龄将军壮烈殉国

15日，忻口中央兵团战斗不利。卫立煌却准备打一个歼灭战，计划以左翼兵团总指挥李默庵率第14军（欠第10师）和晋绥军郭宗汾第71师、孟宪吉第68师绕至敌侧，把日军包围在同蒲铁路与滹沱河之间的河谷中；同时以郝梦龄指挥中央地区各部，先夺取南怀化，然后进出云中河以北，联系左翼兵团，歼灭唐林岗迄东、西泥河间之敌。为了贯彻这个计划，当晚卫立煌亲率总预备队独立第5旅自忻县县城前往忻口镇督战。卫一到后沟的中央兵团前敌指挥所，就要求中央兵团先行攻夺南怀化，前出到云中河，以牵制敌人主力，便利左翼兵团的旋回包围。他还宣布，夺回南怀化奖励10万元，得胜的各部长官均请颁发"青天白日最高勋章"。

郝梦龄奉命后，与陈长捷协商，决定16日凌晨2时以4个旅的兵力向南怀化、旧练家庄附近日军出击。其部署如下：以第21师第63旅、独立第2旅和新编独立第4旅进攻南怀化以南左侧之敌（步兵第42联队）并收复南怀化阵地；以独立第5旅进攻南怀化东端之敌（步兵第21联队第2大队）。此次，中国军队出击的主要目标有4个：除了南怀化以外，还有步兵第42联队第3（大町）大队占据的204高地，步兵第42联队第1（丸谷）中队占据的1300高地以及步兵第21联队第2（中岛）大队据守南怀化东南高地。

此外，郝梦龄还命令晋绥军第217旅前出到北云中河以北，监视唐林岗方面，准备掩护第218旅由下王庄西进，向新、旧河北抄袭，以拊击南怀化日军的后方。

虽然出击时间定在16日凌晨2时，但有一些部队提前行动了。首先出击的是新编独立第4旅，他们的目标是204高地和南怀化。旅长于镇河令第12团李正元代团长率该团进攻204高地，第2团梁鸿勋团长率该团2个营（另一营担任旅预备队）进攻南怀化。204高地，也叫横山或横岭，位于秦家庄（日军误称其为陈家庄）以南。13日晚，日军大町大队即占领了204高地，但随后其后路被断，并不断遭到中国军队的反击，陷入苦战。到15日晚，该大队的处境已相当不妙，由于其补给路线被切断，弹药、粮食均已告罄，个别部队在子弹打光后，甚至用石头这种最原始的武器战斗。而且，该大队在中国军队的连续反击下，伤亡惨重，其残部分别据守着204高地及其周边的阵地：大队本部、机枪中队一部、大队炮小队以及第9中队主力（欠1个小队）部署在"右高地"，第10中队主力（欠1个小队，配属重机枪2挺）部署在"左高地"，第12中队主力（欠

晋北争锋 忻口会战

1个小队）据守的阵地在"右高地"以北，第12中队1个小队据守的高地在"左高地"以东约300米。

15日晚9时许，第12中队的官兵们，同大町大队其他部队一起，已在缺粮少弹的状况下孤军奋战了两天两夜，身心疲惫。此时，一支中国军队——新编独立第4旅第12团正在一步步地向他们的阵地接近。日军发觉中国军队攻上来了，立即拿起步枪射击，同时向中国兵投掷手榴弹。可是没过多久，子弹就打光了，手榴弹也投完了。新名中尉看到中国兵密密麻麻地涌了上来，就举起军刀，率领部下发起反冲锋，却在短兵相接中被一枪爆头。其部下寡不敌众，也一个接一个地倒下。最后只有几个日本兵逃得快，才冲出包围圈，到达"右高地"。第12团夺取了第12中队阵地后，继续向第9中队据守的"右高地"发起进攻。可是，日军的几个阵地错落有致，火力配备得很好，可以相互掩护。当第12团攻至"右高地"半山，即被日军其他阵地上的机枪火力阻止于半山腰。于镇河得知情况后，命令机炮连以火力支援第12团进攻，同时令旅预备队孙宝岐营长带2个连增援第12团。第12团得到增援后，在火力掩护下继续向山顶推进。200步、150步、100步，先头连离日军山顶阵地越来越近了，可是日军第9中队并不急于开火，他们把先头连放到最近距离时，才突然以步机枪火力集中射击，然后再实施白刃突击。先头连吃不住劲，抛下死伤者落潮般退去。没能撤退的伤员都被日军刺杀。接着，第12团又发起了多次进攻，但均未成功。一个连上去了，总要倒下一大半；再一个连冲上去，仍然死伤狼藉。最后第12团因伤亡惨重，停止了这种自杀式的进攻，在天亮前撤下了山。此次战斗，第12团代团长李正元阵亡，该团第1营营长邢振华受重伤，连长受伤阵亡者半数以上。

当第12团进攻204高地的同时，第2团（欠1个营）则越过该高地，矛头直指南怀化。当时日军在南怀化的防御非常空虚，只留有少数后勤人员。但在南怀化南方高地上，却有日军第2大队的第6中队严密布防。第2团打到南怀化附近时，遭到日军第6中队密集的火力拦阻。梁鸿勋团长临危不乱，命令1个连留下来牵制南怀化南方高地上的日军。他自己则率领其余的人攻入南怀化村，占领房院，利用墙壁挖防守工事，防日军反攻。大场得知后院起火，立即调预备队第2大队主力向第2团发起反攻。虽然第2团官兵以手榴弹打退第2大队的多次进攻，但自身伤亡也大，梁鸿勋团长腰部和腿部受重伤，两个营长抬到后方医院后都死了。该团连长张振华、李登山、李明、王明亮均阵亡，两个代连长陈三元、徐鸿章也阵亡。该团一直坚持到16日晚，才撤出南怀化，牢牢地将步兵第42联队的预备队第2大队主力牵制在南怀化附近达一天一夜，为友军歼灭大町大队创造了条件。

日军丸谷中队占领制高点1300高地以后，守军第21师阵地正侧两面均受其瞰制，为害甚大。因此，1300高地也成为敌我双方争夺的重点。

当夜10时，第21师第63旅的官兵们在

星沉月没、伸手不见五指的夜幕中，开始向1300高地出击。该高地仅是1个连的战斗正面，最多派1个营即能胜任。但第63旅事先既没有妥善的安排，前进道路也没侦察，即开始以大部队反攻。这种盲目攻击，且系夜间行动，联络指挥均很困难。结果部队从不同方向爬上山后，误把自己人当作敌人，自相残杀，死伤不少。据守该地的日军丸谷中队则躲在战壕里，待第63旅的官兵们走近，就以步机枪火力猛烈扫射。这样，尽管第63旅的伤亡很大，却没有取得任何战果。事后据侥幸生还者说："当时手榴弹、步机枪声，密如过年时放爆竹。我们冲到山顶时，有人讲日本话，也有人讲中国话。打到天明，大家就散了。"日军战史资料记载："（15日）午后11时，敌人企图夺回（1300高地）阵地，对第1中队进行猛烈的攻击，但在我奋战下将其击退。"

独立第2旅旅长方克猷，下辖3个团，共有官兵3000多人。第1团团长蔡文成，第2团团长史泽波，第3团团长李作胜。此次出击，独立第2旅的作战任务是夺回一个南北走向的小石山。方克猷又将这个任务交给第2团。

第2团团长史泽波受领任务后，命令第1、2营担任主攻，第3营为预备队，16日凌晨2点左右发起攻击。攻击开始后，枪声十分激烈，但山头却拿不下来。第3营营长侯锡伯着急了，要求上去增援。他带人上去，给前面两个营也鼓了劲，3个营拼命攻击，终于把山头拿下来了。全团伤亡200多人，其中就有侯锡伯营长。

多年以后，第2连连长杨金元回忆当时的情景，一切细节都仿佛历历在目："在进入忻口西北山地时，正前方和左右山地上，敌我双方正在激烈地战斗着，分不出点来的枪炮声，像潮水一般地轰鸣。信号弹、照明弹时起时落，炮弹和手掷弹爆炸的火光，这一片刚熄灭，那一片又亮了起来，受伤官兵不断地被抬了下来。我连官兵加快步伐前进，当停止在一道山梁棱线后时，我见到方旅长向团长们布置作战任务，这时候已是凌晨2点多钟了。我们第2团开始攻击一个石头山头，占领在山头的日军，居高临下，向我们猛烈射击。我率领两个排利用山地梯形，边掩护前进，边战斗，非常激烈，我连和其他连均有伤亡，正在这时，第3营营长侯锡伯带着第3营也增援上来，我听到他大声喊叫："×连快上，×连冲上去了。"后来听不到他喊了，才知道他已阵亡。当我们冲上山头时，其他山梁上的敌人，都朝这个山头射击，但没有敌人敢向我们反攻。在我连冲上去的那个地方，有一个胖乎乎的日本人，是才被我们打死的，他的身体还热着哩。在他身边有一支3号手枪和一把俗称八音盒子的小手枪，还有一个望远镜和一件呢子大衣，口袋里有二三百日币（俗称老头票），另外有一个钢盔和一个图囊。这些都成了我连的战利品。"

拿下小石山后，史泽波估计第2天天明日军的飞机大炮将集中轰击这个制高点。石头山上要修个简单工事也十分困难，而且时间也不允许，待在山头上必然是全部牺牲。

晋北争锋 忻口会战

于是，他又把部队撤了下来，占领了制高点后面的一个小土山。

16日凌晨2时左右，独立第5旅也向南怀化东南高地的日军步兵第21联队第2大队发起反击。独立第5旅原属中央军梁冠英第25军，驻防安徽省舒城县，全旅约3000人。旅长郑廷珍，该旅下属两个团：第614团，团长李继程；第615团，团长由参谋长高增级兼任。该旅于10月中旬抵达忻县。当时未编入战斗序列，处于二线，由卫立煌直接指挥，担负警卫、警务之责。15日，1300高地失守，整个战局出现危机，前线总指挥卫立煌将军决定调集独立第5旅参加反攻日军的战斗。该旅即于15日下午5时出发，晚10时许抵达忻口，在山脚下一排窑洞前待命。约在16日凌晨2时左右，郑旅长走出窑洞，亲自带领第614团第2营（营长李源慧）、第615团第1营（营长姓靳），沿山沟而上，进入阵地。郑旅长令第2营主动出击，攻占前面几个小山头后，再向另一个高于守军阵地的无名高地猛攻。日军步兵第21联队第2大队居高临下，火力密集，第2营连续冲锋3次，但均失败了。日军阵地前沿，横七竖八地布满了中国官兵的尸体，第2营营长李源慧也英勇战死。余生者踏着战友的尸体撤退下去，无法撤退的重伤员则发出绝望的哀嚎。在组织第4次进攻时，第2营所剩不足百人。郑旅长亲临前沿指挥，不幸中弹。弹从右眼入，后脑出，送往忻县抢救无效，以身殉国。由第614团团长李继程代理旅长职务。李代旅长见攻击没有进展，便增调第615团第3营，亲自指挥两个营，避开正面，左右夹攻，终于突破了日军部分阵地。日军趁守军立足未稳，很快发起反冲锋，他们和中国官兵激烈争夺着每一寸土地，双方展开殊死肉搏，用刺刀、枪托甚至牙齿厮杀。不到两小时，中国两营官兵便所剩无几，李代旅长也在督战时阵亡，独立第5旅旅长又由第615团团长高增级（陕西定边县人）继任。

郝梦龄原本对生力军独立第5旅寄以厚望。但是，该旅投入战斗以来，截至16日早晨5时，天已微明，郝还没有收到该旅的确切消息。这样，郝梦龄偕第54师师长刘家麒急速赶往该旅的前沿阵地督战。当他们路经第322团第1营阵地时，叫营长翟洪章汇报情况和指点通往独立第5旅的捷径。翟洪章说："由脚下到该旅，必须经过一段被敌人火力封锁的小路，长有20余米。敌人在路北六七十米小高地上设置4挺轻机枪，昨天我营有4名传令兵均因通过那里牺牲了，连同友军已牺牲20多人。夜间偷过危险小些，白天不能过。现在天已破晓，最好还是不去。您如果要去，请绕远路。"郝梦龄笑着说："时间已经晚了，再要绕远路，到啥时候才能到达！"翟又说："您写一命令，派人送去，不是一样吗？"郝梦龄酌量片刻说："还是我亲自去，效果大一些！"同时慷慨激昂地说："瓦罐不离井口破，大将难免阵前亡！汉将马援马革裹尸而还，魏将庞德抬棺决战，今天的战斗谁能坚持最后5分钟，谁就胜利！你们要死守阵地，就是剩下一兵一卒也不能撤离阵地！"说完又叫翟赶快返回阵地。郝梦龄嘱咐完毕，即与随行人员一

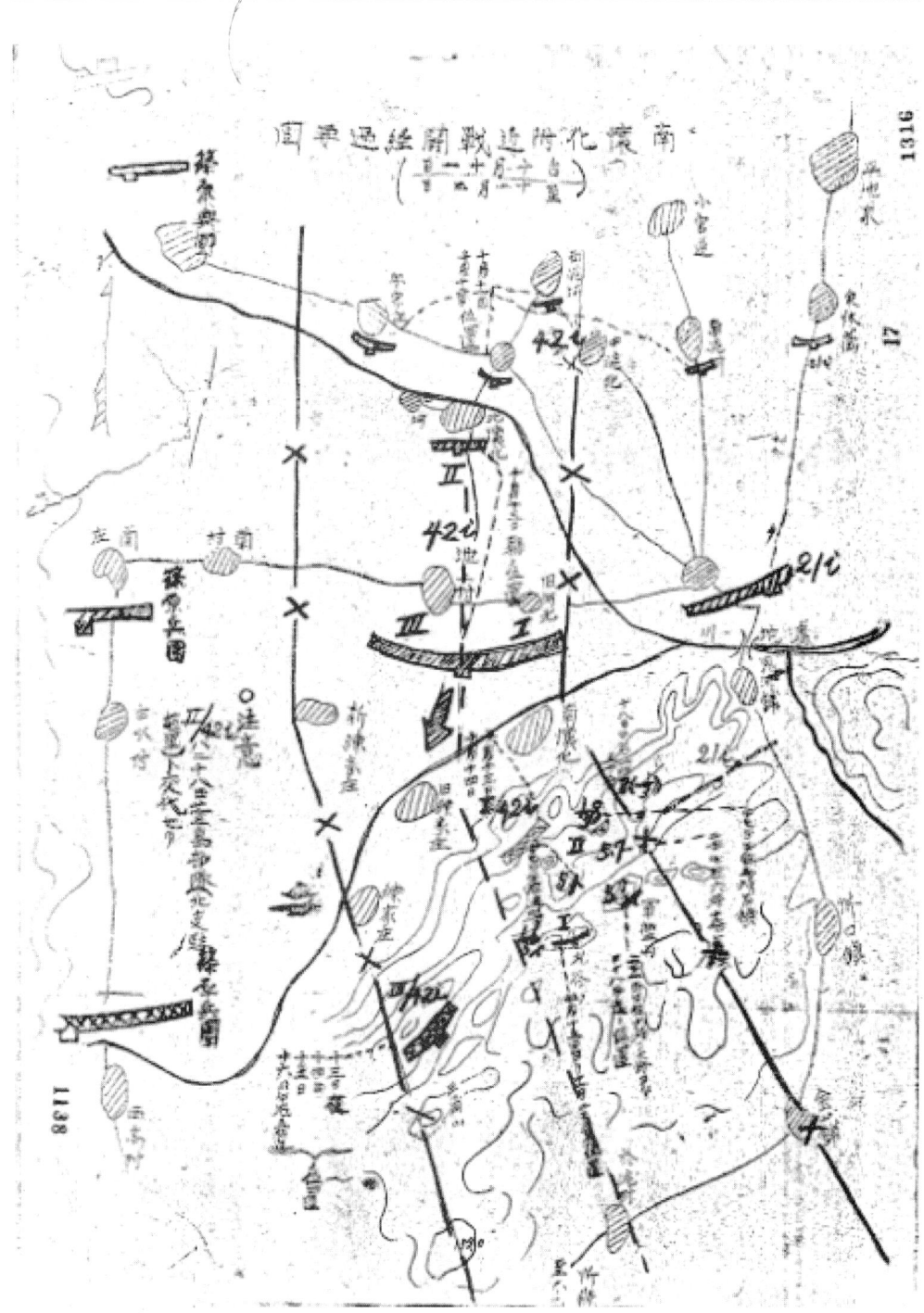

▲日军南怀化附近战斗经过要图（图上，21i代表步兵第21联队，42i代表步兵第42联队，Ⅰ代表第1大队，Ⅱ代表第2大队，Ⅲ代表第3大队，"丸谷山"即为1300高地）。

晋北争锋 忻口会战

起,快步奔向独立第5旅阵地。他们刚进入被日军控制的危险路口,即被占领烽火台南沿制高点的日军发现,步、机枪一阵疯狂射击,郝梦龄军长腰部中两弹倒地,刘家麟师长喉、胸部中三弹倒下。随行人员马上把郝、刘两位将军抬到第322团团部,到团部洞口时,郝军长已气绝,刘师长气微不能言语。第54师代理参谋处长李文泽忙命士兵把他们急速抬往军部,可未到军部,刘师长也气绝了!

郝梦龄军长、刘家麒师长殉国后,卫立煌命令陈长捷接任中央兵团前敌总指挥;总部参谋长郭寄峤兼任第9军军长,以接替郝之遗缺;符昭骞调第9军任参谋长;第161旅

郝梦龄抗战简历

郝梦龄将军字锡九,河北藁城人。1892年2月18日出生于藁城县庄合村,保定军校第6期毕业。1919年,分配到东北边防军见习,旋任排长。1922年起,在东北军魏益三部下任连长、营长、团附等职。1925年,郝梦龄代表魏益三与冯玉祥将军的代表进行谈判,魏部被改为国民军第四军,郝任团长。1926年国民军进军西北,郝部首克蔚县,郝被擢升为第26旅旅长。1927年3月,郝任国民革命军第30军第2师师长,5月参加二次"北伐",围攻遂平,收降万余,10月兼任第30军副军长。1928年军队缩编,郝任第11师第32旅旅长,后改任第9军第54师第161旅旅长。1930年3月,升任第54师师长,7月兼副军长。1935年被授衔陆军中将,1936年获三等云麾勋章,1937年夏升任第9军军长。

抗日战争爆发前,第9军驻防于贵阳、独山、遵义等地,一面训练,一面修筑公路。1937年7月,郝梦龄将军奉调到陆军大学学习,行至重庆,得悉芦沟桥事变发生,遂毅然返回部队,请缨抗日。当时,日军沿平汉路和平绥路长驱直入,形势日益紧张,当局遂同意他率部北上抗日。10月4日夜,郝梦龄将军率第54师(所部第47师未参加忻口会战)到达忻口后,受任忻口前线中央地区前敌总指挥。10月16日凌晨,郝梦龄将军和第54师师长刘家麒一同出发,到前沿阵地视察指挥,途中在通过一段隘路时,二人同时中弹身亡。郝梦龄将军是抗战时期牺牲在抗日疆场上的第一位军长,国民政府追认其为陆军上将。

刘家麒抗战简历

刘家麒字铮磊，又字锡侯，湖北武昌人，生于1894年，幼读私塾和中学。1911年10月，武昌起义爆发，年仅17岁的刘家麒不顾祖父和伯父的劝阻，毅然报名参加学生军，投笔从戎，加入到辛亥革命的洪流中。1912年，民国成立以后，刘家麒考入湖北陆军小学，1914年升入陆军第二预备学校。1916年，他被保送保定陆军军官学校，进入伍生队，半年后入伍期满，升入保定陆军军官学校第6期步兵科就读。

1919年，刘家麒从保定军官学校毕业，分配到西北边防军第1师任职，旋赴边防军教导团重炮科肄业。毕业后任边防军教导团炮兵排长。此后，时在边防军第1师任旅参谋长的魏益三调任第3混成旅参谋长，郝梦龄时在该旅任职，刘家麒亦转至该旅任职。后魏益三、刘家麒等人前往东北，投奔了张作霖的奉军。此后几年中，刘家麒因功由排长逐步升至团附。

1926年，北伐军挥师北上，占领武汉。刘家麒这时正任国民军第四军炮兵第1团团长，他在魏益三将军下，在豫南驻地响应北伐，加入了北伐军的战斗序列，被任命为国民革命军第30炮兵司令兼第1团团长。

1931年，他任第54师少将参谋长，后任第54师第162旅旅长，继入陆军大学深造。1937年9月毕业，升任第54师师长，率部北上抗日，10月初到达山西忻口前线，所部在南怀化东北高地、忻口战役中央地区主阵地布防，并派部在云中河北岸下王庄占领前进阵地。10月16日，他随郝梦龄军长到前线督战途中，突然遭到日军机枪与掷弹筒袭击，身中数弹，壮烈牺牲。国民政府追认其为陆军中将。

长孔繁瀛升任第54师师长，第162旅旅长王晋兼任副师长。

12月6日，国民政府追赠郝梦龄为陆军上将，追赠刘家麟、郑廷珍为陆军中将。

郝、刘、郑等将领的殉国，当时在全国引起很大的反响。在烈士的家乡，举行了隆重的悼念仪式。郝梦龄将军的灵柩运抵汉口时，武汉各界代表4000余人前往车站迎灵。各界隆重举行追悼大会，全市下半旗致哀。武汉行营主任何成濬代表蒋介石主祭。后以国葬仪式安葬于武昌卓刀泉，参加葬礼的各界人士达万余人。

晋北争锋 忻口会战

郑廷珍抗战简历

生于1893年农历正月十七，河南省柘城县城北郑楼村人。1917年，冯玉祥的第16混成旅在河南一带招兵，郑廷珍报名参了军，补入第16混成旅李鸣钟的第3团。从此随军转战南北，曾参与冯玉祥将军反对吴佩孚改组北京政府并驱逐废帝溥仪及清皇室出宫的北京革命等重大事件，颇受冯将军治军思想影响。他以勇敢、勤奋、正直、廉洁和记忆过人，从普通列兵屡屡晋升，历任排、连、营、团长，第13旅旅长等职。

1930年，蒋、阎、冯中原大战结束后，郑廷珍的部队被蒋介石收编，改番号为独立第5旅，归属第二十五路军总指挥梁冠英节制。后郑廷珍因为梁冠英扣发部队军饷与其发生冲突，事情闹到南京政府，结果，独立第5旅脱离第二十五路军序列，直属军事委员会管辖，受卫立煌指挥。

卢沟桥事变后，他亲赴南京请缨御寇，不久即率部出发，奔向抗日前线。当他率部赶到忻口前线时，正值战事吃紧，日军突破我防线，第9军第54师阵地南怀化高地失守，经数次反攻，均未奏效。该师已无力夺回。忻口战役总指挥卫立煌将军号召部属自报奋勇，夺回该阵地。郑廷珍立即响应，卫立煌乃决定独立第5旅暂配属于第9军参加反攻南怀化高地的战斗。10月16日晨，郑廷珍亲临前线指挥，不幸以身殉国。国民政府明令褒奖，追赠为陆军中将。1983年6月，民政部追认其为革命烈士。

大町大队的"全灭"

16日天亮以后，中央兵团各部继续对日军发起进攻，步兵第42联队感到压力极大。对此，该联队的《战斗详报》有如下记载，"这时第一线的状况糟糕透了，各阵地不断告急，而弹药、粮食只能靠人力搬运，补给颇感困难"。而步兵第42联队本部与第1大队之间的通信线路也时常被炮火炸断，大场大佐无法及时了解战况。还有40名中国兵渗透到第1大队和联队本部之间的区域，频频开枪射击周围的日军，这些为数不多的中国兵大大牵制了日军。雪上加霜的是，日军炮兵的弹药也已消耗殆尽，无法再对中国军队实施有效的拦阻射击。这样，陷入孤立的大町大队就危险了。

大町大队残部在第12中队阵地失守后，分别据守着相邻的三个高地：大队本部、机枪中队一部、大队炮小队以及第9中队主力（欠1个小队）部署在"右高地"，第10中队主力（欠1个小队，配属重机枪2挺）部署在"左高地"，第12中队的1个小队则占据着"左高地"以东约300米的高地。

他们在16日凌晨的战斗中，虽然凭借狡诈的战术以及优异的拼刺格斗技术挫败了新编独立第4旅的进攻，但自身伤亡也大，而且本来就不多的弹药经过消耗后，难以补充，已所剩无几。此时另一支中国军队正向204高地开进，他们是左翼地区的第10师第58团。可是，左翼地区的部队为何会开往中央地区呢？

话得从头说起，14日，正当第10师在左翼地区激烈战斗时，传来南怀化失守的消息。第10师师长彭杰如担心友军失利，影响全局，即令预备队第59团派部队前去增援。该团团长王声溢随即抽出第2营增援南怀化，虽成功切断日军大町大队的补给路线，却因投入兵力过少，未能给予其致命打击。15日晚，这样的状况有所改变，孟宪吉第68师（由独立第8旅改称）进入忻口左翼东、西常村，接了第10师的右地区队第30旅第58团防地。该团得以抽出主力（第2、3营）用于进攻大町大队侧背。

16日拂晓，第58团主力抵达204高地附近，开始进攻大町大队阵地。"左高地"上的日军第10中队在第58团的持续攻击下，伤亡很大，渐渐支持不住了。代理大队长古泽大尉看到"左高地"危在旦夕，立即命令"右高地"的大队本部、第9中队指挥班以及该中队的1个小队（欠第5、6分队）火速向"左高地"增援。当日军援兵到达"左高地"时，第10中队的官兵已所剩无几。于是，他们没有片刻喘息的机会，马上与冲上高地的中国官兵展开白刃战。由于中国官兵的刺杀格斗技术不如日军，所以战斗既残酷又悲壮。战至早晨7时30分，第58团的进攻受挫，被迫撤出战斗。

早晨8时30分，第58团又向"右高地"发起进攻。他们在火力掩护下，涌向日军阵地，逼近到投手榴弹的有效距离时，就一起投掷手榴弹，爆炸声此起彼伏，"右高地"上日军的轻、重机枪相继被炸掉。第58团趁势突入日军阵地。可日军也毫不示弱，用刺刀、石块甚至徒手和扑到阵前的第58团官兵进行肉搏战。滚滚浓烟中，刺刀刺入人体的声音、扭打的声音、呻吟的声音混杂在一起。经过10多分钟激战，第58团在"右高地"上留下了数十具尸体后撤退。

上午10时30分，大町大队的联络下士官到达步兵第42联队本部，报告了如下情况：

（一）目前大队总兵力为百名左右，其中还包括相当数量的负伤者。但大队即使只剩下最后一兵，也要死守现阵地。

（二）（大队）不断受到四周敌人的侧

斜射击和正面射击。（我官兵）惟有隐蔽于深壕之内，只要一伸出头，必会受到狙击，于是置监视兵监视敌人，一旦发现有敌人接近，就向其投掷手榴弹。目前，官兵在壕中疲惫不堪，大队已处于穷鼠咬猫的态势中。

（三）和后方的联络线断绝，得不到粮食、弹药的补给。

此时，不止大町大队陷入困境，联队本部和第1大队之间的联系也被切断，大场无奈之下作出了一个决定：以山本少尉指挥的1个小队，执行两个任务，一是确保联队本部和第1大队之间的联络路线畅通；二是打通第3大队的补给道路。

但实际上，山本小队哪个任务都不能完成。这样大町大队的情况就相当不妙了。打到下午3时许，该大队的各级干部非死即伤。在第12中队占领的高地及"左高地"上，双方的幸存者在尸体狼藉的山上对峙着；而在"右高地"上，仅剩下10余名日本兵在那里垂死挣扎。下午5时，大町大队死伤殆尽，右侧背又受到第58团的持续压迫，终被打垮，其幸存的官兵放弃阵地，后退至南怀化。不久，第58团也返回左翼地区。

大场得知大町大队的情况后，命令郡山中尉收容并指挥该大队的幸存者。晚上7时30分，收容完毕。忻口战役前夕的10月11日，步兵第42联队所辖的3个步兵大队中，大町大队的战力最为完整，该大队的战斗员有少尉以上军官18人，准尉7人，下士官及士兵894人，计919人。但并非所有的战斗员都上一线执行战斗任务，忻口战役打响后，

该大队就有部分人员留在后方，执行非战斗任务。战役期间，又有部分一线的战斗员担任护送伤员的任务，陆续撤出一线。这样该大队在一线从事战斗任务的战斗员只有700多人。而到10月16日晚，该大队撤出一线阵地时，从事战斗任务的人员仅剩数十名，其全部军官非死即伤，暂由曹长代理大队长，各中队则由伍长代理中队长。每个小队多则五六人，少则二三人。10月20日，该大队从第一线撤下来的人员，加上后送伤员以及执行其他非战斗任务的人员，总共才228人。考虑到17日至20日期间该大队在休整，并没有参战，我们基本可以确认，该大队在13日至16日期间的纯战斗减员为691人，伤亡率高达75.19%。若只算该大队在一线直接从事战斗任务的人员，伤亡率则高达90%以上。在日军的习惯性称谓中，一支部队伤亡过半，就可被称为"全灭"。据此，大町大队可以算作"全灭"了。该大队的幸存者不论精神还是体力，都不适宜继续作战。但前线的战况不允许这些人远离战场，日军只能暂时将他们送到离战线较近的地方，待短期的休整之后，再重新投入战斗。次日，大町大队9、10、11、12中队残部分别被缩编成第9、10、11、12小队，组成1个集成中队，该大队的大队炮小队及机枪中队残部则被缩编成1个特设队。

第58团从早打到晚，阵亡官兵200余人，还有第3营营长唐楚望等许多人负伤，其中连长2名、排长5名、士兵100余名轻伤不下火线。而此前与大町大队交战多日的第21师以及新编独立第4旅则伤亡不详。

10月16日南怀化附近战斗双方战斗序列表

中国军队①

第9军　　　　　　　郝梦龄（殉国后遗缺由郭寄峤接任）

　第54师　　　　　　刘家麒（殉国后遗缺由孔繁瀛接任）

　　第322团第1营　　瞿洪章

　第21师　　　　　　黄祖埙

　　第61旅　　　　　崔振东

　　　第121团

　　　第123团

　　第63旅　　　　　吕祥云

　　　第124团

　　　第125团

　　　第126团

　新编独立第4旅　　　于镇河

　　新编第2团　　　　梁鸿勋（负伤）

　　新编第12团　　　 李正元（阵亡）

　第10师第58团（欠第1营）

　第10师第59团第2营

　独立第2旅　　　　　方克猷

　　第2团　　　　　　史泽波

　独立第5旅　　　　　郑廷珍（殉国后遗缺先后由李继程、高增级接任）

　　第614团　　　　　李继程（升职后遗缺由该团营长马雄飞升任）

　　第615团　　　　　高增级（升职后遗缺由该团营长银士忠升任）

配属部队：

炮兵第28团（欠1个营，附炮兵第26团之一营）

战车防御炮2个连

装甲车队一部

---

①只包括直接参加战斗的部队。

晋北争锋 | 忻口会战

```
日本军队
    第5师团          板垣征四郎中将
        步兵第21旅团    三浦敏事少将
            步兵第42联队    大场四平大佐
                第1大队
                第2大队
                第3大队
                联队炮中队
                速射炮中队
                （配属）独立山炮兵第3联队的1个中队
            步兵第21联队    粟饭原秀大佐
                第2大队
                联队炮中队
                速射炮中队
                （配属）独立山炮兵第3联队的1个大队（欠1个中队，山炮8门）
        野炮兵第5联队主力（欠第1大队，配属野炮兵第2联队第2大队和野战重炮兵第9联队的1个大队）    武田馨大佐
```

日军特种炮登场

16日下午，大场又将第2大队第6中队投入战斗，以肃清第1大队和联队本部之间的少数中国兵。至4时20分，该中队将潜伏在其右前方的数十名中国兵悉数射杀，确保了第1大队补给道路的畅通。

此时，第21师正顽强地进攻第1大队阵地，双方交战长达约1个半小时。尤其是在1300高地，第21师先以密集的迫击炮火倾泻在丸谷中队阵地上，随后发起排、连规模的冲锋，大量手榴弹就像雨点一样投掷过来，给丸谷中队造成很大的伤亡，其配属的重机枪也被炸毁。丸谷中队费了九牛二虎之力才打退第21师的顽强进攻，其幸存者仅剩50人左右。在这样的情况下，连他们自己都不能确信，当夜还能不能守住阵地。

就在这个关键时刻，日军辎重部队将炮弹运到了第一线。日军炮兵得到弹药的补充后，又变得肆无忌惮。大场鉴于战事胶着，严令所属各部于当晚死守阵地；工兵小队在阵地前沿构筑移动障碍物；联队炮与速射炮准备随时实施拦阻射击，以阻止中国军队的反击。

当晚8时30分，日军将若干门特种火炮运抵忻口战场，其中10门配属给步兵第42联队。这些火炮经过了"满铁"的特别改造，

其炮弹中充填了化学制剂（具体成分不明，是否为毒气还有待新的资料证明），比普通的炮弹更具杀伤力。大场为使下属熟练掌握其特性，命小田技术准尉对第2、3大队的机枪、步兵炮以及联队炮、速射炮的相关人员进行速成教育。接着，大场将其中5门配属第1大队，其余配置于联队本部附近，以防备中国军队的逆袭。

特种炮很快就派上了用场。17日凌晨3时10分，日军发现在丸谷中队左侧有约1个排的中国兵逆袭而来，就以特种炮猛烈射击，将其击退。

忻口守军转入防御

从15日晚开始，中央兵团对日军步兵第21旅团发起了战役开始以来最大规模的反攻，这一仗打到16日晚，虽取得了歼灭大町大队这样值得称道的战果，但收复南怀化、1300高地等要点的意图却未能实现，而且付出了重大代价，进攻部队伤亡惨重，第9军军长郝梦龄、第54师师长刘家麒、独立第5旅旅长郑廷珍三位将军相继牺牲。而这期间，卫立煌寄以厚望的左翼兵团受到混成第15旅团的全线进攻，能守住阵地就不错了，根本没有余力绕到第5师团的侧后，将其包围更成了天方夜谭。卫立煌得知情况后，明白自己的歼敌计划显然难以实现。恰在此时，卫又得到错误的情报，称"有敌汽车约300余辆，满载步兵，当日12时由团城口西进"。卫判断，这是日军的增援部队，他们最迟于17日晚即可到达忻口前线。本来应该在这股日军到达之前，击溃当面日军，方为有利。但以目前战场的状况来看，根本不可能。这样，卫一方面致电蒋介石，请求增兵；另一方面决定各兵团立即转攻为守，先固守现阵地，以待援军到达，再行攻击。同时北云中河以北的部队放弃下王庄，全部退到北云中河以南。其中，第54师第321、324团撤至界河铺以南占领预备阵地；晋绥军第217、218旅撤至忻口附近集结。16日晚，前敌指挥部下达了决战防御的作战命令：

（一）空军仍执行原任务。

（二）以第94师师长朱怀冰担任独立支队长，立即占领营房里、隘路口及龙王堂两侧高地，主力置于龙王堂东端，应与右地区协调行动，作向原平东北附近地区挺进以直接威胁敌后方的准备。

（三）以第15军、第17军（欠第21师）编成右地区队，由第15军军长刘茂恩任总指挥，立即占领张家庄北侧亘西南贾村、灵山、界河铺（不含）阵地，并纵深配备，主要防御方向在灵山方面，与中央地区队紧密联系，坚拒敌人，并在东、西荣华设置前进阵地。

（四）以第19军、第35军、第61军、第9军，及第21师、炮兵第28团、战防炮2个连、装甲车1个队编成中央地区队，以第19军军长王靖国、第61军军长陈长捷分任正、副总指挥，应即就现地占领界河铺、官庄、秦家庄（不含）地区阵地，并纵深配备兵力，保持主要防御方向在中央方面，与左、右地区队协力，坚决消灭进犯敌军；在后沟、1300高地至刘庄（不含）地区构筑据点式预备阵地，并应派出兵力迅速歼灭侵入南怀化及以东的残敌。

（五）以第14军、第68师、第71师、第85师、炮兵第26团附第2师炮兵营、战防炮营（欠2个连）为左地区队，以第14军军长李默庵任总指挥，应立即就现地占领新练庄（不含）、秦家庄、大白水、卫村、南峪地区的村落及高地，保持主要防御方向在中央。该地区原有的旧练庄、兰村、卫家庄、麻峪等地前进据点仍应确保，并在是庄、小重村、杨胡村间利用村落迅速构筑据点工事。

（六）作战地境（略）。

（七）炮兵队应于井沟、刘庄中间地区占领阵地，以火力制压敌炮并阻止敌之前进，一部分火力指向中、左地区队之正面协力之。

（八）各地区队应利用山地村落编成火力网，并于夜间多派小部队在阵地前方活动，扰敌阵地并依情况而占领之。

命令还规定总预备队为独立第5旅和第177师许中权旅。

根据上述命令，各部队进行了相应的调整。

第七章　北云中河以北的战斗

山口大队被困于下王庄

下王庄在忻口战场中央地区的主阵地前，北云中河北岸，云中桥西北，其位置之重要如桥头堡。鉴于下王庄的重要性，中国军队第9军将其作为前进基地。防守该地的除了第54师第321团（团长王藻臣）及第324团第1营（营长张清滨）以外，还有晋绥军第35军第218旅第436团的王建业营，第161旅旅长孔繁瀛统一指挥下王庄的部队。10月12日下午，郝梦龄军长还命令第324团主力（欠1个营）到云中桥边待机，以便支援下王庄。

日军步兵第21联队也认识到了下王庄的重要性，早在11日就想夺取该地，预定以第1（山口）大队进攻该地。但因该大队准备不充分，粟饭原大佐遂决定于12日薄暮以后再实施攻击。因此前的侦察不力，该联队错误地判断，中国军队仅在该地配置了少数的警戒兵力。这个致命的错误，以后让日军吃了大亏。

12日傍晚，步兵第21联队第1（山口）大队向下王庄前进。按照该联队预先的部署，在薄暮时分，先以第1大队驱逐下王庄的中国警戒部队；然后，以第1大队为左第一线，第2（中岛）大队为右第一线，在午夜以前展开于旧河北至下王庄南端的滹沱河左岸，准备进攻南怀化东侧高地至关子村南方高地的中国守军。

但是，当第1大队气势汹汹地杀进下王庄时，迎击他们的中国军队并非只是少数警戒部队，而是一个团又两个营的优势兵力。这时，第9军军长郝梦龄以及第54师师长刘家麒也正好在下王庄附近视察，见日军攻上来了，立即命令第324团主力前往下王庄，参加战斗。于是，在下王庄，中国军队的兵力优势进一步扩大，即以2个团（王建业营在第324团主力到来后，撤出了下王庄）的兵力，对付日军的1个大队。中国官兵士气大振，打得日军死伤狼藉。

步兵第21联队第3大队第11中队的老兵足立信义后来回忆说："联队的第1大队，预定为进攻忻口镇敌阵地的左第一线，12日夜前往攻击配置途中，在忻口镇敌阵地正下方的下王庄村落，却突然遭遇到隐藏在周围战壕内的两千优势敌人。其第1中队首先陷入全灭的险境，接到急报的大队，举全力转

晋北争锋 忻口会战

入攻击。在反复的突击中，接二连三地产生死伤。但即使如此，（大队）也坚决地反复实施反击。"

当日黄昏，步兵第21联队本部与军旗中队、永田部队、联队炮中队、速射炮中队一起，从平地泉出发，经小官道向东泥河前进。途中遇到步兵第42联队与炮兵部队，他们也正向东泥河交叉行进，只好暂时让开道路，等其通过。此时，从下王庄方面传来激烈的枪声及呐喊声，粟饭原判断，这是第1大队在下王庄与中国军队交上火了。

随后，联队本部经中泥河向弓家庄前进，到达该地已是晚上10时30分。这时，粟饭原听到下王庄方面的枪声丝毫没有减弱，也未接到第1大队的任何报告。然而，发起进攻的时间迫在眉睫。因此，他决定第2大队主力立即按预定计划向进攻出发地前进，并暂以永田部队作为预备队。

到13日凌晨1时许，联队长粟饭原仍不知道下王庄方面的状况，于是派出次级副官三原少尉，作为军官侦察员，前去与山口大队联络。

13日早晨7时，三原返回联队本部。他向粟饭原报告说："山口大队与约2000敌人终夜对战，其第一线与敌人在50米至150米的距离对峙，不可能脱离战斗，请长官迅速拿出对策。"此时，步兵第21旅团主力已开始向南怀化、旧练家庄一带的守军阵地实施攻击。这样，粟饭原希望山口大队也能参加联队主力的战斗，于是再次将三原派往下王庄。

8时左右，粟饭原率领步兵第21联队本部，从弓家庄出发，前往旧河北。10时30分，山口大队副官新田少尉来到联队本部。粟饭原从他口中得知，山口大队昨夜以来与优势的中国军队对峙于下王庄。该大队已下

粟饭原秀

日本德岛县人，生卒年不详。1911年5月27日毕业于日本陆军军官学校第23期步兵科，1919年11月26日陆军大学第31期毕业。

1933年6月29日	驻印度武官
1934年8月1日	晋升陆军步兵大佐
1935年8月1日	参谋本部附
1935年12月2日	步兵第21联队联队长
1937年12月4日	第1师团司令部附
1938年7月15日	晋升陆军少将，基隆要塞司令官
1939年10月20日	转预备役

中国抗战时期，他参与的侵略作战有察哈尔作战、内长城线作战、太原攻略战等。

定决心，在当日天黑以前尽全力脱离战斗，与主力会合。当撤出全部兵力有困难时，也要以尽可能多的兵力参加主力的战斗。

当日下午，三原从下王庄回到联队本部，他向粟饭原报告说："我到达下王庄时，山口大队长手里还掌握有预备队冈崎部队。那时，正好高木部队受到优势之敌的逆袭，山口大队长即将预备队悉数用于该方面，将其击退。而后准备迅速转向主力的战场。"

当晚，粟饭原听到下王庄方向传来的激烈枪声持续不断。但他仍不知道山口大队的具体情况。与此同时，中岛大队各阵地也受到中国大部队的反击，处处告急。于是，他向旅团长三浦少将提出，"可否以大场部队（步兵第42联队）的一部增援下王庄的山口大队"（没有得到批准），并第3次将三原派往下王庄，以向山口大队传达三浦旅团长的意图。三原临行前，粟饭原叮嘱他说："山口大队应以尽可能多的兵力回到联队主力方面，如果这也有困难的话，哪怕只有一兵脱离（下王庄附近）战斗也好。"

出敌不意占领弓家庄

14日早晨，步兵第21联队发现，有支部队正由东方向弓家庄前进。粟饭原判断，这是山口大队的主力或其中一部，如预期的那样脱离战斗返回。于是，粟饭原看到这支部队进入弓家庄后，立即命令军旗中队藤村部队派遣下士官侦察员前去联络。但侦察员走近了才发现，这支部队竟然是中国军队。不久，粟饭原又接到报告，在旧练家庄也出现了中国兵，其正在渡河向新练家庄前进，似乎是要策应弓家庄方面的那支中国部队。粟饭原判断，中国军队的此次行动，是为了切断旅团与直协炮兵的联络。

那么，在弓家庄的中国部队是哪支部队呢？为何会在这个时候出现在弓家庄呢？

话得从头说起，到10月13日下午，在忻口战场中央地区，形成了两个战场：一个是南怀化、旧练家庄一带，另一个是下王庄附近。其中，突出北云中河北岸约2000公尺的下王庄前进阵地，是中国军队楔入日军阵地的一颗钉子。

这时，中国前敌总指挥部开会检讨战局，认为日军利用其飞机、大炮等优势，对我造成极大威胁，我军既无有效的防空武器，又无远射程大炮，装备处于劣势，如不设法扭转，形势极为不利。我军采取专守防御不是办法，大兵力出击也有一些困难。

傅作义认为扬汤止沸，不如釜底抽薪。目前忻口战场处于敌攻我守的状态，在敌优势火力和波浪式的冲击下，我方拼耗人力，终究不是长久之计。而日军将主要兵力投入到了北云中河以南，北云中河以北的各据点可能较为空虚。于是，他向卫立煌提出一个釜底抽薪、出奇制胜的设想：派一坚强有力的精锐部队，越过北云中河，"以攻代守"，对北云中河以北的弓家庄、东泥河、旧河北等日军据点进行攻击。这一建议得到卫立煌的赞赏，并取得阎锡山的同意。前敌总指挥部决定，由第35军执行这一任务。

会后，傅作义把任务交给了董其武第

晋北争锋 忻口会战

218旅(当时仅有第420团和第436两个团,约3000余人;第435团在商都抗战损失较大,已回绥远整补)。

第218旅旅长董其武奉命之后,马上召集营长以上干部开会。会上,董其武首先分析了敌情:自七七事变以来,敌人长驱直入,并很快进入山西腹地,骄纵狂横,不可一世,已出现骄傲轻敌之势。经我们侦察,敌在驻地后方忽略防御措施。在这种情况下,敌人不会想到我们竟敢于越过第一线奇袭他的后方。我军善于近战、夜战。敌人虽是武器精良,在近战夜战中就不占优势。只要我们的行动坚决果断,快速秘密,就可以打敌人个措手不及。接着,张征复参谋长就战斗实施和注意事项作了说明。

第218旅出发时,要求部队轻快精干,不带骡马,轻伤病员都留下。根据各连排人数,每个排配备一两挺轻机枪,每连配备上一两挺重机枪。战士除步枪外,要尽可能多带手榴弹。连排长在出发前,要切实检查战士的随身装具,必须绑扎结实,不得发出响声。每个官兵右臂缠一块白毛巾,以资识别,口令临时通知。

13日黄昏,董其武率部由忻县豆罗村附

董其武抗战简历

1899年11月27日(农历10月25日)出生在山西省河津市樊村镇固镇村,1989年3月3日在北京病逝。山西陆军学兵团第1期步兵科、陆军大学将官班甲级第2期毕业,山西斌业专门学校第1期机械科肄业。全面抗战爆发时,任独立第218旅旅长。

1937年11月30日	第101师师长
1940年6月12日	暂编第4军军长
7月19日	晋任陆军少将。
1942年8月	暂4军改编为骑兵第4军,仍任中将军长
1944年1月18日	第35军军长
1945年2月	陆军大学将官班甲级第2期受训。
5月24日	晋陕绥边区总司令部中将副总司令
6月	陆大毕业后仍任原职
8月6日	第十二战区司令长官部政治部中将主任。

全面抗战期间,他参与的战役有太原会战、包头战役、绥西战役、五原战役等。

近推进至忻口。当时忻口以北1.5公里的北云中河上,有一座木结构的公路桥,被称为云中桥。该桥长约300多米。桥下河水虽不深,流速也不大,但徒涉实非易事,只得利用该桥渡河而进。此时,被困于下王庄附近的山口大队,不时用机枪向桥上射来,给第218旅带来了极大困难。第420团第2营机枪连连长王星明等20余人在过桥时牺牲。

该旅过河到达下王庄之后,即集结在村南洼地待命。这期间,董其武与第161旅旅长孔繁瀛会面,了解了当面的情况。固守下王庄村北阵地的第161旅,装备较好,附有战防炮数门。日军多次反复冲犯,均被击退,前进阵地尚称巩固。董旅出击无后顾之虑,但为了确保安全,董其武又派第436团第1营加强孔旅防务。

14日拂晓前,第218旅即开始出击行动。董其武部署就绪,即令第420团团长李思温率部出击下王庄西边约4里的弓家庄。弓家庄地势较高,为威胁守军中央兵团左翼之要害,倘能夺取,不但解除威胁,而且可以瞰制日军从北面来犯之大面积开阔地带。

李思温即派第1营营长张世珍率部为主攻部队,冯梓之第3营尾随接应,直奔弓家庄。成于念之第2营为团预备队。

当时,弓家庄仅有少数日军,且疏于防备。第420团先头部队进至距弓家庄200公尺处时,日军尚未发觉。先头部队伏在低洼处,借着暗淡的月光见日军哨兵走来走去,先锋战士匍匐前进,接近敌哨时一跃而起,以迅雷不及掩耳的敏捷行动,挥动锋利的大刀将其砍死。接着,张世珍和冯梓两位营长率领战士按预定部署冲进村内,分别包围日军驻地。随着一阵阵手榴弹爆炸声和震天动地的喊杀声,日军从梦中惊醒,乱成一团,四散奔逃,少数日军在仓皇中妄想负隅顽抗,但已失去统一指挥,在第420团的围歼下,有的被机枪击毙,有的丧生于大刀、刺刀之下……至天破晓时,村里的日军已被消灭。此次战斗,第420团第3营第8连连长范希文等百余人战死。

李思温团长进入村中,即令各部沿弓家庄村沿,构筑阵地,整理装备,以防日军反扑。第420团的此次行动,其他据点的日军毫无察觉。天亮以后,第420团的后续部队也前往弓家庄,才被旧河北的日军发现。但是,因为距离较远,日军识别不清,所以粟饭原竟错把他们当成了山口大队。

出击东泥河受挫

董其武得知第420团获胜,占领弓家庄后,一面向总部报告;一面传令嘉奖,并命李团乘胜向弓家庄西北的东泥河村进攻。14日上午10时许,第420团团长李思温接到旅长命令,即派第2营营长成于念率部执行这一任务。

时值秋末,青纱帐起,遍野是成熟了的高粱等农作物,因战祸骤起,乡民逃离而无人收割。第2营通过密密的高粱地,很快就接近东泥河村边。他们发现,日军正三三两两地围坐吃饭,当即以猛烈火力向其射击,企图一举攻进村中,占领据点,站住脚跟,然后继续扩张战果。日军在仓皇中,扔下手中饭菜，向第2营还击。村内的日军闻声来援。双方随即展开激烈的白刃战，均有惨重伤亡。正在肉搏胶着胜负不分的关键时刻，忽然北面传来马达轰鸣声，原是日军坦克数辆，由第2营右翼包抄而来，情况十分危急，成营长只得忍痛发出撤退命令，仍从村东钻进高粱地返回了弓家庄。第2营撤回弓家庄时，有的士兵背回伤亡同伴的武器，有的背回重伤人员，有的血迹满身相扶而回，有的静坐道旁，默无一言，两泪盈眶，思念失去的亲密战友。他们汗透衣衫，如同水洗，精疲力竭。但面目上则是人人义愤，个个咬牙切齿。

第2营进攻东泥河的战斗，持续时间不到半小时，但该营官兵却伤亡过半。牺牲人员中，留下姓名的仅有第6连排长史光玉，副排长孙永年、廉天发等少数几个人。

血战下王庄

14日下午，因下王庄战情告急，第420团除留一部固守弓家庄外，其余撤回下王庄待命。

该团在回撤途中，遭到旧河北日军（步兵第21联队本部以及该联队的直属部队）的炮击，伤亡很大。关于这个情况，后来张振耀先生（第420团骑兵连长）回忆道："（我团从弓家庄）撤回（下王庄）途中遭敌人旧河北村的大炮轰击，又伤了许多人员和骡马"。《步兵第21联队战斗详报》的记载与张振耀的回忆基本吻合："（14日）午后，发现敌兵再从弓家庄向下王庄前进，即命联队炮、重机枪对其进行射击，使敌溃走，遗弃数具尸体，逃入下王庄。"

当天临近黄昏的时候，下王庄附近的山口大队长，正在准备次日拂晓的攻击，突然接到师团命令，令该大队当晚即发起夜袭。日军直协炮兵为了配合山口大队的夜袭，随即开始猛烈射击，大批炮弹尖啸着飞向下王庄附近的守军阵地。接着，日军飞机也从阳明堡机场飞来，对下王庄守军实施轰炸。

在日军飞机、大炮的猛烈轰击下，守军伤亡很大，仅第218旅就有第436团第1营营附董汝斌（河津人），第1营某连长武象贞（霍县人）等多名军官牺牲。为了减少轰炸目标，第420团团长李思温决定将驮运机枪的骡马和骑兵连战马送往后方。

此时，董其武正在视察前沿阵地，也被日军一个弹片打中左臂，血流不止。身旁卫士忙用手巾扎住伤口，送他回到旅部。参谋们发现他的脸色不对，又用右手托着左手，便问："旅长受伤了？"董说："不要大惊小怪。"张征复参谋长很快找来医生给他包扎，但是弹片只有到后方医院才能取出来。但董其武却坚持留在前方指挥，并对旅部的人再三叮嘱："我这点伤没关系，不论上下，都不许声张，以免影响军心。"

15日凌晨1时，山口大队利用炮击、空袭效果，断然发起夜袭，却遭到守军的顽强抵抗，双方交火持续数小时。最后，第161旅在第218旅的援助下，击退了山口大队的进攻。

当日早晨6时左右，粟饭原根据代理大队长村上大尉发来的电报，得知山口大队

第七章 北云中河以北的战斗

夜袭失败。9时45分,他又接到更详细的电报,得知此次战斗山口大队伤亡很大,连大队长山口少佐也战死了,"大队长以下战死战伤299人。目前(山口大队)可堪战斗者,有第1中队伍长指挥的34人;第2中队水黑少尉以下68人,第3中队少尉以下90人;第4中队伍长以下31人"。

关于此次战斗的情况,《董其武的回忆录》中有如下记述:

敌人向孔旅阵地发动攻击,以步炮火力集中轰射,越打越激烈。敌机又飞临上空,开始狂轰滥炸,低空扫射,敌人在炮火支援下,多次冲锋,枪炮声震耳欲聋,阵地上尘烟弥漫。在洼地最前面待命的第420团第3营营长冯梓,听到枪声喊声越来越近,忙派人去看,很快跑回来说:"据观察哨说,孔旅支持不住,敌人快进村了!"冯梓命这个人快去报告团长,他即带队伍上去了。我听说后,马上摇电话与孔旅长联系,孔旅长请求我旅迅速增援。我告诉他,我们一个营主动上去了,一定能顶住。放下电话,我又命李作栋的第436团派一个营,跑步向敌人左后出击,打击敌人侧背。这时冯梓营与敌人短兵相接,一阵猛打,把敌人凶焰压下去了,敌人侧背又受李团压制,慌忙退了回去,遗下一片敌尸。恢复了孔旅失去的阵地。

而且,原第218旅第420团第3营冯梓营长,为了帮助董其武回忆,曾将当年在下王庄一段战斗情况,比较详细地写出来寄给他,现摘录于下:

夜过北云中河到下王庄的第2天,在集结地的村外,中央军与敌战斗激烈,越打越紧,枪炮声越听越近,派人去看,回来说:"敌人快进村了"。我一面通知部队准备上,一面报告团长,我先带几个人去找中央军负责人了解情况。一进战壕,遇一个带下士领章的战士,我说:"找你们营长去!"他说:"没有了"。"找连长"。"也没有了"。"有什么事快给我说,这里就剩下6个人了,我是副班长,队伍来了快上!日本鬼子就在前边不远的洼地和壕内,你听,正在喊叫,又要冲啦!"我急忙把部队叫来,刚进阵地,敌人就冲到我手掷弹能炸的有效距离,我们立刻给敌人一排太原造大个手掷弹吃(山西特产,生铁造的,一个能炸裂成二百六七十块破片,杀伤力特大),敌阵地前躺下一堆死尸。中央军兄弟部队用的是济南造手掷弹,弹头光亮,分量比太原造的轻一倍,炸裂破片少,威力不大,中央军兄弟部队好像不习惯投弹。这股敌人可能是头一回尝到太原造手掷弹的滋味,这下就不敢冒进了,退回到后边的沟壕内,济南手掷弹,让我们好投弹手投,可投百八十米,且能设空炸,我们把战壕内中央军没用上的济南手掷弹,尽向日军投去。在太原造手掷弹余威影响下,日兵以为都是那样威力的特别炸弹,溃退下去,我们又予以火力追击,恢复了兄弟部队的阵地。轻松地打了个小胜仗,几乎没有伤亡,大大鼓励了士气,增强了必胜的信心。

晋北争锋 忻口会战

酣战旧河北

第161、第218两旅打退山口大队的进攻后,下王庄方面趋于缓和。不久,第211旅旅长孙兰峰赶到下王庄,接替负伤的董其武,指挥第218旅继续作战。

孙兰峰为确保下王庄及弓家庄之安全,决定夺回旧河北村。旧河北村位于下王庄西南约四五里,不但威胁下王庄守军之左侧后,亦为日军出击河南高地时集结兵力必经村落。日军将该地视为重点,步兵第21联队本部即驻于该地。孙兰峰的部署是这样的:李作栋第436团由东面攻入,李思温第420团由北面攻入,各于16日拂晓前接近出击处(攻击前,第436团第1营留在下王庄支援孔旅,第420团第2营固守弓家庄以掩护后方,所以两个团只各有两营)。此外,为了掩护第218旅的行动,郝梦龄还命令晋绥军第217旅前出到北云中河以北,监视唐林岗方面。

孙兰峰抗战简历

陆军中将。山东滕州(今滕县)人,字畹九。行伍出身,晋绥陆军军官教导团、陆军大学将官班甲级第1期毕业。1895年11月17日出生,1987年2月27日在呼和浩特逝世。全面抗战爆发时,任独立第211旅旅长。

1937年12月　独立第211旅改称第73师第211旅,仍任旅长

1938年6月　所部改称第211旅,仍任旅长。

1939年3月　第211旅改编为新编第31师,升任师长。

1940年6月12日　暂编第3军军长。

12月5日　晋任陆军少将。

1944年10月　带职入陆军大学将官班甲级第1期学习。

1945年1月　陆大毕业后派任晋陕绥边区总司令部中将副总司令兼暂编第3军军长

8月　第十二战区骑兵总指挥部中将总指挥兼察绥挺进军副司令

全面抗战期间,他参与的战役有太原会战、包头战役、绥西战役、五原战役等。1940年5月8日获颁四等宝鼎勋章。

15日午夜，第218旅开始行动，月光洒在青纱帐中，各战斗队分成多路穿行在农田小路上，战士们个个精神饱满，走得很快，一点声息也没有。这时，北云中河南岸枪炮声不断，南怀化方向正在激烈炮击。

16日凌晨3时，第420团从村北，第436团自村东，均准时摸进旧河北村。但此时日军已有了防备，袭击变成了攻坚战。双方随即展开激烈巷战。狡猾的日军用火力将村中大小巷口都封锁起来，第218旅只得依屋凿壁，穿墙掘洞逐院开道而进。所幸该村砖墙少而土墙多，加之该旅官兵士气旺盛，训练有素，所以操作熟练，得心应手。在攻进一个院落时，他们发现屋内坐着七八位当地的中年妇女，个个披头散发，人人脸上抹满锅底黑灰，衣衫褴褛如呆如痴。目睹此景，更激发战士们同仇敌忾之心，随即派人把老乡转移到安全地方。

到天色接近破晓的时候，有一股日军，龟缩于村西南一座高大院落中，负隅顽抗。第218旅某部先以机枪封锁大门口，接着用中国话喊"缴枪不杀，优待战俘"，却不见动静。当他们紧张地注视着大门，等待日军缴械投降时，突然院内出来个大约10来岁的小女孩。大家都喊："中国人！别打枪，别打枪！"并招手示意，叫女孩快过来。小女孩来到他们面前，声音颤抖地说：院里日本鬼子叫我告诉你们说，如果你们不开枪，他们就向西北走去。

中国士兵照顾好小女孩，仍用中国话喊"缴枪不杀，优待战俘"等语，但日军冥顽不化，继续顽抗。最后两位李团长商定，派人上房，居高临下射击日军。第420团第3营第7连连长杨子希，带十几名士兵竖起梯子，登上屋顶，利用破坏了的烟筒口观察敌情，指挥战士向屋内射击，自己也以手枪自烟筒向里射击。垂死挣扎的日军，见房顶上有人，即由屋内测准位置，向屋顶仰射，杨连长胸部中弹，当即牺牲，并伤亡几名士兵。

鉴于残存日军的顽抗，中国军队决定火烧大院，将其全歼。战士们纷纷堆积柴草、树枝，浇以汽油，从四面放火，顿时烈火熊熊，浓烟滚滚。十几分钟之后，该院的日兵全被烧死。

还有一股日军逃到村西北角高地上的老爷庙里，与原在庙内的日军据守顽抗。老爷庙与几处民房，围成一个大院，经过加固构筑，比较高厚，墙外有层层铁丝网和壕堑等工事，院里有通向四外的电线。李思温团长经过观察，认定这是日军的一个前线指挥所。事实上，这里也确实是步兵第21联队本部的驻地。

这时，孙兰峰旅长带着警卫连赶到旧河北村督战。孙旅长是傅将军所部著名的猛将，打起仗来，他经常到第一线指挥战斗，这次他又亲冒矢石来到战地，全旅为之一振。他了解了一下情况，便命第420团向老爷庙高地围攻，命第436团追歼村内残存之日军。只是老爷庙地势高，庙墙厚，而且有坚实工事，日军利用地利顽抗，第218旅无重武器，而在日军火网下，又难以爬上高地进行爆破，所以形成相峙局面。可是，中国军队利于速战，不利于相持。孙旅长于拂晓

晋北争锋 | 忻口会战

又发起一次强烈攻击,虽未冲进庙中,但以重机枪和手榴弹,也摧毁日军部分工事,并予以杀伤。第3营第9连连长宋仲璟在冲杀中阵亡。

步兵第21联队本部遭到第218旅突袭后,立即向旅团长三浦请求支援。三浦在请示了板垣师团长后,把在平地泉待机的步兵第21联队第3(平岩)大队归还步兵第21联队建制。平岩大队接到命令后,立即兵分两路,一路向下王庄前进;一路向旧河北村前进。

当日上午,平岩大队之一部到达下王庄附近,随即配合山口大队残部,向中国守军发起进攻。11时15分,山口大队利用炮兵电话与联队本部联络:"目前在平岩部队的协力下,正攻击下王庄之敌,敌我距离100米乃至200米。"

下午,平岩大队之另一部到达旧河北附近,来势凶猛。第420团冯营发现日军援兵赶到,当即在村北利用一些土围墙和遮蔽物,进行反击,双方相持不下,互有损失。

当晚,孙兰峰正研究下一步的办法,忽然张征复参谋长过来说:"总部电话,命令我们马上撤出战斗,经下王庄,仍过北云中河桥,到忻口待命。"孙旅长听了,有些愕然,问:"没有说为什么让咱们撤?"张说:"没有。"孙旅长叫电话员挂电话给陈炳谦参谋长,孙接完电话说:"据陈参谋长说,另有新任务,按命令执行。"

暮色降临,第218旅掩埋了牺牲者的遗体,运回轻重伤员,沿着北云中河的北岸,经云中桥,撤回忻口整补。17日拂晓以前,

第218旅顺利地到达忻口。孙兰峰又回到北云中河南岸主阵地,指挥第211旅,为争夺南怀化以东高地进行血战去了。

奇袭旧河北村的战斗,整整一天一夜,第218旅两个团的伤亡均在三分之一以上。

陈炳谦为何在此时要求第218旅撤退呢?原来,中国军队16日反攻南怀化失败,各部队损伤极重。而当天卫立煌又接到"敌以汽车300余辆运来援军万余"的错误情报,遂决定固守现阵地,待援军到达后再兴攻势。各兵团立即转攻为守。同时,第217、218旅撤至忻口附近集结,第54师在下王庄的部队也奉命放弃下王庄前进基地,撤至界河铺以南占领预备阵地。17日下午,孔繁瀛率领第321、324团也撤回北云中河以南的主阵地。

日军发现对面的守军阵地安静了,小心翼翼地发动进攻后才发现中国军队已经撤走,立即以平岩大队实施追击。山口大队主力则撤出下王庄,回归步兵第21联队主力。18日凌晨2时30分,第1大队代理大队长村上大尉率大队主力到达南怀化附近。随后,粟饭原对其各中队重新安排了任务:第4中队交由藤村大尉指挥,准备下一步的进攻;第1中队与大场部队的一部交接"一本木"高地的守备任务;第2中队为军旗中队。

北云中河以北的战斗双方战斗序列表

中国军队
　　第161旅　　孔繁瀛
　　　　第321团　　王藻臣（受伤后为陈洪杰）
　　　　第324团　　陈荣修
　　第218旅　　董其武
　　　　第420团　　李思温
　　　　第436团　　李作栋
　　第217旅　　梁春溥
　　　　第433团　　曹炳
　　　　第416团　　宋恒宾
日本军队
　　步兵第21联队本部
　　　　第1大队
　　　　第3大队

注：第217旅虽于15日晚开到了北云中河以北，但实际上并未参战。

第八章　关子村西南高地的战斗

"铁腕"陈长捷

16日上午,第61军军长陈长捷正在前线督战,突然接到军参谋长李铭鼎打来的紧急电话,说卫、傅两总司令派高参持命令来军部,要陈急速返回石合子。陈问什么事由,高参的答复是,回来就明白了。下午1时许,陈长捷回到石合子军指挥所,才知道军长郝梦龄同第54师师长刘家麒,在后沟西北、官村以南高地上督战阵亡。卫、傅联署命令,要他担任中央兵团前敌总指挥。

陈长捷奉命后,即以中央兵团前敌总指挥身份进驻忻口村北后沟九号窑洞(国防工事编号,这里既是中央兵团指挥部,也是第9军指挥部),接替了郝梦龄的职务。

当时中央兵团部队庞杂,有中央军旁系,也有晋绥军,指挥不灵。从番号上看,有第9军的4个团,第61军的2个团,第35军的2个旅,第21师的2个旅,独立第2、3、5旅,新编独立第4旅等许多部队,但这些部队经过连续的激战,伤亡很大,实际兵力并不多。前线官兵人心浮动、士气低落。而且,各部队使用的枪支则有汉阳造、中正式、套筒、捷克式、晋造65式,口径有56、79,大小不一,给弹药补给造成很大的困难。所谓国防工事多与实际兵力部署不相适应,很少用得上。通太原的火车则时开时停,对前方补给,杯水车薪,缓不济急。当时没有行政配合,没有民工支援,没有宣传鼓动。随军后勤人员齐集忻口村中,白天炊烟四起,夜晚灯火通明,经常遭到日军飞机、大炮扫射轰击,伤亡相当严重。

接任后,陈长捷亲自前往忻口村西北山地,观察战况。走了不到3里路,正好遇到防守南怀化左后侧的方克猷独立第2旅溃退下来。陈长捷大发雷霆,他拔出手枪连连向天空开枪,护卫们也开枪堵击,强制止住惊慌失措的溃兵。陈大声吼道:"站住,站住,谁要逃跑我就枪毙他,给我回去。"见了方克猷,陈当面怒斥他说:"冲上去!当着全国军队的面向后跑,不嫌丢脸吗?再下来,小心你的后果!"陈的威严起了作用,这个旅果然冲上去恢复了阵地,没有再敢后退一步。

16日晚,卫立煌下令,将中央兵团改编为中央地区队,以第19军军长王靖国、第61军军长陈长捷分任正、副总指挥。但以后,王靖国虽名为正总指挥，仅负责调动后方部队支援前线，实际指挥中央地区队作战的仍是陈长捷。

陈长捷有军事才能，能以严立威，并任劳任怨、认真执行作战任务。他接替副总指挥后，立即调整部署，明确了各部队防守责任，命令所有的高级指挥官一律上第一线与士兵共存亡。并严令各部队必须认真执行命令，伤亡再大，也不得私自转移阵地或向后撤退。

但是，第9军某旅长却拿着陈的命令，找到指挥部来，说他的防线过长，无力据守，要求改变计划。陈长捷先晓以大义，劝其勉为其难。但该旅长态度十分强硬，还在喋喋不休地强辞夺理。陈勃然大怒，拍案指责："你们军长尸骨未寒，你便如此猖狂，你拿命令找我，我去找谁？你既不能守，我先枪毙了你再说，来人！"当卫士们进来时，他吓得面如土色，连声说："部下错了，饶我这一次吧！"说罢呆若木鸡，站在那里。参谋长李铭鼎顺水推舟，一面从旁指责："临敌抗命，罪应不赦，可是看你的样子，倒还有些悔悟畏法。"一面又对陈为其说情。陈这才有些缓和，挥手厉声说："记住！军法是不能开玩笑的，跑步回去，顶住打！"别人乘机摆头示意，他才匆忙退出。

陈长捷抗战简历

字介山，福建闽侯螺洲（今属福州）人，保定陆军军官学校第7期步兵科、陆军大学特别班第7期毕业。1897年6月2日出生，1968年4月7日在上海亡故。全面抗战爆发时，任第72师师长。

1937年8月	第1预备军军长
10月	预1军改称第61军，仍任中将军长
11月15日	晋任陆军中将
1939年3月9日	第13集团军中将副总司令兼第61军军长
5月26日	第6集团军中将总司令
1941年4月	晋陕绥边区总司令部中将副总司令
11月	伊盟守备军中将司令
1943年10月	陆军大学特别班第7期深造

抗战期间，他参与的战役有平型关战役、忻口战役等。

刚出门，陈就用着福建腔的北方话说："你把我看得不成玩意儿，这仗还怎么打？我只好拿出个人的样子让你看看！"这个旅长直到最后也没敢再生枝节。

就这样，陈长捷凭借他坚强的意志和优秀的军事才能，很快就将中央地区一度混乱的局势稳定下来。

17日以后，晋绥军第35军之第211旅、第101师之第201旅（附第399团）、第209旅、第215旅，陕军第177师之第529旅等部队相继赶来，加入了中央地区队的战斗序列。与此同时，山炮2个团，约50门晋造山炮也开抵忻口。尽管中央地区队的兵力、火力大增，但陈长捷鉴于此前反攻失败的教训，决定仍取守势，以上述部队接替第21师等伤亡较大的部队的阵地，同时命各部于夜间不断派出小分队袭扰日军。为了最大限度地发挥各部战斗力，陈命令全部炮兵一律进入阵地，营的观测所都推进到步兵第一线，由营长亲自观测，直接向指挥部报告情况；各部积极搜集门板木材加固工事，规定掩体沟壕，必须增加掩盖，掩盖积土要在1米以上，以减少伤亡；还指定了几节车皮，专由铁道集中向后方运送伤员。

行本大队投入进攻

中国军队的顽强抵抗和连续反攻，使日军伤亡惨重。到16日晚，步兵第21旅团第一线的4个步兵大队中，大町大队几乎遭到全歼，丧失了战斗力；山口大队则遭受重创，元气大伤；志鹤大队和中岛大队的伤亡也不小。

当天，就连三浦旅团长也负伤了。关于三浦负伤的细节，日方资料语焉不详。《步兵第21联队战斗详报》仅有如下记载："（18日凌晨）粟饭原大佐接到辻参谋的电话，得知因三浦旅团长负伤，第5师团决定暂不设旅团长，由板垣师团长直接指挥3个步兵联队，参谋长（工兵大佐西村利温）予以辅佐。"

而多年以后，陈长捷回忆道，战役期间三浦旅团长被中国炮兵击毙了。其具体情况是这样的："我炮兵为躲避敌机轰炸，白天暂匿于石窟洞里，黄昏后进入不断变换的放列线，对南怀化和泥河一带敌炮兵群与飞机场，给予突然的猛袭。据俘虏说，在泥河村北的前进机场上，有一天，敌旅团长和炮兵长官正乘飞机降落，突然遭到我方炮击，旅团长以下10多人均毙命。该机场被轰后，由工兵花了一天的时间始行修复，以后又撤到原平去了。"

目前根据相关资料可以明确的是，三浦旅团长并未在忻口战役中阵亡，而是一直活到1953年才去世。但战役中他确实负了重伤，而且被运往后方医治。至于他负伤的具体细节，我们就不得而知了。

17日，日军步兵第42联队决定调整部署，将丧失战斗力的第3（大町）大队撤往二线阵地休整；把伤亡较大，但仍有一定战斗力的第1（志鹤）大队留在1300高地及其周边阵地，就地防御。同时将预备队第2（行本）大队投入进攻，向其左翼1300高地以东方向扩张战果。

第八章　关子村西南高地的战斗

三浦敏事

日本石川县人，1887年7月27日出生。1907年5月31日毕业于日本陆军军官学校第19期，1917年11月27日陆军大学第29期毕业。1953年7月31日亡故。

1917年12月7日	步兵第7联队中队长
1918年9月4日	参谋本部附勤务
1919年3月19日	参谋本部员
1922年4月1日	参谋本部附
1922年8月15日	晋升陆军步兵少佐，步兵第38联队附
1924年8月20日	步兵第38联队大队长
1925年4月13日	步兵第9联队附
1926年8月6日	晋升陆军步兵中佐
1927年3月15日	第11师团参谋
1929年8月1日	参谋本部附（驻汉口）
1931年8月1日	晋升陆军步兵大佐，大阪联队区司令官
1933年8月1日	步兵第37联队长
1935年3月15日	第5师团参谋长
1936年3月7日	晋升陆军少将，奉天特务机关长
1937年8月14日	步兵第21旅团长
1937年10月27日	留守第11师团司令部附
1938年7月7日	第2独立守备队司令官
1939年3月9日	晋升陆军中将
1939年8月1日	第9师团司令部附
1939年8月30日	待命
1939年8月31日	转预备役

中国抗战时期，他参与的侵略作战有察哈尔作战、内长城线作战、太原攻略战等。

当日上午7时，7架中国空军的飞机飞抵王家庄附近的日军炮兵阵地上空，准备投弹，但见日军地面防空火力凶猛，因此在仓促投弹后立即飞走，没有给日军造成任何损失。上午11时50分，日军野炮大队为配合步兵第42联队的进攻，将观测所推进到联队本部附近。

中午时分，大场命第2大队向"丸谷

晋北争锋 | 忻口会战

山左方高地"（位于1300高地东北）发起进攻。该高地的守军是第21师第63旅第126团。下午4时25分，一阵激烈的炮击突然响起，日军开始炮火准备了。大量炮弹铺天盖地砸向"丸谷山左方高地"。该高地在晴空下，刚刚还是清晰可见，顷刻间就被烟雾和火光所吞没。第2大队趁势开始前进，越过第一线的地裂沟，陆续登上阶梯状的高地，下午5时20分到达"八合目"附近。这里离守军阵地不到100米了。此时，日军炮兵又恰到好处地实施了3分钟的"突击支援射击"（火力压制），轰隆的爆炸声，还有火柱、沙土在第126团阵地上腾起。守军被炮火压得连头都难以抬起来。炮火刚停，日军第5中队就立刻发起冲锋，其官兵端着明晃晃的刺刀，首先从右侧突入第126团阵地。接着，联队副官前田少尉也抡起军刀，孤身一人从第8中队的右侧突入阵地。守军还没从猛烈的炮击中回过神来，日本兵就像从地里冒出一样，突然出现在阵地上，东突西杀，与第126团官兵展开肉搏战。混战中，前田少尉不管不顾地向前劈杀，不一会就血糊满脸。第126团在此前的反击中伤亡过大，且士气低落，在日军生力军的冲杀下，抵挡了一阵子便撤出阵地。下午5时40分，日军完全占领"丸谷山左方高地"。

忻口战役期间，双方多次展开白刃战。但日军和中国军队拼刺格斗，通常占据优势。优势到了何种程度呢？下面的资料很说明问题：根据日本陆军大学1941年7月10日编写的《支那事变初期北支那作战史要》第3卷附表记载的数字推算，忻口战役中造成日军第5师团伤亡原因的比例数为：被枪打死、打伤的占60.33%；被炮打死、打伤的占24.89%；被手榴弹、各类炸弹炸死、炸伤的占7.12%；刺刀、大刀等冷兵器造成的伤亡仅占0.04%；其他原因造成的伤亡占7.62%。

步兵第42联队在攻击得手后，于下午6时30分下达命令，要求第一线各部队（第1大队、山炮1个分队、第2大队、山炮1个分队、大队山炮1个分队）暂时转入防御，固守当前阵地。炮兵随时准备对中国军队的反击实施拦阻射击。

大场担心当晚中国军队再次发起反击，于是将信号弹、发烟筒和特种弹等武器下发到第一线各部队。另外，第1大队在山上守备数日，粮食用尽，又缺饮用水，遂利用暗夜将足够300人食用的饭及足够多的水搬上山。

日军行本大队占领"丸谷山左方高地"以后，继续对前方高地实施侦察，结果发现该地有"劲敌"把守，于是暂时停止了进攻，加紧对该高地附近实施侦察。该地守军为第211旅之第422团（团长王雷震），此前已在这里完成布防。

第211旅旅长孙兰峰在北云中河以北的战斗结束后，回到部落村第211旅旅部，不久就接到傅作义的电话，命他率部到中央地区队总指挥部接受命令。本来，第211旅有3个团。可此时，其第421团还远在绥远，第419团已配属给了独立第7旅，旅长孙兰峰实际上仅掌握了第422团。尽管如此，孙兰峰奉命后仍义无反顾率部前往中央地区队总

第八章 关于村西南高地的战斗

指挥部。17日拂晓，孙到达总指挥部见到陈长捷。陈就把敌情和给予该旅的任务，以及邻接部队和我军作战概况等向孙一一作了说明。陈还说："我们阵地是纵深配备，也就是重层配备。你旅防守小红山阵地，是在第一线后重层配备，既要直接支援攻击部队，又要作为本地区的主阵地，并负进出前方阵地的监督任务。前方退下来的官兵，要把他督上去，如果不听，就地正法。"陈又说："你旅以前在百灵庙打过日军，收复了百灵庙，最近又在柴沟堡与日军作战，给敌重创。这就充分说明傅作义总司令治军有方。我们要在这个阵地上消灭日军，要求你们发挥以前勇猛杀敌的精神，打一个漂亮仗。"

孙兰峰接受任务后，即在后沟附近召集第422团营长以上军官会议，首先告知该旅任务和我军与敌人战斗的情况，然后带领军官们向小红山阵地前进。一面走，一面勘察地形，并告知王雷震团长：你们团要作纵深配备，加强战斗力；电话赶紧架通；防御工事、个人掩体、交通壕等都要搞好，使通讯畅通无阻，便于指挥。到了旅指挥所，即着旅直属部队架通前线总指挥部和团部以及炮兵指挥所的电话并整修交通线路；又派一检查哨，监视前方情况，将退下来的官兵，立即督上去。并命令王雷震团长迅即按命令行事，不得有误。布置完了后，天已薄暮。第422团就乘夜构筑作战工事。

17日下午，第21师第126团阵地失守，紧急向上级求援。次日，左翼地区的第10师师长彭杰如为策应中央地区的第21师作战，将炮兵第21团野炮第3营（营长郑隐峰）配属第59团团长王声溢指挥，同时命王立即率该团第2营（营长郑庭笈）掩护炮兵营进入预定阵地，消灭日军在南怀化附近之预备队。

当晚，中国军队仍对步兵第42联队发起了多次反击。但日军还发现，这些反击无论是规模、次数，还是积极性，都大不如前。

18日上午10时30分，随着一团团火光和一声声巨响，野炮营开始向1300高地猛烈射击。一发发炮弹脱膛而出，劈头盖脑地打到日军阵地上。阵地上尘土飞扬，夹杂着浓烈火药味的气味，呛得人喘不过气来，那浓雾般的土烟，迷得人睁不开眼。日军遭到炮击后大吃一惊，这是战役开始以来守军最大规模的炮击，于是立即向航空兵求助。随后，数架日军飞机赶到，在空中盘旋着寻找中国的炮兵阵地。炮兵阵地来不及隐蔽，很快就被日机发现了，连投数弹。炸弹"轰隆隆"地在野炮附近爆炸，郑隐峰营长中弹当场牺牲，郑庭笈营长负伤，王团长也负重伤，伤口40余处，尤以喉部伤口最险，血流遍地。此刻，王声溢仍念及消灭敌人，坚持指挥炮兵战斗，部属劝其退出阵地，他不听，李默庵得知消息后，立即亲自打电话，严令他退出阵地到医院治疗，他才退出阵地。其团长职务由团副龙云骧接代，第2营营长缺由卓宁世调升。

受到此次炮击之后，大场大佐考虑到第1大队经过连续的激战，伤亡较大，于是将集成中队的第11小队纳入第1大队长的指挥下。

当晚，日军步兵第42联队在特种炮的支

晋北争锋 忻口会战

▲忻口前线中国炮兵瞄准敌方目标轰击。

援下，打退了守军的多次反击。

204高地争夺战

16日早晨，板垣突然接到一个参谋的电话报告，这个参谋是此前他亲自派往步兵第21旅团的。从他口中，板垣得知"步兵第21旅团右翼方面出现危机，右第一线的步兵第42联队第3大队14日半夜以来受到优势之敌的数次逆袭。大队长以下大多数干部死伤，已失去了战斗力，但敌人还在逐步加大反击力度，右翼越来越危险了"。

此时，在代州（县）－大营镇之间担任掩护后方交通线的步兵第11联队第5中队，因第一线吃紧，成为师团预备队，刚被汽车运到原平镇第5师团战斗指挥所位置。

据此，板垣决定以步兵第11联队第5中队前出到大町大队阵地，以解除步兵第21旅团右翼的危机。

当晚，该中队抵达204高地附近时，大町大队已放弃了阵地，撤到了南怀化。可随后日军的侦察兵却意外发现，高地上并无中国守军。对日军来说，这简直是天上掉馅饼的好事，该中队趁机占领了该高地。原来，第58团打跑了大町大队之后，即撤回了左翼地区。而且，他们并没有把这个情况通报给友军。于是出现了打下阵地后无人接防的怪事，让日军钻了空子。

此时，204高地附近离得最近的是新编独立第4旅。该旅在此前攻击204高地和南怀化的战斗中，部队几乎打光了。旅长于镇河成了光杆司令，但仍坚守阵地待命。陈长捷得知情况后,令独立第3旅第5团增援该旅。

17日下午,第5团赶来了,随即接替了新编独立第4旅的左翼阵地。3时左右,该团团长樊荣集合营连长在高地鞍部豁口处,区分射击目标,布置战前准备工作。他要求组成火网,不许有空隙;原工事有被摧毁的,要迅速修复,还要积极构筑掩体;如敌人攻击上山,务要集中火力,打退和消灭敌人;要求严阵以待,严守军法。正讲说间,忽听204高地上日军的机枪响了起来。樊团长应声倒下,腹部连中三四弹,鲜血直流。其部下连忙用绷带裹伤,并用担架将他抬运后方。

17日以后,守军在整体上已处于守势,但由于204高地一带地形险要,对守军威胁极大。因此,援军陆续开来后,陈长捷决定由王丕荣第201旅担任主攻任务,再次向204高地发起攻击。

当日半夜,晋绥军第201旅(旅长王丕荣,附第399团)的先头部队,在旅长王丕荣的率领下,到达金山铺中央兵团指挥部。王丕荣在旅部少校参谋贾宣宗的陪同下去见王靖国,报告部队奉令到达,请示任务。王靖国神情不安地说:"这个陈介三(陈长捷字)太任性了。部队牺牲过大,弄得情况很紧张。"稍停后又说:"你们今天上去,我的意思不要再往坑里填去啦!你们这是最后的一点力量。回头你们把部队整顿一下,休息休息,一会儿咱们再研究吧。"

随后,贾宣宗由王靖国的几位参谋陪同到村边,一边看部队,一边谈起忻口这几天的战况来。大家一致认为陈长捷一贯是"一将成名万骨枯"主义,王军长(指王靖国)才是"老成谋国"者。这时正遇某旅从火线上下来的几个轻伤士兵,抬下两个重伤的营、连长。其中有一个轻伤的排长,述说陈长捷把守沟口,检查伤兵,好多受伤的人,等了半夜还下不来,天一明又得挨飞机扫射。那个沟口(指陈长捷指挥所)上去是个"鬼门关",下来是个"阎王殿",前方的官兵都叫陈长捷为"陈屠夫"。有好几个光杆团长、旅长都在半山腰蹲着,队伍打完啦,陈长捷不让下来。又说,前几天穿大皮袄的"蒙古兵"(笔者认为,这里是把大町大队错误地当成了蒙古兵)是狗熊,差不多都死在那个山头(204高地)上了。这两天才看见穿呢子大衣、戴尾巴帽的日本人。这些家伙爬山比"蒙古兵"凶,但是我们一摔手掷弹,也是活着的乱窜,死了的一堆一片。

不久,王丕荣、贾宣宗两人又回到王靖国屋里,王靖国刚吃喝完从太原送来的鲜牛奶泡蛋糕,他站起来走到地图前,指划着告诉他们说:"我和陈介三研究好啦,204高地(即横山)的争夺,敌我现呈胶着状态,你们旅构筑第二线阵地,随时准备支援204高地的战斗。"王又说:"天快亮啦,再迟不好行动,你们上去吧。"

金山铺至忻口阵地约有10里左右,第201旅快速行军,天未亮就到达忻口村北的一道小沟内。陈长捷已派参谋在那里等着,一见面就说:"总指挥命令队伍就在此停止,请旅、团长各位到指挥所去,总指挥等着哩。"

王丕荣等人进到第3个土崖下的石窑洞里，陈和参谋长李铭鼎等人正在吃饭。见他们到达，立即草草吃完走到办公桌前，叫他们围着坐下。陈说："你们旅过去是有很好历史的，我很佩服你们，这几天这里的情况相当紧张，我们要在这个小土山上打个大仗，我们晋绥军要在忻口和日本鬼子拼。保证这次胜利的是军法第一，你们必须严加注意。"陈随即叫他的参谋长李铭鼎指示了敌情、地形和旅的阵地位置与邻接部队。陈又说："你们旅的阵地，和横山（204高地）仅隔一小沟，它是第一线的重层配备，既要直接支援攻击部队，又要作为本地区最后的主阵地。你们右翼是中央军独立第5旅，分界线上的鞍口，虽属你们旅，但由我的特务营防守。你们还要负进出前方阵地的监督任务。你们的阵地也可作为执法阵地，前方退下的官兵要督上去，否则就地正法。"

18日拂晓，第201旅开始向204高地发起进攻。该高地虽只有日军1个中队，却能得到日军炮兵的炮火支援。10月14日以来，日军炮兵曾多次对204高地上的日军实施炮火支援。他们对这一带的地形已了如指掌。当第201旅以密集的队形向日军冲锋时，即遭到日军炮兵猛烈的拦阻射击，很快就遭到严重伤亡，败下阵来。第200旅张敬俊的第399团，前后不到3个小时，上去800余人，下来时不足300人，张团长重伤，两个营长阵亡，连排级军官伤亡20余人。

该旅吃亏之后，才改变战术，以团为一个攻守纵列，根据地形情况，从山顶至山脚，分别以营连层层排起来，各层都构筑了掩体和战守工事，最高一层为突击阵地，随山顶阵地的争夺，循序上推。这样就大大减少了伤亡，但该旅占领204高地的南斜面以后，就再也攻不上去了。日军步兵第11联队第5中队却始终坚守在山顶阵地及北斜面，死战不退。此后，双方形成对峙状态，一直到战役结束。

第124团阵地的崩溃

18日凌晨，被困于下王庄的第1大队终于回归步兵第21联队。联队长粟饭原遂决定以第2大队（附第4中队）发起进攻，矛头指向第21师第124团阵地。

日军本来预定从10时开始，进行约30分钟的"炮兵准备射击"（炮火准备），中止10分钟后，再进行3分钟的集中射击（炮火压制）。随后，因炮兵准备不足，于是延期至中午12时30分开始射击。支援此次进攻的日军炮兵有2个中队的兵力，但因炮弹不足，一开始只以1个中队射击，约20分钟后，才改以2个中队实施射击。炮火准备结束后，从下午1时30分开始，日军炮兵又对第124团阵地实施约10分钟的压制射击。

炮火准备期间，步兵第21联队的第一线步兵运动到冲锋准备位置，等炮火压制刚一结束，立即就发起冲锋。因为其前方的第124团官兵都被炮击炸懵了，一时还没有反应过来，于是日军毫不费力便逼近了该团阵地。不料，突然其右前方响起了激烈的枪声，子弹泼水似地向日军射来，日军猝不及防，代理大队长藤村大尉等10余人纷纷中

第八章 关子村西南高地的战斗

弹，一个接一个地倒下，或死或伤。其余的日军反应很快，立即卧倒，各自寻找地物隐蔽起来。

这次火力急袭来自于第124团的左邻第422团阵地。当日军向第124团阵地越逼越近时，第422团前线右翼的第1连发现了友军的不利情况，马上对进攻途中的日军实施火力急袭，步机枪像秋风扫落叶一样，击倒了10余个日军。

粟饭原手举望远镜，一动不动地站在前沿阵地上，任子弹"嗖嗖"从身边、头上飞过。他看到第2大队受到火力急袭后即停滞不前，非常焦急，立刻派遣山冈伍长前往第一线，以传达"迅速实施突击"的命令。山冈在路上遭到狙击，侧腹部中弹，仍坚持着完成了任务。但这时，第124团也从炮击中恢复过来，日军第2大队不仅受到第422团第1连侧射火力威胁，也受到来自正面的步机枪火力拦阻，前进更加困难了。

此时，步兵第21联队留在下王庄的第3中队（高木部队）抵达火线。该中队在下王庄休整了2天，战斗力有所恢复。于是，粟饭原命第3中队的第1小队进攻"右高地"，第2小队进攻"左高地"。

关键时刻，日军投入了生力军，守军第63旅却没能获得增援。该旅经过连日的激战，伤亡很大，旅长吕祥云、第126团团长王元堂均负伤。其第124团、第125两团的营、连、排长伤亡殆尽，有的连仅剩七八名士兵，至多不过10余人。第124团在这种情况下，哪里挡得住日军的生力军？

日军第3中队代理第1小队长的预备伍长和1名上等兵在火力掩护下，率先突入张营堑壕内，凭借白刃格斗将守军击退，小队主力随之赶到，于下午5时40分完全占领"右高地"。此时，进攻"左高地"的第2小队也得手了。日军控制了这两个高地，获得良好的观测视野，给此后的战斗带来极大的便利。粟饭原得到捷报后，立即将第2中队的主力增加到第一线，以确保新夺取的阵地。随后，联队炮中队长荻野大尉进入到第一线，代理藤村大尉指挥2个大队的主力，确保新占领的地点。

下午1时20分，步兵第42联队第2大队大队长行本少佐为策应步兵第21联队的进攻，命第8中队进攻步兵第21联队正面的"右突出部"。那是某高地的右斜面，虽然步兵第21联队已占领了该高地，但在这个右斜面，还有约半个排的中国兵死战不退。

第8中队的突击小队在守军阵地前150米以外的隐蔽地组织好攻击队形，就端着上刺刀的步枪，凭借地形地物的掩护，逐步逼近守军阵地。守军发现日军扑上来了，立即进入阵地，趴在战壕里，或伏在岩石后，紧握着武器，严阵以待。等突击小队一进入有效射程，守军的机枪、步枪一齐开火，将一串串子弹，刮风般扫向扑来的日军。突击小队有人立即中弹倒地，但其他人则迅速卧倒，就地隐蔽起来。就在这个时候，突然从突击小队侧后方飞来几发掷弹，接连不断地落在守军阵地上。随着"轰隆隆"一阵巨响，守军火力出现停顿。日军趁势跃身而起，突入守军阵地，以他们擅长的白刃战消灭了守军。下午2时50分，突击小队占领"右突出

晋北争锋 忻口会战

部"。

此次战斗中,由突击小队侧后方飞来的那几发掷弹是日军的掷弹筒发出的。掷弹筒从本质上来说是一门迫击炮,它的主要特点是射角大,弹道弯曲,射程不远。主要用来杀伤躲藏在工事和隐蔽物后的敌人或者在远距离杀伤敌人有生力量,它的杀伤效果好,操作方便,可以由单兵携带随一线步兵移动,对一线步兵进行支援。由于单兵携带且可以隐蔽在障碍物后发射,它的隐蔽性很强。

侵华战争中,日军大量装备这款武器,每个日军步兵小队都配备1个机枪组(有2挺轻机枪)、1个掷弹筒组(有2个掷弹筒)和2个步枪班。

当时日军主要装备的掷弹筒是89式。89式掷弹筒是大正10年式的改进型,口径也是50毫米,全炮长413毫米,炮筒身长260毫米,全炮重2.7公斤,炮筒重1.6公斤,炮筒脚长170毫米,炮筒板重1.1公斤,脚板高60毫米,脚板宽67毫米,最大射程700米,有效射程500米。

89式掷弹筒使用的弹药是91式手榴弹,它和二战中日本步兵普遍携带的单兵手榴弹97式手榴弹性能基本相同。采用圆柱形铸铁弹体,外有纵横刻槽,将弹体分成50块,爆破部装有TNT炸药65克,杀伤半径为8米。发射时由射手先拉动击发杆,然后由弹药手将弹药

▲正在使用掷弹筒的日军。

表 8-1　89式掷弹筒的各项参数

总重	4.7公斤
全长	61厘米
枪管长度	25.4厘米
操作人数	3
口径	50毫米
发射速率	25发/分钟
有效射程	120米
最大射程	800米

从筒口装入，完成弹药的安装。左手握住发射筒，根据目标距离转动手柄直至调节杆达到对应长度，射手通过瞄准线进行概略瞄准后，拉动击发机上的皮带将榴弹射出。

掷弹筒是日军小队火力的支柱。进攻战中，日军掷弹筒小组跟随一线步兵作战，主要打击中国军队的机枪火力点。实战中，日军一旦遭遇中国军队较为坚固的重机枪或者轻机枪火力点，立即停止进攻随地隐蔽，等待跟随部队前进的掷弹筒小组准确地将其打掉。

19日拂晓，粟饭原命令联队炮将阵地向前推进，以配合第一线部队扩张战果。他从最近两天的情况判断，其当面的守军已损耗得差不多了，应不堪一击。然而，出乎预料的是，随后其第一线部队却遭到守军的顽强抵抗。在中国守军重机枪、迫击炮的猛烈射击下，尽管日军伤亡不断增加，却未能越雷池一步。

其当面的中国守军突然变得厉害起来了，这是什么原因呢？原来，就在步兵第21联队主力发动进攻之前，晋绥军第217旅第416团及时赶到火线，在步兵第21联队的前方占领阵地，并于19日打退了日军的进攻。随后，双方又陷入对峙状态。

当时，忻口守军中央地区队的第一线阵地，左起204高地，经1300高地、关子村，右至界河铺一线。各部队的防守位置，从左起，分别为第201旅（附第399团）、独立第5旅、第211旅之第422团、第217旅之第416团、第322团第1营、第323团和第215旅。

双方的对阵形势为：步兵第11联队第5中队在204高地与第201旅对峙；步兵第42联队第1大队在1300高地附近与独立第5旅对峙；步兵第42联队第2大队对据守关子村西南的几个高地的第422团阵地发起进攻；步兵第21联队主力（欠第3大队）在关子村以南高地与第416团以及第322团第1营对峙；步兵第21联队第3大队在界河铺附近与第215旅对峙。

10月18日南怀化附近战斗双方战斗序列表

中国军队
中央地区队
总指挥　第19军军长王靖国

晋北争锋 忻口会战

副总指挥　第61军军长陈长捷
　第9军　　　　　　　郭寄峤
　　第54师　　　　　　孔繁瀛
　　　第161旅　　　　 陈荣修
　　　　第321团　　　 陈洪杰
　　　　第322团第1营
　　　第162旅　　　　 王晋
　　　　第323团　　　 李棠
　　　　第324团　　　 陈荣修
　　第21师　　　　　　黄祖埙
　　　第61旅　　　　　崔振东
　　　　第121团
　　　　第123团
　　　第63旅　　　　　吕祥云
　　　　第124团
　　　　第125团
　　　　第126团
　　　第215旅　　　　 杜堃
　　　　第408团　　　 李秀亭
　　　　第429团　　　 卢仪欧
　　　第211旅　　　　 孙兰峰
　　　　第422团　　　 王雷震
　第61军　　　　　　　陈长捷
　　　第217旅　　　　 梁春溥
　　　　第433团　　　 曹炳
　　　　第416团　　　 宋恒宾
　　　独立第5旅　　　 高增级
　　　　第614团　　　 马雄飞
　　　　第615团　　　 银士忠
　　　第201旅　　　　 王丕荣
　　　　第401团　　　 李钟颐

第402团　　刘墉之

第399团　　张敬俊

第10师第59团第2营

配属部队：

炮兵第28团（欠1个营，附炮兵第26团之一营）

炮兵第21团野炮第3营

战车防御炮2个连

装甲车队一部

此外，还有2个炮兵团，番号不明。

日本军队

第5师团　　　　板垣征四郎中将

步兵第42联队　大场四平大佐

　第1大队

　第2大队

　步兵第11联队第5中队

　集成中队（第9、10、11、12中队残部）

　特设队（第3大队大队炮小队及机枪中队残部）

　联队炮中队

　速射炮中队

　（配属）独立山炮兵第3联队的1个中队

步兵第21联队　粟饭原秀大佐

　第1大队

　第2大队

　第3大队

　联队炮中队

　速射炮中队

　（配属）独立山炮兵第3联队的1个大队（欠1个中队，山炮8门）

野炮兵第5联队主力（欠第1大队，配属野炮兵第2联队第2大队和野战重炮兵第9联队的1个大队）　武田馨大佐

晋北争锋 | 忻口会战

界河铺附近的战斗

日军步兵第21联队第3（平岩）大队在平型关战役中伤亡很大，减员达到三分之一。忻口战役的前3天，该大队作为预备队，一直在平地泉待机。直到10月16日，步兵第21联队本部遭到袭击以及山口大队陷入危机之后，才归还联队建制，被投入到下王庄附近的战斗中。不久，驻守下王庄的中国第161旅按照新调整的部署，撤出了阵地。17日下午，平岩大队发现其当面的中国守军撤退后，立即渡过北云中河，向界河铺方向追击。

当天，第19军第215旅第408、429两个团赶到忻口战场的第一线，奉命接替了界河铺一带阵地。第429团第1营作为该团的第一线防守部队，正在交接防务时，日军平岩大队之一部即在火力掩护下，气势汹汹地扑了上来，双方随即展开激烈的白刃战。一开始，日军凭借的优良刺杀格斗技术，占领多处阵地。营长段晟见此情况，将各阵地的人员集中起来实施反击，最终通过人数的优势将日军击退。

日军平岩大队正面强袭失利后，改变了战术，在此后的几天内，以多个小队，借助黑夜和炮火、烟幕的掩护，向第215旅的防御薄弱地带进行渗透攻击，屡屡得手。这样，战场上就呈现出犬牙交错的状态。守军阵地左右前方不等距离的山梁后有小股日军的阵地。而在这些日军的一侧或稍后，也有守军的阵地。这是双方包围和反包围、分隔和反分隔、互相牵制所形成的。

第215旅的两个团，经几日的激战消耗，伤亡十分惨重。旅长杜堃为改变被动的局面，命令第429团团长卢仪欧派一个营的兵力，夺取其阵地正面百十米处日军占领的阵地。

20日拂晓，卢仪欧率部向日军出击。他身先士卒，奋勇杀敌，不幸身中数弹，为国捐躯。关于卢仪欧团长牺牲时的情景，后来第19军第215旅第429团第2营第4连第7班下士副班长杨锡九有如下回忆："第429团团长卢仪欧，河南滑县人，30多岁，据说那时他是山西部队中最年轻的团长。他是步兵专门学校毕业的，听说还是陆军大学的旁听生。1935年他兼任第70师工兵干部教育班训育主任时，经常给我们做制式和战斗教练示范动作，他那端正、娴熟、敏捷的动作和一丝不苟的精神，人人敬佩。他所带的第429团，训练有素，纪律严明，是第70师的一个呱呱叫的团。忻口战役中，第215旅旅长杜堃命令他派一个营的兵力，夺取正面百十米处敌人占领的阵地。当时卢团长连一个连的兵力都抽不出来，杜答应给他派一个营。第408团第1营营长王杰带人来了，可是这个营连1个连的兵力也不够。卢团长和那位营长察看了地形，又在图上研究之后，那位营长说：我对前方情况不了解，团长派人带吧，带到哪里，我营冲到哪里！卢提着手枪说：我亲自带！他给机炮连下达了掩护攻击的命令，又要求杜旅长命令炮兵配合。我方的炮兵开始轰击后，卢团长身先士卒，冒着浓烟冲上去了，那位营长率领的士兵也争先恐后地冲上去了。敌人阵地上的爆炸声和喊杀声混成一片。我连7挺机枪从侧翼超越射击，指向敌人阵地后方。约摸有半个多小时，枪炮声、喊杀声逐渐沉寂下来。消息传来，卢团长前胸中机枪五弹阵亡，那位营长受重伤，士兵们大部牺牲。这时太阳已经落山，被攻击的敌人已经放弃了那块高地，但我军也没去占领。"

第429团的这次夜袭，并未能改变双方在界河铺均势对峙的状态。

"望楼高地"之战

19日，当步兵第21联队主力进攻受阻时，其第3（平岩）大队也毫无进展。这样，滹沱河东岸的步兵第11联队长长野大佐命令该联队第8中队以及第2机枪中队的1个小队渡河前往支援。上述部队奉命渡河后，就将进攻的矛头指向"望楼高地"。该地的守军为第322团第1营。该营经过多日的作战，已获取了许多有益的战场经验，他们体会到日军的火力优于己方，必须避其所长，补己不足，就采用里沟外壕加强防御工事。外壕深宽各丈余，内设障碍物木桩、树枝等，以阻止日军接近；里沟即火线顶，用各个散兵坑和交通沟连贯起来，并在沟旁挖掘坚固的掩蔽部，将既深且宽的纵横交通壕和炮兵阵地加以伪装。这样日机轰炸与大炮射击，对其均影响不大。由于第322团第1营依托坚固工事顽强抵抗，第8中队打了整整一天，仍无法取得进展。

当晚10时，森田准尉来到步兵第21联队本部。粟饭原从森田的口中，得知步兵第11联队第8中队以及第2机枪中队的1个小队正在进攻"望楼高地"，但是战斗的进展不如意。第8中队长希望能将部队转移到步兵第21联队主力这里，再合力进攻"望楼高地"。对于这个意见，粟饭原很爽快地答应了。

当日，在旅团司令部勤务中的大冢大尉，得知步兵第21联队干部死伤很多，自愿返回联队，代替获野大尉指挥第一线部队（以下将步兵第21联队主力的第一线部队称为大冢部队）。大冢认为，光有"直协炮兵"的配合是不够的。这样，粟饭原命令联队炮中队、速射炮中队尽量接近步兵第一线，并归大冢统一指挥。

20日拂晓前，步兵第11联队第8中队以及第2机枪中队的1个小队将兵力转移到大冢部队第一线的后方，完成进攻准备。

此前，陕军第529旅旅长许权中部（欠第1057团第3营）已抵达忻口，归陈长捷指挥。陈就将第529旅第1057团第1、2营以及第1058团分别配属给晋绥军第217旅之第416团、第209旅之第432团、中央军第54师。第1058团团长韩子芳见到第54师师长孔繁瀛，即要求安排任务。孔指示其先将队伍安置在隐蔽地休息，到黄昏后再接替第322团1营阵地。可韩子芳却把孔的话当成耳边风，接受任务后，即率各营开始行动，既不疏散，又不利用地形地物，而是挺胸行动。恰好此时，日军第8中队正在侦察守军状况，发现这个情况后，立即向炮兵报告了第1058团的方位。不一会儿，就有一发发炮弹拖着尖锐的啸声落在陕军头顶上。第1058团的官兵们对突如其来的炮击猝不及防,许多人被炸得血肉横飞。在这次炮击中,该团伤亡惨重,损失了三分之一的人员。日军第8中队趁势于上午9时30分发起进攻,很快夺取其北面的高地。可大冢部队却因兵力不足,迟迟按兵不动。第1058团遂借这个机会接手了第322团第1营阵地,并在很短的时间内即完成布防。

下午3时,步兵第21旅团预备队龙泽中队的1个小队归还步兵第21联队建制,粟饭原将其直接增加到第一线,归大冢部队长指挥。

下午4时,大冢部队在火力掩护下,开始对"望楼高地"上的第1058团阵地发起进攻。该团官兵看到日军扑了上来,一边投手榴弹,一边猛烈射击。其后方阵地的迫击炮也突然向日军射击,在阵地前打出了一片火制地带,但并没有挡多久。因为陕军的火力点大多已暴露,所以日军联队炮、步兵炮对其一一进行"点名"。大冢部队趁势突入陕军阵地,双方为每段战壕展开争夺。尽管白刃战是日军的拿手好戏,但陕军的顽强抵抗也使日军吃惊不小。最后大冢部队还是凭借优良的刺杀格斗技术,将第1058团赶下了山,成功占领了"望楼高地"。

卫立煌得知情况后,亲自打电话给陈长捷,要陈抽出第61军主力反攻,誓必夺回阵地。陈长捷奉命后,即命在忻口待机的第433团,当夜出击,配合第1058团夺回阵地。

当夜幕降临的时候,第433团的出击开始了,团长曹炳亲自率队冲锋。大冢发觉守军上来了,提醒部下说:"让敌人靠近了再打,没有命令不许开枪。"等冲在最前面的中国兵离阵地只有二三十米了,大冢才大声命令道:"开火!"刹那间,日军所有的步机枪一起吐出火舌,冲在前面的中国官兵一排排地倒下,惨叫声、怒骂声、机枪声混成一片。后面的中国官兵见状,急忙后退。第433团的进攻被打退了。随后,曹炳仍决心夺回阵地,一次又一次地组织突击,但每次都被严阵以待的日军以步机枪火力或通过白刃战击退。日本老兵足立信义后来回忆,当晚中国守军向大冢部队阵地总共发起了7次反击。天亮后,日军发现,阵地前布满了中国兵的尸体。

第433团团长曹炳在反攻中也不幸负伤,陈长捷闻讯后即赶赴前方,在小山径上遇到正躺在担架上的曹炳,即趋前慰问。曹见到陈,激动地说:"对不起军长,未能完成任务,负伤了。我已命令张翼营长负责继续攻击那个高地,相信一定能够夺回来!"可是当晚该团却并未能收复任何一处阵地。日军大冢部队经过连日激战,伤亡也很大,遂停止了进攻。此后一直到23日,双方均处于对峙状态。

关子村西南高地之战

步兵第42联队第2(行本)大队于17日占领"丸谷山左方高地"以后,很快又找到了下一个进攻目标,那就是南怀化以东、界河铺以西的关子村西南的几个高地。这些高

第八章 关子村西南高地的战斗

地如被日军攻占,不但扼守关子村的第54师第323团阵地将受到侧后的袭击,南怀化之日军也可以得到支持,直冲后沟。防守这几个高地的中国守军为第211旅之第422团。而日军首先想要夺取是第422团第1连据守的小红山。

18日,行本大队以第8中队策应步兵第21联队进攻的同时,其主力(以第5、7中队为基干)在炮火掩护下,对小红山上的第422团第1连阵地发起进攻。该连战士对付日军之步炮联合作战,采取近战歼敌的战法,即等日军步兵接近至可以有效命中的距离时,才开始集中火力,并使用手榴弹,予以猛烈还击。遇有停火间隙,即擦拭武器和修筑战壕工事。当天,该连用这种战法打退了日军的多次进攻。

19日上午7时30分,行本大队又向小红山发动进攻。由于守军思想上早有准备,凭借不断加固的工事顽强抵抗。因此,行本大队的攻势仍然没有取得任何进展。大场得知情况后,不得不请求上级派飞机进行紧急支援,并希望得到轻型榴弹炮大队的配合。

20日下午,大场亲自前往行本大队阵地,侦察了其当面的敌情、地形后,便将其前方的小红山命名为"A高地",小红山以南的3个高地从西向东分别命名为"B、C、D高地"。

下午6时,行本大队未经炮火准备便向小红山发起进攻,打了守军一个措手不及,仅用了11分钟就占领该高地。工兵小队长宫北少尉随行本大队一同进攻,指挥部下率先突入守军阵地。混战中,突然一颗手榴弹飞来,在他身边爆炸,宫北当场阵亡。

当天,陕军第529旅第1057团第2营及晋绥军第209旅之第432团,赶到小红山以南,接替了第422团右翼的2个高地(日军称为"C、D高地")的防务。第422团则在小红山失守以后,集中部署在其左翼的1个高地上(日军称为"B高地")。

当晚,忻口战场上出现了少有的寂静,可这寂静却让日军感到毛骨悚然,丝毫也不敢大意,其各部队均向四周加派了警戒,在高度戒备的状态下度过了这漫长的一夜。

21日正午,第5师团长板垣亲临第一线视察,日军官兵的士气大为振奋,行本大队又把进攻的矛头指向"C高地"。该地守军为第1057团第2营(营长孟审言,因此该营也被称为孟营)。

下午5时30分,日军开始炮火准备。行本大队首先以配属山炮及联队炮对"C高地"实施了约20分钟集中射击,以开设突击道路。接着,联队炮中队、速射炮中队以及大队炮小队又于下午5时50分对"B、C高地"守军的侧防火力进行数分钟的压制射击。

下午6时,行本大队利用炮击成果,以第5中队从右侧,第8中队从左侧展开突击。与此同时,联队炮中队、大队炮小队再次对"C高地"上孟营阵地进行压制射击(持续了10分钟)。10分钟后,行本少佐看到突击部队离守军阵地越来越近了,害怕炮弹造成误伤,改以重机枪、掷弹筒(将第5、7、8中队的11个掷弹筒集中射击)、轻机枪

晋北争锋 忻口会战

以及步枪火力,对C高地进行5分钟的掩护射击。这期间,日军轻型榴弹炮1个中队先对"C高地"进行了2次(一次射击9分钟,另一次射击3分钟,两次间隔3分钟)支援射击,而后又对"B高地"上第422团阵地进行5分钟的压制射击。

在日军的火力压制下,孟营官兵难以抬头,无法还击。日军步兵趁机突入该营阵地,并发出"白吊一星"的突入信号,随后双方展开激烈的白刃战。行本大队看到突入信号后,又以配属山炮对"B高地"的侧防火力进行压制射击。

肉搏战中,孟营伤亡很大,营长孟审言负伤,机枪连长杜俊杰阵亡,第6连连长雷展如也身负重伤,渐渐支持不住了,终于放弃阵地撤了下来。下午6时25分,日军占领"C高地",随后将其改称为"军舰山"。孟营阵地失守后,也牵动了其右侧的第432团阵地。第432团刚经历了崞县之败,士气低落,孟营丢掉阵地后,因该团左翼受到严重威胁,其官兵也很快丢掉了阵地。

孟营官兵丢掉阵地后,乱哄哄地涌向其左侧的第422团阵地。第422团团长王雷震见状,不顾一切地截住溃退下来的孟营官兵,连踢带打:"回去,都回去,给我顶住。""长官……日本人太厉害……"一个排长惊魂未定地说。

▲日军步兵第42联队第2大队战斗经过要图(10月17日至10月21日)(请注意该图是上南下北,"军舰山"即"C高地","军舰山"下方为小红山,"军舰山"左方为"D高地","军舰山"右方为"B高地")。

"孬种。"王雷震一记巴掌打过去,怒斥道:"带上你的排,往前冲。"孟营好不容易才从混乱中恢复过来,重新集结起来,随即对日军发起反冲锋,准备夺回失去的阵地。然而,当他们前进了约有200公尺,进至第422团指挥所右侧高地时,突然遭到小红山上日军的射击,部队顿时失去了控制,一窝蜂地向后方退去。对此,王雷震也无可奈何。

第85师增援中央地区

关子村西南的几个高地被日军占领后,形势紧急。中国前敌总指挥部顾及全线阵地安危,速调左翼地区第85师陈铁部,连夜增援中央地区。第85师在左翼地区屡经激战,兵员损失很大,受命后冒雨赶路,经急行军于22日凌晨抵达指定位置,与中央地区各部取得了联系。这期间,陈铁驰赴后沟,向陈长捷请示任务。中国前敌总指挥部调陈铁师归陈长捷指挥,任务是挽回战局。而陈长捷则令陈铁部为预备队。陈铁说:"总部给我的任务是挽回战局,若当预备队,是不能完成任务的。"陈长捷说:"那你去接突破口的阵地。"陈铁说:"你刚才说一个师在突破口只能防一天就不能再打了,我师只剩一半兵力,最多也只能任一天的防御,我不同意。"陈长捷发脾气说:"要你当预备队你不同意,要你接突破口的防御你又不同意,你要干什么?"陈铁不慌不忙地分析道:"处处增援,则更陷被动,不如以本师向突入平顶山阵地(即日军所称的'军舰山')

之敌攻击,挫其势,吸引敌兵力于一点,全线阵地亦可得以巩固。"陈长捷听后,转怒为喜,同意了这个方案。于是陈铁即命第253旅进攻平顶山之敌。

22日凌晨2时,第253旅陈鸿达命第506团糜藕池部为攻击部队进入攻击位置,命第505团谷熹部以小部队出击策应。

上午8时30分,第506团的2个连在炮火掩护下,向步兵第42联队第2(行本)大队第8中队阵地发起反击。该中队官兵虽然用尽各种手段进行抵抗,但仍被第506团占领其阵地的一角。鉴于这个情况,大队长行本少佐向联队要求增派兵力并补充手榴弹,大场遂以第3大队机关枪、步兵炮、弹药车辆的人员66人前往增援。上午11时许,"右高地"再次受到第506团一部的攻击,但在第5中队守兵的拼死抵抗下,勉强守住了左半部的一角。

中国军队的炮火以及反击均很猛烈,行本大队的第一线中队伤亡很大,特别是第5中队,山本少尉战死,工藤少尉负伤,指挥官只得由士兵担任,士气渐渐低落起来。

为夺回第506团刚恢复的阵地,大场派遣郡山中尉前往"右高地",统一指挥该地的残兵。下午3时,郡山赶到该高地,随即指挥第5、7中队,向第506团发起反击,很快夺回失去的阵地。随后,他正和第8中队长藏田大尉协商下一步的行动时,突然有一发炮弹飞来,落在他们身边,将两人炸死。鉴于"右高地"的重要性,接着大场又派前田少尉前去担任指挥。

23日上午8时,大场将联队本部推进到

晋北争锋 忻口会战

第一线两大队中间的高地。

上午10时30分，第506团的2个连又对"军舰山"发起反击，当其接近到日军阵地前30米时，行本大队突然从正面以猛烈火力射击，丸谷中队及步兵第21联队也从两侧实施射击，使其伤亡惨重，只得退回原阵地。随后，双方形成对峙状态。

当日，陈铁将第255旅第509团归陈鸿达指挥，作预备队。当晚24时，第253旅以第509团第1营部分残余兵力编成1个排，由日军警戒空隙潜入其阵地，向正在酣睡之日军发动攻击。但日军戒备很严，该排没有获得理想的战果，却伤亡过半，于24日凌晨2时撤回阵地。

萱岛支队进攻受挫

截至10月21日，中国守军依然在顽强抵抗，丝毫没有退却的征兆。日军第5师团的进展缓慢，板垣别提有多郁闷了，当天中午他从前线视察返回指挥部，即向华北方面军报告称：

10月13日开始攻击以来，已经过了8日，没有收到显著的成果。只要我军占领敌阵地的一角，当夜敌人必会试图通过反击夺回。而我军突击及敌反击时，其迫击炮的射击及投掷手榴弹造成我大量官兵的牺牲，战

萱岛高

日本宫崎县人，1889年4月18日出生。1910年5月28日毕业于日本陆军军官学校第21期，1920年11月22日陆军大学第32期毕业。1956年2月18日亡故。

1935年3月7日	晋升陆军步兵大佐，天津驻屯步兵队长
1936年5月30日	支那驻屯步兵第2联队长
1937年11月1日	陆军军官学校教授部长
1938年7月15日	晋升陆军少将，步兵第136旅团旅团长
1939年11月15日	独立混成第18旅团旅团长
1941年3月9日	晋升陆军中将，留守第6师团师团长
1943年6月10日	第46师团长
1943年10月15日	转预备役
1943年11月1日	召集，留守第6师团师团长
1945年4月1日	召集解除
1945年6月29日	宫崎市长

中国抗战时期，他参与的侵略战役有平津作战、太原攻略战、宜昌作战期间的防御作战等。

力逐次消耗。

不过，板垣还有底牌没有亮出来。这之前，日军华北方面军为了加强第5师团的进攻能力，以中国驻屯步兵第2联队为基干，配属以战车、工兵、骑兵中队组成萱岛支队，加入第5师团战斗序列，于10月22日到达平地泉，纳入板垣的指挥之下。

当天，第5师团的参谋们对萱岛支队的使用问题作了研究。最后，他们得出一致结论：在步兵第21联队的正面，纵深小，容易突破；而在步兵第42联队的正面，不但中国守军控制了制高点，而且纵深较大，不容易突破。因此应将萱岛支队使用于大道西侧高地方面，作为主攻；同时以步兵第42联队夺取"军舰山"附近的制高点，作为助攻。

萱岛支队的支队长为中国驻屯步兵第2联队联队长萱岛高大佐。他奉命后，从10月23日早晨开始，以1个大队在南怀化，其余主力在池上村集结，为战斗做准备。24日拂晓前，萱岛支队展开于大冢部队的后方，准备实施超越攻击。大冢部队则奉命就地为萱岛支队提供火力掩护。

上午10时20分，日军炮兵开始向第422

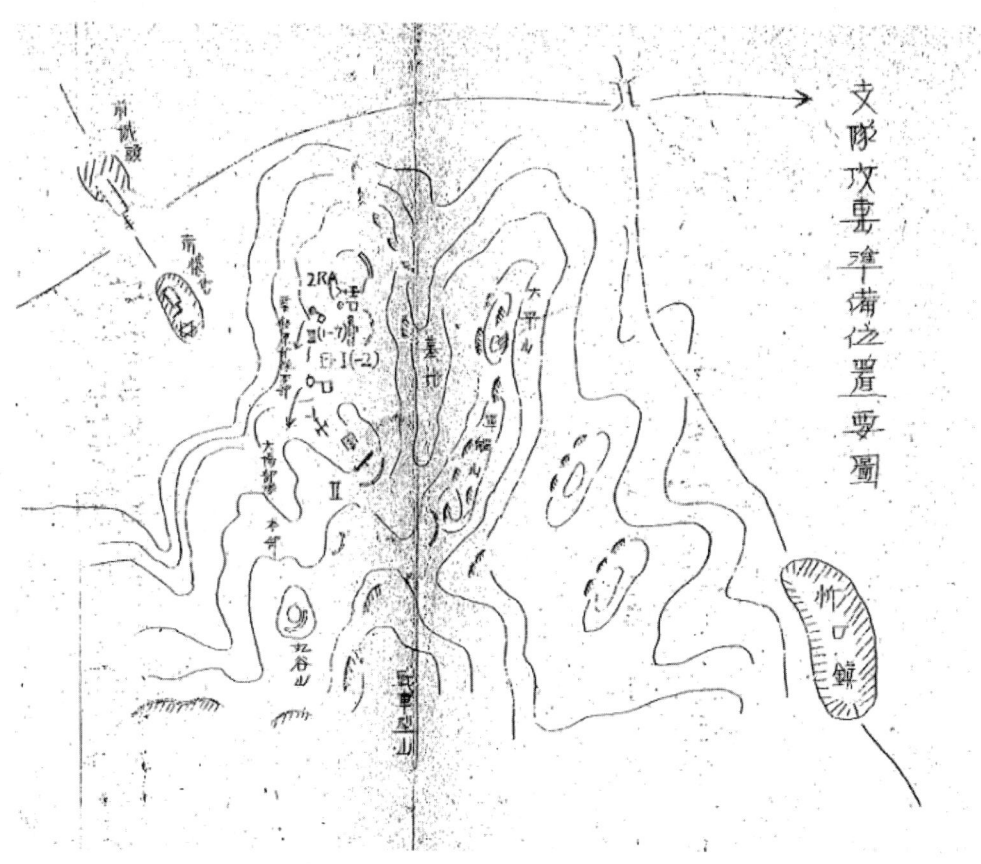

▲日军萱岛支队攻击准备位置要图。

团、第253旅以及第416团阵地集中射击。与此同时，日机8架也在阵地上空实施轰炸。日军的炮击、轰炸异常猛烈，守军阵地上烟尘弥漫，炮声震天，官兵对面不能见人，对面讲话都听不到。第253旅阵地被毁，官兵伤亡甚重。旅指挥所、炮兵阵地中弹若干发，电话机及炮兵士兵20余人均被崩土掩埋。

上午10时30分，萱岛支队利用轰炸、炮击效果，以步兵三四百名向第253旅第505团阵地以右之第416团发起进攻，并突破其阵地。第416团丢失阵地，引起全线之动摇。萱岛支队占领该团阵地后，又向第253旅右翼实施包围。

第422团团长王雷震见形势危急，为了确保其右翼安全，防止危及全局，便与第505团团长谷熹商妥，协同反击进犯之日军。他令第2营郁传义营长率所部向第505团右翼增援，借以稳定战线。

在第505团派出攻击部队后，王雷震即偕同谷熹前往督战。第422团增援部队一上去，即与萱岛支队接触，郁营长指挥官兵勇猛进击，与第505团官兵协力反攻，终于把日军赶下了山。未几，萱岛支队又以纵队来冲，同时，以大炮及飞机向守军反攻战线轰击，战况愈趋激烈。据此，王雷震又命第1营宋海潮营长率领由阵地上抽下来的两连驰援郁营。幸有第422团第3营营长安春山在阵地上沉着指挥，尚能适时以猛烈火力向攻击第505团阵地方面之日军施行侧射，对攻击部队支援不小。在这次增援中，宋海潮营长虽两次负伤，但仍坚持指挥。战斗期间，王

雷震曾亲眼看见友军一名战士竟被炮弹炸得腾空两三丈高，然后落在他身旁。可见战况之激烈。激战约4小时，始将萱岛支队击退。第422团与第505团官兵在协同反击敌人之中，自始至终，密切合作，团结互助，戮力杀敌，使得第505团阵地从此稳定下来，右翼第416团的部分阵地，也得以恢复。

然而，虽然第422团、第505团收复了第416团的部分阵地，却无人来接收，只得由第422团的郁、宋两营及第505团之一部代守。此时，第505团仅余200余人。下午4时许，萱岛支队又发动了进攻，双方激战两个多小时，伤亡均重。击退日军后，第505团仅余100余人，于是奉命将阵地交给第510团，撤下阵地休整。至后半夜，第509团上来了，第422团的郁、宋两营移交了代守阵地之后，也撤了下来。

行本少佐之死

1937年10月上旬，日军临时航空兵团将其主力推进至阳高及石家庄机场，配合第5师团攻打太原。忻口战役打响之后，第1飞行团之一部，开始由阳高机场，接着由阳明堡机场配合第5师团进攻忻口；其主力则由石家庄机场配合第20师团进攻娘子关。

10月19日凌晨，八路军第129师第769团第3营以第10、11两个连组成突击队夜袭阳明堡机场，经过1小时的激战，突击队付出了伤亡30余人（其中营长1人、指导员1人、排长2人）的代价，炸毁炸伤日机多架，削弱了忻口日军的空中支援力量，有力配合了

第八章 关于村西南高地的战斗

友军作战。当时，阳明堡机场主要为日军飞行第5大队（2个轻型轰炸机中队，共有93式双发轻型轰炸机6架，93式单发轻型轰炸机12架）的临时基地。飞行第5大队在这次袭击中，其人员、装备受到很大损失，此后一直到11月5日，该大队都没有任何行动。然而，日军陆军航空兵并没有因此放弃对忻口守军的空袭。10月19日，飞行第6大队的重轰炸机，开始从石家庄机场起飞，在飞行第8大队的战斗机掩护下，继续配合第5师团进攻忻口。10月20日以后，属于第4飞行团的飞行第9大队的轻轰炸机也投入战斗，加强了空袭力量。

24日，日军的生力军萱岛支队在炮兵、航空兵配合下，再兴攻势，但在守军顽强防御下，仅突破了几个缺口，而且伤亡很大。对此，日军战史资料有这样的记载："上午10时30分，萱岛部队开始攻击前进，但其进展不如意，并连续出现死伤"，"下午6时，萱岛部队的右第一线到达栖木高地；其左第一线占领墓地高地的一角。而后攻击无进展"。

10月25日，日军临时航空兵团为给地面部队的进攻扫除障碍，对守军发动了战役开

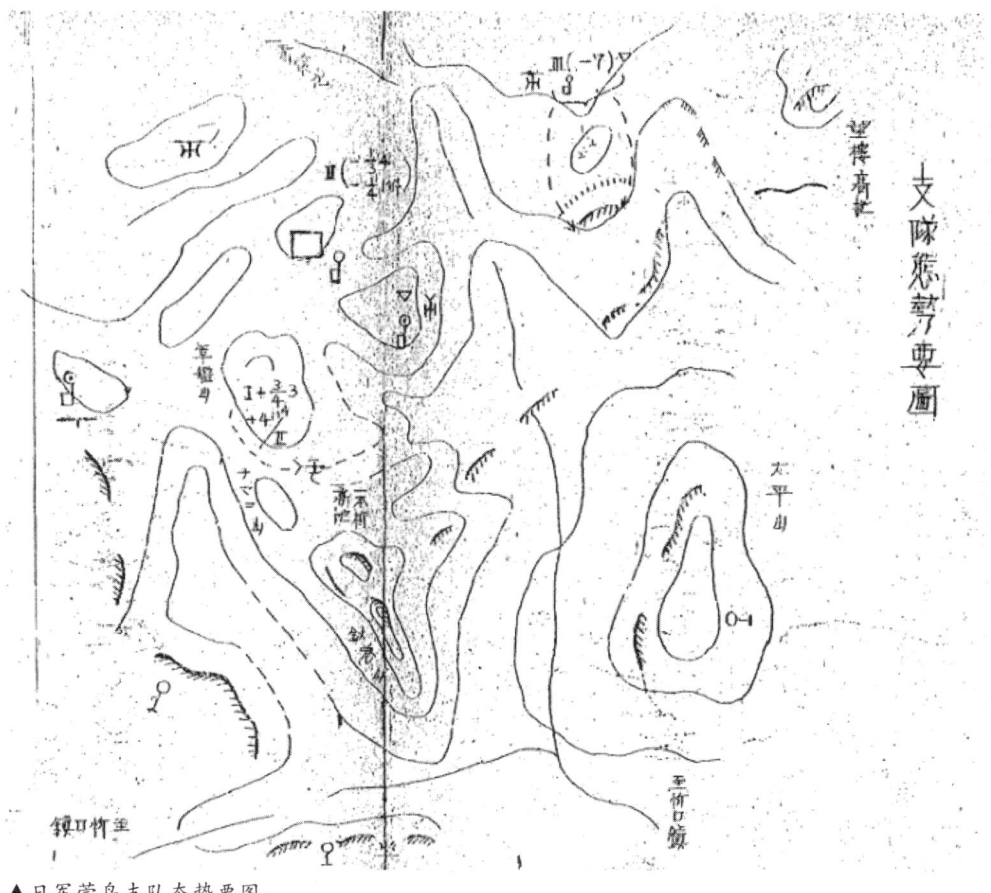
▲日军萱岛支队态势要图。

晋北争锋 忻口会战

始以来最大规模的空袭。日军飞行第6、9两个大队（飞行第6大队有93式重型轰炸机12架；飞行第9大队有93式双引擎轻型轰炸机6架、93式单引擎轻型轰炸机12架）的主力，一批接着一批地出动，在战斗机的掩护下，对守军阵地进行反复轰炸，日机的大轰炸从清晨一直持续到傍晚，守军阵地上的据点、工事和战壕严重受损。

当日，日军一些部队利用守军被压制的时机，调整了部署。还有一些部队则趁势占领了守军部分阵地。

中午12时20分，步兵第42联队联队长大场考虑到"军舰山"的守兵经过连日连夜不眠不休的战斗，非常疲劳，于是命令第2大

1937年10月日军华北方面军航空部队战斗序列

临时航空兵团	兵团长德川好敏中将
第1飞行团	
飞行第5大队	93式双发和93式单发轻型轰炸机各1个中队
飞行第6大队	93式双发重型轰炸机2个中队
飞行第7大队的1个中队	88式侦察机1个中队
飞行第8大队	95式战斗机2个中队
第4飞行团	
飞行第2大队	95式战斗机2个中队
飞行第7大队（欠1个中队）	本部和88式侦察机1个中队
飞行第9大队	93式双发和93式单发轻型轰炸机各1个中队
独立飞行第3中队	93式双发重型轰炸机1个中队
独立飞行第9中队	95式战斗机1个中队
航空兵团直辖	
飞行第1大队	94式侦察机2个中队
飞行第3大队	92式侦察机2个中队

中国空军北正面支队战斗序列

中国空军北正面支队	司令陈栖霞
第7大队	钱斯·沃特O2U-65C"可塞"式侦察机3个中队
第5大队第28中队	寇蒂斯霍克Ⅱ型战斗机1个中队
航校暂编中队	寇蒂斯霍克Ⅱ型战斗机1个中队

队长行本少佐将"军舰山"上的干部留下，士兵则退往后方阵地，与第10小队作交接。

24日晚，步兵第21联队第3大队长平岩少佐率其主力转进到"望楼高地"，另将一部配置在北云中河南岸，以监视关子村的守军第54师第323团。25日晚，平岩大队利用空袭的效果，占领"望楼高地"东南侧棱线的一角。

但此后，日军各部队因伤亡很大，战力大减，攻势还是难有起色，中央地区整个战线又转入了对峙与胶着状态。

26日，粟饭原接到电话，得知新任的第1、2大队长竹之内嘉太郎少佐与中岛维市少佐即将到任。可是，还没等这2个大队长赶到火线，日军就又死了1个大队长。

27日下午5时许，日军步兵第42联队阵地受到中国守军迫击炮的射击，"军舰山"及第2大队本部的位置尤为猛烈。第2大队长行本少佐正要下达命令，却突然有一发炮弹落在其身边爆炸，他和藤井大尉、楢松少尉三人躲闪不及，被炸得血肉横飞。入夜以后，中国守军的迫击炮仍持续不断地向步兵第21、42联队阵地实施射击，终夜不停，日军受到很大损失。次日，步兵第42联队第2大队因伤亡过大，上午10时与萱岛支队一部交接了阵地，并于薄暮时分集结于联队本部后方的凹地。

双方伤亡惨重

10月13日至28日，连续16天的激战，一般是日军在白天进攻，守军则在夜间发起反击，双方进行了惨烈搏杀。日军的战术是，进攻前先派飞机轰炸，继用重炮轰击。接着，日军步兵在火力掩护下发起冲锋。中国军队虽有一些飞机，但处于劣势，不敢迎战日机，山炮野炮的射程短，不能压制日军的炮火。所以中国炮兵不能轻易发射，仅用游击战法，瞅准时机，连发数弹，不计成效，立即转移至新的预备阵地。在这种情况下，当日机轰炸和炮击时，守军官兵隐蔽于散兵壕内，前沿只留监视哨，待日军步兵到达其有效射程以内时，便用机枪步枪一齐还击，但日军的机枪仍占优势，且有掷弹筒、毒气弹，所以守军仍处劣势。只有到阵地前沿时，守军的手榴弹才发挥威力。但守军的工事，因器材及土质关系，强度较差，且缺乏被覆材料，既浅又薄，掩护不了身体，也抵抗不了炮弹。工事被破坏后，只得在日军炮火之下进行补修加强，但为效极微。这样，日军炮火不断破坏，守军不断修复，日军再破坏，守军再修复。日军每个步兵大队都有大队炮小队，各小队配备有92式步兵炮2门。这种炮，口径虽小，而非常实用，可以射穿守军的工事。守军的工事多半为砂土筑成，不够坚厚，一穿即透。日军的掷弹筒之破坏力也很厉害，守军官兵葬身于工事内者不少。

而且，日军占据1300高地、"军舰山"、小红山等制高点后，获取了良好的射击视野，控制了守军各阵地之间交通。守军阵地的交通路，虽沿山势倾斜，极尽曲折之能事，以期减少损害，但通过隘路口时，仍不免有相当大的伤亡。故守军的伤员常不能

晋北争锋 忻口会战

及时后送，因不能得到治疗而死亡者也为数不少。

经过连续的鏖战，守军伤亡已是相当惨重。10月25日卫立煌致蒋介石的密电称："此间剧战半月，伤亡奇重，现在第85师编为1（个）营，第10、21、54、83各师，各可编为3、4、5（个）营不等。独立第5旅编为2（个）营，晋绥军参战各旅亦各仅余二三百人，火炮损坏10余门。"次日，第14集团军驻太原办事处主任宋思一在电话里对何应钦说："现在最重要的问题为补充问题，我军伤亡过多，如不能赶速补充，则无法再战，现估计第10、85、83、21、54师5个师，每师约缺4000人；尤以第85师与独5旅非完全补充不可。又，第64、65师每师约缺3000人。合共需补充兵3万人，请速法拨补。"

由于中国军队的顽强抵抗，日军自然也蒙受了巨大的伤亡，其一线兵力急剧减少，战力大减。

据日军第5师团10月21日统计的数据，截至当日，步兵第21旅团战死490人（其中少尉以上军官30人），战伤1300人（其中少尉以上军官50人）。10月27日，日军第5师团再次统计，从10月13日至当日，第5师团战死800人以上，战伤3200人。另据10月29日日军华北方面军军医部《方医电第237号》报告，截至当日萱岛支队已战死136人，战伤337人。

至10月下旬，步兵第21旅团各步兵中队的人数一般在30人至50人之间，甚至有一个中队仅剩16人，暂由一等兵代理中队长。该旅团所属的2个步兵联队因伤亡较大，几乎丧失了战斗力。至10月24日晨，大冢部队（步兵第21联队第1、2大队主力）的兵力已锐减到210人。当晚，步兵第21联队第3

▲日本国内，阵亡士兵的送葬行列。

（平岩）大队转进到"望楼高地"后，清点人数，该大队就剩下大队长以下约150名战斗员。10月11日，步兵第42联队的战斗员为2628人。而到10月29日，步兵第42联队经过持续的激战，战斗员仅剩1300人。

混成第15旅团的减员也很严重。至10月21日，混成第15旅团的各步兵中队平均不过四五十人，战力大为减退。其中步兵第16联队第1大队仅剩174人（其中大队本部19人，第1中队28人，第2中队29人，第3中队29人，第1机枪中队50人，大队炮19人）。

需要指出的是，尽管日军第5师团的步兵越来越少，一线实力变得越来越弱，但其后勤和火力支援单位却几乎完好无损，依然维持着很大的架子。

此时，由于华东方面战事的发展，日军将"华北方面军"的第6、第16师团和由第5师团一部编成的国崎支队调往华东作战，日军抽兵增援忻口已十分困难。而在忻口方面，日军因严重减员，攻击乏力，因此日军被迫将在平津地区担任守备的第109师团步兵第136联队的2个大队及独立混成第1旅团的独立步兵第1联队派到忻口增援第5师团作战。

惨烈的对壕战

10月25日以后，日军的进攻势头有所减弱。卫立煌将军据此判断，日军的兵力使用快到极限，于是指示参谋长郭寄峤策划再行发动攻势。郭寄峤准备把战力相对完整的第35军作为发动攻势的核心力量。当时，第35军各部队中仅有第211旅之第422团在第一线作战，第211旅之第419团则被配属到独立第7旅，第218旅尚在忻口附近待机。第218旅虽在北云中河以北的战斗中伤亡较大，但经过一段时间的休整，战斗力有所恢复，仍是一支不可忽视的力量。然而，此时晋东战局恶化，阎锡山顾及太原的安危，遂将忻口地区作战任务委给卫立煌完全负责，调傅作义回太原来部署城防，同时用第35军作为守城的基干部队。第35军随即撤往太原，这样就极大削弱了中央地区的防御力量，卫立煌的攻势计划也落空了。

再说日军这边，步兵第21、42两个联队经过连续的激战，减员甚大，也很疲劳，几乎丧失了进攻能力。当萱岛支队投入战场以后，这两个联队的一线部队（除第21联队第3大队、第42联队第1大队以外）便陆续将阵地移交给该支队，撤到后方阵地进行休整。

萱岛支队当面的中国守军主要为晋绥军第217旅。经过多日的激战，其隶属的第416（团长宋恒宾）、433（团长梁浩）两个团以及配属的第432团（团长王鸿浦）、第1057团（团长阎揆要）均伤亡惨重，战力大减，此前失去的阵地无力夺回，友军收复的部分阵地也无力接防。正在这个危急时刻，第209旅后续的第418（团长张寿华）、第417（团长张勤增）两个团相继赶来，划归第217旅旅长梁春溥指挥。梁遂让他们和严重减员的第416、第433、第432团一起，在原第416团阵地的后方重新构筑防线，并接防友军代守的阵地，以阻击日军。同时，陈长捷将第1057团调离第217旅。这样，第217

晋北争锋 忻口会战

旅就成了辖5个团的"超级大旅"。

到10月28日，萱岛支队几乎完全接手了步兵第42、21两个联队的一线阵地。该支队鉴于之前的战斗经验，改变了进攻方式，当其接近到守军阵地四五百米线上，即停止前进，就地筑起阵地，逐步进逼。日机每日早晨七八点钟也来轮番轰炸，压制中国炮兵的破坏射击，掩护其步兵、工兵的对壕作业，直到入夜始行沉寂，次日又继续反复。

为了驱逐紧逼阵前之敌，守军第217旅决定向敌壕一侧亦行掘进坑道或窄壕，实行对壕互轰。士兵分为作业班、爆破班、战斗班三部，背负土囊、工具、药包等，潜出阵前，对敌壕与坑道加以横截爆毁，掀起一场又一场的地下战，双方互有胜负。在有的地段，日军被迫放弃所占领的突击阵地，退了回去。而守军王、宋两团阵地，则被日军由掘进的坑道所爆破，部分守兵被埋于地下。

守军各部掘坑道进行几度地下战后，伤亡惨重，宋恒宾团只余不足500人的1个营。宋恒宾曾以电话直接向总指挥部请求派队替换，稍事休息。但当时实已无兵可派，陈长捷只好勉励他发扬刚强果敢的精神。宋也就立即表示以后决不再请求了。

这期间，第61军（仅辖第217旅）为了改变被动的态势，草拟了一个进攻计划：前线王、张、宋三团以全力进攻南怀化东高地，以梁浩团在梁旅阵地后方掩护。军炮兵重新部署炮兵群，将重炮推进于后沟西北，集中全部火力于极其短暂时间内，出敌不意摧毁南怀化东高地敌的主阵地。这一腹案得到卫立煌的支持，他还要求第61军发动攻势

时，左翼兵团和滹沱河东的高桂滋师配合行动，各牵制住当面之敌。可王靖国得知情况后，却告诫陈长捷说："慎重些，不要冒险！长官（指阎锡山）嘱咐你：要保存实力，不能硬拼！留得青山在，不怕没柴烧。如果把这点家当拼完了，就是日本人不进来，老蒋能容许我们存在吗？"于是陈放弃了出击计划。同时他也觉察到阎锡山对他有些猜忌不满，显得异常沉闷。此后便不再作积极打算，只是勉强支持。

10月29日，第5师团接到上级电令，"由第11师团司令部附坂本顺少将接任步兵第21旅团旅团长"，以接替负伤住院的三浦敏事少将。当日，板垣看到萱岛支队进展迟缓，心中焦急，于是决定将步兵第21联队再次投入战斗，于31日进攻"望楼西北方高地"，以配合萱岛支队的进攻。当时，该联队正在后方阵地休整，奉命后立即着手准备。但到30日上午8时，该联队在南怀化东南方隐蔽地接收了一批补充人员，因为要对其进行训练、教育，所以将进攻时间推迟到11月1日。

11月1日下午1时30分，日军炮兵开始对"望楼西北方高地"实施射击。半个小时之后，步兵第21联队第一线两大队利用炮击效果，攻击前进。右大队进攻之初，虽受到守军猛烈的侧防火力射击，但日军的重机枪和大队炮很快就压制了守军火力，该大队遂于下午4时左右到达"庙高地"山麓。与此同时，左大队也进入到指定线。但附近的地形错综复杂，对日军的行动有一定的阻碍作用。随后，两大队遂停止了进攻，各自确保

第八章 关子村西南高地的战斗

占领地点,并准备以后的攻击。

当日,萱岛支队在步兵第21联队主力以及航空兵、炮兵的掩护下,以近迫作业,逐渐向"墓地高地"推进,当晚占领该高地。

日军虽在11月1日的进攻中略有起色,却成了强弩之末,随后战局再次陷入僵持。

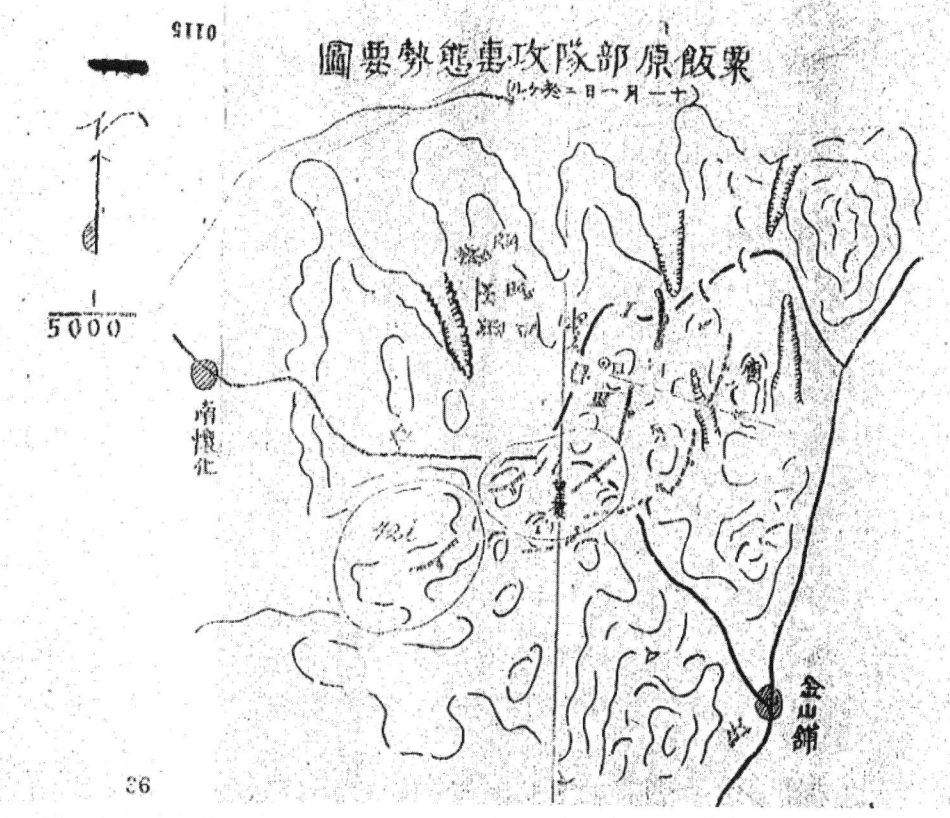

▲日军11月1日步兵第21联队攻击态势要图。

表8-2 南怀化附近战斗期间日军步兵第42联队指挥系统

步兵第42联队本部		备 注
联队长	大场四平大佐	
联队副官	山崎鹤一大尉	
联队副官	前田保预备役少尉	
联队旗手	尾川美雄少尉	
通信班长	福永政雄少尉	
瓦斯负责人	郡山良久中尉	忻口战役期间战死
兽医	田村英二预备役少尉	

续表

步兵第42联队本部		备 注
第1大队		
大队长	志鹤林藏少佐	忻口战役期间负重伤离任
大队副官	平尾悟少尉	忻口战役期间负轻伤
主计	阿久津武夫少佐	
军医	佐藤干夫中尉	忻口战役期间负重伤离任
军医	西村正介少尉	
第1中队		
中队长	丸谷顺助大尉	忻口战役期间负轻伤
小队长	久保田保久少尉	忻口战役期间负重伤离任
小队长	河野友行准尉	忻口战役期间负重伤离任
小队长	日蒲正春见习士官	忻口战役期间负重伤离任
第2中队		
中队长	伊藤干介后备役大尉	忻口战役期间负重伤离任
小队长	中村敏夫少尉	忻口战役期间负重伤离任
小队长	石津二郎准尉	
第3中队		
中队长	川崎隆一预备役大尉	忻口战役期间战死
小队长	泉少尉	忻口战役期间负重伤离任
小队长	西田政男预备役少尉	忻口战役期间负重伤离任
小队长	冈田广预备役少尉	忻口战役期间战死
第4中队		
中队长	门田快造后备役大尉	忻口战役期间负重伤离任
小队长	冈本清二预备役少尉	指挥1个小队在大营镇,未参加忻口战役
小队长	白石真喜男见习士官	忻口战役期间战死
小队长	林良久见习士官	忻口战役期间负重伤离任

续表

步兵第42联队本部		备 注
第1机枪中队		
中队长	中村喜藏中尉	
小队长	森池胜喜少尉	
小队长	阿部源一预备役少尉	忻口战役期间负轻伤
小队长	金子良次预备役少尉	忻口战役期间战死
第1大队大队炮小队		
小队长	松田祐武少尉	
第2大队		
大队长	行本勇少佐	忻口战役期间战死
大队副官	酒井健三少尉	忻口战役期间负重伤离任
主计	御手洗岳夫少尉	
军医	齐木正熙预备役中尉	
军医	石谷冒登预备役少尉	
第5中队		
中队长	藤井德太郎大尉	忻口战役期间战死
小队长	山本义明少尉	忻口战役期间战死
小队长	工藤义胜预备役少尉	忻口战役期间战死
第6中队		
中队长	中原庸定预备役大尉	忻口战役期间战死
小队长	丰田富惠预备役少尉	忻口战役期间负重伤离任
小队长	伊藤孝一预备役少尉	
第7中队		
中队长	竹内魁治中尉	忻口战役期间负重伤离任
小队长	伊本勇一预备役少尉	忻口战役期间负重伤离任
小队长	金子义雄预备役少尉	

续表

步兵第42联队本部		备注
第8中队		
中队长	藏田信预备役大尉	忻口战役期间战死
小队长	山本满作预备役少尉	忻口战役期间负重伤离任
小队长	东春雄预备役少尉	
第2机枪中队		
中队长	不明	
小队长	椎木预备役少尉	忻口战役期间负重伤离任
小队长	俵田宽夫后备役少尉	
第2大队大队炮小队		
小队长	楢松广仁少尉	忻口战役期间战死
第3大队		
大队长	大町茂少佐	忻口战役期间负重伤离任
大队副官	松田三郎少尉	忻口战役期间战死
主计	中井悟准尉	
军医	楢崎俊一预备役中尉	忻口战役期间战死
军医	佐鹿清番少尉	忻口战役期间负重伤离任
第9中队		
中队长	古泽喜兵卫大尉	忻口战役期间负重伤离任
小队长	井町升预备役少尉	
小队长	盐谷鼎预备役少尉	忻口战役期间负重伤离任
第10中队		
中队长	寺道留一大尉	忻口战役期间战死
小队长	来栖兴作预备役少尉	忻口战役期间战死
小队长	王野和美预备役少尉	指挥半个小队在东河南，未参加忻口战役
小队长	古谷真作准尉	忻口战役期间战死

续表

步兵第42联队本部		备　注
第11中队		
中队长	中村利三郎后备役大尉	忻口战役期间负重伤离任
小队长	井藤孝治少尉	指挥1个小队在灵丘,未参加忻口战役
小队长	胜间田勇治预备役少尉	指挥1个小队在蔚县,未参加忻口战役
小队长	仓重义卫少尉	忻口战役期间战死
第12中队		
中队长	新名龙番中尉	忻口战役期间战死
小队长	高桥嘉之助预备役少尉	忻口战役期间战死
小队长	河村种夫预备役少尉	忻口战役期间负重伤离任
第3机枪中队		
中队长	中村喜明中尉	忻口战役期间负重伤离任
小队长	村田正美预备役少尉	忻口战役期间负重伤离任
小队长	河田茂预备役少尉	忻口战役期间战死
小队长	阿武义辅预备役少尉	忻口战役期间负重伤离任
小队长	高管腾	忻口战役期间战死
第3大队大队炮小队		
小队长	中山安雄准尉	忻口战役期间负重伤离任
RiA		
中队长	绪方正知少尉	
小队长	内藤惠助准尉	
小队长	井原胜利准尉	
TiA		
中队长	增本琢次中尉	
小队长	岚柴郎少尉	忻口战役期间负重伤离任
小队长	上田源一准尉	

表 8-3 步兵第 42 联队主要时期战斗员概数表

战斗名称		南怀化				石岭头
月日		10月11日	10月20日	10月29日	11月1日	11月10日
联队本部	军官	6	6	5	5	5
	下士官兵	88	91	79	89	84
	计	94	97	84	94	89
第1大队	军官	20（3）	5（2）	7	7（2）	8（1）
	下士官兵	717	336	397	612	598
	计	740	343	404	621	607
第2大队	军官	15（1）	9	（3）	4（3）	9（3）
	下士官兵	649	577	314	714	606
	计	665	586	317	721	618
第3大队	军官	18（7）	2（1）	1（3）	1（3）	
	下士官兵	894	225	318	327	
	计	919	228	322	331	445
TiA	军官	2（2）	2（2）	1（1）	1（1）	（1）
	下士官兵	73	70	61	66	63
	计	77	74	63	68	64
RiA	军官	2（2）	1（2）	1（2）	1（2）	1（2）
	下士官兵	129	126	107	125	122
	计	133	129	110	128	125
总计	军官	63（15）	25（8）	15（9）	19（11）	31（71）
	下士官兵	2550	1425	1276	1933	1918
	计	2628	1458	1300	1963	1956

表 8-4　1937 年日军华北方面军主要会战弹药消耗量（平均每支枪每门炮的消耗量）

华北方面军参谋部第 3 课制作

区　分	第 10 师团进攻马厂、沧州、德县的战斗期间（33 天）	第 6、14、20 师团在涿州、保定会战期间（12 天）	第 6、14、20 师团在正定、石家庄附近战斗期间（11 天）	第 5 师团在忻口战役期间（23 天）
步枪	12 发	11 发	17 发	171 发
轻机枪	297 发	271 发	429 发	4416 发
重机枪	3067 发	919 发	1995 发	16622 发
掷弹筒	118 发	35 发		
速射炮	148 发	50 发		394 发
步兵炮	265 发	50 发	72 发	494 发
联队炮	190 发		160 发	740 发
独立山炮				727 发
野（山）炮	354 发	72 发	267 发	895 发
十榴	125 发	53 发	124 发	154 发
十五榴	179 发	135 发	115 发	208 发

第九章　左右翼地区的战斗（上）

左翼兵团的部署

由新练庄往西，经东西常庄、大小白水、阎庄、卫家庄、刘庄，至云中山的南峪、盟腾一线，为忻口守军的左翼地区。第14军军长李默庵作为左翼兵团指挥官，率领第14军（辖第10、83师）、第85师、炮兵第27团以及战车防御炮营一部，布防于此。

第14军军部指挥所设置于距前线七八里路的沙凹村。10月9日，李默庵根据前敌指挥部决战防御之作战目的及地境区分，下达如下作战命令：

（一）军以联系两翼友军待围歼南进敌军之目的，保持重点于秦家庄、大白水、南峪之线占领阵地，构筑工事。

（二）第10师为右地区，师右自秦家庄亘东常村、大白水西北路口之线占领阵地，构筑据点工事，并于后城头、兰村、阎庄之线配置警戒。

（三）第85师附炮兵第5团第2营及防御战车炮营（欠2个连）为左地区，师右与第10师联系，于盟腾村东方高地、盟腾村、南峪各附近高地之线占领阵地、构筑工事，并于卫家庄、水油沟、麻巷村之线配置警戒，另以一小部于何家庄附近高地对西北警戒，左与杨爱源军取得联系。

（四）第10师与第85师之作战地境为奇村镇西端辛庄、小唐林、南庄头、南大常、茹庄村相连之线，线上属第10师。

（五）军炮兵以主力于刘村小东沟附近一部，于西高村、大唐林附近占领阵地。

各部受领任务后，立即开始行动。

第10师（师长彭杰如）于10月3日自石家庄徒步至获鹿，再以第28旅为先遣队，按师司令部、第30旅次序，利用正太铁路输送至太原以北高村车站下车，于10月10日先后到达大白水指定地域，随即展开于北云中河左岸、大小白水、东西常村之线。这片地带，南北自原平镇至奇村镇以南之间约数十里，均为平原开阔地。此平川地带，除村落外，树木稀少，又值农作物秋收之后，毫无隐蔽之处。这样，该师只得利用村落作据点式防御，其具体部署为：以第28旅附战车防御炮连为左地区队，占领大小白水及其附近地区；以第30旅之第58团为右地区队，左与

李默庵抗战简历

陆军中将。字霖生,湖南省长沙县北山乡北山村人,黄埔军校第1期毕业。1904年10月17日出生,2001年10月27日在北京去世。全面抗战爆发时,任第10师师长。

1937年8月　第14军军长

1938年　第33军团军团长

1940年　湘鄂赣边区总指挥兼南岳游击干部训练班教育长

1941年底　陆军突击总队司令

抗战期间,他参与的战役有忻口战役等。

第28旅联系,右与中央兵团联络,占领东西常村之线,师重点保持在左。第59团为师预备队,控置于前后东高村,炮兵第27团(欠1个营,装备口径75毫米火炮)主力在后东高村占领阵地,协助左地区队之作战。一部在刘庄附近占领阵地,协助右地区队作战。师司令部在屯村,战斗指挥所在小白水。

第85师(师长陈铁)也于10月10日进抵大白水以西的奇村、刘庄指定地域集结。陈铁以第255旅郝家骏部向前推进于井沟、杨庄、朱家寨一带,构筑预备阵地;以第253旅陈鸿达部两个团部署于盟腾村、南峪一线。这片地带,是云中山的东端,多为土梁、山岗,地势起伏,沟壑纵横。

第83师(师长刘戡)原驻石家庄以北正定,接驰援忻口命令后,于第10师之后,由正太路车运太原,于10月12日晚抵忻县西北地区集结待命。

永兴村附近的战斗

原平镇战斗快接近尾声的时候,混成第15旅团旅团长篠原少将为便于下一步将要进行的忻口战役,决定将骑兵第2联队派遣到永兴村附近,侦察兰村以西区域的敌情、地形。

10月11日上午10时,骑兵第2联队(欠第1中队及第2中队的1个小队,附重装甲车中队)从原平镇西方兵营出发,经小原平一南三泉,向永兴村东北侧台地前进,上午11时35分到达该地后,开始搜索敌情、地形。恰巧,此时中国守军第10师第57团也派出一支约100人的武装便衣队向北侦察。两支侦察队于下午1时许在永兴村附近遭遇。双方交火约1个半小时后,便衣队败下阵来,撤回原阵地。

晋北争锋 忻口会战

当便衣队正和日军骑兵队交火时,第10师师长彭杰如接到了第57团的电话报告:"敌兵约一师团挟战车数十辆,其先头10日晚到达原平镇集结,其骑兵一部本午在永兴村以北地区与我便衣队相持中,似有继续向我大白水方向进犯之模样。"此时,第10师大白水主阵地的工事还不完备。彭杰如担心这股日军击败便衣队以后,会直扑大白水,便命第57团立即派兵一部向永兴村的日军实施攻击,以攻为守,掩护师主力完备工事。为了避开日军炮火拦阻,他还命令出击部队要神速出兵,迅速接敌,尽快形成与日军短兵相接之势。这样,日军的炮火分不清敌我,便难以发挥威力了。

第57团团长刘明夏奉命后,立即派出第2营向永兴村攻击前进。下午3时左右,日军骑兵队发现,约七八百中国兵排成数个纵队,由永兴村南方北进而来。这是中国第57团第2营赶来了。为了不让正在北进的中国军队得到准备战斗的时间,日军决定先发制人。重装甲车中队抢先发起进攻,第3小队在左,第1小队在右,第2小队殿后,一个典型的倒品字形攻击阵势猛地扑向第57团第2营,10多辆92式重装甲车上的13毫米重机枪和6.5毫米重机枪也喷射出一条条火舌。第2营处在开阔地带无法隐蔽,又没有对付日军重装甲车的有效办法,因此在日军的猛攻下,损失惨重。全营4个连长,三亡一伤,其余伤亡排长以下官兵200余人。营长张光裕怕回去受军法惩处,就叫营部传令班长李凤武开枪打死他。李在没办法的情况下,向他大腿肌肉部打了一枪,也算战场负伤,混过关去。至下午4时30分,该营将其所属的伤亡人员及遗弃之械弹收容救护后,撤回大

▲日军92式重装甲车。

表9-1　92式重装甲车性能表

乘员	3人
长度	3.95米
宽度	1.63米
高度	1.86米
重量	3.5吨
发动机	三菱/石川岛播磨6缸气冷汽油引擎
功率	45匹（34千瓦）
悬挂系统	直角杠杆
速度	40公里/小时
最大行程	200公里
装甲	6-22毫米
主要武器	1挺92式13毫米机枪
辅助武器	1挺91式6.5毫米机枪

白水村整顿，重新布防，准备继续战斗。该营营长空缺即以少校团附陈震接任。

日军骑兵队将第57团第2营击溃后，也没有追击，就在永兴村宿营，一边侦察敌情、地形，一边掩护混成第15旅团的集结。

混成第15旅团向集结地前进

10月4日下午3时以后，混成第15旅团脱离了关东军司令官的隶下，纳入华北方面军司令官的指挥之下，配属第5师团。

混成第15旅团于10月12日攻占原平镇以后，基于第5师团的命令，将部队区分为两个梯团：第1梯团（旅团本部、步兵第16联队、步兵第30联队（欠第3大队）、骑兵1个分队、独立山炮兵第12联队、工兵第2联队主力、师团通信队）下午1时从原平镇出发，向永兴村前进；第2梯团（大泉支队、野炮兵第2联队（欠第1、3大队）、野战重炮兵第9联队第2大队）下午4时从原平镇出发，向中三泉附近前进。

因道路不良，各部队行进中相互拥挤。这样，尽管只有9公里长的行程，第1梯团的后尾到达永兴村时已是晚上8时许。当晚，篠原兵团以主力在永兴村宿营，以一部（大泉支队及野炮兵第2联队主力）在中三泉附近（永兴村东北方4公里）宿营。

此时，堤支队（第5师团直辖，附野炮兵第5联队第1大队）已前出到南庄头南方地区，正在攻击南大常及南庄头附近的中国守军。而混成第15旅团在前进途中，根据第5师团命令，将野炮兵第2大队配属给野炮兵第5联队（联队长武田大佐），同时得到野炮兵第5联队第1大队的配属。实际上是将这两个野炮兵大队进行了交换。野炮兵第5联队第1大队是动员部队，有预备役、后备役人员的加强，为3中队编成（12门野炮）。野炮兵第2联队第2大队为准应急动员编成，由现役兵组成，为2中队编成（8门野炮）。

三度变更的部署

左翼地区主要分为两种地形：大白水、东西常村、兰村、阎庄一带，东西约20里，南北自原平镇至奇村镇以南之间约数十里，均系平原开阔地（日军称这一带为平地方面）。而阎庄、大白水以西的卫家庄、刘庄、南峪、盟腾一带，则有从东向西、愈往西而愈高之台地（日军称这一带为高地方面）。日军通过侦察，了解到这个状况，并发现其当面的中国守军已占领着从魏家庄西南方高地，经阎庄，至兰村一线阵地。

13日凌晨，篠原少将综合各种情况判断：如果不能控制高地方面，即使从平地方面取得突破，其侧背也将感受极大威胁。他认为有必要和堤支队配合，重点进攻阎庄以西的魏家庄，先从该地取得突破，前出到大唐林北方高地线，完全控制高地方面，接着再前出到上社－北赵村一线。据此，他要求所属各部队应于早晨6时以前，完成出发准备。

早晨6时许，他下达了篠作命甲第139号命令：

（一）骑兵队（欠重装甲车中队）搜索阎庄及兰村附近的敌情、地形，且掩护旅团的左侧。

（二）第1梯团先向南庄头前进，独立山炮兵第12联队（欠1个中队）在南庄头北方地区占领阵地，准备对阎庄、魏家庄西方高地实施射击。

（三）野炮兵第2联队（欠第1、第2、第3大队）在南大常附近占领阵地，准备以主力对魏家庄及其两侧地区实施射击，使旅团的攻击容易。

（四）大泉支队以1个小队掩护炮兵队，主力跟随第1梯团行动。

同时，他还派出了传令骑兵，向第5师团长板垣传达了该旅团的部署，并要求将堤支队及战车第4大队纳入他的指挥之下。板垣同意了他的要求，战车第4大队很快就开到了永兴村附近。

此时，混成第15旅团集结于中三泉、永兴村附近的兵力如下：混成第15旅团本部、步兵第16联队、步兵第30联队（欠第3大队）、骑兵第2联队（欠第1中队及第2中队的1个小队）、野炮兵第2联队（欠第1、2、3大队）、工兵第2联队（欠第1中队）、辎重兵中队、师团通信队、关东军第2卫生班、大泉支队、独立山炮兵第12联队、野炮兵第5联队第1大队、战车第4大队、给水班。

从番号上看，上述部队，再加上在南庄头南方地区的堤支队，兵力相当可观，仅步兵大队就有7个。但实际上，这些部队原本是平时编制，又经过持续的战斗消耗，其实力非常有限。当时步兵第16联队仅有719人，步兵第30联队（欠第3大队）也只有995人，大泉支队有497人，堤支队有475人。每个步兵联队的实力仅相当于正常状况下的1个步兵大队。

上述各部队受领任务后，于早晨6时30分左右开始行动。但前进道路只有1条，各部队拥挤在一起，秩序混乱，大大影响了行军速度。

当日拂晓，第5师团已开始进攻旧练家庄、南怀化阵地，混成第15旅团、堤支队与第5师团的右翼联系，也准备进攻其当面的中国守军。

上午8时左右，篠原正要从永兴村出发，通信队小队长长谷川中尉突然归来（之前被派往第5师团本部），带回"太作命甲第14号命令"，其要旨如下：

（一）篠原兵团在拂晓以前展开于阎庄附近，而后沿阎庄－西高村－西冯城道路行进，突破该地区之敌，进出上社－北赵村一线。

（二）将野炮兵第5联队第1大队及战车第4大队纳入堤支队的指挥之下。

该命令与篠原的意图相悖。其要求混成第15旅团展开于平地方面的阎庄附近，但该旅团事前并无相关的准备。

尽管篠原十分不满，但其在战役的指挥决策权上，却不得不听命于板垣。于是，他变更了上述命令，采取了一个折中的方案，即同时进攻平地、高地两个方面，这样就分散了有限的兵力。其具体部署如下：步兵第30联队（欠第3大队）为右翼队，进攻高地方面；堤支队为中央队，步兵第16联队为左翼队，进攻平地方面；大泉支队为预备队。

上午9时许，椛参谋在堤支队长的授意下，到达混成第15旅团本部。他向篠原建议：右方高地的地裂沟很多，在这方面最好只使用1个大队。据此，该旅团又变更了部署，并于上午9时40分下达了篠作命甲第141号命令，即以大泉支队（1个大队）代替步兵第30联队（2个大队）充当右翼队，步兵第30联队（欠第3大队）改为预备队。

中午以后，混成第15旅团各部队相继到达指定地域集结。

阎庄附近的战斗

13日下午1时20分，篠原在南庄头收到持田少佐从飞机上投下的通信筒，里面装着板垣下达的太作命甲第14号命令，其内容如下：

板垣兵团命令　10月13日午前9时10分于原平镇战斗司令部

（一）前面之敌正全面向南方退却。

（二）篠原兵团立即向指定线追击。

对此，篠原深感诧异。因为，截至那时，他并未从第一线部队那里接到任何关于中国守军退却的报告。但恰好此时，中国炮兵正向日军猛烈射击，甚至有炮弹落在旅团本部附近。鉴于这种情况，他也不管中国军队是否真要后撤，想以积极的进攻来振奋士气，便于下午1时30分下达篠作命甲第142号命令："两翼队于下午3时开始攻击前进，先前出到大唐林北方河流一线。"

在平地方面，有一条南北走向的公路，它从北大常村，经南庄头，再到北云中河以南的大唐林。公路以东数里有一个村庄叫阎庄，为第10师的前进基地。在阎庄南方2里，还有一个村庄叫大白水村。该村有坚固如城墙的土围，足以限制日军坦克的冲击，守军还可以用墙壁设置枪眼，利用墙脚挖成掩蔽部，减少日军炮空轰炸的危害。阵地前平坦开阔，日军的活动逃不出监视。而且，这里的房屋又像晋北大部分房屋一样，建筑极牢固，利用墙壁死角可以作纵深配置，构

晋北争锋 忻口会战

成众多支点。即使日军集中炮火猛轰，也难夷为平地。

当时，日军战车第4大队配属混成第15旅团作战。该大队原属独立混成第1旅团，在10月占领宁武后，配属给混成第15旅团，随后参加了原平镇的激战。但是，日军各级指挥官几乎都不了解坦克的运用，也没有步坦协同作战的经验，于是也就产生了"别具一格地"将坦克和步兵完全分开使用的部署。

在平地方面，按照日军的部署，堤支队沿公路西侧地区攻击前进；步兵第16联队则以第3（牧）大队为第一线，沿公路东侧地区攻击前进，各自击破当面的守军后，前出到大唐林北方的北云中河北岸。同时，由战车第4大队独力担任攻占阎庄的任务。

平地方面的中国守军为第10师第57团，该团有3个步兵营，1个82迫击炮连，连同团直属部队共2000余人，每营有3个步兵连，1个重机枪连，每个步兵连有9挺捷克式轻机枪，75支中正式步枪。每个重机枪连，有6挺马克沁重机枪，82迫击炮连有6门炮。也就是说，每个营的阵地上配备着27挺轻机枪，6挺重机枪，两门82迫击炮，250支步枪。另外，第1、2营还各有2门临时配属的德制37战防炮。

第57团的布防情况是这样的：第3营据守阎庄；第2营在大白水村的左翼，距该村约1500米处公路两侧的丘陵地带布防；第1营及团直属部队据守大白水村。另外，张世光第56团作为第28旅预备队，在大白水以南1里的小白水。

在高地方面，大泉支队则准备进攻盟腾村附近第85师阵地。

▲日军在炮火掩护下逼近守军阵地。

下午3时许，日军各部队一齐发起攻击。

牧大队以及堤支队在炮兵、航空兵火力的掩护下，沿公路两侧攻击前进。最初，这两支部队攻势迅猛，一口气前进了约2000米。其当面的中国守军为大白水西北左翼的第57团第2营，该营官兵英勇沉着，当日机轰炸扫射、炮兵集中射击的时候，他们尽量利用掩体以减少伤亡，待日军接近阵地时，即以轻重机枪集中火力进行扫射，同时投掷手榴弹。这样，日军接近到第2营阵地前沿二三百米时，就成了强弩之末，无法继续前进。

牧大队以及堤支队沿公路两侧进攻的时候，战车第4大队也在攻打阎庄。该大队的部署是以第2、3中队为第一线，第1、4中队为预备队（第5中队已配属给骑兵队）。

战车第4大队进攻之初，还算顺利。第2中队的10多辆89式中型坦克突破阎庄外围防线后，又向其中心阵地冲去。守军第3营营长王理直见日军坦克攻上来了，大声命令道："弟兄们，狗日的上来了，打啊！"许多中国士兵还是头一回看到坦克，不免有点心慌。他们发射的步机枪子弹打在坦克装甲上，"叮叮当当"的乱响。坦克却没有停下来，反而开得更快了。眼看日军就要突破防线，王理直又组织敢死队，用集束手榴弹炸坦克。可敢死队员还没靠近，转瞬间就被发现，89式中型坦克上的7.7毫米机枪向他们喷出一条条火舌，敢死队员悉数阵亡。接着，日军坦克又继续前进。部分守军沉不住气了，不免有些惊慌。可王理直依然意志坚定、士气旺盛，指挥部下沉着固守，并使出了最后的"杀手锏"。正当日军得意忘形的时候，突然"轰隆"一声巨响，冲在前面的一辆坦克爆炸起火了，一股黑色的浓烟冲上了天空。原来，第3营事前从村子里推来几辆牛车，放上炸药，绑上集束手榴弹，再经过伪装后放在日军坦克必经之路，当坦克一撞动牛车，手榴弹和炸药立即爆炸。不久，又有1辆坦克被炸毁了，大火冲天而起。因为村落中视野受限，后面的坦克见到前面的2辆坦克被毁，情况不明，不知道它们是触发了地雷，还是被战车防御炮打中了。当时，无论是第3中队装备的95式轻型坦克，还是第2中队装备的89式中型坦克，防护力都较弱。如果附近埋伏有中国的战车防御炮，可以轻易将其秒杀。而日军坦克又没有步兵跟随掩护，底气不足，被迫退回南庄头。日军到最后也不知道是什么"神奇武器"干掉了他们的坦克，他们把损失归结于"受到兰村附近敌人的猛烈炮击，尤其是反战车炮的射击"。

当晚，因大白水主阵地工事构筑就绪，而阎庄前进阵地过于突出徒然消耗兵力，第10师师长彭杰如遂将该地守军第57团第3营撤回大白水村，彻夜加强配备，赶筑工事。当时日军并未发觉阎庄守军已转移。

当日下午，大泉支队在高地方面的进攻也无进展。

13日下午，混成第15旅团攻击时将步兵、坦克分离使用，以致进攻受挫。当晚，篠原进行反思后，决定次日在现地组织步坦炮协同，以炮兵部队及战车第4大队之一部

晋北争锋 忻口会战

▲正在休整中的日军89式坦克及其乘员。

▲日军95式轻型坦克。

表 9-2 日军坦克性能表

	89 式甲型中型坦克	89 式乙型中型坦克	95 式轻型坦克
乘员	4 人	4 人	3 人
长度	4.3 米	5.75 米	4.38 米
宽度	2.15 米	2.18 米	2.07 米
高度	2.2 米	2.56 米	2.28 米
重量	12.7 吨	13.6 吨	7.4 吨
发动机	串联式 6 缸水冷汽油发动机	J3 型直列 6 缸风冷 4 冲程柴油机	直列 6 缸风冷式柴油机
功率	118 马力	120 马力	120 马力
最大速度	25 公里/小时	25 公里/小时	40 公里/小时
最大行程	140 公里	170 公里	250 公里
装甲	10-17 毫米	10-17 毫米	6-12 毫米
主要武器	1 门 90 式 57 毫米短管坦克炮	1 门 90 式 57 毫米短管坦克炮	1 门 94 式 37 毫米坦克炮
辅助武器	2 挺 91 式 6.5 毫米机枪	2 挺 7.7 毫米车载机枪	2 挺仿捷克造的 97 式 7.7 毫米重机枪

配合牧大队作战，一举突破守军阵地，前出到大唐林北方的北云中河一线。

13日晚至14日凌晨，牧大队在第2营阵地前沿二三百米的距离内，一直与守军对峙。14日早晨6时，日军野炮兵第2联队第4大队的8门100毫米榴弹炮以及野炮兵第5联队第1大队的12门75毫米野炮，又开始猛烈开火，炮声将大地震得微微发抖，大批炮弹尖啸着飞向第2营阵地，该阵地顿时陷入一片火海，守军被压得抬不起头来。

从上午10时30分开始，牧大队在10多辆89式中型坦克的掩护下，向第2营阵地发起进攻。在日军坦克进攻的路线上，第2营正好配备有德制37战防炮2门。当日军的坦克进入战防炮射程以内时，陈震营长命令战防炮开始射击，头两发没有打中，营长就命令说："再打不中，我杀你排长的头！"此时副排长着急了，一只手将炮手拉开炮位，亲自打，5发炮弹打毁敌坦克三四辆。这时日机发现了守军的战防炮阵地，十几架日机轮流轰炸，十几门大炮集中轰击，雨点似的飞机炸弹、炮弹，飞机上的机枪子弹，不过十几分钟，就把战防炮排阵地炸得血肉横飞，尘土漫天。战防炮排的官兵完全与阵地共存亡，无一幸存者。

当时，忻口守军装备的战车防御炮为德国莱茵金属Pak35/36型37毫米战防炮。该炮具有轮廓低矮、重量轻、运输变换阵地快

晋北争锋 | 忻口会战

捷、能够为少数人员操纵等特点。而且,在忻口战场上,日军的89式中型坦克的装甲厚度只有10至17毫米,该炮发射钨芯穿甲弹足以将其穿透。1935年至1937年,中国从德国购买了大量的Pak35/36型37毫米战防炮。1937年10月初,装备该炮的战车防御炮教导总队第3营随卫立煌的第14集团军由娘子关进入山西,随即开赴忻口前线。该营的24门战防炮,12门配属郝梦龄中央兵团,12门配属李默庵左翼兵团。

▲ 中国军队装备的Pak35/36型37毫米战防炮。

日军打掉了守军的战防炮,其坦克很快就闯入第2营阵地,横冲直撞地反复辗轧。恰好此时,大白水附近地区刮起强劲的北风,并卷起了大量的沙尘,第2营官兵被风沙吹得睁不开眼,以致火力不能充分发挥威力,因此在日军坦克的践踏、射击下毫无还手之力,损失惨重。第6连官兵几乎全被日军坦克碾埋于战壕内,只剩下上士班长杨少雄和七八个士兵,其余不伤即亡。陈震营长也战死了,营长职务即由营附张宗儒代理,继续率部奋勇杀敌。不久,张宗儒也负伤了。

日军牧大队在坦克的掩护下,于上午11时30分占领了第2营阵地的一角。正千钧一发之际,第10师师长彭杰如以第56团第1营和第57团第1营换防,抽出的第57团第1营附战车防御炮2门,自其阵地左翼出击,迂回敌后。而日军却毫无察觉。这样,第1营趁势从侧后方向日军射击。日军步兵在开阔地遭到突然袭击,被子弹扫得像割高粱秆般一排排地倒下去。几辆日军坦克也相继被战车防御炮击中,爆炸起火。残余的日军只得狼狈地退回原阵地。日军的此次进攻失败了,第2营阵地暂时稳定下来。而第2营因伤亡过重,把阵地移交给第1营后,退往后方阵地休整。

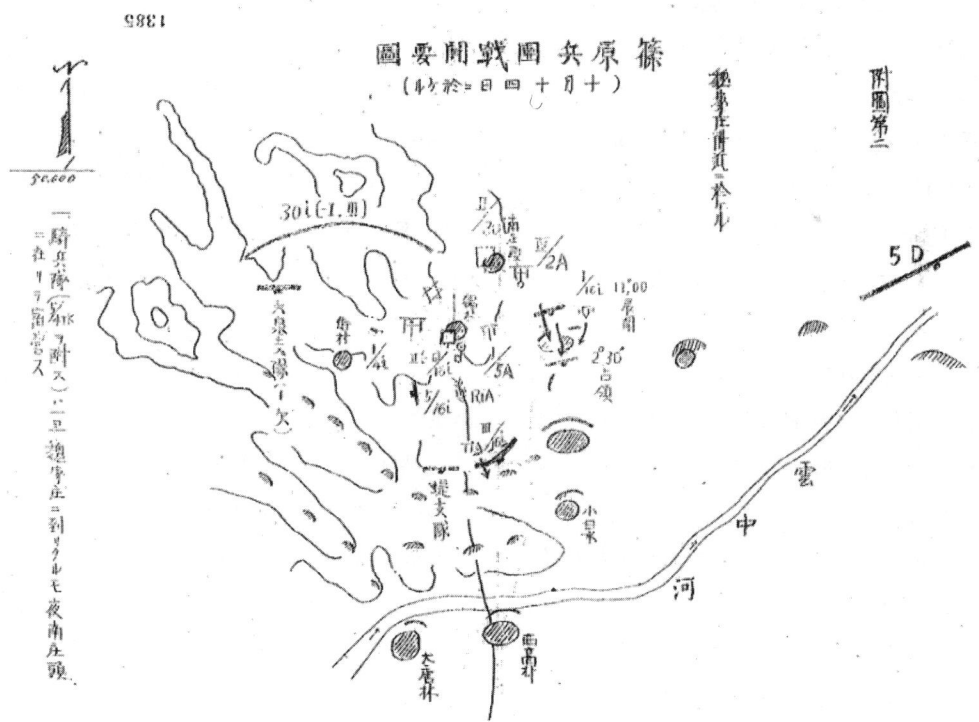

▲1937年10月14日日军混成第15旅团战斗要图。图上,30i(-Ⅱ、Ⅲ)表示步兵第30联队(欠2、3大队),1/4i表示步兵第4联队第1中队,5/16i表示步兵第16联队第5中队,Ⅲ/16i表示步兵第16联队第3大队,Ⅰ/5A表示野炮兵第5联队第1大队,Ⅳ/2A表示野炮兵第2联队第4大队,RiA表示联队炮,TiA表示速射炮。

晋北争锋 忻口会战

第1营接手阵地后，不满足于一味死守，频繁地发起反击，但在日军高度戒备的情况下，伤亡很大，却收效甚微。

当日中午时分，步兵第16联队发现，有中国兵从堤支队的右翼潜入牧大队的后方。联队长后藤十郎大佐为确保该大队和联队主力的联络，命令第5中队（附重机枪2挺）前出到魏家庄南方400米的地点。下午1时许，第5中队由小唐林方向北进，途中和2个连的中国兵遭遇，双方短暂交火后，中国兵丢下约10具尸体撤退。

15日早晨6时许，日军又发现，在牧大队阵地正面，有1个营的中国兵，正由西向东作横向行动，立即对其实施猛烈射击。硝烟散尽之后，日军看到了中国兵遗弃的约80具尸体。1个小时以后，又有约1个连的中国兵攻入牧大队第一线和大队本部的中间，日军当即对其发起反冲锋，中国兵抵挡不住，丢下约60具尸体撤退。

从当晚9时许开始，牧大队中第一线中队的正面也受到约2个连的中国兵攻击，双方一直对峙到16日凌晨3时。

另外，从16日凌晨3时许开始到拂晓，右第一线冢本中队正面也受到约2个连的中国兵袭击。该中队将其击退后，趁第1营攻击不得手被迫后撤，还来不及形成防御阵势时，发起反冲锋，一口气前进了约400米，冲入该营阵地。经过一番激烈的肉搏战，冢本中队夺取了部分阵地。团长刘明夏得知情况危急，立即命令营长张用斌率第2、8两连及战防炮2门自左翼出击。经2小时之激战，第8连自连长艾伯超以下100名伤亡殆尽，第2连也伤亡过半，终将冢本中队击退。据日方资料记载，冢本中队在此次战斗中，战死士兵1人，负伤士兵5人。

大白水村攻防战

14日上午，第83师一部到达大白水村附近，并向阎庄北方转入了攻势（下文将详述）。篠原看到这种状况，命左翼队（步兵第16联队）加紧攻击阎庄及大白水村。据此，步兵第16联队联队长后藤大佐又将第1（寺田）大队投入攻击。14日下午1时，第1大队在战车队的协同下，小心翼翼地进入阎庄，这才发现守军早已撤离，之后准备对大白水村进行攻击。

15日早晨6时许，寺田大队（即步兵第16联队第1大队，附第3机枪中队的半部、工兵1个小队，另外得到联队炮的半部、野炮兵第5联队第1大队、战车1个中队的配合）在阎庄南侧地区展开完毕，准备进攻大白水村东北地区的第56团第1营阵地。

上午7时30分，日军开始炮火准备，以野炮兵第5联队第1大队的12门野炮，向第1营阵地实施了约1个小时的集中轰击，一发发炮弹呼啸着飞向守军阵地，大白水附近完全笼罩在浓烟和尘土之中。

日军很不走运，直到其炮火准备结束，配合寺田大队的战车中队仍未到来。寺田大队长又等了几个钟头，仍然不见坦克的踪影，终于失去了耐性，决定由步兵独力发起进攻，遂于上午10时40分要求炮兵对守军阵地实施炮火压制。

后藤十郎

日本山形县人，1887年11月2日出生。1907年5月毕业于日本陆军军官学校第19期。1984年5月25日亡故。

1907年12月	授阶陆军步兵少尉
1934年3月	晋升步兵大佐，仙台联队区司令官
1935年12月	步兵第16联队联队长
1937年11月	晋升陆军少将，对马要塞司令官
1938年7月	步兵第132旅团旅团长
1940年3月	留守第4师团司令部附
1940年4月	待命，转预备役
1941年4月	召集，横浜联队区司令官
1945年3月	甲府地区司令官（直到二战结束）

中国抗战时期，他参与的侵略作战有察哈尔作战、内长城线作战、太原攻略战等。

上午11时左右，寺田大队在炮火的掩护下，突入第1营阵地，经过激烈的肉搏战，营长蔡智以下几乎全部殉国，寺田大队趁势占领大白水村东北角，并迫近到第57团指挥所附近。该团团长刘明夏刚升任第28旅旅长，看到情况如此危急，当即振臂高呼："弟兄们！本团为总理卫队，今日为吾人成功成仁之时，前进！"在他的鼓舞下，第57团新任团长魏人鉴率第7、第9两连于正面反击。同时副师长陈牧农亲率第56团第2、3两营自小白水之右翼出击，将攻入大白水村东北角的寺田大队反包围，接下来双方形成混战，枪声、炮声、手榴弹的爆炸声、官兵们的喊杀声，同冲锋号声交织在一起，响彻云霄。

第7连从村的南口冲进去。刚进村不远，就被打倒几人。这时只好从西半边爬墙上房前进。他们与日军遇墙必争，遇房必夺，遇院子必打，展开了激烈的村落争夺战。该连第4班一个上等兵，是徐州人，在攻占一个大院后，上了房，看见日军正在房檐下一侧架设重机枪，他3颗手榴弹一齐拉火掷下去，将机枪炸毁。

寺田大队虽名为大队，但其实际兵力仅相当于1个中队。经过数小时的激烈巷战，该大队招架不住了，于是退据村东北院落，继续负隅顽抗。此时双方伤亡均很大，且疲惫不堪，加上天快要黑了，遂停止了战斗，形成对峙。

当寺田大队占领了大白水村东北角以后，后藤大佐不知出于什么原因，竟向篠原报告说，已完全占领大白水村。篠原对此深信不疑,随后又向板垣报告了这个"喜讯"。而当晚他才得知寺田大队只不过占领了大白水村一角。自己给自己摆了一个大乌龙。

16日凌晨,配合寺田大队的日军战车中队终于赶来。上午8时,寺田大队在炮兵、装甲兵的配合下,再次组织兵力向大白水村西北角发起冲击。但第28旅官兵抱定与阵地共存亡之决心,进行了顽强抵抗,以步枪、机枪、手榴弹与其搏斗。寺田大队在第28旅的顽强阻击下,伤亡很大,于下午夺取大白水村西北角后,被迫停止进攻。

在15、16日的战斗中,第28旅伤亡很大,团长魏人鉴、中校团附胡夷负伤,营长蔡智阵亡,连长丁作唐以下共伤亡官兵千余名。团长缺由旅长刘明夏兼代。而据日军当时的战报,寺田大队在16日的战斗中,战死下士官1人,士兵2人;负伤石川大尉、熊谷中尉、波多江中尉以下54人。

10月17日上午8时,寺田大队又在炮兵、装甲兵的配合下,向第28旅阵地连续进犯,企图扩张战果。第28旅顽强抵抗,打退了日军的多次进攻。战车第3中队在配合寺田大队的战斗中,中队长林田贡大尉的座车于下午2时许在大白水村西北角附近被中国反坦克炮击中起火,当场烧毁,包括林田大尉在内2名乘员战死,还有1名乘员重伤。另据日军当时的战报,步兵第16联队当日战死2人,负伤25人。

10月18日上午9时,寺田大队又开始发起新的攻势。野炮兵第5联队第1大队为配合该大队的行动,从上午8时30分开始,对大白水村中央附近进行扰乱射击。双方从上午一直打到傍晚,但均无进展。

10月19日,终于轮到中国军队反击了。通过近几天的战斗,第28旅旅长刘明夏发现,日军在大白水村西北角扼守房屋,利用战车为活动堡垒,时常威胁该旅阵地,遂于凌晨1时派第57团第3营营长王理直抽选精锐,各持手榴弹、手枪,利用迫击炮掩护,奋勇攀登围墙房屋,纵火摧毁大白水村西北角之日军。但是,寺田大队早有准备,不但得到1个战车小队的配合,而且事先已要求炮兵在中国军队来袭之际,对其实施拦阻射击,同时也对大白水村进行扰乱射击。这样,第3营敢死队受到日军炮火和坦克的威胁,无法消灭隐蔽于坚固工事中的日军,被迫于凌晨1时50分退回原阵地。这次战斗中,王理直营长负重伤,遗职以机枪第3连连长张耀东升任。据日军当时的战报,日军仅负伤2人。

10月20日,大白水村附近较为沉寂。因为经过持续的激战,双方伤亡均重,无力再战,所以转入相持。

中国军队在高地方面转入反攻

前面说了平地方面的战斗,接下来说一下高地方面的战斗。自大白水村往西,过刘庄,便是卫村、盟腾村、水油沟、南峪等村落。这片地带,是云中山的东端,多为土梁、山冈,地势起伏,沟壑纵横。根据10月9日李默庵下达的作战命令,第85师陈铁部即推进到刘庄、盟腾村、南峪附近,构筑工事。陈铁以第255旅郝家骏部向前推进于井沟、杨庄、朱家寨一带，构筑预备阵地，以第253旅陈鸿达部两个团部署于盟腾村、南峪一线。各部于10月8日前全部到达指定位置，极力构筑工事。至11日14时许，各阵地工事准备就绪。这时，因原平镇战斗尚未结束，混成第15旅团不能及时进入进攻准备位置。于是，堤支队奉命先行对第255旅警戒阵地发起攻击。警戒部队击退日军之后，撤回主阵地，准备迎击日军的大规模进攻。

12日8时，日军对第85师主阵地盟腾村实施了约1小时的炮击。其后，堤支队（约五六百人）在11辆坦克掩护下，自卫家庄方向向第253旅阵地左翼发起攻击，该旅以炮兵连和防御战车炮迎头射击，击伤日军坦克4辆，其余坦克开始后退，日军步兵亦停止攻击。黄昏后，日军步兵约1个中队，附机关枪1个小队，由第85师阵地右侧之沙河侵入阵地后方袭扰。第253旅派预备队夹击，将其击退。

13日下午3时（中国方面认为是下午5时），日军大泉支队（约五六百人）向第253旅发动进攻，被该旅击退。

正好此时，第二战区前敌指挥部（以下简称前指）决定各作战地区派部对日军实施攻击。卫立煌将军以电话指示左翼兵团长李默庵中将："第14军应自左翼刘庄、南峪方面，向阎庄、卫家庄、1482高地之线之敌攻击，前出到楼板寨之线。"

李默庵根据前指的上述命令，经研究后，于当晚7时通报了前指的命令，并对左翼地区作战下达如下命令：

（一）以第10师仍固守秦家庄、大白水之线，并推进警戒阵地于兰村、阎庄之线。

（二）第83师到刘庄附近集结，尔后向卫村、卫家庄、南庄头方面之敌攻击，进出永兴村、北大常之线。

（三）第85师将现阵地守备任务交替于第71师（限24小时交替完毕），后派有力之一旅自盟腾村、南峪之线向水油沟、麻巷村附近高地线之敌攻击。行进出1482高地东西之线，尔后进出于观上村、楼板寨之线，其余为军预备队仍位置于沙凹附近。

第71师系阎锡山的晋绥军，预备第2军军长郭宗汾兼任该师师长。郭宗汾曾任阎锡山的参谋长，是位老将。平型关战役中，该师伤亡很重，后撤至崞县、原平，以掩护大军在忻口集结。忻口战役部署完毕后，该师奉阎锡山之命归左翼兵团指挥，遂于13日抵奇村集结。当晚，该师接到上述命令后，即分头行动，接替在盟腾一带的第85师阵地。

陈铁的第85师官兵大多数是贵州健儿。该师辖第253旅（旅长陈鸿达）和第255旅（旅长郝家骏）。第253旅将阵地移交给第71师后，改任攻击部队。14日拂晓，该旅将阵地移交完毕。

6时许，该旅以第506团糜藕池团（欠第1营）为右侧第一线攻击部队，以第505团（两个营）为左侧第一线攻击部队，在阵地线前方沟地展开，向水油沟、麻港村之线攻击，先前出到1482高地之线。至8时，两个团大致展开完毕，随即发起攻击，其当面的

晋北争锋 忻口会战

日军为大泉支队。

第506团以步兵2个连驱逐日军警戒部队后，即以2、3营向水油沟高地攻击。日军工事位置十分隐蔽，又以侧方火力控制各条道路。该团沿梯形台地逐段进攻，进展困难，至傍晚才占领水油沟北侧庙宇一带高地。

第505团先以第2营向南峪东北高地攻击，驱逐日军之警戒部队；再以第1营向麻港村之日军攻击；以第3营为预备队控制于左翼。麻港村及其西侧高地之日军约有1个步兵中队，另有重机枪2挺，迫击炮2门。第2营受其侧射，前进受阻。第1营起初进展顺利，占领日军阵地之一角。可是日军趁第1营立足未稳，很快就发起凶猛的反扑。第1营没想到日军这么快便杀了个"回马枪"，被打了一个措手不及，被迫放弃了阵地。随后，该营又在6门迫击炮的火力掩护下，再次发起进攻，到傍晚确实占领麻港村西侧高地。

步兵第30联队主力增加到高地方面

14日上午，在中国第85师的强大攻势下，日军大泉支队伤亡很大，不得不请求篠原旅团长派兵增援。篠原得知情况后，决定将预备队步兵第30联队主力（欠第2、3大队）增加到高地方面，再由步兵第30联队联队长猪鹿仓大佐一并指挥大泉支队，进攻刘庄村东南方高地的中国守军，据此于上午8时下达了篠作命甲第145号命令。

猪鹿仓接到命令后，不敢怠慢，立即和第1大队长一起，到南庄头东南方高地侦察敌情、地形。

再说中国军队方面，第83师刘戡部于12

猪鹿仓彻郎

日本鹿儿岛县人，1886年8月30日出生，1907年毕业于日本陆军军官学校第19期，1970年2月26日亡故。

1907年12月26日　授阶陆军步兵少尉

1930年8月1日　晋升陆军步兵中佐

1935年8月1日　晋升陆军步兵大佐，大村联队区司令官

1937年8月2日　步兵第30联队联队长

1938年7月15日　晋升陆军少将，留守第6师团司令部附

1939年8月1日　待命

1939年9月3日　转预备役

1941年4月10日　新潟联队区司令官（直到1942年12月1日）

中国抗战时期，他参与的侵略作战有察哈尔作战、内长城线作战、太原攻略战。

第九章 左右翼地区的战斗（上）

日晚赶到忻县西北南高村一带集结。13日，鉴于大白水方面的第10师与日军激战，李默庵命第83师1个团（第249旅第497团梅展翼部）增援第57团。14日早晨，第83师又奉命派第249旅第498团、第247旅第494团附炮兵营于盟腾村东侧南北高地之线展开，向南庄头方向攻击前进。

就在步兵第30联队准备增援大泉支队期间，中国第494、498两个团已开始从刘庄北上，兵分两路向南坡头方向开进。野炮兵第2联队观察到第83师的行动后，立即向篠原报告："敌步兵约1个团正向白水村东侧地区北进，另外还有1个团正从大唐林方向增加到敌人的左翼。"

篠原担心中国军队在平地方面也发起攻势，于是命令正准备增援大泉支队的步兵第30联队主力延迟出发，继续留在南庄头待命。

上午10时，约500名中国兵从阎庄及兰村向南庄头方向发起反击。猪鹿仓为对付这支中国部队，作出如下部署：

（一）第1大队（欠第2中队的1个小队）为右第一线，展开于南庄头东南侧；第2大队（当时作为旅团预备队也在南庄头）为左第一线，联系右大队，在其左展开。击退各自当面的逆袭部队。

（二）第2中队的1个小队及联队炮、速射炮作为预备队，在本部位置。

但是，步兵第30联队主力还没开始行动，这支中国部队就被日军炮兵的密集拦阻射击所击退。随后，该联队主力在南庄头集结待命。这期间，猪鹿仓就如何增援大泉支队进行了研究。正午刚过，他即向篠原呈报以下意见（概要）：

（步兵第30）联队沿南庄头－北大常－北庄头－刘庄村东南方高地前进，攻击该高地附近的敌阵地左侧背。午后1时完成出发准备，等配属山炮一到，即开始行动。

此时，预定配属步兵第30联队的山炮兵中队正受到中国军队的攻击，难以脱离战斗。但是，因大泉支队不断告急，篠原急得像刀割火燎似的，一刻也等不下去了，便于下午3时对步兵第30联队下达了如下命令：

大泉支队当面之敌正向其右翼急速增加兵力，贵队不必等待山炮兵中队的到来，立即出发，而且尽量取捷径前进。

步兵第30联队（欠第2、3大队、联队炮和速射炮）受领任务后，于下午2时30分从南庄头出发，取捷径向刘庄村东南方高地前进，于下午4时30分到达水油湾。此时，大泉部队正在该地东北方高地和中国第506团进行战斗。猪鹿仓当即派去联络军官，以了解大泉支队的具体状况。日落时分，步兵第30联队决定，"彻夜维持当前的态势"。

当日下午，中国第83师一部开始进攻1482高地（日军称为魏家庄西方高地）上的日军山炮兵阵地。1482高地为日军要点，中国军队若占领该高地，就能切断混成第15旅团左翼部队（大泉支队和步兵第30联队主力）和其他部队之间的联系。日军也将失去一个良好的炮兵观测所。

此时，日军在该高地配置的步兵兵力非常薄弱，仅有步兵第4联队第1中队的1个小队，专门担任山炮兵阵地的掩护任务。篠原得知中国军队进攻该高地后，这才如梦方醒，立即派出在魏家庄的步兵第16联队第7中队、在南庄头的步兵第30联队第6中队前去增援，击退了中国军队的进攻。随后，这两个中队和原先的掩护小队一起确保1482高地，并担任山炮兵阵地的掩护任务。这三支部队最初由中村副官指挥，然后由步兵第16联队联队附浅井大尉率领，接着又由大泉支队的渡边大尉领导。

当晚，第253旅也发现1482高地的重要性，"若攻占之，则敌全阵地瓦解"，遂令第505团派第3营由山道迂回该山阵地侧背。第3营于15日晨5时出发，将近天亮的时候，渐渐逼近该山。该山在14日就受到过袭击，日军已加强了戒备，并增加了兵力（当时该山的守备日军为步兵第4联队第1中队的1个小队、步兵第16联队第7中队、步兵第30联队第6中队及机枪1个小队）。而第3营因地形不利，兵力难以展开，只能上去一个连，结果很快就被击退。

14日晚，中国第253旅不断以小部队对步兵第30联队第1大队进行袭扰和进攻。而该联队的炮兵部队还未赶来，在火力、兵力上均处劣势，处于被动挨打的境地。鉴于这种情况，猪鹿仓决定，等配属的山炮兵一到，立即发起进攻。

当晚10时，该联队的联队炮中队及速射炮中队，在增成大尉的指挥下，从南庄头出发，向水油湾前进，途中经过卫村附近时，有约200名中国兵突然冲出来，迫近到近距离实施射击。这两个中队拼死抵抗，终于杀开一条血路，于15日凌晨2时30分顺利到达水油湾。同日下午3时30分，山炮兵中队也到达水油湾。

15日早晨，猪鹿仓命联队炮及速射炮中队做好必要的侦察和准备后，在水油湾南方高地占领阵地，准备随时射击。山炮兵中队赶到水油湾后，也奉命在刘庄村东北方高地占领阵地，准备协力第1大队的攻击。

第1大队在炮火的掩护下，举全力向中国第505、506两团间隙猛烈反攻。恰好此时，第253旅正面部队也正在进攻水油沟西侧、麻港村东南侧之日军阵地。旅长陈鸿达见日军反扑过来，立即将该旅预备队投入战斗，由第509团地境出击；同时以第506团之第3营向日军侧击。战至下午5时，第1大队支持不住了，退入原阵地，依托附近小山之据点工事顽强抵抗。第253旅攻击部队趁势仰攻第1大队阵地，企图予以压迫歼灭。但是，该大队据守的丛山台地，多属绝壁，攀登不易。日军在附近山谷凹地中配备的重机关枪以及卫村西北高地之日军炮兵也不时侧击第253旅。在日军大炮、机枪的交织火网下，该旅伤亡600余人，被迫停止了进攻。

当晚，双方暂时停止了战斗，各自进行必要的休整。

第九章 左右翼地区的战斗（上）

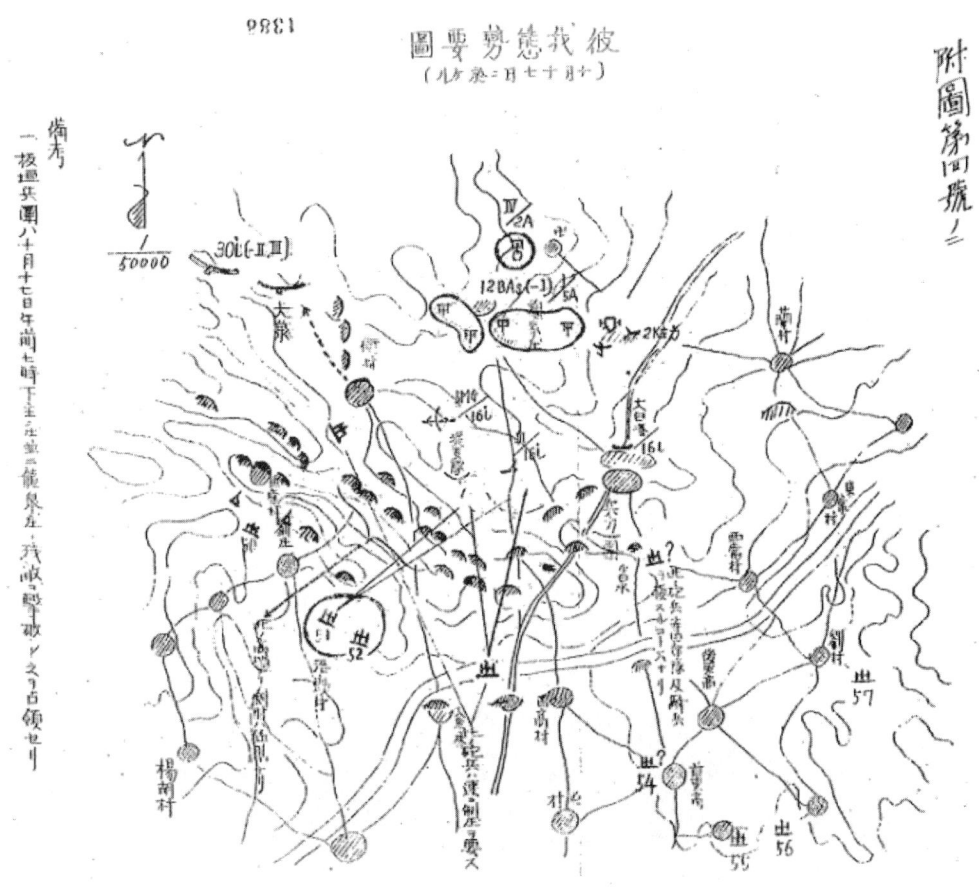

▲日军所绘1937年10月17日左翼地区双方态势图。

左翼地区中国军队战斗序列

总指挥第14军军长李默庵

第14军军长李默庵

　第10师师长彭杰如

　　第28旅旅长陈牧农

　　　第56团团长张世光

　　　第57团团长刘明夏

　　第30旅旅长谷乐军

　　　第58团团长刘建修

晋北争锋 | 忻口会战

第59团团长王声溢
（该师10月13日参加左翼地区作战）
第83师师长 刘戡
　第247旅旅长凌光亚
　　第493团团长李纪云
　　第494团团长李奇亨
　第249旅旅长余锦源
　　第497团团长梅展翼
　　第498团团长谢政
（该师10月14日参加左翼地区作战）
第85师师长陈铁
　第252旅旅长陈鸿达
　　第505团团长谷熹
　　第506团团长糜藕池
　第255旅旅长郝家骏
　　第509团团长沈向奎
　　第510团团长石鸣珂
（该师10月13日参加左翼地区作战，但于10月21日晚调中央地区作战）
第71师师长郭宗汾（兼任预备第2军军长）
　第202旅旅长陈光斗
　　第403团团长赵赓庆
　　第404团团长商得功
　　新编第4团团长尚学勤
　第214旅旅长赵晋
　　第428团团长王荣爵
　　第431团团长王恩灏
　　新编第7团团长王绍武
（该师10月13日晚参加左翼地区作战）
第68师师长 孟宪吉
　第622团团长金宝鎏
　第623团团长郎春生

第624团团长徐学问

（该师10月15日晚参加左翼地区作战）

第94师师长朱怀冰

第280旅旅长陈希平

第559团团长潘笑清

第561团团长李建平

第282旅旅长潘春霆

第563团团长朱毅先

第564团团长董绍周

（该师于10月29日参加左翼地区作战）

独立第7旅旅长马延守

第619团团长阎应禧

第620团团长郭景云

第621团团长吉文尉

（该旅10月25日参加左翼地区作战）

配属部队：
炮兵第5团（团部、第2营）团长史宏熹
炮兵第27团团长张映启
第2师山炮营营长赵纪三
战车防御炮2个连

日军右翼队战斗序列

混成第15旅团　　　　旅团长篠原诚一郎少将
　步兵第16联队　　　联队长后藤十郎大佐
　步兵第30联队（欠第3大队）　联队长猪鹿仓彻郎大佐
　骑兵第2联队（欠第1中队及第2队的1个小队）
　野炮兵第2联队（欠第1、2、3大队）
　工兵第2联队（欠第1中队）
　辎重兵中队

晋北争锋 忻口会战

第2师团通信队
关东军第2卫生班
给水班
（配属部队）独立山炮兵第12联队
（配属部队）野炮兵第5联队第1大队
（配属部队）战车第4大队

第十章　左右翼地区的战斗（下）

进攻方向之争

10月20日以后，中日两军在左翼地区进入了相持期。当时，混成第15旅团大致已前出到从水油湾西侧高地，经卫村北侧高地、魏家庄南侧，至大白水东北角一线，正与守备盟腾村西北方高地、该地东南方高地亘大白水、小白水附近阵地的中国第71师、第83师、第10师相对峙。该旅团经过连续的战斗，伤亡很大，战斗力大为减退，其各步兵中队平均不过四五十人。寺田大队（步兵第16联队第1大队）还剩下174人（其中大队本部19人，第1中队28人，第2中队29人，第3中队29人，第1机枪中队50人，大队炮19人），已缩编成1个中队（正在大白水村与守军对峙）和1个小队（负责守备阎庄）。另外，左翼地区的地形对日军的进攻也非常不利，尤其是盟腾村附近，随处可见的地裂沟、断崖，给日军的行动带来很大阻碍。但10月21日，混成第15旅团旅团长篠原少将获悉，近期将有约1000名补充员到达战场。这样，他又有了底气，准备在部队获得补充之后，重新展开攻势。

篠原根据各方综合的情报，得知他所面对的中国守军人数虽多，但却分布在一条漫长且不连续的阵地线上。因此，篠原决定出其不意地突破一点，再扩张战果。他打定注意后，就通知下属的各部队长于次日上午10时在山炮兵联队观测所开会，以研究下一步的作战方略。

10月22日上午，碰巧板垣抵达山炮兵联队观测所巡视，于是混成第15旅团变更了预定的安排。下午2时，篠原召集下属的各部队长到魏家庄西方高地上的山炮兵联队观测所开会，主要研究下一步的攻击方向。

会上，大部分人的意见是以旅团主力从高地方面迂回攻击。只有堤大佐坚持由平地方面实施中央突破。他的理由是，高地方面地形险峻，难以展开过多的兵力。而且，还容易使主力与其余部队隔绝，对尔后的补给也将造成困难。

由于会上各抒己见，难以形成一致意见。篠原决定次日派遣原田参谋前往第一线，详细侦察地形，待其返回之后再作决定。

10月23日上午，原田参谋在田中工兵大尉、荻原炮兵少尉的陪同下，先到步兵第30

联队及大泉支队正面察看地形。接着，他又抵达牧大队及堤支队的阵地，并就地对侦察结果进行分析研究。

经过分析，原田认为："敌人在平地方面已有所准备，我军向其实施攻击，定会受到很大损失，还容易受到左右两侧之敌的侧射、背射。而且，敌人从高地方面瞰制我军，万一我军攻击顿挫，还有被敌人包围之虞。再加上以我军目前兵力寡少的现状，突破乏力，即使中央突破能取得成功，也不容易扩张战果，反倒使全盘态势趋于不利。另外，地形也对我不利，梯田、斜面较多，运动困难。反之，从高地方面攻击，出乎敌人预料之外，可收到奇袭的效果，从而减少损失。虽然附近的地形险峻，且地裂沟很多，但如果利用死角向敌作近接运动，就可减少损失。而且，从高地方面一旦取得突破，还可包围敌人的侧翼，对我全盘的态势绝无不利之处。"这样，原田参谋认可了从高地方面进行攻击的方案，并将其意见上报给了篠原，篠原二话没说就将这一方案作为了指导该旅团下一步作战的方略。

按照篠原原来的设想，该旅团定于25日发起进攻。但原田参谋尚在归途中，负责和第5师团司令部联络的椛大尉就先一步回到旅团指挥部，带来"板垣兵团方面（第5师团）决定在萱岛支队到来后，于24日开始全线攻击"的通报。因此，篠原决定策应第5师团，改为24日发起进攻，据此于23日中午下达篠作命甲第153号命令。随后，新的作战计划通知到了该旅团各部。新的作战计划包括以下六个方面的内容：

（一）使用兵力

步兵第30联队（欠3大队，附大泉支队、堤支队）为旅团右翼队，同时作为主攻部队，由猪鹿仓大佐担任右翼队长，指挥4个步兵大队；步兵第16联队主力为旅团左翼队，同时作为助攻部队，由后藤大佐担任左翼队长，指挥1个步兵大队和1个步兵中队；步兵第16联队1个大队（欠1个中队）为旅团预备队。

（二）右翼方面敌线突破路的选定

敌兵在兵力上占有优势，因此如果我军全线攻击的话，攻击正面就会过宽，从而陷于兵力分散的境地。因此有必要集中兵力，对某地点实施重点进攻。（原田参谋为此到第一线同猪鹿仓大佐研究这种方案。依据研究结果，将右翼方面敌线突破路限定为南峪附近的谷地以南地区。实际攻击的地点经观测不适当。）

（三）炮兵的用法

将炮兵主力使用于右翼（高地）方面。但有必要将野炮兵大队使用于平地方面。据此要求以野炮兵大队的一部布置在魏家庄西方高地上。即以炮兵主力射击高地方面，以野炮2个中队射击平地方面，十榴大队则负责全盘任务。

（四）堤支队的使用

23日利用暗夜转用兵力，使用其在右翼的高地方面。24日暂时不使用于右翼第一线。在最初的攻击中作为第二线部队由步兵第30联队长指挥，集结于右翼队的后方，随着右翼队第一线的攻击进展，利用其突破口突进，扩张战果。

（五）左翼大队的配合

右翼队发起进攻时，牧大队以自动武器、联队炮等射击敌人侧背。

牧大队在24日拂晓以前夺取卫村北侧高地后，至少在此地配置步兵1个中队、机关枪1个小队，担任直接掩护射击，并牵制该方面的敌人，使右翼队容易攻击。

（六）战车的用法

在地形容许的情况下，尽量使用于兵团主力（高地）方面。但在地形不容许的情况下，依然使用于平地方面，编入左翼队长的指挥下。

日军混成第15旅团各部接到作战计划后，迅速展开了行动前的准备工作。

10月24日的战斗

16日以后，日军步兵第30联队（联队长猪鹿仓大佐，欠第2、3大队，配属伊藤支队）的进攻没有大的进展。但这期间，该联队并没有闲着，积极地准备着尔后的攻击。他们不但加紧赶制攀登断崖用的梯子，还对守军阵地进行了详细侦察，并根据侦察结果，把守军据守的那些高地分别取了名字，像"口"、"八"、"イ"、"へ"、"二"等，作为暂时使用的高地代号。

23日下午2时，步兵第30联队接到了篠原下达的篠作命甲第153号命令。据此，该联队作为混成第15旅团的右翼队，担任主攻任务。此前，篠原为增强主攻部队的实力，

▲日军南庄头附近战斗经过要图（1937年10月24日至11月3日）。

晋北争锋 忻口会战

将旅团预备队步兵第30联队第2大队复归猪鹿仓指挥，并从步兵第16联队中抽出1个大队（欠1个中队）充当新的旅团预备队。这样，猪鹿仓就掌握了3个步兵大队的兵力。

24日早晨6时，步兵第30联队的第一线部队展开完毕。右翼的第1大队以第1中队作为第一线。中间位置的第2大队（欠1个小队，配属重机枪1个小队）以第5中队作为右第一线；第7中队作为左第一线；第5中队的1个小队及工兵小队作为预备队，跟随在第7中队的后方行进；机枪中队（欠2个小队）在北云中河北岸某山丘附近占领阵地，主要配合第7中队的突击；步兵炮小队在机枪的右侧占领阵地，对"イ"、"ヘ"、"ニ"附近出现的守军侧防火力进行射击，协力第一线中队的攻击；第6中队及机枪1个小队作为联队的预备队。左翼则是严重减员的伊藤支队（即原来的大泉支队）。

步兵第30联队当面的中国守军为晋绥军第71师第214旅。该旅于10月13日晚接收了第85师盟腾村、南峪附近的阵地。该旅第431团布防于最左翼的南峪东南方高地带，第428团布防于盟腾村附近阵地。

上午8时20分，日军的炮火准备开始了，一排又一排山炮、野炮、榴弹炮弹掠过高空如急雨般轰向第214旅阵地，打得泥土、岩石飞迸，硝烟弥漫。这样足足轰击了2个小时。这期间，步兵第1、5、7中队分别向各自的突击准备位置前进，并于10时30分左右到达指定位置，完成突击准备。另外，该联队左翼的伊藤支队也于10时4分到达指定地点。

上午11时30分，日军炮兵又开始实施第1次"突击支援射击"（即炮火压制），持续3分钟之后隔了5分钟，又实施了第2次"突击支援射击"（还是持续3分钟），其重点在第1大队正面，炮火压得守军抬不起头来。

炮火刚停，日军步兵就利用炮击效果，兵分四路向第71师阵地发起进攻。

步兵第1大队第1中队由水油沟西侧隐蔽地向第431团王恩灏部南峪以右之前进阵地发起进攻。在日军猛烈炮火轰击下，固守该阵地的2个连官兵伤亡殆尽，阵地亦为炮火轰平。第1中队趁势突入阵地，于上午11时55分占领该地（日军称为"イ"高地）。

步兵第2大队第5中队向第431团左翼前进阵地攻击，仅用很短的时间便占领"ロ"高地。接着，该中队又依托此山头，于上午11时10分夺取"ヘ"高地。此时受到来自"ホ"高地的守军机枪斜射，该中队遂以大岛分队进攻该高地，占领其高地一角。第431团趁日军立足未稳，不断发动反击，手榴弹像雨点般投向日军。但第5中队死战不退，随后双方形成对峙状态。

该大队第7中队由第431团正面发动攻击，开始还顺利，以猛烈攻势占领阵地前面的一个山头（日军称为"ハ"高地），守军1个排全部殉国。但他们正准备继续往前深入时，却被来自"ト"、"チ"、"リ"等守军第二线阵地的稠密火力压住，只好就地利用地形挖掘掩体，暂时采取守势。

第2大队在第一线中队夺取"ロ"、"ハ"高地后，将步兵炮小队将阵地移到

"口"高地附近,主要协力第5中队的战斗。机枪中队将阵地变换为"八"高地,主要协力第7中队的战斗。

伊藤支队由卫村北方高地向第428团王荣爵部阵地攻击,很快夺取"二"高地。虽然第214旅自盟腾村组织奋勇队出击,但未能将日军击退,双方也形成对峙状态。

随后,步兵第30联队的第一线部队就地构筑工事,以确保占领地点,并准备尔后的攻击。

篠原获悉右翼队第一线大队均顺利夺取各自当面的守军阵地之后,又得知小田、春日两大尉带领约200名补充员已抵达战场附近。于是,他决心趁此良机,借助奇袭的效果,进一步扩张战果,不给守军增强工事的时间。为此,篠原决定当晚继续进行攻击,遂于下午4时下达篠作命甲第154号命令。该命令特别强调,当右翼队继续攻击时,要留一部分人马确保现阵地。这是因为,在守军兵力占优势的情况下,如果日军放弃占领的高地,全部向前方前进,守军便会趁机夺回日军放弃的高地,使日军陷入包围。

随后,篠原为扩张战果,开始酝酿将堤支队增加到第一线,由右翼队的右翼投入战斗,再利用右翼队打开的突破口,攻击王庄村东方高地之守军,前出到大唐林西北方地区。但与右翼队相比,堤支队较难得到日军主力炮兵的协力,因此篠原认为应将原来配属猪鹿仓的独立山炮兵第1中队(缺1个小队)配属堤支队。

当晚,第71师为阻止日军夜袭,全线进行猛烈射击。而步兵第30联队经过了白天的战斗,较为疲劳,并没有发起进攻。第2大队方面,占领"ホ"高地的大岛分队乘黑夜,与第3中队的1个分队换防,复归第5中队主力。

10月25日的战斗

25日早晨,日军步兵第30联队第一线各大队展开完毕。从上午8时30分开始,日军主力炮兵(旅团长直接指挥的炮兵)又进行了2个小时的炮火准备。在日军猛烈炮火轰击下,第431团2个连的干部全部殉职,士兵在无人指挥的情况下,自发奋勇,坚持与日军苦战。

日军主力炮兵的炮火准备之后,猪鹿仓担心守军火力点未被完全摧毁,继续以配属山炮兵及联队炮、大队炮、速射炮压制守军的残存火力,掩护其步兵前进。但是,有的地方炮弹始终打不到,因此守军并没有停止射击。日军第一线步兵凭借地形地物的掩护隐蔽前进,逐渐迫近第214旅阵地,到正午时分,日军最前沿的第1大队第2中队与该旅阵地仅余百余米。猪鹿仓看到这个情况,立即要求主力炮兵策应该中队,对其正面的守军阵地实施火力压制。第2中队在炮火掩护下,趁势于中午12时37分占领"枯松高地西方的高地"。

接着,日军主力炮兵又向其左方的第428团阵地(日军称为"枯松高地",位于盟腾村北方约1000米处)实施猛烈轰击。该团阵地被轰平,守军士兵多被尘土迷目,步兵第30联队的左翼伊藤支队趁势发起进攻,在浓烟灰土中突入阵地。经过激烈的肉搏战，守军官兵十之七八壮烈牺牲，日军遂于下午1时5分夺取该高地。

随后，第2大队联系伊藤支队开始攻击前进，附近地形对其极为不利，有很多10多米的断崖。但是该大队凭借此前赶制的若干部梯子，终于克服了地形的阻碍，于下午6时夺取了"チ"、"リ"高地，随后又受到守军第三道阵地"ワ"、"カ"、"ヨ"、"タ"、"レ"高地上机枪火力的拦阻射击，尤其是"ワ"高地的守军侧射非常激烈，顽强地阻击日军前进。这样，该大队在工兵的援助下，在刚占领的阵地上构筑工事，以防备守军的反击。此时，第1大队又占领庄王村西南方的高地。至此，第71师的第一线阵地完全落入日军手中。

24日、25日，日军连续两日攻击第71师阵地，该师受创较重，盟腾村一线阵地出现危机。于是，李默庵于10月25日下午下达作战命令：

（一）以第83师一部占领大白水（不含）亘盟腾村（含）之线。主力控制于刘庄、杨庄、井沟、杨胡村一带地区，策应右翼第10师、左侧第71师之作战。惟本（25）日应联系第71师将侵入盟腾村前方前进阵地之敌一举围歼。

（二）以第71师附独立第7旅（马延守部）以主力固守盟腾村（不含）亘南峪之线。保持重点于中央，迅即与第83师协力驱逐当面之敌。以一小部派遣于麻港村附近，确保于该要点。

根据此命令，第71师第202旅（附第431团及炮兵第23团2营）将原阵地移交给第83师，然后接替第214旅盟腾村（不含）亘南峪之线阵地。

第83师以第498、494、493等3个团及1个炮兵营接替第202旅阵地，加紧构筑工事。

独立第7旅以主力控置于白家梁及其东南地区，并占领1482高地，联系第202旅左翼，策应该旅驱逐当面之敌。另以一部相机由麻港村、水油沟以北地区进击敌之侧背。

第71师第214旅（欠第431团）将阵地交第202旅后，以主力控置于杨庄，作为预备队。

当夜，第83师、第71师分派小部队，向当面之敌实施夜袭。

10月26日的战斗

26日黎明，日军步兵第30联队又向第83师左翼及第71师第202旅阵地正面实施猛攻。这时，守军已及时调整了部署，各师阵地缩短，兵力加强，但日军在炮火掩护下实施强攻，仍突破了部分阵地。守军也毫不示弱，奋起反击，以血肉之躯英勇抵抗。

第202旅阵地激战犹甚。该旅前进阵地南峪高地山角处，有一斜向山顶（日军称为"盟腾村北侧高地"）。尽管该地地形险峻，但猪鹿仓认为这里是守军左翼的主要支撑点，决定将主要的兵力、火力投入到该地。

上午8时30分，日军炮兵开始炮火准备。步兵第30联队左第一线伊藤支队利用守军火力中断的间隙，向其做近接运动。但是，当其接近到守军阵地前沿时，守军突然又恢复了射击，迫使日军停止前进。

与此同时，该联队中第一线的第2大队也遭到其前方的"ヨ"、"タ"、"レ"高地守军的火力拦阻。因为守军将轻重机枪隐蔽在掩体内实施射击，日军仅用步机枪难以压制。大队长长泽少佐遂命令步兵炮小队破坏"タ"、"レ"高地附近的射击孔；速射炮中队破坏"カ"、"ヨ"、"タ"高地附近的射击孔，但因守军的工事坚固，射击效果不佳，第2大队的进攻受阻。这期间，不断有迫击炮弹从盟腾村附近飞来，还有山炮弹从大唐林方向飞来，频频落在第2大队阵地上，造成了不小的损失。该大队随即在工兵的配合下，就地构筑工事，以减少伤亡。

下午1时30分，猪鹿仓考虑到伊藤支队的伤亡较大，而仅以配属山炮兵实施突击支援射击，并不能压制其当面的守军，于是将联队炮中队、速射炮中队也加入炮击队列，以便为伊藤支队创造突击机会。下午2时，猪鹿仓再次要求配属山炮兵实施突击支援射击。待3分钟的集中射击完毕，伊藤支队遂利用地形，开始向"レ"、"ソ"高地进行突击。这期间，第2大队也以第7中队、机枪中队和步兵炮小队的全部火力射击"レ"高地的守军，配合伊藤支队的攻击。守军第202旅依托坚固的防御工事顽强抵抗，伊藤支队经过激烈的白刃格斗，占领了部分阵地。李默庵闻讯后，深感此高地失守，全线阵地必受威胁，于是勉励该旅坚守，同时将驻扎在白家梁以北地区的独立第7旅归第71师指挥。第71师得到独立第7旅的增援后，就命令该旅第621团吉文蔚3个营跑步火速增援，终于抵挡住了日军的攻击。随后，双方在数十米的距离内相对峙。

10月27、28日的战斗

27日，自拂晓起，日军伊藤支队又在炮火掩护下发起猛攻，企图完全占领"盟腾村北侧高地"。而中国守军根据连日战斗之经验，已能灵活应付。当敌炮击时，则伏于工事内，待敌步兵前进时，则多以手榴弹应战。此时日军炮兵的弹药即将告罄，火力大为减弱。这样，尽管伊藤支队的伤亡不断增加，但始终无法取得进展。

篠原见此情况，又将堤支队编入猪鹿仓的指挥下。下午2时，堤支队在第2大队的掩护射击之下，与伊藤支队相呼应，对盟腾村北侧高地发起进攻。中国守军并没有被日军的嚣张气焰所吓倒，第202旅顽强坚守正面阵地，独立第7旅第621团之一部则经麻港村向南出击，拊敌之背。当堤支队的突击部队散开队形，向第202旅阵地接近时，忽然从北方射来密集的子弹，虽然日军官兵反应很快，立即卧倒，但仍有一些人躲闪不及，被子弹撂倒在地。堤支队长眼见着部下一个接一个地倒下，认为一时难以达成企图，遂命令突击部队退回到本方斜面，以图后策。

当晚，猪鹿仓为打开局面，决定将第2

晋北争锋 忻口会战

▲忻口战役中,中国守军阻击日军的进攻。

大队也转用于伊藤支队方面,于是命令该大队集结于"枯松西方高地"附近。

第2大队奉命后,除以古垣小队(包括重机枪1个小队)留守"チ"高地以外,其余部队于28日早晨5时30分从"リ"高地出发,半小时后相继到达指定地点集结。

本来第2大队预定从上午8时开始攻击,但日军炮火对于平地方面守军的山炮、机枪侧射火力,无法形成有效的火力压制,这样该大队不敢贸然发起进攻,只得留在原阵地等待时机。

第2大队长长泽少佐鉴于这种情况,先派出高见泽少尉及渡边准尉前去侦察前方的敌情、地形,尤其是要探明和伊藤支队相通的路径;接着又于上午11时派出西野少尉及山本军曹去跟伊藤支队联络。下午1时30分,两人完成任务后返回,并报告了前方的敌情以及友军状况。

长泽基于侦察员的报告,认为在右翼方面由"ヲ"高地方向向西南方席卷"ネ"高地的守军阵地是非常有利的,因此决定向"ヲ"高地前进,准备而后的攻击,并向猪鹿仓呈报了该意见。

黄昏以后,守军的射击变得稀疏起来。于是,猪鹿仓立即变更部署,命属下各部队继续攻击。为使第2大队的前出容易,右第一线的堤支队利用死角向左移动,随后和左第一线的伊藤支队继续攻击。

第2大队于当晚7时受领右翼队命令(高作命甲第63号)之后,利用黑夜在伊藤支队的后方集结兵力,准备前进。当晚9时30分,工兵小队为配合该大队的行动,开始构筑第2大队和伊藤支队相通的高地棱线交通壕。

10月29日的战斗

28日下午，混成第15旅团本部的原田参谋也前往第一线进行侦察。他在返回本部之后，制定了有针对性的作战计划。该旅团据此于下午5时下达篠作命甲第160号命令，企图完全夺取盟腾村北侧高地。

29日凌晨3时30分，工兵的土工作业完毕。半个小时之后，第2大队如预定的那样从"ヲ"高地出发，乘黑夜利用工兵构筑的交通壕运动，避开了守军的扫射，5时30分集结于堤支队位置北侧凹地，并和堤支队及伊藤支队取得联络，共同侦察前面的敌情、地形。

上午9时，日军炮兵开始炮火准备，实施了约1个小时的集中射击；随后又对守军阵地进行压制射击。10时30分，日军第2大队第一线两中队在炮火掩护下，向"タ"、"レ"高地发起进攻，却遭到守军侧防火力的压制，前进受阻。

长泽见此情况，立即将预备队第5中队由两中队的中间投入战斗，夺取了"タ"高地东北角。此时，第6中队在山炮、步兵炮配合下，正在进攻"レ"高地。中队长春日大尉为激励部下，冒着弹雨，于下午1时率先突入守军的第一道散兵壕。该地的守军为第202旅第404团得功部，他们并没有被日军的嚣张气焰所吓倒，不但大量地投掷手榴弹，还以机枪从第二道散兵壕实施近距离的斜射，当即毙伤春日大尉以下20余人，挫败了第6中队的进攻。这期间，第7中队向第403团阵地进攻，也没有得逞。

时间不知不觉就到了下午2时30分，长泽根据前方的报告，了解到守军依托各高地上的反斜面阵地顽强抵抗，利用机枪、迫击炮构成绵密的火力网，而日军炮火仅能压制其第一道散兵壕。

可是，他并没有死心，很快便想出了对策，决定重点指向"タ"高地，继续进行突击，随即命令第6中队确保"ソ"高地中腹，掩护大队的左侧。第5中队转进到第7中队的右侧展开。但这两个中队还未开始行动，就接到中止进攻的命令。原来，猪鹿仓看到第一线部队的进攻迟迟没有进展，就于黄昏时分下达了中止进攻的命令。

当晚，守军第404团在四五十米的距离内与日军第2大队的第一线对峙，连续反击数次，使日军遭到很大的伤亡。据日军观察到的情况，守军的反击部队以手榴弹手为先头，紧接着是刺刀手，再后面是轻机枪手，迫近到有效距离时就投掷手榴弹。但日军第2大队与炮兵的拦阻射击相配合，多次击退守军的反击。步兵第30联队占领"枯松高地"以后，日军炮兵的观测所推进到该联队本部位置，可引导其炮火实施精确的射击。因此，日军炮兵于夜间实施的拦阻射击，对中国夜袭部队的威胁大大增加。这期间，留守在"チ"高地的第5中队古垣小队及重机枪1个小队也利用夜色的掩护复归第2大队。

晋北争锋 忻口会战

对壕作业进展缓慢

30日拂晓,日军担负主攻任务的第2大队开始采用对壕作业的方法,逐渐接近守军第404团阵地。但该团官兵死战不退,依据隐蔽地形向日军侧击,极大地干扰了日军的掘壕推进。与此同时,中国炮兵又以山炮、迫击炮对日军后方道路实施遮断射击,以切断其一线与后方之间的联络。

长泽看到这个情景,立即要求炮兵实施炮火支援,尤其是要破坏对其进攻威胁最大的守军火力点。日军的十几门山炮、榴弹炮随即一齐开火,弹雨铺天盖地地向守军阵地轰击。但守军阵地大多为坑道式,位置隐匿,又极为坚固,不容易被炮火破坏。这样,不管日军的炮火如何猛烈,都无法有效地压制守军火力。此后,日军的进攻仍无进展,猪鹿仓了解情况后,再次下令中止攻击。

31日,日军步兵第30联队各部队在炮火掩护下,继续以对壕作业迫近守军阵地,却不断受到守军机、步枪的干扰性射击,进展缓慢。面对守军的顽强抵抗,猪鹿仓终于认识到,不能急于求成,应在充分准备之后再实施进攻,为此他决定11月4日实行攻击,重点指向盟腾村西方高地,并命第一线各大队从那时开始进行相关的各项准备,经过整理之后,夺取该高地,尔后继续扩张战果。

当晚,该联队得到400人的补充(其中第2大队得到212人的补充),其官兵士气大振,第2大队长长泽少佐也头脑发热,决定次日进攻"夕"高地。11月1日上午10时,他将各中队长召集到第一线阵地会面,并在侦察情况、地形之后,就各部发起突击位置作出指示。随后,日军炮兵将主要火力指向第2大队正面,对其当面的守军阵地实施破坏射击,掩护该大队实施对壕作业,但守军的火力却不见减弱,不停地用步枪、机枪、迫击炮进行射击,以干扰日军的行动。其中一些迫击炮弹直接落在日军的战壕中,造成了不小的伤亡。

到了晚上,守军依然以不间断的射击以及投掷手榴弹来干扰日军的对壕作业,第2大队的进攻始终没有得逞。这期间,第1大队和伊藤支队不断遭到守军的反击,也被死死地压在原阵地上。只有堤支队靠奇袭夺取了"左高地的左前端"。

此后一直到守军全线撤退,由于第83师、第202旅坚守苦战,其阵地始终坚如磐石,未使日军越雷池一步。

右翼地区的战斗

忻口以东,过滹沱河,一条东西走向的山脉成为崞县(今原平县)与定襄县的分界线,山北之南郭下、西荣华、蔡家岗属崞县,山南之三家村、玉会村、寺家庄、白村(解放前以上四村属忻县)、上汤头、上零山、下零山属定襄县。这些村庄除蔡家岗与上、下零山位于山岗上之外,其余均在山脚之下。忻口战役期间,这一地区被称为右翼地区。右翼地区因系五台山南麓,山峦重叠,所以这里的战斗不如左翼及中央地区激烈。当时,第15军军长刘茂恩作为右翼兵团指挥官,率领第15军布防于此。

该军辖第64师和第65师,每师2个旅4个团,另有1个独立团,1个炮兵营(七五山炮12门),1个工兵营。每团3个营和1个迫击炮连。每营4个连,其中1个为重机枪连(重机枪6挺)。步兵武器以步枪、手榴弹为主,每班有轻机枪1挺。

平型关战役结束后,第15军于10月初奉令由凌云口转进,经过日夜兼程的急行军,终于在忻口战役前夕赶到指定地点,部署如下:第64师为左翼,在西起滹沱河东岸,东至营房里(包括)一线占领阵地;第65师为右翼,在西起营房里(不包括),东至上社村以东高地一线占领阵地。

10月13日晨,日军步兵第21旅团开始进攻忻口守军中央兵团阵地,遭到第9军的顽强抵抗,双方在南怀化一带展开激烈争夺战。当日下午3时左右,混成第15旅团也对左翼兵团阎庄、盟腾阵地发起进攻。此时,右翼兵团方面,较为沉寂。第15军却丝毫不敢大意,命令各部加强警戒。

这之前,第64师第191旅已派了1个姓王的营附带领每连1个排长,下山到滹沱河岸去侦察敌情。山脚到河边,三五里不等,沿河有不少村庄。当日下午5时左右,侦察员发现,有日军900余人,正在渡河。王营附得知情况后,一面派人监视日军,一面派人回去报告。渡河的日军为步兵第11联队(欠步兵第1大队),正由唐林岗村渡过滹沱河,他们的主要目标是东西荣华村及其以南的灵山阵地(日军称为屋根形高地)。

第191旅旅长邢清忠接到报告,亲率旅

刘茂恩抗战简历

陆军上将。河南巩县人,字书霖。保定陆军军官学校第6期毕业。1898年出生,1983年4月病故于台湾。全面抗战爆发时,任第15军军长。

1937年9月　第13军团军团长兼第15军军长

1939年9月　第14集团军总司令

1944年7月　河南省政府主席兼河南省警备总司令

1945年5月　任河南省政府主席和第14集团军总司令

抗战期间,他参与的战役有棚子沟附近战斗、忻口战役、中条山战役等。

晋北争锋 忻口会战

主力下山，占领东西荣华村，准备迎击渡河的日军。邢清忠帮工出身，不识字，但对上级绝对服从，打起仗来能亲临前线指挥，敢打敢冲。有人说他三天不打仗，手就发痒。他作风正派，不贪污，也反对别人请客送礼，对部下用的是打骂教育。他的原则是："无恩不打，无恩不罚。"用人首先看作战勇不勇敢，其次看能不能服从，再次看是不是老实肯干，最后再看有没有贪污行为。对部队的训练，他是从冯玉祥那里学来的，除进行精神教育外，也练刺枪、劈刀、打拳、盘杠子、跳木马等，后来又办了军士教导队，训练班长和老兵，并从他们中间选拔下级军官。所以，该旅武器虽然不好，但官兵团结，有一定的战斗力。

14日上午，日军步兵第11联队开始向东西荣华村及灵山阵地发起全线进攻，其重点在灵山阵地。灵山阵地的守军为第64师第192旅。该旅从战斗开始到11月初奉令撤退，打退了日军在大炮飞机掩护下的数十次猛攻。尽管日军多次接近山顶，但第192旅官兵用刺刀、手榴弹向日军奋勇反击，每次都将日军打了下去。

当情况危急时，第192旅旅长杨天民亲临第一线，住在灵山南坡构筑的窑洞掩蔽部内，昼夜指挥督战。第15军2个师的预备队也多次向灵山增援逆袭，打破师的建制，统归杨旅长指挥。张霁时任第192旅中校参谋，负责旅司令部的后方勤务。一次他乘日军攻势间隙到灵山阵地观察战况，隔着守军设置的防御木栅，看到木栅前方双方阵亡官兵尸体和遗弃武器遍地皆是，由于在双方火力控制下，均无法拖回。在山顶和山坡，布满敌炮弹片和飞机炸弹片，俯拾即可盈握。

当日军步兵第11联队一部在灵山受挫的时候，其另一部也和守军第191旅在东西荣华村展开了村庄争夺战。第191旅官兵惯打硬仗，他们在旅长邢清忠的指挥下，奋勇杀敌，发挥了大刀的作用，杀出了大刀的威风。这样，双方打了三天三夜，日军始终未能得逞。

17日早上，第191旅发现日军1个中队向其右翼迂回包围。旅长邢清忠当即指派第381团第3营营附王怀曾指挥李少仁的第8连前去阻击。该连利用大车路沟跑步前进。途中，他们突然发现路沟的另一头日军已布置了轻机枪，但全连还没来得及散开，就被打得伤亡过半。王怀曾、李少仁及排长们都负了伤。邢清忠马上又派第381团第7连和机枪连的2挺重机枪前去增援，才打退了日军，搬动和掩埋了伤亡的官兵。经过此战，第8连仅剩下的20来个士兵，还有个司务长和炊事班的几个人。营长就把他们拨归机枪连。

第191旅经过此次败仗后，主动放弃了东西荣华村，退到神山阵地。该旅新的指挥部设在神山顶上的庙里，这里地势高，能看到整个战场。该旅的防御阵地只有几百公尺，他们在神山下布置了第一道防线，半山腰的两个山口处布置了第二道防线。山背后是预备队。

该旅山下的第一线阵地，因为阵地是砂石山，工事很不好做，只有利用山棱线来做射击阵地、交通壕和掩体，又因为砂土没有粘结力，胸墙常被日军的机枪打得无法使用,他们只得要些麻袋,装上砂土作胸墙。因为双方第一线的距离只有100到300公尺不等,开始时日军在夜间摸错了方向,竟有误入守军阵地的。于是该旅官兵认为,刺刀很有用,于是就从民间收集一些长矛等原始武器,来作刺杀之用。

第191旅撤到神山阵地之初,因为日军步兵第11联队把主要兵力用于灵山阵地,所以神山阵地较为平静。但到10月下旬,日军炮兵开始对神山阵地反复地轰击,直打得天昏地暗,日月无光。该旅没有火炮还击,只有挨打。后第64师师部的4门山炮,上来打了2天,就被打坏了2门。该旅在日军的炮轰中,几乎伤亡了1个营的兵力,还有许多人的两耳被震聋了。

就这样,第15军以劣势装备,坚决抗击日军达23天之久,坚持到11月2日晚上,才奉命向太原撤退。该军在右翼地区战斗中,伤亡四五千人。

晋北争锋 忻口会战

第十一章 大撤退

忻口弃守

日军进犯忻口，从10月13日，一直打到11月2日，进展缓慢，始终不能突破守军防线，反而损兵折将。就在板垣束手无策之际，晋东战局发生了变化，日军第20师团采用迂回战术，突破了娘子关守军的防线，娘子关、平定、阳泉等地相继失守，黄绍竑所部向太原溃退。第20师团则长趋直入，太原告警。

阎锡山鉴于这种情况，认为忻口阵线突出于北方，又配置着过多的兵力，遂于10月31日夜仓卒决定，忻口守军退至石岭关以南的黄寨、阳曲湾附近，与太原守城部队相连作为北线。11月1日，他给卫立煌下达如下电令：

我晋东军因受优势敌军压迫，正遂次向太原以东地区转进，除已令傅总司令在太原布置城防，以固我资源重地外，希贵总司令在菜水坝、青龙镇、大门关之线占领阵地，俟敌接近一举歼灭之，并协助傅军，固守太原，依城野战。

2日上午10时，卫立煌遵照阎锡山的命令，下达转进命令：

（一）娘子关、平定、阳泉先后失陷，我晋东军受敌压迫，正逐次向太原以东地区转移中。我第203旅已于曹村、芝郡村、匡村堡、东社村、外涧沟西南1098.4高地之线占领阵地。又我66师之第206旅（欠1个团）、13式山炮1连、18式山炮2门已于杨家坟、王家山、石岭关、宋川村之线占领阵地，统归总指挥王靖国指挥，掩护军之转进及阵地占领。

（二）军以确保太原、防敌深入、协同友军将其歼灭之目的，拟于本日(2日)夜先向太原以北附近地区转进，占领既设阵地。

（三）我飞行队应于明日拂晓，以全部掩护军之转进。

（四）右地区队应于本日21时起，由现阵地开始分经玉会村、代郡村、南湖村、鸦儿坑、晋庄、城鹊曰、赵庄、后李家山、水沟村道及其以东平行路，先向鄢都村、钱家坡一带附近地区行进，明晚续向川套裹、窑子上之线转进，占领阵地，以一部于黄代沟、赵庄之线占领前进阵地。原配属该地区炮兵一部着即归还28团之建制(但须日暮后始得移动)。

(五)中央地区队应于本日日暮直后,酌派一部增加于203旅占领阵地,并另抽第21师迅增石岭关,占领掩护阵地,其余部队于21时起,由现阵地开始分经忻太公路及其两侧平行路,先向石岭关、宋川村一带以南附近地区行进,明晚续向窑子上、青龙镇、周家山之线转进,占领既设阵地。但该地区炮兵集团除着留一连任协力掩护部队外,余于黄昏直后速向前后李家山、黄花园附近地区转进,占领既设阵地。

(六)左地区队应于本日日暮直后,酌派小部取捷径,先期占领会理村东侧小道亘合索村、陀罗村各南侧一带高地之线,确实连系203旅,掩护军之转进;其余部队于本日(2日)21时起,分经南高村、东分城、依堤村、五家咀、土墙山道及其以西平行路,先向田庄村、后交附近地区转进;即以有力一部占领邢家山、马狐沟、南冯村之线一带高地,掩护军阵地占领(占领阵地),并与21师确取联系。主力于明晚续向卫象坡、东青善、西青善及东坡村迄天门关之线转进,占领纵深阵地。以一部于泥屯镇占领前进阵地。但该地区炮兵集团除酌留一连作协力掩护部队外,余于黄昏直后向东留村、宇文村附近地区转进。又,尔后酌抽一师以上于新城村以南附近地区集结为军预备队。

(七)各地区队本日21时以前主力转进时,第一线置一小部对当面之敌进行抗战,非受敌真面目攻击,拂晓前不得全撤。对凉楼台、代郡村、辛庄、邵落镇、高村镇、南坪村及白家山、鸦儿坑、府会镇、庄磨镇、三交镇两线应布置有力后卫。如受敌压时,应讲求变换为小部队,利用村落山地向敌侧背出击,以迟滞其前进。

(八)各地区队转进限4日午以前到达指定线占领阵地。

(九)装甲汽车队着暂配属中央地区,应尽量阻敌前进,并负充分破坏沿途桥梁之责,务使于半个月内汽车不能通行。

(十)转进间作战地境如次:1.右地区队与中央地区队间为玉会村、谷村、东张村、沟北、棘针沟、赵庄、寮子、水沟村相连之线。线上及以东属右地区队。2.中央地区队与左地区队间:井沟、六石村、肖家峪、宋川村西侧1500高地、五家咀、土墙山、东坞村、新城村东端相连之线。线上及以东属中央地区队。

忻口地区各兵团奉命后,立即着手准备。但有的二线部队却提前撤退,暴露了己方意图。

当日下午4时20分,日军步兵第16联队突然发现,有中国军队的大纵队正从石家庄附近向奇村镇方向退却,立即向篠原报告了这个情况。此前篠原曾多次接到误报,这次接到报告,几乎不敢相信。但他确认属实后,认为忻口守军开始动摇,即将全线后撤,于是迅速报告板垣。此时的板垣,在中国守军的顽强抵抗下,已经失去了战役初期的锐气,也变得谨慎起来,当他得知情况后,只是命令日军第一线各部队尽量与守军保持接触,严密监视其行动。

　　当晚8时左右，忻口守军经过一阵佯攻之后，开始撤离阵地，分别向指定位置转进。日军很快就发觉了守军撤退，许多部队趁势发起进攻，却仍遭到阻击，原来守军并没有全撤，其一线部队均留有后卫部队，以掩护主力的后退。只是这些后卫部队的阻击并没能坚持多久，日军相继占领守军各阵地。当混成第15旅团占领守军阵地后，几乎没有发现遗弃的物品，篠原不禁大吃一惊，认为中国军队的此次后撤组织得非常巧妙。

忻口战役中国军队战斗序列表
（1937年10月13日—11月2日）

总指挥　第二战区前敌总指挥、第14集团军总司令卫立煌

副总指挥　第7集团军总司令、第35军军长傅作义

中央地区

总指挥　第9军军长郝梦龄（10月16日以前）
　　　　第61军军长陈长捷（10月16日）
　　　　第19军军长王靖国（10月17日以后）

副总指挥　第61军军长陈长捷

第9军军长郝梦龄（阵亡后为郭寄峤）
　　第54师师长刘家麒（阵亡后为孔繁瀛）
　　　　第161旅旅长孔繁瀛
　　　　　　第321团团长王藻臣（受伤后为陈洪杰）
　　　　　　第322团团长戴慕真（受伤后为史洪泉）
　　　　第162旅旅长王晋
　　　　　　第323团团长李棠
　　　　　　第324团团长陈荣修
　　独立第5旅旅长郑廷珍（阵亡后先后为李继程、高增级）
　　　　第614团团长李继程（阵亡）
　　　　第615团团长高增级
第21师师长李仙洲
　　第61旅长崔振东
　　　　第121团团长李鸿慈
　　　　第122团

第十一章 大撤退

第123团团长马贵行

第63旅旅长吕祥云

第124团团长李尚镜

第125团团长张子耕

第126团团长王元堂

第19军军长王靖国

第209旅旅长段树华（第209旅后改称第72师）

第417团团长张勤增

第418团团长张寿华

第432团团长王鸿浦

第215旅旅长杜堃

第408团团长李秀亭

第429团团长卢仪欧（10月20日战斗中殉国）

第430团团长马凤岗

第35军军长傅作义

第211旅旅长孙兰峰

第419团团长袁庆荣

第422团团长王雷震

（该旅10月18日参加本役作战）

第218旅旅长董其武

第420团团长李思温

第436团团长李作栋

（该旅10月14日参加本役作战。）

第61军军长陈长捷

第217旅旅长梁春溥

第433团团长曹炳（重伤逝世后为梁浩）

第416团团长宋恒宾

新编独立第4旅旅长于镇河

新编第2团团长梁鸿勋

新编第12团团长赵鸿儒

（该旅10月15日参加本役作战）

独立第2旅旅长方克猷
　　第1团团长蔡文成
　　第2团团长史泽波
　　第3团团长李作圣
（该旅10月14日参加本役作战）
独立第3旅章拯宇
　　第4团团长赵锡章
　　第5团团长樊荣（重伤）
　　第6团团长刘召棠
（该旅10月14日参加本役作战。）
第201旅旅长王丕荣
　　第401团团长李钟颐
　　第402团团长刘墉之
（该旅10月12日参加本役战斗）
第73师代师长王思田
　　第393团团长章长荣
　　第394团团长梁浩
第177师第529旅旅长许权中
　　第1057团团长阎揆要
　　第1058团团长韩子芳
（该旅10月19日参加本役作战）

配属部队：
炮兵第28团（欠1个营，附炮兵第26团之一营）团长董泽善
战车防御炮2个连
装甲车队一部

左翼地区
总指挥第14军军长李默庵
第14军军长李默庵
　　第10师师长彭杰如
　　　　第28旅旅长陈牧农

第56团团长张世光

第57团团长刘明夏

第30旅旅长谷乐军

第58团团长刘建修

第59团团长王声溢

第83师师长刘戡

第247旅旅长凌光亚

第493团团长李纪云

第494团团长李奇亨

第249旅旅长余锦源

第497团团长梅展翼

第498团团长谢政

第85师师长陈铁

第252旅旅长陈鸿达

第505团团长谷熹

第506团团长糜藕池

第255旅旅长郝家骏

第509团团长沈向奎

第510团团长石鸣珂

（该师10月21日调中央地区作战）

第71师师长郭宗汾（本役作战时，已升任预备第2军军长）

第202旅旅长陈光斗

第403团团长赵赓庆

第404团团长商得功

新编第4团团长尚学勤

第214旅旅长赵晋

第428团团长王荣爵

第431团团长王恩灏

新编第7团团长王绍武

（该师10月14日参加本役作战）

第68师师长 孟宪吉

第622团团长金宝銮
第623团团长郎春生
第624团团长徐学问
（该师10月15日参加本役作战）

第94师师长朱怀冰
　第280旅旅长陈希平
　　第559团团长潘笑清
　　第561团团长李建平
　第282旅旅长潘春霆
　　第563团团长朱毅先
　　第564团团长董绍周
（该师于10月29日并入左翼地区作战）

独立第7旅旅长马延守
　第619团团长阎应禧
　第620团团长郭景云
　第621团团长吉文尉
（该旅10月16日参加本役作战）

配属部队：
炮兵第5团（团部、第2营）团长史宏熹
炮兵第27团团长张映启
第2师山炮营营长赵纪三
战车防御炮2个连

右翼地区
总指挥第15军军长刘茂恩
第15军军长刘茂恩
　第64师师长武庭麟
　　第191旅旅长邢清忠
　　　第381团团长袁斌
　　　第382团团长武永禄
　　第192旅旅长杨天民

第383团团长杨拂芦（张世惠）

第384团团长朱瓒

补充团团长武良杉

第65师师长刘茂恩

第194旅旅长姚北辰

第387团团长王汉杰

第388团团长王文材

第195旅旅长马祺臻

第389团团长牛正亭

第390团团长邢国光

补充团团长张奇

第17军军长高桂滋

第84师师长高桂滋

第250旅旅长刘天禄

第499团团长任子勋

第500团团长李浓藻

第251旅旅长高建白

第501团团长吕晓韬

第502团团长艾捷三

（忻口战役期间该师实际上没有参战）

炮兵队：炮兵指挥官刘振蘅

炮兵第21团团长李柏庆

炮兵第22团团长刘倚衡

炮兵第23团团长李锡九

炮兵第24团团长刘映湘

炮兵第25团团长刘振蘅

炮兵第26团团长刘彭祖（欠1个营）

炮兵第28团1个营

飞行队：指挥官北正面空军支队支队长陈栖霞

侦察机2个中队

驱逐机1个中队

攻击机1个中队

忻口战役日军战斗序列

第5师团（约31900人）　　　　　　师团长板垣征四郎中将
隶属部队（约20000人）：
第5师团（欠国崎支队）　　　　　　师团长板垣征四郎中将
　步兵第21旅团　　　　　　　　　　旅团长三浦敏事少将
　　步兵第21联队　　　　　　　　　联队长粟饭原秀大佐
　　步兵第42联队　　　　　　　　　联队长大场四平大佐
　步兵第11联队　　　　　　　　　　联队长长野佑一郎大佐
　骑兵第5联队（欠1个小队）　　　　联队长小崛是繁大佐
　　野炮兵第5联队　　　　　　　　　联队长武田馨大佐
　　工兵第5联队（欠1个小队）　　　联队长和田孝次中佐
　　辎重兵第5联队（欠1个中队）　　联队长原口真一大佐
　师团通信队（欠1个有线小队）
　师团卫生队（欠三分之一）
　师团第1、2、3野战医院
配属部队（约11900人）：
萱岛支队（约2580人）
　中国驻屯步兵第2联队　　　　　　联队长萱岛高大佐
　中国驻屯战车队1个中队
　中国驻屯骑兵队1个中队
　中国驻屯工兵队1个中队
混成第15旅团　　　　　　　　　　　旅团长筱原诚一郎少将
　步兵第16联队（1476人）　　　　　联队长后藤十郎大佐
　步兵第30联队（欠第3大队）（1412人）　联队长猪鹿仓彻郎大佐
　骑兵第2联队（欠第1中队及第2队的1个小队）（213人）
　野炮兵第2联队（欠第1、3大队）（551人）
　工兵第2联队（欠第1中队）（300人）
　辎重兵中队（88人）
　第2师团通信队（87人）
　关东军第2卫生班（65人）
　给水班（7人）

堤支队（475人）

大泉支队（497人）

独立轻装甲车第5中队（118人）

战车第4大队（590人）

独立山炮兵第3联队第2大队（450人）

独立山炮兵第12联队（546人）

野战重炮兵第9联队第2大队（395人）

临时重炮兵中队（122人）

近卫师团第3野战高射炮队（83人）

野战电信第23中队（375人）

野战电信第30中队（375人）

无线电信第10小队（29人）

无线电信第23小队（29人）

第9师团后备步兵第3大队（1030人）

注：（1）第109师团步兵第136联队的2个大队、独立混成第1旅团独立步兵第1联队、中国驻屯炮兵联队赶到忻口战场时，战役已结束，因此未将这些部队列入。（2）第5师团的配属部队还有第4兵站汽车队本部、兵站汽车第53、57、58中队、第5兵站辎重队本部、第8师团第1、2兵站辎重兵中队、第4师团第2输送监视队、第10师团第1输送监视队等。但战役期间，这些部队一直在后方兵站线上担任运输任务，并不在忻口战场，因此也没有把这些部队列入。（3）第5师团的参战人员包括忻口战役期间补充的1000多人。（4）第9师团后备步兵第3大队在战役期间担任后方的警备任务，并没有参加第一线的战斗。

战斗近1个月的忻口战役，就此宣告结束。

双方的伤亡情况

忻口战役，是抗战初期华北战场规模最大，战斗最为激烈，战斗时间持续最长的对日作战。这次战役中，中国各路军队面对共同敌人时，能够同仇敌忾，一致对外，并肩作战，沉重地打击了日本侵略者，自身也付出了极大的牺牲。

李默庵回忆，此役中国军队参战约十余万人。据《第二战区前敌总司令部所属各部队晋北忻口会战人马伤亡统计表》记载，

晋北争锋 忻口会战

从1937年10月12日至11月10日为止，中国参战各部队战死12397人，负伤19327人，失踪1540人，共计33264人。

关于日军伤亡人数，《第二战区第14集团军晋北忻口战役战斗详报》有如下记载，"毙旅团长寺田、伤旅团长三浦等以下36000人"。

"毙旅团长寺田"的说法是错误的。因为忻口战场根本就没有姓寺田的日军旅团长。当时忻口战场日军大队长以上军官姓寺田的仅有步兵第16联队第1大队大队长寺田秋三少佐，并且他也没有在此役被击毙。

"伤旅团长三浦"的说法是正确的，但毙伤日军约36000人的说法似有夸大之嫌，因为此役日军参战的总人数也没有超过36000人。

第5师团为常设四单位制挽马师团，编制（战时）定员25143人。但如果考虑到以下四个因素进行推算，我们可知第5师团（不包括配属部队）参加忻口战役的人员约有20000人左右。

其一，1937年9月，该师团的国崎支队，被抽出派往平汉线战场，后又调往上海，因此未参加忻口战役。1937年10月下旬，国崎支队的编成如下：第5师团的步兵第9旅团司令部（编制定员75人）、步兵第41联队（编制定员3747人）、骑兵第5联队1个小队（14人）、工兵第5联队1个小队（44人）、师团通信队1个有线小队（42人）、卫生队三分之一（编制定员367人）、第4野战医院（编制定员240人）、辎重兵第5联队1个中队（编制定员562人）等部队，加上独立山炮兵第3联队（欠第2大队及联队段列）。因此，第5师团参加忻口战役的部队应扣除国崎支队的5000多人。

其二，第5师团在南口、广灵、平型关等战斗中伤亡2557人。

其三，第5师团在忻口战役之前以及战役末期，进行过两次补充，补充了约3000人。

其四，忻口战役期间，第5师团将约数百人的兵力（估计约500人）配置在兵站线上，配合兵站部队，担任后方警备任务。

另外，此役第5师团得到混成第15旅团、萱岛支队等配属部队约11900人（参见忻口战役日军战斗序列。这个数字包括战役期间混成第15旅团得到的850人的补充）。这样，日军第5师团（包括配属部队）参加忻口战役的兵力约31900人。

日军战史资料记载，日军第5师团（包括配属部队）在忻口战役期间战死1651人，负伤4594人，计6245人。据此，第5师团的伤亡率为19.58%，似乎不算特别严重。但我们换一个角度来看，就不是那么回事了。

首先，忻口战役日军伤亡率要远高于同期华北其他战役。以涿州、保定会战为例。《中国事变陆军作战史》第1卷第2分册第46页记载，日军直接参加战斗的兵力约88500名，其中战死1488名，负伤约4000名。据此推算，此次会战日军伤亡率仅为6.2%，比忻口战役要少得多。

其次，忻口战役日军的步兵伤亡率相当高。根据日军战时旬报记载，第5师团在

1937年8月至12月10日期间的伤亡人员中，步兵的比例高达90%。而忻口战役期间，日军第5师团（包括配属部队）参战的步兵兵力约13000人。那么，我们可换算一下，日军伤亡人数6245的90%为5621，这个数除以13000，再乘以100%，就是忻口战役期间日军第5师团（包括配属部队）的步兵伤亡率，达43%。

可与之相对比的是，日俄战争中，日军步兵伤亡率为14.4%；在青岛对德作战中，日军步兵伤亡率为9.2%；后来的张鼓峰事件中，日军步兵伤亡率为24.7%；诺门罕作战中，日军步兵伤亡率近80%。

由此可见，43%的步兵伤亡率已经是很严重的损失了。况且，日军步兵的参战人员中，还有相当一部分因执行非战斗任务，并没有在战场第一线直接从事战斗任务。因此，若只算在战场第一线直接从事战斗任务的人员，伤亡率将更高。

根据日军参战各部队的战斗详报记载，忻口战役期间（10月13日至11月2日）日军各部队的伤亡情况，主要分为以下三类：

（一）有的部队伤亡过半，遭到歼灭性的打击。例如以下3个大队：

其一，步兵第42联队第3大队在10月13日至16日，短短4天的伤亡率就高达75.19%。若只算该大队在一线直接从事战斗任务的人员，伤亡率更高达90%以上。

其二，步兵第21联队第1大队一度被困于下王庄附近，在中国军队的持续进攻下，受到重创。该大队于忻口战役期间，参战736人，伤亡549人（战死174人，负伤374人），伤亡率74.59%。

其三，配属混成第15旅团的大泉支队在忻口战役期间参战497人，伤亡313人（战死91人，负伤222人），伤亡率达62.98%。

此外，10月24日才投入战斗的萱岛支队中国驻屯步兵第2联队第1大队第3中队，经过了10天的激战后，到11月2日，该中队战死33人，负伤62人，仅剩31人，伤亡率高达75.4%。

（二）某些部队尽管未遭到歼灭性打击，伤亡也很大。例如，步兵第21联队第3大队参战637人；伤亡272人（战死88人，负伤184人），伤亡率42.7%。

（三）也有一些部队的伤亡较小。例如，忻口战役期间，步兵第21联队第2大队参战815人，伤亡206人（战死58人，负伤148人），伤亡率25.28%。步兵第16联队参战1476人，伤亡255人（战死54人，负伤201人），伤亡率17.28%。步兵第30联队参战1412人，伤亡122人（战死27人，负伤95人），伤亡率8.64%。堤支队参战475人，伤亡78人（战死24人，负伤54人），伤亡率16.42%。

根据上述资料，我们可知，尽管日军有的部队伤亡很大，但也有许多部队伤亡较小。因此，忻口战役日军伤亡6245人（战死1651人，负伤4594人），从逻辑上是说得通的。但是，这并不能说明该数据就一定正确。这是因为，另一些文献资料有不同的记载。根据日军步兵第42联队战斗详报记载，忻口战役该联队战死将校19人，准尉以下501人，战伤将校25人，准尉以下876人。而据1988年发行的《山口步兵第42联队史》一书的第7编第5章记载，忻口战役步兵第42联队战死将校44人、准尉以下1377人、战伤将校以下997人。请注意后者的记载，仅步兵第42联队就战死1421人，如果属实，忻口战役日军就不止伤亡6245人。但遗憾的是，目前也不能证实后者的记载是绝对正确的。笔者认为，关于忻口战役日军伤亡问题，在没有其他资料佐证的前提下，恐怕目前还不能得出令人信服的结论。

表11-1 忻口战役步兵第21联队死伤表（1937年11月2日调查）

区分		联队本部	通信班	第1大队	第2大队	第3大队	步兵炮中队	速射炮中队	总计
参战	将校	5（1）	1	15（3）	16（3）	9（2）	2	1	49（9）
	准尉以下	15（108）	86（7）	633（41）	727（79）	558（68）	135（13）	75（6）	2229（322）
战死	将校			6	3		2		11
	准尉以下	2（2）	3	167（1）	55	88	3	1	319（3）
负伤	将校		1	5	4	4（1）			14（1）
	准尉以下	4（4）	3	364（5）	142（2）	180	12	4	709（11）
失踪	将校								
	准尉以下				1				1

注：少尉以上军官称为将校。括号内为非战斗人员数量。

表11-2 忻口战役步兵第42联队死伤表（1937年10月13日至11月3日）

	参加战斗人马数	战死	战伤	敌遗弃尸体数
将校	78人	19人	25人	约640具
准尉以下	3647人	501人	876人	
马匹	449匹	14匹	47匹	

注：少尉以上军官称为将校。

表 11-3 忻口战役混成第 15 旅团死伤表（1937 年 11 月 3 日调查）

部队名	战斗参加人马			战死			负伤		
	将校	准尉以下	马匹	将校	准尉以下	马匹	将校	准尉以下	马匹
旅团本部	10	53	19					1	
步兵第 16 联队	56	1420	160	1	53	3	6	195	3
步兵第 30 联队（欠第 3 大队）	38	1374	94		27	3	2	93	2
骑兵第 2 联队（欠第 1 中队及第 2 队的 1 个小队）	11	202	139						
野炮兵第 2 联队（欠第 1、2、3 大队）	22	433	221	1	5	4	3	8	3
工兵第 2 联队（欠第 1 中队）	12	282	10	1	3		6	21	
辎重兵中队	3	85			1			2	
师团通信队	4	83	18					9	
关东军第 2 卫生班	6	59							
伊藤支队	14	483	14	4	87		15	207	
堤支队	22	453			24		3	51	
独立山炮兵第 12 联队	20	526	335	1	9	10	1	34	8
野炮兵第 5 联队第 1 大队	17	605	425		7	30	2	22	12
战车第 4 大队	28	562		2	9		3	30	
给水班	1	6							
总计	264	6626	1426	10	225	50	42	672	28

注：少尉以上军官称为将校。

忻县附近的战斗

板垣接到一线部队的报告，得知中国军队已全线后撤，立即决定向云中河一线追击，并作出如下部署："步兵第21旅团（旅团长坂本顺少将未到任，暂由第5师团参谋长西村利温少将指挥，欠步兵第42联队，附山炮兵1个中队），击破当面之敌，前出到红崖湾附近后，沿新道及其以东地区急追敌人；萱岛支队前出到忻口镇附近后，沿旧道及其以西地区急追敌人；步兵第11联队沿王府庄－大有张村－辛庄－北大平道路急追敌人。混成第15旅团沿上社村及大石村一线，追击当面之敌；骑兵队以及战车第4大队沿本道向忻县附近急追敌人。步兵第42联队

晋北争锋 | 忻口会战

（附山炮兵1个中队）以主力由云中河右岸地区沿对家野场-部落镇-河拱村道路急追敌人。"

3日拂晓，日军第5师团（包括混成第15旅团以及其他配属部队）开始全线追击，这期间偶然接到飞机的通报："忻口以北不见敌人，关城镇北面敌人约一千正在退却中。"恰好此时，日军的生力军独立步兵第1联队（联队长长谷川美代次大佐，人员：2590名，车辆：297辆，该联队为摩托化部队，其步兵全部搭载车辆实施机动）也抵达忻口战场，随即投入到追击战中。所以板垣决定一举向太原追击，全军分成3个纵队前进：步兵第21旅团、战车第4大队、骑兵队以及独立步兵第1联队为中路；步兵第11联队为东路；混成第15旅团为西路。尔后，东西两路日军的追击进展顺利，一路上几乎没遇上像样的抵抗，但中路日军可就没这么轻松了。

中路日军的先头部队骑兵队以及战车第4大队沿公路追击，行动较为迅速，当其到达忻县县城附近时，发现县城内有重兵把守，因为无重武器，所以不敢贸然攻城，只是保持远距离监视，等待后续部队的到来。

忻县守军为第201旅，11月2日晚8时，该旅忽然接到陈长捷的撤退命令：第201旅于今晚10时开始向忻县城关转移，在次日拂晓前占领以忻县城为中心的阵地，掩护本军向太原外围转移。当晚9时30分，该旅分头离开阵地，并于11月3日凌晨3时到达忻县城关，当即以第401团在右翼占领公路以东至滹沱河间阵地，并派一部渡河在东岸担任警戒；第402团从公路依城，向左翼高地衔接第203旅的阵地。当日清晨，他们发现沿公路追来的日军坦克5辆、骑兵百余名，进抵忻县北关附近，却不进攻，始终在第201旅的有效射程以外活动。

上午10时，搭载汽车实施机动的步兵第21联队第2大队（步兵约300人）也抵达忻县附近，随即在十余辆坦克的掩护下，逐步迫进到第201旅司令部所在的南关。当时第402团利用东南城壕和房屋进行抵抗，因受日军步兵和坦克的围击，伤亡较大。下午1时许，第402团全部撤至南关，利用关墙及房院街巷和日军形成一度对峙。不久日军坦克从南关东面向该旅两翼包围，有5辆坦克一直冲到关门外的石桥上，把南关北门完全控制。石桥距关门不足10公尺，日军坦克用机枪向关内猛烈射击，关内一片混乱。在此危急时刻，第201旅少校参谋贾宣宗勇敢地跑到街心，带上旅部杂勤人员，督促街上所有官兵冲到关门口，利用半扇关门做掩护，向桥上扔去一排手榴弹，利用烟雾冲出三四人，爬在石桥的栏杆后，又向日军坦克扔去四五个手榴弹，石桥炸塌半边，前边1辆坦克肚子朝天掉进了城壕。第2辆坦克慌忙向后退去，又横栽入城壕里。壕里虽无水，但土是松的，车身一半埋在土里不能转动。后边3辆见势不妙，顺原路退往东南城角。

下午6时，王丕荣旅长传令："第402团1个步兵连，掩护撤退。"随后，该旅沿公路后撤，直到天明（4日）6时才到达指定集中地阳曲湾。

石岭关附近的战斗

步兵第42联队于下午2时左右追至云中河一线，随后渡河，准备经六石村、解元村继续向忻县追击。但是，下午2时40分，大场大佐接到日军飞机的侦察通报："（一）发现关城镇东西及庄磨镇西方阵地配置有敌兵（1时30分）；（二）敌人正沿麻会镇－大盂镇道路及东方山地庄磨镇西方谷地退却（0时30分－2时）；（三）麻会镇西方桥梁被烧毁，铁路桥也被烧毁。"据此，该联队取消了进攻忻县的原订计划，改由忻县西侧地区迂回南下，以切断中国守军的退路。

当晚7时30分，该联队进入田村（忻县南方约3公里），并在该地与步兵第21联队第2大队取得联络。大场考虑到中国守军占据石岭关阵地，给师团尔后的追击带来障碍，于是决定继续向大盂镇追击。

步兵第42联队（包括步兵第21联队第2大队）于当晚12时从田村出发，其以步兵第21联队第2大队作为前卫，沿田村－关城镇－太原道路向大盂镇追击；其余部队作为本队，按照第2大队－联队本队－通信班－第1大队的顺序，紧跟在前卫的后方100米前进。该联队官兵在行军途中，黑暗中突然看见火光，那是麻会镇西北方桥梁仍在燃烧。而关城镇北方陆桥也被守军爆破，给日军车马的通行带来障碍。

4日早晨6时30分，该联队到达关城镇，随即准备进攻布防在石岭关附近的中国守军第66师第206旅（欠1个团）。

石岭关古称"白皮关"、"石岭镇"，位于阳曲县大盂镇上原村北二里的地方，东靠小五台，西连官帽山。山势险峻，关隘雄壮，为历代兵家必争之地，是太原通往代、云、宁、朔的交通要冲，素称太原忻定出入之门户。和忻口相比，这里的地形更加险峻，因此在忻口战役之前，日军曾错误地认为石岭关一线才是中国军队的主要抵抗线，而忻口一线只是其次要抵抗线，因此吃了大亏。

大场根据俘虏的口供，得知守军的布防还比较薄弱。这样，他决定"乘守军尚未完成配备，立即发起进攻，夺取要点，重点指向制高点'望楼高地'。前卫步兵第21联队第2大队从左方的谷地，第6中队从关城镇南方约100米附近的本道两侧地区共同攻击该高地，另以第1、2大队的大队炮、重机枪在关城镇南侧地区占领阵地，联队炮（1个分队）在本道西侧地区占领阵地，配合第一线的攻击"。

但是，步兵第21联队第2大队在进攻之前，意外地发现其左前方有很多地裂沟，将阻碍其行动。据此，大场令其改为佯攻，以牵制吸引守军的侧防火力。上午8时30分，他又将第5中队增派到第6中队的左方。接着，日军第5、6两中队由增本中尉（步兵第42联队第2大队代理大队长）统一指挥，向"望楼高地"发起进攻。但守军第206旅（欠1个团）利用山区地形，修筑了大量难以观察到的隐蔽火力点，并配属有13式山炮1个连、18式山炮2门，以强大的火力阻击日军，未使其越雷池一步。对此，日军步兵第42联队战斗详报有如下记载："敌构筑的阵地非常坚固，机枪均从掩体中实施射击，其位置颇难发现，加之突然从石岭头右后方及望楼高地左后方射来大量迫击炮弹，第一线前进困难。"

下午1时20分，大场又将第7中队纳入第2大队长的指挥下，由第5中队的左方投入进攻。这期间，代理大队长增本也负伤了，新任大队长中村少佐乘坦克就任。下午2时30分，中村正式指挥第2大队，大场又将第1大队的重机枪、大队炮配属第2大队。这样，第2大队的士气有所提高。

此时，福田战车队已到达战场，立即投入战斗，第8中队跟随坦克攻击前进，很快占领"本道右侧高地"。独立步兵第1联队的炮兵队也在关城镇北侧占领阵地，开始向守军阵地射击。

下午3时左右，若月部队的炮兵联络军官找到大场，双方商讨了关于攻击望楼高地的协同事宜。与此同时，守军的抵抗依然很顽强，第2大队的第一线中队迫近到守军阵地前沿100米附近时，遭到守军密集火力的猛烈阻击，前进再次受阻。

40分钟后，日军炮兵开始集中射击。这次炮击严重破坏了守军的防御工事，几乎摧毁了守军暴露的全部火力点。下午4时，第2大队利用炮击效果，再次发起进攻，终于登上险峻的山崖，突入"望楼高地"。此时，守军206旅已完成了阻击任务，遂主动撤退。第2大队占领"望楼高地"以后，正马不停蹄地展开追击行动，忽然从石岭关山洞传来了惊天动地的爆炸声。这是怎么回事呢？原来，守军看到日军渐渐逼近，就将山洞炸毁。石岭关附近地形复杂，该山洞是通往太原的的重要通道，其被炸毁，给日军尔后的行动带来困扰。日军步兵尚可翻山越岭，但车辆、火炮等重装备却无路可行了。

更加糟糕的是，日军骑兵队看到山洞被守军破坏，就往回赶，想绕道走。但日军的后续部队步兵第21联队、独立步兵第1联队却不知情，正一股脑地前往石岭关，公路上很快发生拥堵，乱成一团。

步兵第21旅团的新任旅团长坂本少将恰在这个时候到任，当他看到这种情况，立即责成手下的参谋们制定切实可行的方案，以摆脱困境，继续展开追击。

当晚7时，该旅团对步兵第21、42联队下达了如下命令（概要）：

（一）工兵对隧道（山洞）的修复作业需要约3个小时。

（二）步兵第42联队在工兵对隧道的修复作业期间，确保石岭头东西一线，扫荡村落内，以现在态势继续警戒。

（三）步兵第21联队超越步兵第42联队前进。

当晚11时左右，日军工兵完成山洞的修复作业。此后，日军依然以骑兵队及战车第4大队为先头，继续展开追击。

当日，忻口中央兵团的主力在忻县、石岭关守军的掩护下，陆续到达指定集中地阳曲湾。有些部队在撤退途中军心涣散，几乎成了惊弓之鸟。多年以后，第201旅参谋贾宣宗回忆起当时的情景，仿佛还历历在目："11月4日拂晓，陈长捷、王靖国在阳曲湾收容部队。上午8时我奉命去寻陈长捷的指挥部，作请示报告。沿街只见家家户户庭院里挤满了疲惫的人马和混杂散乱的什物。我向北刚走了几十步，忽然从对面涌来一伙官兵，纷纷说：'敌人进了村北口了！'我心想石岭关还有工事和部队防守着，阳曲湾怎能发现敌人？正在纳闷，听到村东传来爆炸声和枪声，空中有两架敌机正向村南人流俯冲扫射。我转回旅部院内，已空无一人了。返出街口，目睹人流渐稀。打听村北敌人的情况，后边来的官兵说：'啥也没见。'就这样，几万大军，就纷纷撤退到太原和西山一带了。"

青龙镇附近的战斗

青龙镇位于太原以北约18公里处，距离阳曲县城4公里。据《阳曲县志》记载：此镇原以青蒿茂盛，取名青蒿嘴，后因村庄顺河岸修建，蜿蜒曲折，形似巨龙，故改称青龙镇。由于其特殊的地理位置和悠久的历史，该镇商贾云集、店铺林立，成为历史上太原北部之首镇。

中国军队第9军第54师撤出忻口附近的阵地以后，其各部队陆续抵达青龙镇集结。该师在忻口战役伤亡较大，师长孔繁瀛在这里收容不到2500人。该师随即奉命在此占领阵地，阻击南犯之日军，掩护各友军顺利到达太原，其部署如下：第322团第1营在青龙镇以北8里处公路大桥附近占领前进阵地，其余各团在青龙镇以北5里处占领阵地，师指挥部和特务营在青龙镇。

第322团第1营营长翟洪章奉命后，率部到达指定地点。那里已有先前构筑的钢筋水泥工事。他督促官兵全力以赴设置障碍物，并把手榴弹七八颗捆在一块，掩埋在桥前40米处公路上，系上小绳引至桥后阵地内准备爆炸坦克。

但是，该营的布置尚未就绪，日军先头部队就已杀到。5日天刚亮，守军就发现"日军骑兵七八十名在公路两侧搜索前进，坦克车4辆掩护步兵100余名缓缓而来"。

这时翟洪章以第3连猛烈射击日军骑兵，以第2连堵击日军步兵，另组一班奋勇兵和机枪连专门对付日军坦克。日军企图一举攻垮守军的前进阵地，直取青龙镇。日军骑兵正在下马准备徒步战的时候，第3连立即予以迎头痛击，打得其落花流水。同时机枪连用穿甲弹射日军坦克，用集束手掷弹进行爆破，只因拉引爆绳拉得早了一点，未能把坦克炸翻，但已迫使它不敢继续前进。日军步兵会同失利的骑兵，前后4次向守军阵地猛冲，均被击退。

正午刚过，日军步兵第21联队抵达青龙镇北端附近，得知情况后，采取迂回包围，以第1、第3大队主力从第54师前进阵地右翼绕过，进攻该师主阵地。接着，独立步兵第1联队也赶来了，并绕过该师主阵地，猛攻青龙镇。

第54师主阵地在步兵第21联队的猛攻之下，没坚持多久，就被攻破。独立步兵第1

晋北争锋 忻口会战

联队也很快突入青龙镇，第54师师部所有人员都投入了战斗，和特务营一起，与日军展开激烈的巷战，但最终寡不敌众，在巷战中几乎伤亡殆尽，幸存者相继突围而出。

第322团第1营在与上级失去联络后，即向西南方向转进。营长翟洪章带着100多人，走到青龙镇的西南方约有20里处，正好遇到师长孔繁瀛和参谋长何其智等人，之后他们一起顺公路南行，中途虽遇日机轰炸，所幸伤亡不大。第2天天刚破晓，他们与第47师取得联系，遂共同到达太原西关。

第5师团突破了青龙镇附近的守军阵地以后，仍穷追不舍，其先头部队直逼阳曲湾。当时，陈长捷的前敌指挥部就设于该地。他原计划在皇后园一线，进行一次阻击，以掩护傅作义部在太原布防。但此时他所辖的各部队大多已脱离指挥，各自为政，自由行动。陈长捷见到日军来势汹汹，手中又无可用之兵，就率部退到皇后园寻找王靖国，不料他已带着补充旅和第19军余部退向汾河以西地区，并对所部说："向第14军所在地集结去！"于是各部亦闻风溃散。

表11-4 石岭头附近战斗日军步兵第42联队指挥系统

步兵第42联队本部		备注
联队长	大场四平大佐	
联队副官	山崎鹤一大尉	
联队副官	前田保预备役少尉	
联队旗手	尾川美雄少尉	
通信班长	福永政雄少尉	
兽医	田村英二预备役少尉	
第1大队		
大队长	丸谷顺助大尉	
大队副官	平尾悟少尉	
主计	阿久津武夫少佐	
军医	西村正介少尉	
第1中队		
中队长	中田竹雄预备役少尉	
小队长	山崎曹长	
小队长	泉田后备役军曹	
小队长	森野预备役伍长	

续表

步兵第42联队本部		备注
第2中队		
中队长	藤田传三郎后备役少尉	
小队长	野村后备役准尉	
小队长	鹤久曹长	
小队长	山野曹长	
小队长	田饲预备役曹长	
小队长	大崎后备役伍长	
第1机枪中队		
中队长	中村喜藏中尉	
小队长	森池胜喜少尉	
小队长	国本准尉	
小队长	平野预备役伍长	
第1大队大队炮小队		
小队长	松田祐武少尉	
第2大队		
大队长	中村三雄少佐	
主计	御手洗岳夫少尉	
军医	齐木正熙预备役中尉	
军医	石谷冒登预备役少尉	
第5中队		
中队长	田中武雄预备役少尉	
小队长	原田预备役准尉	
小队长	广濑军曹	
小队长	柏木伍长	
第6中队		
中队长	伊藤孝一预备役少尉	
小队长	末冈预备役少尉	
小队长	林后备役军曹	

续表

	步兵第42联队本部	备注
小队长	田村后备役伍长	
	第7中队	
中队长	金子义雄预备役少尉	
小队长	藏贯预备役伍长	
小队长	原中预备役伍长	
小队长	山本预备役伍长	
	第8中队	
中队长	古谷治夫预备役少尉	
小队长	富田后备役准尉	
小队长	白井预备役军曹	
小队长	西山后备役伍长	
	第2机枪中队	
中队长	高崎以週中尉	
小队长	河村预备役少尉	
小队长	俵田宽夫后备役少尉	
小队长	谷丰预备役准尉	
	第2大队大队炮小队	
小队长	铿山曹长	
	集成中队	
中队长	阿部源一预备役少尉	
小队长	村田曹长	
小队长	前田伍长	
小队长	中谷伍长	
小队长	伊藤预备役伍长	
	特设队	
队长	末富后备役军曹	
	RiA	
中队长	绪方正知少尉	

续表

步兵第42联队本部		备注
小队长	内藤惠助准尉	
小队长	井原胜利准尉	
TiA		
中队长	增本琢次中尉	
小队长	久角辉夫准尉	

注：集成中队由第9、10、11、12中队残部编成，特设队由第3大队机枪中队、大队炮小队残部编成。本表以外，胜间田少尉、井町少尉、冈本少尉各指挥一个小队在蔚县、灵邱、大营镇。另外，王野少尉指挥的半个小队在东河南镇附近。

第十二章 旧关鏖战

战前态势

娘子关在河北、山西两省交界处,是正太铁路上的重要关隘。它扼晋冀之咽喉,山险沟深,形势险要,自古为兵家必争之地,素有"天下第九关"之称。其重要性,同隔山相对的井陉关相似,在于控制太行第五陉-"井陉"这条通道,但也有其独特性。滹沱河支流绵河从娘子关城西北流来,在关下穿过"井陉"东流至河北平原中部。"井陉"是晋中和冀中地区之间最近捷的通道,娘子关依山靠河踞于"井陉"西口,这种形势使它成为"晋东门户",对保障山西的安全起着重要作用。

阎锡山在山西当了多年的"土皇帝",对于娘子关的重要性,当然有着清醒的认识。早在平型关战役之初,他就曾作出判断,"如果平汉路方面,能在保定以北挡住敌人,敌人光从大同方面进攻雁门关,尚易抵御。如果保定、石家庄不守,敌人必然进攻娘子关,从东北两方面包围山西"。阎还认为,日军对晋北方面是主攻,平汉路方面是助攻。但是,阎在晋北方面的兵力尚嫌不足,无力兼顾晋东方面,无力抽调相应的兵力驻守娘子关。平型关战役失利后,他将晋绥军以及中央军主力大部部署在以忻口为中心的阵地及其两翼,而在晋东部署的兵力则十分薄弱。此时,石家庄还未失守,阎把希望寄托于平汉路方面的守军。他认为:平汉路方面,中央军如能守住石家庄之线,日军就不能进入娘子关;即便石家庄失守,而在平汉路正面的军队能与日军保持接触,日军也不致威胁到山西的侧背。

然而,到1937年10月6日,正值阎锡山调兵遣将,部署忻口战役之际,日军第1军第14、第6、第20师团并列沿平汉路及其右侧展开,开始向石家庄进攻。平汉路方面的中国守军难以抵挡日军的猛烈攻势,节节败退。就在同一天,日军"华北方面军"指示第1军在进攻石家庄的同时,以一部兵力沿正太路向太原方向追击,用以策应第5师团的作战。可实际上,早在10月4日第1军下达攻击石家庄附近守军阵地命令的同时,就已作出部署,"第20师团攻击滹沱河河畔之敌后,以有力的一部沿正太路向太原方向追击"。据此,日军第20师团决定以步兵第39旅团(欠步兵第78联队),配属独立机枪第

▲1937年的娘子关。

4大队第1中队、迫击炮第3大队第1中队、骑兵1个小队、独立山炮兵第1联队第2大队（欠1个中队）、工兵第20联队第2中队（欠半部）、卫生队的三分之一，作为师团的右侧支队，沿正太路西进。

蒋介石眼看着石家庄快保不住了，娘子关处于日军直接威胁之下，他为了确保晋东，使晋北作战军无后顾之忧，决定将平汉路方面陕军冯钦哉部2个师和赵寿山部1个师以及第3军曾万钟部3个师，调到娘子关一带山地布防，随即向第一战区司令长官程潜和第二战区司令长官阎锡山进行了通报。

正定沦陷之前，晋绥军仅以1个团（新编第10团）驻娘子关构筑工事。10月9日，当日军攻占正定、紧逼滹沱河北岸时，第一战区司令长官程潜按照蒋介石意图，令冯钦

晋北争锋 | 忻口会战

哉率第27路军、第3军、第17师、第30师和第38军教导团向娘子关方面预定阵地转移，掩护第二战区的右侧。冯钦哉奉命后，于次日2时令所部在井陉南北一线布防：第17师赵寿山部布防于娘子关前的雪花山、荆蒲关迄曹泉之线；第3军曾万钟部布防于雪花山南的北障城、测鱼镇迄九龙关之线；第30师张金照部、第169师武士敏部及教导团布防于曹泉（不含）至唐家会之线；第42师柳彦彪部为预备队，由柳彦彪师长率第124旅置于磨河滩，第126旅置于北冶里附近。各部队当即遵令开始转进。

井陉附近的战斗

当冯钦哉部向井陉附近转移之际，阎锡山于10日晚派新任的第二战区副司令长官黄绍竑赴娘子关，统一指挥这一带的中国军队作战。11日正午，黄绍竑到达娘子关附近，了解到各部队的情形，他认为需要派遣掩护部队，当即命令第17师以一部到南河头警戒，第30师以一部在南陉、上庄之线向北警戒，第3军向井陉靠近，主力集结在大、小梁家。此时，日军离井陉尚有半天路程，这

黄绍竑抗战简历

陆军中将加上将衔。字季宽，广西容县人，保定陆军军官学校第3期步兵科毕业。1895年12月1日出生于容县一里（现黎村镇）珊萃村，1966年8月31日亡故。全面抗战爆发时，任湖北省政府主席兼任湖北省保安司令兼任庐山军官训练团第2总队总队长。

1937年8月20日	国民政府大本营第1部（作战部）部长
9月2日	叙任陆军中将加上将衔
10月13日	第二战区司令长官部副司令长官。
11月26日	浙江省政府主席
12月6日	兼任全省保安司令、军管区司令
1938年1月	兼任浙江省国民抗敌自卫总司令部总司令
1942年9月	兼任第三战区副司令长官

抗战期间，他参与的战役有太原会战等。1944年1月1日获颁二等景星勋章。

个布置不算太晚。但大多数部队正在行军途中，没有及时接到这个命令，因此成了一纸空文。

日军第20师团从9日傍晚起，以一部在田兴附近，以主力在王母村附近，开始渡河（滹沱河）攻击，击退守军后，其主力向石家庄以南的高迁村追击，其右侧支队则沿正太铁路向太原方向追击，攻击矛头直指井陉。

11日晚，日军右侧支队的左追击队（鲤登大佐指挥的步兵第77联队主力（欠第1大队）、追击炮第3大队第1中队、山炮兵1个中队以及工兵1个小队）进入到井陉东侧地区，其他部队进入到凤山（井陉北方约4公里）附近。当时，井陉附近的守军为杨虎城的旧部第17师，防御还不完备。该师由石家庄向井陉转进途中，为回避日机轰炸，采取夜间行军。又因天雨连绵，道路泥泞，行动非常迟缓，下午5时才抵达井陉东北附近布防。但日军不明虚实，不敢贸然进攻，仅派出小分队侦察井陉及其附近之情况、地形，准备次日实施攻击。第17师趁此机会在井陉、雪花山、乏驴岭一带进行了部署：第51旅（辖第101、102团）充当左翼，以第102团扼守荆蒲山，以第101团扼守雪花山；第49旅充当右翼（辖第97、98团），布防于正太铁路两侧高地。这一带位于娘子关外围，没有既设防御工事，雪花山、乏驴岭又均为石山，构筑工事困难，只能用麻袋装土做成掩体，在拥有优势装备的日军面前，第17师的防御任务是十分艰巨的。

12日拂晓，日军在飞机炮火的支援下对守军阵地发起进攻，井陉县城首当其冲。但县城内的防御力量相当薄弱，仅有第17师补充团之两连守兵，难以抵挡日军的进攻。这两连守兵稍作抵抗后即撤出了阵地。上午6时30分，井陉县城被日军攻陷。约1个小时以后，南井沟（井陉北方1.5公里）西方高地也被日军占领。

日军右侧支队长高木义人少将见进展顺利，于上午9时30分以左追击队（上述部队增加骑兵1个小队）沿井陉－旧关大道向太原方向追击；以右追击队（羽鸟中佐指挥的步兵第77联队第1大队（欠2个中

高木义人

日本长野县人，1886年4月10日出生。1907年5月31日毕业于日本陆军军官学校第19期，1914年11月27日陆军大学第26期毕业。1956年8月15日亡故。

1917年8月6日	晋升陆军步兵大尉，步兵第15联队中队长
1917年10月18日	步兵第15联队附，第14师团司令部附勤务
1918年6月1日	第14师团参谋
1920年12月1日	浦盐派遣军参谋
1921年11月1日	参谋本部员

晋北争锋 忻口会战

1922年8月15日	晋升陆军步兵少佐	
1923年3月17日	台湾步兵第1联队大队长	
1924年8月20日	第6师团参谋	
1926年8月6日	晋升陆军步兵中佐，参谋本部员	
1929年12月10日	独立守备步兵第2大队长	
1931年8月1日	晋升陆军步兵大佐，靖江联队区司令官	
1932年5月20日	福井联队区司令官	
1933年3月18日	步兵第26联队长	
1935年3月15日	第8师团参谋长	
1936年3月7日	晋升陆军少将，步兵第39旅团长	
1938年3月1日	第2师团司令部附	
1938年7月15日	留守第2师团长	
1939年3月9日	晋升陆军中将	
1940年12月28日	转预备役	
1945年3月20日	陆军兵器行政本部附	
1945年4月1日	仙台师管区司令官	

中国抗战时期，他参与的侵略作战有平津作战、平汉线作战、太原攻略战等，1940年4月29日获得勋一等旭日大绶章。

队），山炮兵1个小队）沿正太铁路向太原方向追击。

日军左追击队奉命后，即沿公路向旧关追击。此时守军第17师右翼第49旅已占领郝家坡、单家、朱家川、施水村一带之阵地，并控制了公路，顽强阻击日军。由于该旅官兵上下一心，英勇作战，致使日军进攻受阻。但日军随后又在山炮的配合下，再次向刘家沟东端阵地发起攻击。该阵地的工事是临时构筑的，相当简陋，根本经不住炮轰。在日军凶猛的步炮联合攻击之下，守军伤亡惨重，渐渐顶不住了。下午5时，刘家沟附近阵地被日军突破。守军第49旅向乏驴岭及旧关方向逐次后撤。日军左追击队突破刘家沟附近阵地之后，连夜向西进攻，相继占领长生口，大小龙窝。

日军右追击队沿正太铁路向太原方向追击，不久即遇到了天然的险阻——雪花山。雪花山位于井陉县城（现天长镇）西南约3公里，地势险要，易守难攻，是这一地区的制高点。其山体东西狭窄，南北较长，且向西南延伸，可以俯瞰控制井陉县城与火车站。加上正太铁路从该山北面的山脚下经过，这样雪花山的战略位置就体现了出来，第101团占领该山，即控制了附近的铁路。因此雪花山成了日军必攻的重要据点。

日军右追击队队长羽鸟中佐根据侦察员的报告,得知该山"有大量未完工的碉堡阵地"。他判断守军阵地一定非常的坚固,白天进攻有困难,于是决定于13日薄暮实施攻击。

真是无巧不成书,此时第17师也准备于13日薄暮夜袭日军。当天,赵寿山师长见雪花山当面的日军按兵不动,而另一股日军正向旧关迅猛推进,为保持雪花山防御的稳定,牵制西进旧关的日军,遂决定抽调部分兵力,于13日晚,主动向日军出击。

这时部队都布置在阵地上,能够抽出来袭击日军的只有少数部队。赵命参谋处长李竹亭作一个出击计划,李说兵力太少,怎么能出击?赵说:"打胜仗固然要兵多,但利用有利时机往往也可以以少胜众,快去订计划!"

赵寿山随即调整兵力部署,命第101团第1营、第102团第2营及补充团第1营为出击部队。第101团第3营固守荆蒲山,第102团第1营固守雪花山,补充团固守乏驴岭。并命令第102团团长张世俊,负责荆蒲山、雪花山之固守任务,赵寿山亲率特务营至石板片指挥督战。

出击部队于下午5时部署完毕,5时30分开始行动,分三路出击。左翼为第102团第2营,向井陉县城实施佯攻。中路为第101团第1营,在第101团团长张桐岗率领下,向井陉南关之右侧背出击。然而,当战斗发起后,该营发现日军已有准备,凭借坚固工事负隅顽抗。因该营无重武器制敌,双方形成对峙状态。右翼为补充团第1营,由第98团团长陈际春率领,于当晚10时驱逐了日军少数警戒部队,夺回了刘家沟、长生口,但并

赵寿山抗战简历

陆军中将。原名赵生龄,字杜亭,陕西户县北乡定舟村人。陕西陆军测量学校、陆军大学将官班甲级第1期毕业。1894年12月17日出生,1965年6月20日在北京病逝。全面抗战爆发时,任第17师师长。

1938年6月16日　晋任陆军中将
　　　6月21日　第38军中将军长
1944年2月11日　第3集团军总司令
　　　10月　　带职入陆军大学将官班甲级第1期学习
1945年1月　　陆大毕业,仍任原职

抗战期间,他参与的战役有娘子关战役等。

晋北争锋　忻口会战

没有消灭日军的有生力量。

当日下午6时，日军羽鸟大队在山炮的火力掩护下，突然向雪花山发起猛攻。此时，第17师出击部队正向指定位置出击途中，雪花山主要阵地仅由第102团第1营（营长魏炳离）防守，兵力较为薄弱。而且，日军这2天没来进攻，守军多少有些松懈。这样日军的攻击异乎寻常的顺利，很快便将守军击溃。当晚7时至9时30分期间，日军夺取了"雪花山寺高地"及其南方的2个高地。

赵寿山得知情况后，曾准备调集出击部队，向占领雪花山之日军发起反攻。但此时，第17师出击部队正在进攻井陉南关等日军据点，尽管伤亡惨重，却战果甚微。官兵们经过激战后，已疲惫不堪。再加上日军不仅占据了有利地形，在火力上也具有优势。因此赵寿山放弃反攻的想法，率残部向乏驴岭撤退。他将残部约1000人编为7个营，在乏驴岭、北峪、荆蒲关一带守备。14日早晨，赵师长将防守雪花山疏虞的第102团团长张世俊、第1营营长魏炳高，一并就地正法，但已无济于事。

据日方资料记载，羽鸟大队此战仅以微小的代价即占领了雪花山。日军右侧支队于14日向第20师团司令部所发电报称："昨夜羽鸟大队的战死者13名（包括井上由太中尉、大久保正明少尉），负伤者51名。消耗步枪子弹4000发，机枪子弹22000发，大队炮弹110发，掷弹筒榴弹100发，山炮弹160发，手榴弹100枚，手枪子弹100发。敌遗弃尸体约70具。"

旧关失守

晋北形势紧张时，孙连仲的第26路军（欠第30师）于10月6日接到调往晋北的命令。但是，正定失守以后，晋东娘子关的局势变得越来越紧张。12日，阎锡山获悉井陉失守后，即令增援晋北之第26路军回援娘子关。此时，孙连仲及第31师之一部，经铁路运输，已到达太原，其余部队正由寿阳及阳泉一带向太原输送途中。孙连仲当即率第27师和独立第44旅掉头东返，向娘子关推进，当晚8时抵阳泉。黄绍竑命令该部：以第27师之一部占领北峪南北高地之线，主力在娘子关附近集结；独立第44旅进占六岭关。

13日凌晨2时20分，孙连仲又下达了如下命令：

（一）第27师以一部占领1000高地迄南峪附近阵地，支援第17师作战，主力集结于娘子关附近，归黄副长官指挥。旧关为交通要道，在第3军未占领前，该师须派队切实占领。

（二）第31师（欠第92旅）集结于阳泉附近待命，第92旅随总部行动。

（三）独立第44旅速向六岭关推进，并相机占领之。

旧关位于娘子关的右侧，相距约15华里，地势较娘子关稍为平坦，此时，孙连仲、冯钦哉两人虽然进了娘子关，每人也只带了1个特务营，其他部队还没有跟上来，

孙连仲抗战简历

陆军中将加陆军上将衔。字仿鲁,河北雄县人。1893年2月2日出生,1990年8月14日在台湾病逝。全面抗战爆发时,为第26路军总指挥。

1937年9月13日	第1军团军团长
10月4日	第2集团军副总司令
11月	第2集团军总司令
1938年6月	第3兵团总司令兼第2集团军总司令
年底	第2集团军总司令
1939年11月26日	第五战区副司令长官兼第2集团军总司令
1943年2月23日	第六战区副司令长官(代理司令长官)
1943年5月	第六战区司令长官
1945年6月26日	第十一战区司令长官、河北省主席

他参与和指挥的战役有:平汉线作战、娘子关战役、台儿庄战役、徐州会战、武汉会战、随枣会战、1939年冬季攻势、枣宜会战、鄂西会战、常德会战等。1939年8月1日以台儿庄大捷有功获青天白日勋章。

这样就敞开了旧关的大门。冯钦哉以旧关防务空虚,于13日早晨5时20分派工兵营、特务连驰赴旧关,阻止日军西进。

当日早晨6时,日军左追击队(鲤登大佐指挥的步兵第77联队的主力)从长生口出发,向旧关推进。工兵营及特务连刚到旧关,立足未稳,即遭日军猛攻。据日军战报记载:"午前11时到达旧关,奇袭了正在该地休息的敌大部队,给予其甚大打击,并占领该地。"

日军攻陷旧关后,守军退到旧关以西高地继续抵抗。此时,第27师第79旅已到娘子关。旅长黄樵松即以第157团在南峪附近占领阵地;以第158团在娘子关构筑预备阵地。第27师师长冯安邦还令第79旅黄樵松部据守1000高地的部队秘密向前推进,以断日军退路。日军觉察到"旧关四周一带的高地依然有优势之敌",遂主动停止了进攻,双

晋北争锋 忻口会战

冯安邦抗战简历

陆军中将。字化民,又名景树,山东省无棣县人。1884年出生,1938年11月3日在襄阳遭日军飞机轰炸不幸殉国。按上将阵亡例议恤。全面抗战爆发时,任第27师师长。

1937年8月25日　第42军军长兼第27师师长
1938年1月　　　第42军军长(直至殉国)

他参加的战役有:平汉线作战、娘子关战役、台儿庄战役、徐州会战、武汉会战。1938年6月7日以台儿庄大捷有功追授青天白日勋章。

方形成对峙。

当旧关、雪花山战况紧急之时,黄绍竑令第3军军长曾万钟主力向左转移,以策应第17师作战;令第12师唐淮源率部由南、北障城向大、小梁家及旧关转移,第7师(曾万钟兼师长)第19旅李世龙部进驻西青村附近,为机动部队;第7师主力仍占领九龙关、白城口、雁过口阵地拒止日军;第3军军部进驻马山村。13日夜,第12师第35旅及补充团到达新关;12日奉命在该地以东、以北地区设防的第169师此时也已在指定地区部署完毕。

关沟围歼战

孙连仲于13日晚11时到达苇泽关视察战况,得知当面的情况后,决心于次日拂晓,以第27师的1个团向旧关之敌攻击,1个团向新关推进,支援旧关方面之作战;另以1个团配置于苇泽关,归第27师师长冯安邦中将直接指挥。第27师基于上述命令,决定于14日拂晓以第79旅主力由苇泽关向核桃园攻击;一部向大小龙窝之敌攻击,协力歼灭大小龙窝至核桃园之敌。并令第80旅1个团向旧关推进。

第79旅奉命后,即令第158团(欠第2营,附2个登峰队),于14日拂晓进攻核桃园,以期与第3军夹击协歼侵入旧关之敌;于怀忠登峰队占据大(小)龙窝,切断敌人后路,阻止敌人增援;同时留下焦文彬第2营守备原阵地。第158团于14日凌晨出发,向核桃园推进。

14日拂晓,第158团还未开始反击,忽然有几百名日军从地都西南方杀出来,切断了附近的铁道,孙连仲、冯钦哉所在的娘子关车站受到威胁,那里只有两个特务营,附近再没有部队，情势危急。当时，地都还在第一线守军的侧后方。那么，为何这个时候会有日军出现在地都附近呢？

原来，日军左追击队占领旧关时，其右追击队（羽鸟大队）仍被阻于雪花山下。这样，步兵第77联队联队长兼左追击队队长鲤登大佐为配合羽鸟大队的进攻，于13日下午3时30分左右，将步兵第77联队第3大队（欠1个中队、大队炮小队，附山炮1个小队）派往地都（旧关北方约4公里）方向，以冲击羽鸟大队当面守军第17师的背后，切断其退路。当晚，该大队夜袭并占领地都南方高地的守军阵地。14日拂晓，该大队又突破地都西南侧城墙，进入到铁道线上，将其切断。

当时，黄绍竑手中除了200多名卫士之外，没有掌握什么部队，无奈之下，只好给阎锡山打电话求援："雪花山陡然失守，敌人一个师团的兵力，由井陉迈近娘子关，先头几百个骑兵，已出了关沟口，切断了娘子关的铁道，孙仿鲁，冯钦哉被包围在娘子关车站，那里只有两个特务营，附近再没有部队，情势危急，赶快由太原方面抽出些部队乘铁甲车开到阳泉，先打通娘子关的交通线。"阎锡山说："忻口方面战事很紧，能拿上去的部队都拿上去了，这里抽不出兵来……"还没等阎说完，忽然从电话里传出第3个人的声音，打断了两人的谈话："我们可不可以开来？"阎锡山咆哮如雷地问："谁在偷听？"那人赶忙说："我是第38军教导团团长李振西，由滹沱河退下来后失去联络。"黄绍竑正愁没有部队增援，听后大喜过望，问明了该团情况后，即命该团归孙连仲指挥，迎击地都之敌。

第38军教导团原为西安绥署教导团，是杨虎城将军储备军事干部的机构，官兵一般都具有初中或者高小程度文化，抗战情绪热切，还受过严格的训练。由于仿照中央军校入伍生团的编制，因而3000多学兵都是下士，而官长的阶级，也比普通团高。该团踏上抗战的火线后，先在平山县滹沱河畔王母庙至洪子之间与日军力战，后来接到撤退命令，经过3天3夜的疲劳行军，剩余的2700余名官兵到达了山西省盂县岳家庄，这里距旧关只有20里地。

李振西接到反击命令后，立即率部向地都跑步前进。14日上午9时左右，其先头第1营到娘子关对面的上椒园，即与日军步兵第77联队第3大队遭遇，双方展开了激烈的战斗。随后，教导团的后续部队陆续赶来，日军渐渐顶不住了，就将阵地退到地都东南的关沟附近。教导团趁势跟踪追击，把日军全部压迫到关沟内。但日军以一部占据关沟口两旁的高地上，用机枪火力猛烈阻击该团。该团没有重武器，不敢强攻，只是封锁了关沟口，暂与日军对峙。

日军第3大队刚顶住了教导团的进攻，不料第158团又从其侧背杀出来，结果被包围在关沟之内。也许有的读者会问，第158团不是进攻核桃园去了吗？怎么会出现在关沟附近呢？别急，且听笔者慢慢道来。

第158团出发前去进攻核桃园后，第79旅参谋长徐宪章为加强其指挥，带着特务排的1个班，跟了上去。行至黎明时分，他突然听到从娘子关方向（应为地都方向）传来

晋北争锋 | 忻口会战

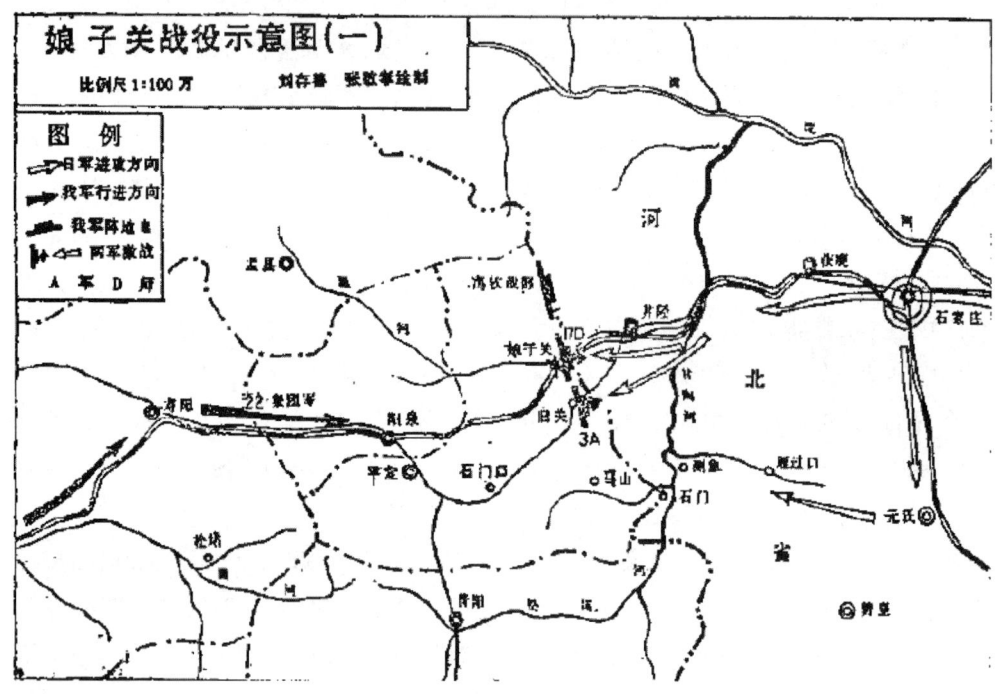

▲中国军队所绘娘子关战役示意图（一）。

机枪声，接着还听到炮声，弹着点似乎落在娘子关左面山上。徐宪章判断这是日军炮兵的射击。同时，核桃园方面也传来稀疏的枪声。他想，日军既附有炮兵，来势必不小，娘子关只有2个步兵营，势难抗御得住；如果娘子关有失，则井陉以西阵地，纵不全部瓦解，亦将大受影响，我旅应负严重的责任。我袭敌后，胜负尚属两可，即或有胜，也非在暂短时间内就可以解决。敌攻我虚，局势是很严重的。想到这里，徐宪章心头上好像压上一块大石头，感到非常沉重，决心改变原来计划，除以于怀忠登峰队仍然执行前任务外，则以时尚彬队监视旧关之敌，第158团向北转移，以压迫敌于娘子关头而歼灭之；并将变更的计划，飞报黄樵松旅长，

又考虑到第158团杨团长若不肯更改命令该怎样办，就说是旅长叫他传达命令而来的。徐宪章的腹案决定了，即快马加鞭，于旭日东升之际，赶上了杨团长，提出意见，征求他的同意。杨团长同意了，即以时尚彬队对旧关之敌严密警戒；于怀忠队在大小龙窝执行原任务，请侯团长就近指挥；以第158团主力（欠第2营）向地都之日军勇猛冲击。

就在第158团攻击前进之际，恰好步兵第77联队第3大队进入关沟。该团便以孙国祯第1营在老虎山头掩护田敬堂第3营向关沟勇猛冲击。猬集在关沟之日军，出乎意外地发现第158团由后面杀来，就地构筑工事进行顽抗。

接着，黄樵松旅长抽调第157团戴炳南

第1营增加到娘子关方面，由东向西堵击。这样，教导团、第158团、焦营和戴营对日军第3大队形成三面包围，北面又是山壁阻绝，该大队几乎陷于绝境，其在中国军队的围攻下，伤亡人数不断增加，几乎得不到休息，但仍坚持顽抗。而中国军队由于遭到日军的拼死抵抗，又受地形的限制，攻击受挫。

14日早晨，旧关的日军步兵第77联队主力（欠第1、3大队）在山炮的火力支援下，对新关发起进攻。新关东距旧关5公里，北距娘子关8公里，形势险峻，向为军事要塞。第3军第12师第35旅及补充团已于前一天晚上赶到新关布防，并在兵力上具有压倒性的优势，因此顽强地击退了日军的进犯。

恰好此时，日军又发现其"四周之敌逐

鲤登行一

日本群马县人，1891年3月27日出生，1912年5月毕业于日本陆军军官学校第24期，1924年11月陆军大学第36期毕业，就任步兵第2联队中队长。1972年11月16日亡故。

1925年12月	参谋本部附勤务
1928年3月	晋升步兵少佐
1929年12月	第16师团参谋
	第2师团参谋
	步兵第11联队附
1932年8月	晋升步兵中佐
1932年12月	步兵第22联队附
	留守第14师团参谋
	第14师团参谋
1936年8月	晋升步兵大佐，步兵第77联队联队长
1938年3月	陆军兵器本厂附
1939年3月	晋升陆军少将
1939年4月	熊本陆军幼年学校校长
1940年11月	第35步兵团团长
1941年11月	晋升陆军中将，第7师团师团长
1945年12月	转预备役

中国抗战时期，他参与的侵略作战有平津作战、平汉线作战、太原攻略战等。

晋北争锋　忻口会战

渐活跃起来，其兵力也在增加"。步兵第77联队联队长兼左追击队队长鲤登大佐据此判断，"应先确保四周的要点，作为尔后攻击的据点较为有利"。于是，他又以第2大队的主力攻击旧关南方的甘桃驿，但经第35旅反击，日军即退据旧关东南高地顽抗。

日军右侧支队支队长高木义人鉴于第77联队主力虽然攻占了旧关，但在作战中部队受到很大损失，而且在旧关及地都两方面均陷于苦战中，便于当日下午6时派步兵第77联队第1大队的2个中队增援娘子关地区的日军部队作战。

当日，阎锡山根据娘子关附近的地形和正面日军的情况变更部署：第3军派3个团在九龙关、北孤台之线设防，其余在旧关西南集结，歼灭旧关之敌；第94师及第177师之第529旅占领黑山关、龙泉关一带阵地；第26路军派1个团扼守六岭关；第27师在娘子关集结，并以重兵进占葛丹阵地；第30师以1个旅进占桃林坪、小枣之线阵地；第31师速由阳泉至程家铺，为预备队。

15日凌晨1时，阎锡山向黄绍竑、孙连仲及曾万钟作出指示：（一）娘子关附近作战，交孙总司令指挥；（二）限16日将旧关之敌完全解决；（三）总司令及军长均应亲身严行督战。

当日拂晓，第12师唐淮源部向王家岭及旧关东南地区的日军发动攻击。第27师第79旅继续扫荡关沟附近的日军。而鲤登为解关沟日军之围，也以新增加的第1、12中队及独立机枪中队，乘晨雾弥漫时向旧关北侧高地的第158团第2营阵地发动猛烈攻击，经

过激战后，占领该地，并与关沟日军取得联络。随后，关沟的日军第3大队在航空兵以及援兵的掩护下，大部突围，并于当日下午4时许回到旧关。由于其仓促退逃，又是在中国军队的围攻下进行的，所以许多军械物资，如配属该大队的2门山炮，因无法带走，不得不自行破坏，遗弃于战场，成了中国军队的战利品。而有一部分日军因与守军近距离对峙，无法突围，仍滞留在包围圈内，直到19日，才被完全肃清。值得一提的是，此战日军颇为顽强，被俘者极少。当时，黄绍竑听说孙连仲部把一股日军压迫包围在关沟里，就出了大赏，俘虏1个日本兵赏大洋200元，而最后解上来的俘虏仅有2人。

高木义人为救援旧关，率领右侧支队剩余的兵力，于当日上午11时由井陉出发，经大、小龙窝向旧关增援。虽经守军截击，却未能将其阻止，高木义人仍于下午进至核桃园指挥作战。但入夜后，第12师第34旅即包围了核桃园，虽然未能攻下，但基本切断了其与外界的联系。与此同时，第35旅朱淮部也攻占旧关东南高地，并继续向旧关以东高地的日军攻击。

当夜，第3军军长曾万钟为使指挥支援便利，将军部由马山村推进到固驿镇，还将第19旅调驻梁家瑙附近。

高木旅团长被困于核桃园

由于雪花山、旧关一带国防工事多被日军占领，而且旧关日军又调来援兵，战局

至为紧张。为在援军到达之前稳定态势，黄绍竑于15日19时下达命令：第3军为攻击主力，对旧关之敌攻击；第27师限今日（15日）将关沟之敌肃清，以主力在龙窝附近断敌后方联络，一部协同第3军会攻旧关；第27路军工兵营附辎重兵营、第17师、第21师第92旅（欠1个团）固守原阵地地阻击敌人；第30师抽兵2个团，协同第17师坚守乏驴岭。

但是，还没等守军出击，日军就先一步进攻了。15日晚，日军右侧支队长高木义人所在的核桃园被第34旅包围并切断与外界联系。高木在中国军队围攻之下，感到大受威胁，即命井陉的步兵第77联队第1大队前来支援。16日，日军第1大队从井陉出发，一路攻击前进，夺取核桃园西北侧高地后，冲破了第34旅的包围圈，和核桃园的右侧支队司令部取得联络。而第34旅遭到日军第1大队的猛攻及日机的连续轰炸，无法坚持，仍退回原阵地。

日军步兵第77联队第1大队在核桃园作战的时候，旧关的步兵第77联队主力也发起了攻势。其第8中队在山炮的掩护下，于中午时分占领旧关西侧第27路军工兵营据守的高地（日军称为"三角山"）。

当日上午8时，在第38军教导团和第27师第79旅的围剿下，关沟的残敌大部被歼，结束有组织的抵抗，但仍有零星日军散伏于山崖草莽间，继续顽抗。午后，当教导团团长李振西正在指挥部下清剿残余日军的时候，忽然收到一个命令：教导团尽快向旧关西侧高地转进，支援第27路军工兵营作战，夺回被敌占领的山头。

命令是孙连仲亲自下达的。而冯钦哉为激励该团官兵的士气，还发出承诺："教导团夺回一个山头，赏洋5000元。"

该团奉命后，立即赶往旧关西侧高地与第27路军工兵营会合。当晚11时左右，李振西召集手下4个营长和2个团附开会，说明了当前的敌情、地形以及上级的企图。还没等李说完，大家便同声要求连夜出击，并满有信心地保证能够夺回关前的山头。这时李把冯钦哉的悬赏说出来，大家又慷慨地说："在这时候，难道我们光图5000元吗？"经过商议后，该团决定把伤亡较大的第1营的4个连调下来，布置第二线阵地，把该营伤亡较轻的何永兴连归团附兼突击营营长李成德指挥，由正面出击。第3营从右翼出击，第2营从左翼出击。出击部队秘密集结到关外，限1时左右，完成攻击准备。首先以何永兴连配合便衣队攻击关前迎面的主要山头后，以火力策应各方面作战。第2营攻占右翼山头后把重点指向公路两侧，阻止敌人沿公路增援部队。

17日凌晨，配属何永兴连的便衣队八九十人，携带驳壳枪、手榴弹，走在最前面，秘密地接近日军；何永兴连随后跟进；潜伏在岩缝中、石坎下突击营的手枪连、冲锋枪连、迫击炮连，装甲车队的重机枪，都在何永兴连后集结完毕。攻击信号发出后，便衣队首先消灭了日军哨兵。何永兴连一枪没打便摸到日军跟前，突然一片杀声，震荡得山鸣谷应。紧接着突击营冲上去，冲锋号声处处相应。日军从梦中惊醒，仓促应战，难以抵挡教导团的攻势。这样,突击营很快就拿下旧关迎面的2个重要山头;两翼出击部队也拿下了1个重要山头。可惜的是,守敌大部已逃遁,这些高地上并没有发现多少日军尸体。拂晓前,该团以伤亡300多人的代价,胜利地完成了出击任务。

万寿山争夺战

日军步兵第77联队主力占领旧关后,利用守军原筑国防工事坚守。中国军队连日反击,未能将其击退。为确保晋东门户、夺回石家庄、截断沿平汉路南下日军的退路,孙连仲决心击破当面之敌,并根据黄绍竑的意图,于16日晚8时,下达如下命令:

第3军以一部封锁大小梁家、北洋沟、红土岭各要点,阻敌后续部队前进;第27师以有力一部占领长生口及大、小龙窝附近,截断敌后;对旧关敌人攻击之部队,为第31师第92旅、第27路军之工兵营、第27师之一部;各部队于17日拂晓开始反击,务求将敌包围歼灭。

为策应各方面作战,孙连仲又令第27师第80旅第160团的主力集结于苇泽关附近,令第31师后续部队控置于程家陇底,为总预备队。并遵照黄绍竑指示,令守备胡雷附近之第30师主力转移东西葛丹附近,第42军第44旅移驻阳泉待命。

17日,守军各部队依照命令向盘踞在核桃园、旧关的日军发起了攻击,但由于日军阻击火力猛烈,均难有进展,不得不撤回原阵地。对此,《日军第20师团战斗详报》有如下记载,"17日又反复受到敌人数次逆袭,但我官兵凭借奋战均将之击退。"

万寿山位于旧关西侧,是屏障旧关左翼的最重要的据点。该高地瞰制着整个通旧关口的公路。而且,由该高地实施侧射,能使旧关外的几个山头都待不住人,想撤退也不可能。因此,它的得失,直接影响旧关的战局。日军在顶住了中国军队的进攻之后,更加认识到它的重要性,决定夺取该地,并将其作为将来攻击的据点,于是左追击队长鲤登18日以第5中队(欠1个小队)攻击该地。支援第5中队进攻的,不仅有迫击炮、山炮各1个中队,还有1个航空兵中队。

旧关西侧高地的守军为第38军教导团,自从驰援娘子关以来,部队一日两夜没有休息,连饭也只吃了一顿。而该团夺回旧关西侧的3个高地之后,更是被胜利冲昏了头脑,连工事都没做,就在阵地上躺下了。满以为日军已被打成残废,没有相当时间,不会卷土重来。

18日上午,太阳已一尺高,教导团的大部分官兵却仍在熟睡,忽然一声巨响,地动山摇,把他们从梦中惊醒。只见空中有日机12架,编队轮流轰炸与扫射。这时日军炮兵也连续射击,一发发炮弹尖啸着飞向守军阵地,光秃秃的山头,毫无掩蔽,日军的每一颗炮弹,都给该团以重大伤亡。在日军的炮击、轰炸下,第2营营长阎维良、第3营营长钟期恭均负重伤,该团官兵伤亡约1000多名。

第十二章 旧关鏖战

下午2时左右，日军第5中队在重机枪火力的掩护下，先向公路右侧第2营突出部分第6、8两连阵地发起进攻，虽然有的日军中弹倒下去了，但是其他日军仍一枪不发地保持着可怕的沉默，利用地形地物的掩护，像螃蟹钳子似地渐渐合拢过来，终于突入守军阵地，经过激烈的肉搏战，第6、8两连官兵全部壮烈牺牲，阵地失守。

日军第5中队占领第6、8连阵地后，以一部停止该处，而以主力转向公路左侧的万寿山。当时，该高地的守军为第2营第7连，有100人左右，连长崔俊英具有丰富的实战经验。

第7连在日军的疯狂进攻下，虽阵地多次被日军突破，且伤亡很大，但仍顽强与日军反复争夺。多年以后，团长李振西回忆当时的情景时，还刻骨铭心：“敌人对这个阵地，投入了极大的兵力。战斗的激烈程度，超过当时的任何一次战斗。教导团的官兵，英勇报国，奋不顾身，一时只听到第7连阵地上的守兵，不是这个排说，报告连长，只剩下我一个了；就是那一个排的阵地上的守兵说，报告连长，我们排长阵亡了，现在只剩下我一个了；要不然就是说，报告连长枪打坏了；连长们则说，不要喊叫，扔手榴弹。至于负伤不下阵地，裹伤再战的官兵，在这里已经是触目皆是。”

李振西得知第7连阵地危在旦夕后，命令中校团附张希文把团部通信部队、卫生部队，传令兵，连书记，司书，军医，副官一齐编组起来，接替第1营阵地，同时把第1营全部增加上去，支援第7连。但为时已晚，第7连还没等第1营赶来，就把阵地丢了，退了下来。而第1营出击后，经过2个小时的激战，仍未能收复万寿山，只好退回到原阵地。

第38军教导团在18日的战斗中损失惨重，计伤亡官兵2000余人，其中营长3人，连长14人；全团官兵只剩下八九百人。李振西为了应付以后的战斗，就重新调整部署，把剩下来的几百人编为九个连，以团附李成德、第1营长殷义盛各指挥3个连，担任两翼阵地，以中校团附张希文指挥3个连担任正面阵地。20日凌晨2时，第31师派1个团接替损失惨重的第38军教导团的阵地。孙连仲命令教导团开阳泉，归副长官部直接指挥。

在步兵第77联队第5中队进攻旧关西侧山地的时候，该联队的第1大队为确保后方交通线的安全，也在攻击核桃园附近道路两侧高地之第12师、第27师各一部，由于遭到其顽强抵抗，作战没有达到预期的进展。

此时，孙连仲为彻底肃清旧关日军，又令第31师接替第27路军工兵营全部阵地，第30师在东西葛丹之第88旅移驻娘子关附近，以备增援第31师。当晚6时许，孙连仲因其他方面之友军行动不能配合，乃将攻击旧关之第80旅撤回地都原阵地。

乏驴岭之战

乏驴岭位于井陉县城（今天长镇）西侧4公里，是一个小村庄。该村南侧的鸡架岩山，具有得天独厚的地理优势。这座山海拔四五百米，东西走向，头朝东，鸟瞰如一个

晋北争锋 忻口会战

大大的T字。其北侧是正太铁路，直通娘子关，东南侧是一条连接晋冀的主路，直达旧关。鸡架岩山与东边雪花山如一个楔子，钉在了进入晋冀的两条大道上。

雪花山失守后，第17师即退守荆蒲关、乏驴岭一带。而日军步兵第77联队第1大队自13日晚攻占雪花山后，就转移兵力抵抗守军对核桃园一带的反击，仅留一部在雪花山一带与第17师对峙。

13日，日军第20师团师团长川岸文三郎中将接到右侧支队主力进入到旧关附近，一部进入到地都附近，正和优势之敌激战中的报告。这样，他于14日晚将步兵第78联队第3大队、迫击炮第3大队本部及1个中队、山炮2个中队，16日将轻装甲车中队、卫生队本部及三分之一及防疫给水班的一部增加配属给右侧支队，以寻求战斗的进展。接着又奉第1军司令官的命令，将步兵第78联队主力（欠1个步兵大队）、野炮兵第4大队（100毫米榴弹炮）、独立山炮兵第1联队本部及2个中队、迫击炮1个中队、工兵1个中队（欠1个小队）、通信队的一部以及辎重兵1个中队增加配属给该支队。

16日晨，步兵第78联队第3大队从井陉出发，沿井陉-旧关道路向旧关前进，冲破核桃园西方高地附近的守军阻击，到达旧关，与步兵第77联队主力取得联络，交付其携带的粮秣后，把第12中队留在核桃园西南方高地，大队主力则于天亮后返回井陉。

17日，步兵第78联队主力开始从石家庄出发西进，其先头于下午2时40分到达井陉，集结于该地附近，纳入右侧支队长的指挥，准备尔后的攻击。右侧支队长高木少将得知该联队赶来，便于下午3时从核桃园出发，返回井陉。

随着增援部队的陆续到来，到10月18日，日军右侧支队的兵力已增加到步兵6个大队、山炮兵1个联队、十榴1个大队、迫击炮1个大队、轻装甲车1个中队、工兵1个中队，集结在井陉、旧关之间。

当日，右侧支队长高木命令鲤登部队（步兵第77联队主力）仍然进攻新关，并以野炮兵第26联队第4大队的1个中队向旧关方面前进，纳入鲤登大佐的指挥；同时以步兵第78联队长小林恒一大佐指挥的部队（步兵第78联队（欠2个中队）、迫击炮第3大队（欠2个中队）、独立山炮兵第1联队（欠第2大队）、通信队1个分队）攻击铁道线路北侧地区之守军，取得突破后，前进到娘子关方面，攻击鲤登部队右翼方向之守军。为了加强步兵第78联队的攻击力，高木还将轻装甲车中队纳入小林恒一的指挥。

步兵第78联队奉命后，决定19日拂晓开始攻击，并作出如下攻击部署（概要）：

（一）联队（欠2个中队，配属迫击炮大队（欠2个中队）、独立山炮兵第1联队（欠第2大队）、独立轻装甲车中队、无线电1机）于19日拂晓在臭水西南方高地脚到段段山附近，展开攻击，重点指向铁道线以北，先击破井陉西方高地之敌，陆续扩张战果，进出娘子关南北一线。

（二）右第一线第3大队，午前5时展开于臭水南方高地，击破一文字山一带，不失

小林恒一

日本茨城县人，1888年8月21日出生。1910年5月毕业于日本陆军军官学校第22期，1922年11月陆军大学第34期毕业。1950年5月9日亡故。

1922年12月	步兵第10联队中队长
1923年12月	第10师团司令部附
1926年3月	晋升步兵少佐
1927年4月	第14师团参谋
	步兵第36联队大队长
	第9师团司令部附
1930年8月	晋升步兵中佐
1932年2月	留守第9师团司令部附
	第9师团参谋
1935年8月	晋升步兵大佐，广岛联队区司令官
1937年8月	步兵第78联队联队长
1938年7月	晋级陆军少将，第23师团步兵团司令官
1939年8月	第6军司令部附
1940年8月	东部军司令部附
1940年12月	东京湾要塞司令官
1941年3月	晋升陆军中将
1943年6月	待命
1943年7月	转预备役，伪满洲国高等军事学校校长（直到二战结束）

中国抗战时期，他参与的侵略作战有平汉线作战、太原攻略战、河北平定作战等。

时机地进出新高山一线，尔后攻占铁道线以北之高地线，进出南部地都北方高地线。

（三）左第一线第1大队（欠2个中队），19日午前5时在段段山西端附近以南完成攻击准备，击破石山之敌，尔后先于第3大队的攻击，陆续攻占铁道线南侧高地，击破鲤登部队右翼方面之敌，进出地都南方高地线。

（四）两大队的战斗地境为铁道线。

（五）联队炮中队在井陉西侧高地附近占领阵地，对石山及一文字山出现的重火器实施射击。

（六）速射炮中队主要协力第3大队的攻击。

（七）独立山炮兵第1联队（欠第2大队）以主力在南关附近，以一部在井陉南侧河原附近占领阵地，主要协力右大队的攻击。

（八）迫击炮大队（欠2个中队）在井陉西侧附近占领阵地，主要协力右大队的攻击。

（九）山炮及迫击炮大队从18日16时实施30分钟的效力射。

（十）独立轻装甲车中队及第3大队午前5时以前在井陉火车站附近准备前进，随着战斗进展，沿铁道线向峪地前进，第3中队密切协同轻装甲车中队，扫荡该峪地之敌，向娘子关前进。

（十一）通信班以联队本部为基点，构成旅团司令部及第1、3大队本部之间的通信网。

（十二）第2大队（欠1个中队及掩护部队）为预备队。

（十三）第2、8中队为旅团预备队。

日军的动向很快就被守军侦知。18日午后，第17师接到情报：新增敌主力之一部，于荆蒲关以东地区集结，雪花山敌之炮兵已经进入阵地，刘家沟以南之800高地，亦有敌人构筑炮兵阵地，并向阵地试射。赵寿山师长判断次日拂晓，日军必来进犯，因此除命令守兵严加戒备外，并令第98团卢营之2个连，由北峪调往乏驴岭，准备应战。

19日凌晨3时，步兵第78联队开始行动，向指定展开线前进，并在午前5时30分以前展开完毕。早晨6时左右，日军开始炮火准备，以山炮、野炮对第17师阵地实施集中射击。与此同时，日军联队炮、速射炮也对该师阵地的暴露火力点"一一点名"。一时间炮声密如骤雨，守军阵地全为硝烟所笼罩。半小时后，步兵第78联队左、右第一线利用炮击效果，开始攻击前进。

日军左第一线的第1大队进攻鸡架岩山（日军称为"石山"），一开始受到该山守军补充团的顽强抵抗，进展缓慢。但日军毕竟在火力上具有压倒性优势。上午10时40分，日军击破鸡架岩山东方各棱线的守军约二三个连，占领该山一角，接着利用险峻的岩石山，继续攻击守军纵深阵地，激战至下午1时，补充团伤亡殆尽，不足百人；而且翟济民团长身负重伤，营以下军官，非伤即亡，指挥无人，以致战局无法挽回。下午1时20分，日军攻陷鸡架岩山，并继续向西南方攻击前进，守军抵挡不住日军的凌厉攻势，遂沿铁道线退却，乏驴岭附近阵地随之崩溃。

下午2时，乏驴岭退下的溃兵路过北峪时，赵寿山师长虽督令前进，但这些部队已失去掌握，谁也指挥不了乱哄哄的部队。赵寿山见大势已去，遂令师预备队仅留存于庄头，第101团占领庄头以北附近之山头，掩护收容，经溃泉、驴桥岭（今松树岭）向神灵台集结整顿。

日军左第一线进攻鸡架岩山的时候，其右第一线的第3大队也开始对正太线以北、荆蒲兰以西各高地的守军发起进攻。该大队在上午7时30分至上午8时20分期间，陆续击破荆蒲兰以西各高地（日军称为"围墙高地"、"一文字山"、"三角山"、"三ツ穴山")的守军,并于正午时分占领土山阵地(日军称为"蔡庄北方高地")一带,接着继续进攻"新高山"(北峪以东、铁道以北的一个高地,日军称为"新高山")一带的守军阵地。该山守军在日军猛攻之下,伤亡很大,守山之营长负伤,连长以下伤亡过半,渐渐不支。但幸运的是,下午2时左右,第49旅耿志介旅长率其旅部官兵数十人移驻于该山,与该山守军协力战斗。随后,耿志介还陆续收容了附近阵地的失散官兵约百人,增加了该山的防御力量。该山守军得到增援,士气大振,拼死抵抗,未使日军越雷池一步。

步兵第78联队第3大队进攻受挫后,对守军的兵力产生了误判。根据步兵第78联队的战史资料记载:"右第一线第3大队企图夺取新高山,于是在飞机、火炮的掩护下,渐渐迫近。然而,新高山一带有约1000名敌人,占据着险峻的山顶棱线及20多个洞窟阵地,向我猛烈射击,进行最顽强的抵抗。"

第3大队白天的进攻受阻,遂于当晚对"新高山"的山顶阵地发起夜袭。此时,守军已伤亡殆尽,子弹告竭,但仍然拼死抵抗,甚至旅长耿志介也用石头与日军相拼,终于挫败了日军的夜袭,击毙日军多名(包括第11中队的小木谷少尉、岸准尉)。

同日,当守军正在旧关及乏驴岭一带与日军酣战之际,黄绍竑将部署作了调整,并下达了如下要旨的命令:

(一)第26路军、第3军、新编第10团归孙连仲指挥,担任肃清旧关、核桃园、大小龙窝、长生口之敌及侧鱼镇一带之警戒任务。

(二)第17师、第38军教导团及第27路军归冯钦哉指挥,担负防守第17师现阵地与其以北亘曹泉、胡寺、观音陀山之线,并注意洪子店方面的警戒。

(三)第30师交替完毕后,应集结于东、西葛丹附近,归还建制。

下午2时,孙连仲接到了黄绍竑的上述命令。据此,他决定先歼灭旧关日军,再策应各方面以挽回战局。然而,战场形势很快发生了变化,乏驴岭失守,第17师西撤,日军继续跟踪追击。由于娘子关一带铁路线极为重要,孙连仲得知情况后,便于下午6时命第30师第88旅星夜转向南峪、北峪一带,阻敌西进,同时令独立第44旅即由阳泉输送,到达娘子关以西的城西村附近集结待命。

当夜11时许,第30师第88旅一部赶到"新高山"接防,耿旅长将阵地防守任务移交后,才率其余部数十人,赴神灵台附近归还建制。

20日早晨,日军第78联队左、右第一线在炮兵、飞机的掩护下,开始攀登断崖绝壁,又向各自当面的守军阵地发起强攻。日军的进攻重点,仍是右第一线方面的"新高山"。该山守军第88旅已有了战场经验,当日军飞机轰炸、炮兵轰击时,先隐蔽起来,待日军步兵接近到有效射程时,再集中火力射击。这样,尽管日军步兵队形疏散,且利

晋北争锋 忻口会战

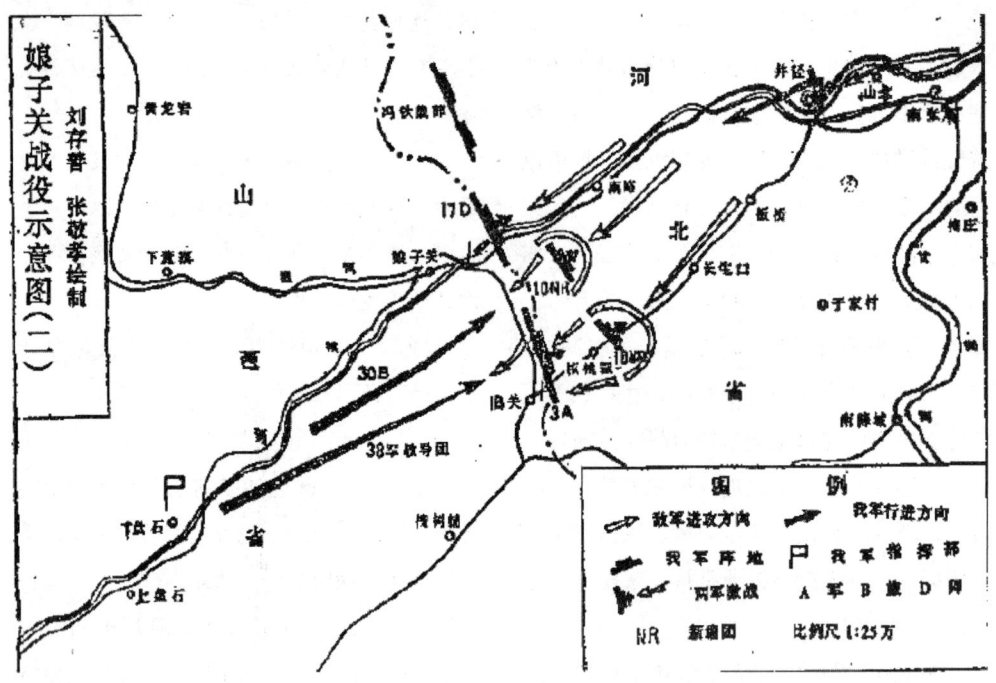

▲ 中国军队所绘娘子关战役示意图（二）。

用地形地物逐步接近，却仍遭到很大的损失。尤其是第9中队的中队长中沟大尉以下军官死伤殆尽，中队的指挥暂时由军曹担任。下午2时以后，战斗陷入胶着状态。

第3大队鉴于战况无进展，调整了攻击部署：命令新锐的第10中队在各种火炮的密切协同下，夺取"新高山"。第10中队投入战斗以后，凭借手榴弹和刺刀，于下午3时40分夺取"新高山高地线中央据点"，接着又向南北扩张战果。此次战斗，中队长中川大尉冲在队伍的前面，并率先突入守军阵地，旋即被一颗子弹击中胸部，当场毙命。随后，步兵第78联队为了加强右第一线的进攻力量，又以第7中队（中队长西本大尉）增加到第3大队方面。

守军第88旅在"新高山"与日军肉搏十余次，阵地大部被其占领，遂将兵力集中于"新高山"的最高峰上，继续抵抗。当晚10时，孙连仲命令第89旅急进增援。然而，第88旅还未等到援军到来，日军就采取迂回夜袭战术，绕至"新高山"背后，突然发起进攻，该旅猝不及防，只好丢掉阵地向北峪附近溃退。11时40分，日军完全占领"新高山"。

日军右第一线进攻"新高山"的时候，其左第一线的第1大队也对大龙窝以北的1000高地实施攻击。守军第27师第79旅在日军的反复攻击下，伤亡极大。双方激战至下午1时左右，1000高地一带阵地大多被日军占领，仅第157团团长率残部100余人固守最后一座山峰（日军称为"安武山"）。第79旅即以第158团第3营加入战斗，并将该团主力控置于南峪，准备当夜出击。下午5时左右，日军第1大队利用山炮、迫击炮、联队炮以及速射炮对"安武山"的集中射击效果，突入第79旅阵地，以手榴弹和刺刀击退守军，于下午6时50分完全占领"安武山"。

双方经过连日交战，伤亡均重。根据《抗日御侮》记载，截至10月19日，守军伤亡约5000余名。而据日军第1军参谋部第1课编撰的《战时旬报》记载，截至10月20日，步兵第77联队死伤约700人，步兵第78联队死伤约100人。

1033.4高地的战斗

到19日，娘子关附近分作了三处战场：一是步兵第77联队主力（欠第1大队）在旧关、甘桃驿附近与第3军一部对战；二是步兵第78联队在正太路沿线的北峪、南峪地区与第26路军对战；三是步兵第77联队第1大队在核桃园附近与第3军一部对战。

步兵第77联队在此前的战斗中伤亡很大，又不断受到第3军的攻击。因此，该联队在旧关方面的战况渐渐变得不利，其右翼出现危机。当日上午11时40分，右侧支队长高木义人得知这个情况，决定将步兵第78联队第2大队（欠第7、8中队，配属第2中队）、迫击炮一部、独立山炮兵第1联队（欠一部）纳入独立山炮兵第1联队长贵岛中佐的指挥，组成一支临时部队（以下称为贵岛部队），转用到步兵第77联队的右翼方面。

贵岛部队完成编组后，立即从井陉西方高地，经井陉转进到核桃园，黄昏时分集结于该地，准备击破核桃园北方1033.4高地的守军。这期间，发生了一段小插曲。当晚7时30分左右，在大龙窝位置的步兵第78联队联队本部大小行李、第3大队大小行李、神田辎重队突然受到二三百名中国兵的攻击。第6中队长西垣大尉得知情况后，先派大冢少尉指挥1个小队紧急支援，接着他亲率主力攻击中国兵的背后，终于在次日凌晨3时30分将其打退，解救了行李的危急。此次战斗，日军步兵第78联队第2大队第6中队战死大西军曹以下7名，负伤18名。

20日上午10时30分，贵岛部队在炮火掩护下，开始对1033.4高地及其东西高地线的守军阵地发起攻击。然而，因为险峻的地形，加上守军的迫击炮、机枪火力特别猛烈，日军从上午打到黄昏，也未能突入守军阵地。此日的战斗，日军步兵第78联队第2大队战死第2中队下條少尉、第5中队末永准尉以下15人，负伤38人。

21日拂晓，贵岛部队同时对1033.4高地及其东方的"米满山"发起猛攻。其第5中队通过白刃格斗，于下午3时30分占领"米满山"。凭借刚夺取的米满山，日军对1033.4高地攻击变得容易了。第2大队长中山少佐决定，不失时机向1033.4高地扩张战果，为此命第6中队及第2中队攻击该高地。22日，日军终于完全占领1033.4高地，从而排解了步兵第77联队右翼的危机。这两天的

晋北争锋 忻口会战

战斗，日军步兵第78联队第2大队战死大冢少尉以下33人，负伤84人。

娘子关战役前期双方战斗序列
（1937年10月11日—10月20日）

中国军队

总指挥 第二战区副司令长官黄绍竑

第26路军总指挥兼第2集团军总司令孙连仲

第30军军长田镇南

 第30师师长张金照

  第88旅旅长任泮澜（畹九）

   第175团

   第176团

  第89旅旅长侯镜如

   第177团团长张醴泉

   第178团团长李公民

 第31师师长池峰城

  第91旅旅长黄鼎新

   第181团团长乜子彬

   第182团团长王贯之

  第92旅旅长刘恒德

   第183团团长牛殿楫

   第184团团长王震

第42军军长冯安邦

 第27师师长冯安邦（兼）

  第79旅旅长黄樵松

   第157团团长侯象麟

   第158团团长杨守道

  第80旅旅长阎廷俊

   第159团

   第160团

 独立第44旅旅长张华堂

　　　　3个团

第3军军长曾万钟

　第7师师长曾万钟

　　第19旅旅长李世龙

　　　第37团

　　　第38团

　　第21旅旅长沈元镇

　　　第41团

　　　第42团

　第12师师长唐淮源

　　第34旅旅长马崑

　　　第67团

　　　第68团

　　第35旅旅长朱淮

　　　第69团

　　　第70团

　　独立团

第27路军总指挥冯钦哉

第7军军长冯钦哉（兼）

　第42师师长柳彦彪

　　第124旅旅长郭景唐

　　　第247团

　　　第248团

　　第126旅旅长王克敬

　　　第251团

　　　第252团

　第169师师长武士敏

　　第505旅旅长行占鳌（海亭）

　　　第1009团团长冯汉英

　　　第1010团团长潘锡畴

　　第507旅旅长王宏业

　　　　　第1013团团长黄维华
　　　　　第1014团团长宸久哉
第38军第17师师长赵寿山
　　　第49旅旅长耿景惠（志介）
　　　　　第97团团长李维民
　　　　　第98团团长陈际春（会云）
　　　第51旅旅长张骏京
　　　　　第101团团长张桐岗
　　　　　第102团团长张世俊
　　　　　补充团团长翟济民（一说孙子坤）
第38军教导团团长李振西
晋绥军新编第10团团长白长胜　　团附朱崇廉
晋绥军炮兵第30团团长刘倚衡

日本军队
10月17日以前：
第20师团右侧支队　　　　　支队长高木义人少将
　　　步兵第39旅团　　　　旅团长高木义人少将
　　　　　步兵第77联队　　联队长鲤登行一大佐
　　　工兵第20联队第2中队（欠半部）
　　　卫生队的三分之一
　　　骑兵第28联队的1个小队
　　　（配属部队）独立机枪大队第4大队第1中队
　　　（配属部队）迫击炮第3大队第1中队
　　　（配属部队）独立山炮兵第1联队第2大队（欠1个中队）
10月18日以后加入战斗的部队：
　　　　　步兵第78联队（欠2个中队）　　联队长小林恒一大佐
　　　师团通信队1个分队
　　　（配属部队）迫击炮第3大队（欠2个中队）
　　　（配属部队）独立山炮兵第1联队（欠第2大队）

第十三章　川岸的左钩拳

日军的迂回意图

10月中旬，日军第20师团的右侧支队在旧关附近遭到守军的顽强抵抗，战况几乎毫无进展。这期间，第20师团主力集结在石家庄西南休整，准备以有力的一部乃至师团全部力量从事娘子关作战的任务，为此进行了研究。

日军认为，娘子关附近及其以西的守军

川岸文三郎

日本群马县人，1882年1月1日出生。1903年11月30日毕业于日本陆军军官学校第15期，1911年11月29日陆军大学第23期毕业。1957年6月15日亡故。

1924年2月4日	侍从武官
1926年3月2日	晋升陆军步兵大佐
1929年8月1日	近卫步兵第4联队联队长
1931年8月1日	晋升陆军少将，侍从武官
1934年12月10日	陆军兵器本厂附
1935年1月21日	独立混成第11旅团长
1935年8月1日	晋升陆军中将
1936年3月7日	第12师团司令部附
1936年4月	第12师团留守司令官
1936年12月1日	第20师团师团长
1938年6月23日	东部防卫司令官
1939年12月1日	转预备役

中国抗战时期，他参与的侵略作战有平津作战、平汉线作战、太原攻略战、河北平定作战等。1936年7月10日获得勋一等旭日大绶章。

晋北争锋 | 忻口会战

阵地极为坚固。而且因地形上的关系，当地的交通非常不便，为此有必要改变编成、装备，并应在补给上进行特别的处置。

15日，第20师团师团长川岸文三郎中将召集各部队长开会，就各部队的准备作出必要的指示。次日，他又召集幕僚、部长开会，就该师团的作战准备情况及娘子关作战进行了具体的研究。接着，该师团还派参谋前往右侧支队，实施必要的侦察。

正当第20师团热火朝天地准备着进攻娘子关的时候，第1军司令官香月清司中将却另有打算。17日，日军华北方面军司令官寺内大将抵达石家庄，访问了第1军司令部，香月中将向寺内提出意见说："平汉沿线之敌，由于我快速追击，已陷于极度混乱，若进一步强力追击，敌人已无法凭借漳河原有阵地，从而可以占领彰德一带，并根据情况说不定可省去原所预想之将来的新乡附近阵地进攻，而一气到达黄河一线。所以本军希望此际增加第109师团，利用这一最有利之追击形势，继续南进。体谅第5师团于忻口之苦战，以本军之一部突破娘子关要隘而活动于太原附近，估计此事约需三四周时间，故而要求第5师团仍从这方面着眼筹划增加兵力，本军占领彰德或新乡后，以一部向山西南部平川地带前，如能截断同蒲铁路，与第5师团相呼应，而一举攻略山西省全部则最为有利。"

寺内大将先对第5师团攻击不力表示气愤，他对香月说："进入山西原为一大失误，关东军参谋长东条中将与板垣中将合作做出的轻率冒进，终于酿成如此有失体面之状况。"但接下来，他却话锋一转，委婉地拒绝了香月的意见："目前山西作战正面临着失败的危险，即使徒耗时日也会丧失皇军之荣誉。因之，决心首先实施太原攻略战。另外，第109师团另有任务，碍难派至第1军。"

香月清司

日本佐贺县人，1881年10月6日出生。1902年11月22日毕业于日本陆军军官学校第14期。1912年11月25日陆军大学第24期毕业。1950年1月29日亡故。

1912年12月	陆军省官房附
1913年8月	陆军省副官
1916年7月	驻法国
1916年11月	晋升陆军步兵少佐
1920年4月	回国
1920年8月	晋升陆军步兵中佐
1921年3月26日	陆军步兵学校教官
1921年7月29日	陆军大学教官

1923年8月6日	晋升陆军步兵大佐
1924年4月10日	步兵第60联队联队长
1925年5月1日	步兵第8联队联队长
1926年3月2日	陆军大学教官
1927年7月26日	陆军省军务局兵务课课长
1929年1月28日	晋升陆军少将，步兵第30旅团旅团长
1930年8月1日	陆军大学教官
1930年12月22日	陆军大学干事
1932年4月11日	陆军步兵学校干事兼教育部长
1933年3月18日	晋升陆军中将，陆军步兵学校校长
1935年3月15日	第12师团师团长（到1936年3月7日）
1936年3月23日	近卫师团师团长
1937年3月1日	教育总监部本部长
1937年7月11日	支那驻屯军司令官
1937年8月26日	第1军司令官
1938年5月30日	参谋本部附
1938年7月29日	转预备役

中国抗战时期，他参与的侵略作战有平津作战、平汉线作战、太原攻略战、"宋哲元军扫荡战"、河北平定作战、徐州会战等。因侵略中国"有功"，1938年2月4日获得勋一等瑞宝章，1940年4月29日获得勋一等旭日大绶章。

当天，华北方面军下令，"第1军以有力的一部迅速突破正太线方面的敌阵地，进出榆次附近，使第5师团的太原攻略容易"。香月奉命后，本来打算仍以第20师团之一个混成旅团（右侧支队）突破娘子关防线，以策应第5师团，但随后根据川岸师团长所陈述之意见，为了火速突破娘子关要隘，终于同意使用该师团之全部兵力。19日，日军第1军命令川岸师团长以全师团兵力攻击娘子关，攻占阳泉平原。

川岸师团长基于第1军的命令，决定先以全力击灭娘子关附近长城线之守军，一举攻略阳泉平原。这之前，在川岸的授意下，参谋长杵春久藏大佐及其手下的参谋们已将作战计划制定出来了。他们考虑到山地战的特性、守军的素质、惯用战法、守军阵地的配备等，决定以新派遣的左纵队，乘目前守军的防备不完备，从七亘村方面一举迂回到其右侧背，以切断其退路，并期望凭借彻底的两翼包围将其歼灭。

20日，川岸师团长下达作战命令：师团决定分两个纵队向阳泉发动进攻，原来的右

晋北争锋 | 忻口会战

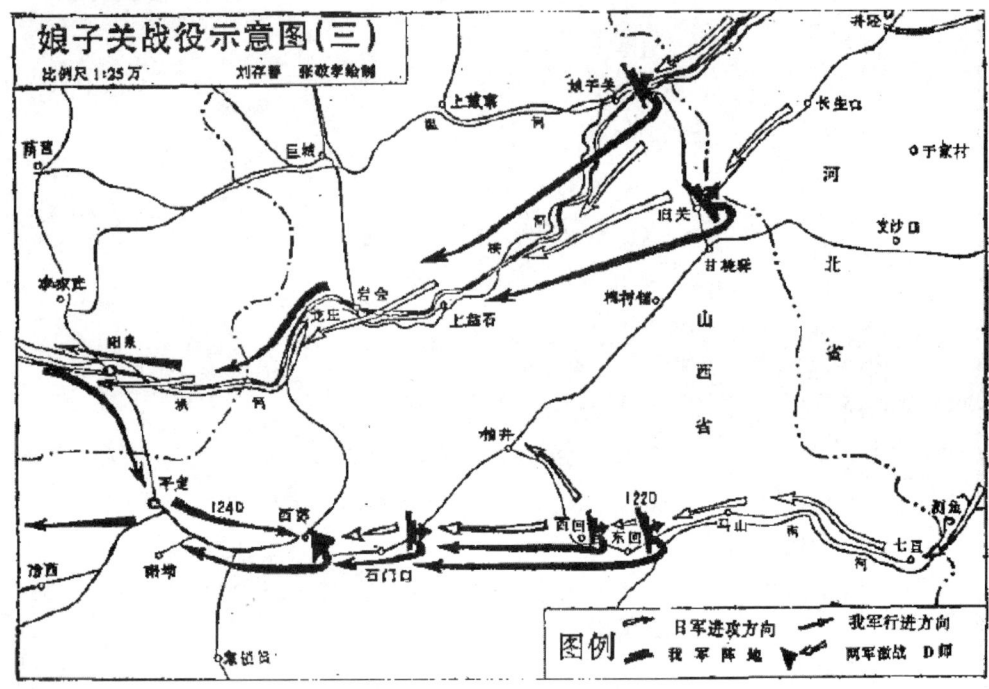

▲中国军队所绘娘子关战役示意图（三）。

侧支队（步兵第39旅团配属野炮2个大队、十五榴2个中队、山炮1个大队、迫击炮2个中队等组成的混成旅团）作为右纵队，继续攻击井陉、新关、石门口大道方面及其以北之守军；步兵第40旅团（欠步兵第80联队主力，配属山炮1个大队、迫击炮1个中队）作为左纵队，沿微水镇、测鱼镇、石门口大道前进，进入到右纵队正面的守军背后，使右纵队的攻击容易。其余部队先集结于井陉附近。川岸为进行统一部署，21日率师团司令部前进到井陉。

第771团阻击失利

21日，日军第20师团左纵队从石家庄西出发，经获鹿县、微水镇前进，当夜在南横口附近宿营。该纵队的编成如下：步兵第40旅团（欠步兵第80联队（欠第3大队））、独立机枪第4大队1个中队、独立山炮兵第1联队1个大队、迫击炮第3大队1个中队、工兵1个小队、传令骑兵10名、通信队2个分队、卫生队的三分之一、第2野战医院、师团辎重（驮马2个中队）、兵站辎重（驮马1个中队）。

22日，该纵队以步兵第79联队的主力为前卫，沿桃松溪－水河谷大道前进，当夜在七狮园以东地区宿营。虽然日军左纵队这次穿插行动，是悄悄地前进，但其几千人的大部队行军还是于当日被黄绍竑侦知。黄估计日军因正面无进展，便企图由测鱼镇经七亘村、马山村，直趋平定，断我正面后路。此时，第129师师长刘伯承和政训处主任张浩率师部及第386旅已进抵山西省平定县地区，归黄绍竑指挥。这样，黄绍竑命令该师立即进驻七亘村、马山村地区，阻击日军迂回部队西进。

在此危急情况下，刘伯承遂急令第386旅旅长陈赓率部赶往七亘村、马山村地区。陈赓奉命后，决定以第771团固守七亘村前面的隘路，阻止日军西进。同时，速调第772团回马山村，准备侧击西进的日军。当晚，第771团准时到达指定地点，随即展开兵力向石门山口警戒，并派出1个营前往测鱼镇。

23日早晨，日军左纵队兵分两路行动：纵队主力从柿庄南端出发，向测鱼镇前进；山根大队（步兵第79联队第2大队主力）则从南障城出发，从固兰村、白灰村方向推进以使纵队主力的作战容易。

当日中午，第771团的1个营赶到测鱼镇附近，与日军左纵队的先遣中队相遇，双方展开遭遇战。该营抢先占领了村东老爷庙后山高地，对日军构成阻击之势。

日军步兵第79联队联队长森本伊市郎大佐，同时也是左纵队前卫司令官。下午1时30分，当他到达测鱼镇东北方高地时，听到从西方传来枪炮声，随后得知"先遣中队正在排水岭南北的高地线，和盘踞该地西方荒坡岩南方高地线的约1个营的敌人交战中"，于是立即命令前卫部队全部投入战斗，攻击该营。

但是，该营依托地形顽强抵抗，打退了日军多次进攻。对此，日军也不得不承认："当面之敌的兵力约七八百，盘踞险峻的山顶进行顽强抵抗，我攻击的进展不尽如人意。"战斗持续到黄昏，该营伤亡30余人，遂撤至七亘村集结，准备天明进入新阵地。日军则趁机发起追击，相继占领东石门北方及南方高地一带，当晚9时许在东石门村以东集结兵力。

日军步兵第79联队占领了东石门村以后，又把七亘村确定为下一个攻击目标，当晚就命令第10中队从东石门村以东向南方迂回，突袭七亘村附近的守军。该中队奉命后，在当地汉奸的指引下，避开大路，经隐蔽小径，悄悄逼近七亘村第771团驻地。

24日凌晨1时左右，日军第10中队突然出其不意地袭入第771团驻地。该团官兵在暗夜中不明日军虚实，只得仓促应战，且战且退。

第771团团部设在七亘村农民董义永家的前院，那天，董义永从营庄给部队运送物资回来，已是黄昏时分，他觉得身体很疲倦，在后院场房里躺下睡着了。午夜后，他起来去场边解小手，忽然间枪声大作。董义永一看情况不好，撒腿就往回跑。这时，八路军的1个通讯员抱着一摞文件从后院跑出来，紧跟在他后面向前院跑。突然一发掷弹筒炮弹打在东南房屋的山墙上震耳欲聋地爆炸了。抱文件的通讯员"呀"地一声倒在地上。这发炮弹正打在他俩头顶上面两公尺处的墙壁上，把部分砖、瓦、灰土击落，盖满他们的全身。董义永看到抱文件的通讯员倒下了，他想，一定是被弹片击中要害处死了。可是抱文件的通讯员很快从地上爬起来，把撒在地上的文件迅速拾起来问董义永

晋北争锋 | 忻口会战

说："你没有事吧？""我没事，你负伤啦？"，董义永一边回答，一边问抱文件的通讯员。"我没有负伤，我们被敌人包围啦！"通讯员说。董义永一听说被日军包围了，不顾自身的安危，主动给部队作向导。他在前领着部队经西羊圈、老坟直奔西北的风凉岭高地。

第771团的另一部也在村民董福的向导下，占领了村西的珠珠山；还有一部则由村民董义林为向导，经火坡、小荒沟占领了七亘村北的老坟崖高地。

日军第10中队偷袭第771团后，因兵力不足，仅占领了七亘村一角之新阁、三郎庙垴土包，其余东、西、北三面制高点仍控制在第771团手中。

24日上午7时，日军左纵队的前卫从东石门村出发。2个小时后，前卫司令官森本伊市郎大佐前进到七亘村附近时，得知有兵力不详的守军在七亘村西侧高地一带的棱线占领阵地。这是第771团遇袭后占领的新阵地。森本立即命令山炮兵中队在七亘村东侧占领阵地。

日军左纵队冲破第771团的阻击以后，继续沿着石门大道向西推进。

东回镇附近的战斗

24日下午，因通信联络不畅，黄绍竑对第386旅的战况一无所知。虽然黄绍竑还不知道第771团阻击失利的消息，但他仍然深感忧虑。他担心仅靠第386旅恐怕难以挡住西进的日军。恰好此时，川军第122师的先头部队第364旅已抵达阳泉附近。黄绍竑便命第364旅即刻由岩会镇出发，迎击西进之日军。

第364旅并非纯正的川军，而是冯玉祥的旧部。1933年，蒋介石将该部派入四川，归四川军阀田颂尧节制。田颂尧检阅该部后，认为该部军容军纪和战斗力均为川军不可比拟的，于是将该部编为教导旅，由此这支主要由冀鲁豫陕人组成的部队就成为了川军。

虽然该旅的人员素质较好，但武器装备却很差。步枪都是四川土造，射击距离很近，准确程度极差，而且极易发生故障，连续打个十来枪，就会拉不开枪机，或者退不出弹壳。全旅总共只有8挺重机枪和2挺轻机枪，步枪十之八九没有刺刀，而由旅修械所自制一种古代兵器大砍刀，每位士兵配给一把来弥补刺刀之不足，用来作为白刃战的武器。使用大刀是西北军的一种传统风气，而该旅正是西北军旧底子的一部分。

19日，该旅作为川军第41军的先头部队，第一个到达太原。22日，孙连仲部因伤亡惨重，请求第二战区司令长官阎锡山速调生力军增援。这时，第122师的其他部队和师长王铭章以及第41军的其他部队和军长孙震都还没有到达。但军情紧急，阎锡山也顾不了那么多，直接命令第364旅乘车开赴阳泉，归黄绍竑指挥。当晚，该旅到达阳泉，刚下车，黄绍竑就电令他们立即原车东开，到程家垴车站归第26路军总指挥孙连仲指挥。走了一站，站长又转达黄绍竑的电令，叫他们在移穰车站下车，后来又改在岩会车站下车。

23日夜间，第364旅到达岩会车站。24日下午，旅长王志远接到黄绍竑下达的电令，一共只有10个字："即刻出发还击西进之敌。"这让该旅官兵觉得云里雾里。西进之敌从何而来？番号是什么？兵力有多少？本旅有没有配合作战的部队？归谁指挥？一切情况都不清楚。尽管情况不明，但军令如山，第364旅于当日下午5时左右由岩会出发，第727团在前，向东搜索前进，连夜赶到平定县东回镇。

24日黄昏，日军左纵队的前卫抵达马山村附近。此时，日军得到错误的情报，得知守军已在其前方完成布防，占领着从狼窝北方标高1247高地，经尖长岭亘水峪一线阵地，于是停止前进，准备次日对上述阵地发起进攻。就在日军准备攻击这些子虚乌有的"敌军"时，却真的有一支中国部队自己送上门来。

25日拂晓，第364旅由东回镇继续向东挺进。上午8时左右，其先头部队第727团行进到马山村以西时，突然遭到日军的侧击，损失甚重。该团被日军打了个措手不及，无法组织有效抵抗，只好退据东回镇附近。东回镇是在一个谷道中，南北两侧都是高山。团长张宣武决定先采取守势。随后，第364旅旅长王志远率旅部和第728团赶到，调整了部署：第727团迅速占领东回镇南山阵地（日军称为东回镇西南方高地），第728团以1个营占领北山阵地（日军称为东回镇北方高地），以1个营占领东山阵地（日军称为木槽村东南方高地）。团部和1个营位于村内，旅部在南山上。

此时，日军已判明第364旅在胡家庄以南，决定立即发起进攻。步兵第79联队联队长森本大佐（兼任前卫司令官）命令第1大队以一部从狼窝方向、以主力从木槽村方向攻击胡家掌附近的守军，向该地西侧高地进击。

上午10时许，日军炮兵轰击东山阵地，守军第728团第2营伤亡100余人。半小时后，日军第1大队向东山阵地发起冲锋，每次四五十人，连续3次，均被守军用手榴弹击退。日军第4次冲上来时，守军的手榴弹打光了，就用大刀同日军展开肉搏。经过一番白刃格斗，第728团第2营只剩官兵100多人，山头阵地遂被日军占领。

当东山战斗最激烈时，第728团第3营曾去支援，刚到东山山麓，山头已被日军占领。他们仰攻，未能奏效，且在敌炽盛火力和飞机轰炸扫射下，伤亡过半。

上午11时30分，森本到达东山阵地，得知仍有"约1个师的守军占领着木槽村南侧高地、东回镇西南及北方高地线一带的数道阵地"，决定立即以前卫主力从胡家掌方向向其西方高地攻击前进。不久，步兵第40旅团旅团长上月良夫少将（兼任左纵队队长）骑马急行到森本的位置，他在确认了森本的进攻决心后，不但将2个步兵中队复归其隶下，还把1个山炮兵大队配属给森本。

据此，森本以第3大队为左第一线，进攻道路以南的南山阵地；又以第1大队为右第一线，其主力进攻北山阵地。山炮兵大队的主力配合右第一线的攻击。

南山上，第727团采取梯次配备，以有2挺轻机枪的第1营为第一线，防守山麓；以有4挺重机枪的第2营为第二线，防守山腰；以第3营为第三线，防守制高点；团部和迫击炮连位于山顶。下午2时许，南山战斗打响。日军照例在步兵进攻之前，先以飞机、大炮进行制压射击，第727团伤亡200余人，4挺重机枪被敌压制成了哑巴，1挺轻机枪被摧毁。半小时后，日军左第一线第3大队逐渐接近，守军官兵抡起大刀与敌肉搏。第727团第1营第2连连长邵先志被敌人的刺刀戳穿了左手掌。第1营伤亡殆尽，被迫退守第二线。日军乘势向守军第二线进攻，双方又是白刃混战，反复冲杀。到下午5时，南山仍在中国军队手中。《第20师团战斗详报》印证了此战第727团的勇敢顽强："左第一线方面之敌颇为顽强，隔着棱线于至近距离上演手榴弹战，并进行了石头战。敌人还挥舞青龙刀逆袭而来，这样又上演了壮烈的白刃战，战斗极为激烈。"

日军在进攻南山的同时，也向北山进攻。日军右第一线第1大队在山炮的掩护下，从胡家掌方向向其西侧高地一路攻击前进，守军第728团第1营节节西退。战至黄昏，日军已将该营逼退至西回村东方一带的高地及棱线，营长司吉甫见状，命令部下一起投出手榴弹。然后，该营借助烟雾的掩护撤往东回镇。

当双方激战之时，第364旅旅部以无线电向黄绍竑、孙连仲联系，但始终呼叫不到。该旅孤军作战了一整日，第727团伤亡800余人，第728团伤亡1000余人。入夜后，第364旅向西转移。该旅脱离日军约七八里，就在大寨垴山的山沟露营。

娘子关的陷落

10月20日，日军右侧支队根据第20师团的命令，改称为右纵队。该纵队的编成如下：步兵第39旅团、独立机枪大队第4大队第1中队、独立轻装甲车第2中队、迫击炮第3大队（欠1个中队）、野炮兵第26联队（欠第1、2大队）、野战重炮兵第3联队第1大队（欠1个中队）、独立山炮兵第1联队（欠1个大队）、工兵第20联队第1中队（欠2个小队）、10名骑兵、卫生队的三分之一。

21日，日军步兵第78联队基于右纵队命令，为从铁道线以北的地区攻击守军，一方面以第1大队转进庄头；另一方面以日军第3大队从北峪东北高地，压迫守军第88旅退至张家洼、驴桥岭之线，并夺取北峪西方棱线。随后，第1、3大队共同准备次日拂晓对庄头西方高地的守军进行攻击。

22日凌晨4时，日军步兵第78联队展开完毕。早晨6时30分，其第一线两个大队利用野山炮、联队炮、速射炮以及迫击炮的射击效果，向第30师溃泉阵地展开猛烈进攻。这期间在日军背后的庄头，出现了约五六百名中国兵，由常坪方向袭来。这是第169师第505旅一部，企图侧击日军。日军发现这个情况后，立即分出一部分火力指向该方面，并以1个小队实施攻击，挫败了第505旅的侧击企图。

日军右第一线的第1大队发起进攻后，

很快席卷其当面守军阵地的左翼,并击破了850高地方向的五六百名守军,于上午10时一举占领省境线各高地。

日军左第一线的第3大队和右第一线大队联系,先击溃了南峪北方高地的约五六百守军,接着又击败了南峪东北方高地的约五六百守军,于12时20分占领省境线各高地。

沿铁道线行动的轻装甲车中队及第3中队的一部,这期间也驱逐了南峪附近的守军,于下午1时占领南峪。

22日的战斗,日军步兵第78联队主力战死23人,负伤80人。

下午3时30分,黄绍竑得知守军伤亡极重,并获悉日军又增兵400余人(附炮12门),由东、西葛丹向守军左翼运动,有威胁守军侧背企图。便当即以电话命令第26路军即日缩短战线,占领绵山顶至苇泽关一带阵地,阻敌西进。据此,孙连仲总司令决定于当晚8时开始向神仙洞、绵山顶、苇泽关1853高地、宋家岩底之线变换阵地。

23日早晨,日军步兵第78联队对南峪、张家洼以西的张家峪附近展开进攻。由于第26路军各部队均已到达新阵地,日军的攻击异乎寻常地顺利。但日军在夺取张家峪西北方高地及763高地之后,也停止了进攻,就地构筑工事,同时整顿部队,准备接下来的攻击。

当正太线的战斗渐渐沉寂下来的时候,第3军一部仍然控制着核桃园南侧的红土岭

▲娘子关的中国守军。

晋北争锋 忻口会战

附近高地，威胁着日军交通线井陉、旧关大道。川岸师团长为确保这条交通线，命令师团预备队中的步兵第80联队第1大队前去扫荡核桃园南侧一带的守军。23日下午，该大队开始发起进攻，却遭到守军第3军一部的顽强抵抗，进展迟缓。当晚，第3军向大、小龙窝及核桃园南端高地一带的日军发动全线出击，但并没有取得多大的战果。第3军经过一昼夜的战斗，伤亡团长以下600余人。

24日拂晓后，步兵第80联队第1大队在航空兵以及十榴（100毫米榴弹炮）大队的配合下，继续向第3军红土岭阵地发动攻击。第7师第19旅阵地曾一度动摇，经独立团增援奋战，暂时遏止了日军的攻势。但是，第3军因持续的战斗，伤亡很大，且疲惫不堪，在日军的猛攻之下，渐渐顶不住了。下午5时45分，第3军右翼的第7师阵地被日军突破，日军占领标高1066高地，据此可确保井陉－旧关大道的交通安全。而第7师在战斗失利后，被迫转移至1314高地迄梁家垴之线。

当天，右纵队队长高木少将在分析战场态势后，认为娘子关北方高地是娘子关守军的最后支撑点。于是，他决定步兵第78联队于26日、步兵第77联队于27日开始攻击，占领娘子关北方高地后，包围席卷娘子关守军的左翼。

可是，还没等日军右纵队有所行动，娘子关守军便开始全线后撤了。这是因为，25日形势突变，日军左纵队的步兵第79联队越过马山村继续西进。当时在平定方面除第122师外，再无其他部队。据此，黄绍竑又感到守军交通线有被截断之虞，在得到阎锡山的同意后，下令以第26路军留置一小部于娘子关正面阵地，主力转移至巨城镇、移穰镇，而后进入到桥头村、柏井驿；以第124师之第372旅推进至石门口，准备反击。同时令第27路军，留置3个团于上下盘石至巨城镇间，阻击由娘子关西进的日军。

26日凌晨2时，日军步兵第78联队的第一线第1、3大队以及迂回队第9中队开始行动，从省境线的各高地出发，向指定展开地前进。凌晨5时以前，第1大队在宋家巷底－尖草芪一线，第3大队在王家坞附近，第9中队在石榴咀附近，展开完毕，完成攻击准备。

早晨6时30分，日军炮兵开始猛烈射击。接着，日军步兵也向娘子关北方高地一带攻击前进，以包抄娘子关守军的左侧背。此时，娘子关守军主力已全线后撤，娘子关北方高地一带仅留下掩护的五六百人，见日军大举进攻，即且战且退。

上午8时至9时，日军迂回队第9中队进出丁家庄，第1大队进出油沟东北方高地，第3大队进出苇泽关北方765高地一线。联队长看到己方的攻击异常顺利，趁势下达命令，迂回队沿拉底－坡底，第1大队沿油沟－水峪－交峪，第3大队沿娘子关以北的高地线向娘子关西方急追败退的守军。

上午8时40分，联队长小林恒一大佐又以预备队第8中队作为追击队，沿地都－苇泽关－娘子关道路扫荡残余的守军，并向娘子关西南方高地追击守军。正午前后，第3

第十三章 川岸的左钩拳

大队及第8中队相继进入娘子关,第1大队及第9中队则占领娘子关北方高地一带。下午1时左右,步兵第78联队完全控制娘子关一带。

根据步兵第78联队的战史资料记载,该联队自19日参加娘子关战役以来,经过连续8天的战斗,伤亡中川大尉以下470人。

柏木井附近的战斗

日军左纵队25日在东回镇附近击败第364旅以后,娘子关的侧背完全暴露在日军的攻击矛头之下。当晚,步兵第79联队(欠第2大队、配属独立山炮兵1个大队、独立机枪1个大队、工兵1个小队)在东回镇附近、预备队(步兵第80联队第3大队的一部)在小川附近休整,准备尔后的攻击。此时,娘子关正面的部分守军已开始后撤。这期间,联队长森本得知以下情况:"右纵队方面依然于新关方面对持续抵抗之敌,期望26日于铁道线方面发起攻击,27日实施总攻击。在柏木井的敌军司令部及第1大队正面之敌正向'松沟村'及其西方高地败退。"

据此,森本打算26日以联队主力向柏木井方向前进。为切断守军的退路,他还决定进攻"松沟村"及其西方高地,并于26日凌晨2时下达命令,"第1大队首先以一部夜袭'松沟村'及其西方高地,拂晓以前完成各项准备后,再以主力攻击其北端一线"。上文中,日军反复提到了"松沟村"这个地方,但山西省平定县境内并没有叫"松沟村"的地名,从日军地图上该地的位置来看,"松沟村"应为前牌岭村。因此,下文将日军所称的"松沟村"称为前牌岭村。这里的守军为第3军第7师一部。

日军第1大队主力到达前牌岭村东侧时,天已经亮了,此时得知约1个营的中国部队正在前牌岭村西侧成纵队东进。那是川军第122师第366旅第732团的陈永沛营,正向东回镇驰援。原来,第122师的后续部队第366旅还不知道第364旅已经败退。该旅在移穰镇下车后,即奉黄绍竑命令奔赴东回镇增援第364旅,迎战西进的日军。日军随即对该营发起突袭,以第3中队及机枪中队从东方、第2中队从西方夹击,该营猝不及防,全部以身报国。第732团的另外两营得知情况后,被迫后撤。

与此同时,第366旅的后继部队第731团,也在柏木井沟与日军遭遇。该团的反应很快,立即抢占了附近的高地,并构筑了简易阵地工事。

当日拂晓,退到大寨垴山中的第364旅听到北面西回村、柏井驿一带枪炮声紧密,据探报,得知是第366旅正与敌激战。于是该旅决定北上,与第366旅会合,进至黎坪以北约5里处的一个村子时,忽遭日军步兵第79联队第3大队的拦腰截击,该旅措手不及,伤亡200余人。只得且战且退,回到黎坪,占领阵地。

早晨7时,森本到达前牌岭村东侧高地,观察战场,得知中国军队正陆续从后方进入前牌岭村西北高地上的阵地,又在柏木井沟高地占领数道阵地,第1大队正准备攻击前牌岭村北端一线。恰在此时,该联队接

晋北争锋 忻口会战

到上月少将下达的命令,"以一部掩护,以主力先从1360高地(前牌岭村东北方3公里)方向夺取1387高地(前牌岭村北方5公里)"。

1360高地在固驿铺以南的张家垴、刘家沟一带,固驿铺即新关守军第3军军部所在地。1387高地则位于固驿铺西南。上月的用意再明显不过,就是要截断第3军的后路。

据此,森本调整了部署:第8、12中队攻击1360、1387高地;第1大队以主力向柏木井沟高地攻击前进。同时他还把第3大队调到附近。

第1大队奉命后,决定以一部进攻前牌岭村西方高地的第7师一部;以主力进攻柏木井沟西侧高地的川军第731团。

上午11时左右,该大队展开完毕,随即发起进攻。

第2中队占领前牌岭村西方高地后,接

上月良夫

日本熊本县人,1886年11月7日出生,1909年5月27日毕业于日本陆军军官学校第21期,1917年11月27日陆军大学第29期毕业。1971年4月3日亡故。

1932年8月8日	晋升陆军步兵大佐,陆军省整备局统制课课长
1935年3月15日	步兵第11联队联队长
1937年8月2日	晋升陆军少将
1937年8月26日	步兵第40旅团长
1938年7月15日	陆军省整备局局长
1939年10月2日	晋升陆军中将
1940年3月9日	陆军运输部长兼第1船舶输送司令官
1940年9月28日	第19师团师团长
1942年7月1日	第2军司令官
1943年5月28日	驻蒙军司令官
1944年11月22日	第11军司令官
1945年4月7日	第17方面军司令官兼朝鲜军管区司令官
1945年12月19日	第一复员次官
1946年6月15日	复员厅第一复员局局长
1947年10月15日	厚生省复员局局长
1950年8月16日	厚生省复员局局长免职

中国抗战时期,他参与的侵略作战有平汉线作战、太原攻略战、河北平定作战等。

着又对其西北方的数道守军阵地进行攻击。该中队在火力掩护下，从右侧方面陆续突破守军阵地。

第1大队主力在大队炮、独立山炮兵大队及独立机枪大队的配合下，连续对柏木井沟附近高地进行攻击。守军第731团以步、机枪组成交叉火力，顽强抵抗。日军右第一线第4中队的中队长在火力掩护下，身先士卒，突入第731团阵地。但很快第731团就发起了反击，手榴弹像雨点一般投向日军，日军被炸得乱成一团。还没等硝烟散去，便有数百名川军将士挥舞着大刀，冲了过来。经过一番激烈的白刃格斗之后，日军伤亡惨重，第4中队长阵亡，2名小队长及曹长也或死或伤，该中队只得暂时由伍长指挥。但即便如此，该中队还是击退了第731团的这次反击，保住了高地。随后，第1大队长亲率预备队越尸前进，于下午4时30分占领柏木井沟北侧高地一带。下午5时许，第3中队还越过大道，占领了柏木井西北方约2公里附近一带的高地。第731团与日军血战了一整天，伤亡很大，且非常疲劳，当晚向桥头村、阎家山撤退，尔后同第366旅其他部队一起，经上盘石沿铁路继续西撤。日军趁势完全占领柏木井沟一带。

日军第1大队主力在柏木井沟与川军第731团激战的时候，第8、12中队也向张家垴、刘家沟附近的守军阵地发起进攻，直接威胁固驿铺的第3军指挥部。第3军军长曾万钟急调军独立团前往迎战，以掩护指挥机关转移，但未能遏止日军的进攻。第8、12中队在独立山炮兵大队的配合下，沿棱线向东

北攻击前进，陆续夺取指定的高地。激战至黄昏，日军占领了"白岸西方高地"（柏木井东北方约4公里），据此完全切断了新关守军第3军的退路。第3军因柏木井失陷后路被截断而与战区指挥机关失掉联络。27日转向正太铁路西盘石方面，尔后经义井离开正太铁路，经昔阳退往和顺。

七亘村大捷

26日，就在娘子关失守的当天，第129师第772团却打了一个胜仗。这是怎么回事呢？

话得从头说起，10月23日，当第771团还在固守七亘村前面隘路的时候，第386旅旅长陈赓认为只靠防守是挡不住日军的，于是他准备亲率第772团侧击西进的日军。

当晚6时，陈赓率第772团由马山村出发，进到王寨、泉口一带。24日早晨5时，又向南藁亭村及七亘村以南高地开进，由于山路崎岖，行动困难，直至下午3时才到达指定地点。此时，他们发现七亘村已被日军占领，第771团也失去了联系。而且，西进的日军大部已通过了七亘村，仅有辎重在后跟进。因悬崖绝壁，第772团无法突击下去，便当即以突然火力向其袭击，可惜因地形关系，无法确认战果。

25日，陈赓接到刘伯承的电报，这才知道第771团遭到日军夜袭，有相当损失。同时，他还了解到川军已到东西回村阻止正面之敌，遂决心以积极动作配合正面作战。于是命令第772团副团长王近山率第3营秘密进

晋北争锋 | 忻口会战

到营庄以南高地伏击日军。

王近山奉命后,即带队抵达营庄以南高地,详细察看地形,选择伏击地,进行战前准备。这期间,王近山侦知向平定方向进犯的日军第20师团的后方辎重部队1000余人,正宿营在测鱼镇,估计第2天必定经七亘村向平定前进。于是他决定次日在七亘村附近伏击该敌。

26日拂晓,王近山带领第3营进入伏击地区。他将2个连又1个排布置在七亘村至甲南峪间的大道南侧,把另外2个连作为预备队,控制七亘村以南高地,并派出侦察分队,在东石门村一带活动,及时掌握敌情。营指挥所设在离大道约300米的青脑北边的山头上,从那里俯瞰山下,七亘村及大道两旁的景物,尽收眼底。指挥所配备重机枪1挺,作为伏击战斗的火力指挥信号。

上午8时左右,王近山带着3营营长郭国言、副营长雷绍康等人,爬到1个最高的山头,察看敌情。突然,他们从望远镜里看到,约距3公里处有1股日军正向七亘村运动。随后,又得到侦察人员的报告,说日军的辎重部队有300多人,前后各有100余名步兵掩护,向七亘村开来。得到敌情,王近山马上向陈旅长报告,并立即召集郭营长、雷副营长、教导员罗明海、副教导员尤太忠、9连连长刘臣须、10连连长罗绍起、11连连长李春山、12连连长邓世松及9连指导员何开生、10连指导员梁天喜等人开紧急会。王副团长指出:"我们的任务是伏击日军,夺取辎重。"他根据日军行进队形,进一步明确了各连的主要战斗任务:12连担任正面突击日军辎重部队,夺其辎重,11连担任穿插、阻击和包围,配给轻机枪3挺。战斗打响以后,11连要沿山沟迅速占领七亘村南大道两侧,切断前面敌步兵同辎重部队的联系,并阻击敌步兵对其辎重部队的援助。然后,要以一部分兵力,抢占七亘村西南边不到100米高的定盘山,形成对敌军步兵的包围,防止敌军步兵抢占和利用村庄负隅顽抗,力争将其全歼于大道上,以保证12连顺利消灭敌军辎重部队;特务连的1个排负责阻击后退之敌。接着,各单位跑步进入阵地。战士们为了搞好隐蔽,灵活地利用地形地物,有的钻进草木丛,有的用野草和树叶把自己伪装起来,有的藏在土坎、岩石后,个个严阵以待。

从测鱼镇出来的日军辎重部队分为三部分:

走在最前面的是步兵第79联队大小行李,人员约100多名,马数十匹,负责为步兵第79联队联队本部运送物资。

接着是第3师团第1兵站辎重兵中队(中队长幸村三八吉大尉)。该中队原为军这一级直辖的兵站部队,后来配属给第20师团,因此其也被称为兵站辎重。该中队原有人员372名,驮马315匹。但是,在山岳地带的山西战线,因路面狭窄,路况恶劣,加上饮用水也很难弄到手,如果单纯用马来运输,则行动是很困难的。当时在内蒙华北一带,骆驼是日常生活中不可缺少的动物。骆驼虽然不能奔跑,但是即使数天不吃不喝也满不在乎,而且照样还很结实、很有力气。它们经常驮马匹载重量两倍的货物,踏遍险峻的山岳地带以及没膝的泥泞地带。于是，该中队就在当地雇佣了大批的骆驼，他们用这些骆驼代替马匹来运输给养。此次，他们是向前线运输粮秣。

最后是第20师团大小行李队，人员约100多名，马数十匹，负责为第20师团司令部运送物资。

由于日军主力早已西进，这里成了后方，所以日军辎重部队十分麻痹，警戒搜索也相当疏忽。

上午9时左右，日军先头开始进入3营伏击区，埋伏在草木丛中的该营官兵，双手紧握钢枪，两眼怒视着相距只有几十米的日军，个个恨得咬牙切齿。

当日军先头的行李队接近营庄时，第3师团第1兵站辎重兵中队正好行至12连伏击地前面。王近山即令重机枪向日军扫射，伏击部队随之向日军猛烈射击。刹那间，成群的手榴弹，密集的子弹，像从山崖上泻下来的瀑布喷向敌群。正在行进中的日军，被这突如其来的袭击打懵了，还没搞清是怎么回事，就死伤了一大片。

这时候，11连按照原定计划，迅速抢占了七亘村南大道两侧及该村西南的定盘山，将日军先头的行李队和辎重兵中队拦腰切成两段。

辎重兵中队前面的步兵第79联队大小行李队、后面的第20师团大小行李队，大部分都是无武装的非战斗人员，一看到辎重兵中队遭到伏击，就分别向马山村、东石门两个方向逃窜。步兵第79联队大小行李队途中没遇到阻截，几乎全部逃脱。而第20师团大小行李队可就没这么好的运气了，他们刚跑到甲南峪，就遭预先埋伏在那里的特务连1个排的猛烈袭击，死伤惨重。

这时，王近山命令9、10连投入战斗。紧接着，11、12连在副教导员尤太忠的带领下，一个个犹如猛虎下山，奋不顾身地扑向日军，展开了白刃格斗。日军第1兵站辎重兵中队虽有300多人，但只有少数人员配有枪支，其他大部分人使用的自卫武器是短刺刀，因此在白刃战中伤亡很大。冲在最前面的12连战士杨绍清，面对日军毫无惧色，左刺右挑，愈战愈勇，一连刺死6个，捅伤1个。

激战至11时左右，日军除一部分残部逃回测鱼镇外，其余均被歼灭。据第129师宣传部部长刘志坚回忆，此战共歼灭日军300余名，缴获骡马和骆驼300余匹以及大批军用物资。

《步兵第80联队第3大队七亘村附近战斗详报》记载，10月26日下午3时左右，步兵第80联队第3大队接到通报，幸村部队（第3师团第1兵站辎重兵中队）陷于重围。当晚7时30分以后，日军辎重部队的残余人员陆续逃回测鱼镇，至当晚12时收容完毕。收容的人畜数为：第20师团大小行李的兵员122人、幸村部队的兵员92人、骆驼99头、苦力26人。如上所述，幸村部队原有372人。这个数字减去其残余兵员92人，可推算出当天幸村部队损失280人（步兵第79联队大小行李队逃向了马山村）。另外，《步兵第79联队联队史》记载，师团大小行李队战死几十名，步兵第79联队的行李队战死了5

晋北争锋 忻口会战

名。

由此可见，中日双方的资料均可证实，10月26日，日军辎重部队在七亘村附近损失300多人。

七亘村战斗双方战斗序列

中国军队
第129师第772团第3营

日本军队
步兵第79联队大小行李队
第3师团第1兵站辎重兵中队
第20师团大小行李队

娘子关战役中期双方战斗序列
（1937年10月21日—10月26日）

中国军队
总指挥　第二战区副司令长官黄绍竑
第26路军总指挥兼第2集团军总司令孙连仲
第30军军长田镇南
　　第30师师长张金照
　　　　第88旅旅长任泮澜（豌九）
　　　　　　第175团
　　　　　　第176团
　　　　第89旅旅长侯镜如
　　　　　　第177团团长张醴泉
　　　　　　第178团团长李公民
　　第31师师长池峰城
　　　　第91旅旅长黄鼎新
　　　　　　第181团团长乜子彬
　　　　　　第182团团长王贯之

第92旅旅长刘恒德
　第183团团长牛殿楫
　第184团团长王震
第42军军长冯安邦
　第27师师长冯安邦（兼）
　　第79旅旅长黄樵松
　　　第157团团长侯象麟
　　　第158团团长杨守道
　　第80旅旅长阎廷俊
　　　第159团
　　　第160团
　　独立第44旅旅长张华堂
　　　3个团
第3军军长曾万钟
　第7师师长曾万钟
　　第19旅旅长李世龙
　　　第37团
　　　第38团
　　第21旅旅长沈元镇
　　　第41团
　　　第42团
　第12师师长唐淮源
　　第34旅旅长马崑
　　　第67团
　　　第68团
　　第35旅旅长朱淮
　　　第69团
　　　第70团
　　　独立团
第27路军总指挥冯钦哉
第7军军长冯钦哉（兼）

第42师师长柳彦彪
　　第124旅旅长郭景唐
　　　　第247团
　　　　第248团
　　第126旅旅长王克敬
　　　　第251团
　　　　第252团
第169师师长武士敏
　　第505旅旅长行占鳌（海亭）
　　　　第1009团团长冯汉英
　　　　第1010团团长潘锡畴
　　第507旅旅长王宏业
　　　　第1013团团长黄维华
　　　　第1014团团长扆久哉
第38军第17师师长赵寿山
　　第49旅旅长耿景惠（志介）
　　　　第97团团长李维民
　　　　第98团团长陈际春（会云）
　　第51旅旅长张骏京
　　　　第101团团长张桐岗
　　　　第102团团长张世俊
　　　　补充团团长翟济民（一说孙子坤）
第38军教导团团长李振西
第22集团军总司令邓锡侯　　副总司令孙震
第41军军长孙震（兼）
　　第122师师长王铭章
　　　　第346旅旅长王志远
　　　　　　第727团团长张宣武
　　　　　　第728团团长魏书琴
　　　　第366旅旅长童澄
　　　　　　第731团团长王文振
　　　　　　第732团团长寒国珍

第十三章 川岸的左钩拳

第124师师长孙震（兼）　　　副师长税梯青（代）
　　第370旅旅长吕康
　　　　第739团团长吕波澄
　　　　第740团团长王麟
　　第372旅旅长曾苏元
　　　　第743团团长刘公台
　　　　第744团团附阚焕然
晋绥军新编第10团团长白长胜　　团附朱崇廉
晋绥军炮兵第30团团长刘倚衡
第18集团军第129师师长刘伯承　　副师长徐向前
　　第386旅旅长陈赓
　　　　第771团团长徐深吉
　　　　第772团团长叶成焕
　　第115师第343旅旅长陈光
　　　　第685团团长杨得志
　　　　第686团团长李天佑

日本军队
第20师团　　　　　　　　　　　师团长川岸文三郎中将
　　右纵队　　　　　　　　　　队长高木义人少将
　　　　步兵第39旅团　　　　　旅团长高木义人少将
　　　　　　步兵第77联队　　　联队长鲤登行一大佐
　　　　　　步兵第78联队　　　联队长小林恒一大佐
　　　　野炮兵第26联队（欠第1、2大队）　联队长细川忠康大佐
　　　　工兵第20联队第1中队（欠2个小队）
　　　　卫生队的三分之一
　　　　10名骑兵
　　　　（配属部队）独立机枪大队第4大队第1中队
　　　　（配属部队）独立轻装甲车第2中队
　　　　（配属部队）迫击炮第3大队（欠1个中队）
　　　　（配属部队）野战重炮兵第3联队第1大队（欠1个中队）
　　　　（配属部队）独立山炮兵第1联队（欠1个大队）

左纵队　　　　　　　　　　　　队长上月良夫少将
　　步兵第40旅团　　　　　　　旅团长上月良夫少将
　　　　步兵第79联队　　　　　联队长森本伊市郎大佐
　　　　步兵第80联队第3大队
　　辎重兵第20联队的2个中队
　　工兵1个小队
　　传令骑兵10名
　　通信队2个分队
　　卫生队的三分之一
　　第2野战医院
　　（配属部队）独立机枪第4大队1个中队
　　（配属部队）独立山炮兵第1联队1个大队
　　（配属部队）迫击炮第3大队1个中队
　　（配属部队）第3师团第1兵站辎重兵中队
师团本队
　　师团司令部　　　　　　　　参谋长杵村久藏大佐
　　步兵第80联队（欠第3大队）联队长铃木谦二大佐
　　骑兵第28联队（欠一部）　　联队长冈崎正一中佐
　　野炮兵第26联队第1、2大队
　　辎重兵第20联队（欠2个中队）联队长加藤权大佐
　　工兵第20联队（欠一部）　　联队长南部熏大佐
　　卫生队（欠三分之二）
　　第1、3、4野战医院

第十四章 晋东战线的崩溃

娘子关失守后双方的态势

日军第20师团于26日占领娘子关后，当晚即调整了部署："右纵队中在铁道线方面的部队为右追击队，向阳泉平地追击；左纵队作为左追击队反转，经柏木井向平定急追；师团本队从新关向平定前进"。

而第1军司令官香月清司中将为乘机扩张战果，一举攻占太原平原，也命令第20师团发动追击，乘胜进入榆次南方地区，并占领太原平原。香月考虑到第20师团连日作战，已经受到很大损失，发动追击后，如无后续部队跟进，恐陷入危险境地。所以，他又命令以第109师团步兵第31旅团（欠1个联队）和山炮兵大队、工兵中队为基干组成的昔阳支队，列入第20师团，加入正太路方面的作战，另外还从平汉沿线方面抽出榴弹炮兵1个联队、加农炮兵1个大队、追击炮兵1个中队、架桥材料1个中队，使用于太原方面。

娘子关守军全线撤退后，至当晚，其各部队的情况如下：

由神灵台转移之第17师，于26日下午2时，在巨城镇（不含）、马鞍山、南畔一线占领阵地。第27路军之第169师，集结于上、下盘石村附近；第42师之第126旅在程家垴底向晋北输送完毕，该师其余部队经董家寨到达上下白泉。当晚，第42军到达白羊墅、骆驼岭、路家山地区。第124师之第372旅，也到达石门口，并与退至大石门之第364旅取得联络。第30师及第31师，正向西郊村、桥头村前进中。而新关方面的守军第3军因柏木井失陷后路被截断而与战区指挥机关失掉联络。

在娘子关即将陷落的前夕，日军右纵队队长高木少将就已看出，娘子关守军有退却的征兆。此时旧关方面的战况也较为沉寂，他便于26日下午1时20分决定，不失时机地以主力沿正太线前进、以一部从巨城镇、下白泉大道方面向阳泉急追守军。

据此，日军步兵第78联队占领娘子关以后，即以第1大队（附独立山炮兵1个中队、工兵1个小队）作为右侧支队，为从守军的左侧背切断其退路，准备经巨城镇、下白泉向阳泉北方地区追击；以主力在娘子关集结后，准备沿正太线向阳泉追击。

当晚，日军右纵队接到川岸师团长下达

的命令,"右纵队作为右追击队,于柏井驿北方地区捕捉歼灭师团当面之敌,尔后沿铁道以北的地区向阳泉急追敌人"。

27日天亮以后,日军步兵第39旅团兵分三路,分别开始行动。

旧关方面的步兵第77联队于上午8时,开始向新关附近的第3军阵地发起进攻。这时,第3军未接到撤退命令,仍在固守阵地。但日军左纵队于26日占领柏木井,截断了该军退路,使其陷入了日军的包围圈。因此,该军官兵军心动摇,士气低落,根本顶不住日军的猛攻,只好分途突围。步兵第77联队突破新关附近的守军阵地以后,将步兵1个大队派往正太线方面,纳入高木旅团长的指挥。该联队主力则向柏井驿追击,尔后作为师团本队。

与此同时,娘子关方面的右追击队以主力正太线向阳泉追击,以右侧支队经巨城镇、下白泉向阳泉北方地区追击。

阳泉追击战

27日早晨6时,日军右追击队主力从城西村出发,沿正太线发起追击。上午7时20分左右,当其行至东塔崖村南方约1公里附近时,得知一个约700人的中国行军纵队正从旧关、白奇沟方面沿铁道线退却,遂从侧面发起突袭,歼其一部,并使其大部陷入溃乱状态,四散而逃。

右追击队主力在东塔崖附近的战斗之后,接着转入追击。下午2时30分,当其行至上盘石村东侧附近时,侦知有约700名守军正占领着该村西方高地。该地守军为武士敏第169师第2旅一部。此时,该师正奉命增援晋北,先头部队已到达荫营,后续部队尚在上下盘石一带。当该师第2旅发现日军已尾随在后,王宏业旅长立即命令部队占领沟道两侧高地,封锁沟道,阻止日军西进,双方随即展开战斗。王宏业旅长和武士敏师长均亲在前线指挥督战。因日军由东向西,东面山势较高,所占地势有利。战至下午5时30分左右,北山坡守军抵不住敌人的火力,有的士兵往下撤退。武士敏命令王宏业,用手枪逼令后退的士兵仍返回阵地抵抗,没有命令,不许有一人后退。就这样,该师坚守到当日深夜,武士敏才命令第2旅立即由火线撤下,速至荫营西上刘备山;第1旅及各团也由荫营翻过刘备山。

日军右追击队主力击退第169师的阻击以后,于28日上午7时从上盘石村附近出发,继续追击。此时,第42军(军长冯安邦,辖第27师(自兼)和独立第44旅)已奉命在白道塌经乱柳村至龙庄西方高地一线占领阵地,阻击日军前进。

当日下午2时,日军占领乱柳村西北方高地以后,随即对第42军阵地发起进攻,但受到该军的顽强抵抗,战至当晚仍然进展甚微。

29日晨,孙连仲接到军事委员会28日中午12时电令:"娘子关方面作战各军,应在寿阳以东地区,利用山地坚强抵抗,如无命令,即将全部牺牲,亦不许退至寿阳以西地区。"孙连仲奉命后,为坚强抵抗以待援军到达,遂于29日上午11时下达命令,其要旨如下：

（一）兹规定本路军各期行动：以现地为第一抵抗地带；以赵家庄、南落村、辛兴镇为第二抵抗地带；以台泉、上龙泉、郭家庄、南沟为第三抵抗地带；以松塔镇、范乐岭、芹泉镇为最后抵抗地带；不准退至此线以西，违者处罪。

（二）各部队活动范围：第31师沿平榆大道两侧各2公里，左与第30师联系；第30师居中，右与第31师，左与第42军联系；第42军沿正太路向右4公里，与第30师联系，向左2公里。各按规定地带逐次抵抗。

（三）各部队变换抵抗地带，须待本部命令实施。

当日，日军右追击队主力在炮兵的配合下，再兴攻势，向第42军阵地发起猛攻。双方多次展开肉搏战，战斗异常激烈，据守乱柳村的第27师2营仅剩士兵6人，依然苦撑不退。

第42军苦战了一天半的时间，至当晚6时才奉命向大阳泉、阳泉、李家庄一线占领阵地，且战且退。日军趁势发起进攻，当晚7时许，其第一线步兵在强大火力的掩护下，推进到标高1040高地及标高1000高地一线。30日凌晨3时许，日军又推进到路家山、白羊墅一线。30日拂晓，日军发现守军已全部撤退，便于早晨6时转入追击，上午11时许推进到下五渡南北一线。

这之前，日军左追击队已占领平定县城，并于30日上午8时30分，以步兵第79联队主力从该地出动，向阳泉攻击前进。当时，第26路军总指挥孙连仲已退到寿阳城。

黄绍竑到其指挥部里问情形，孙连仲对黄绍竑说，他的3个师，只有冯安邦的第27师尚好一些，其他如池峰城的第31师和张金照的第30师，都损失很大，没有什么战斗力了。黄绍竑向孙说，正太路上如不在阳泉作有效的抵抗，敌人一下就能冲到太原。我们的责任是很大的，无论如何要令第27师师长冯安邦在阳泉抵抗，不得后撤。恰在这个时候，冯安邦来电话报告，说敌人已接近阳泉，阳泉地形不好，要撤到阳泉以西地区收容整顿才能抵抗。孙连仲要冯安邦接受固守阳泉的任务，并且对冯安邦说："再后撤，就枪毙你！"冯安邦说："报告总司令，我手上只剩了一连人，如果收容好了，我总尽我的最大努力就是了。"孙连仲听到这里，再不作声，等于是默认了冯安邦的意见。这样，阳泉就于当日上午10时左右被日军占领。

27日早晨，日军右追击队的右侧支队从上薰赛出发，沿巨城镇、下白泉大道攻击前进，途中相继击退巨城镇西方高地、水峪村西北方高地、殷家庄西方高地、下白川东侧高地等地的守军，于30日下午5时到达阳泉附近，复归右追击队主力。

平定追击战

26日，日军第20师团的左纵队经过前牌岭村附近战斗以后，推进到新关当面守军第3军的右侧背柏井驿附近，完全切断其退路。27日早晨，左追击队（26日晚左纵队改为左追击队）得知右追击队正以主力沿正太路发起追击，也以1个大队作为先头，向平

晋北争锋 忻口会战

定追击。

当日，孙连仲为确保平定，也于9时令第124师之第372旅确保石门口一带；第122师占领赵家庄、冶西一带；第30师占领1121高地经上庄迄1018高地一线；第42军占领白道墕，经乱柳村至龙庄西方高地。孙连仲下达命令后，立即转驻坡头村。

当日上午，川军第124师第372旅第744团第3营（营长黄伯亮）赶到石门口一带布防。下午3时20分，日军左追击队的先头大队抵达徐峪村，得知"约1个团的敌人在石门口南北一线占领阵地"，随即对该营发起进攻，却遭到顽强抵抗。虽然第3营武器很差，但是他们士气高昂，在严防死守的同时，还不断对日军发起反击，顶住了日军的攻势。至当晚11时，该营因伤亡较重，遂奉命撤到后方休整。日军趁势发起进攻，占领了石门口西北及西南方高地线。随后，日军左追击队主力相继赶来，集结于小桥堡附近。

正当第3营在石门口阵地阻击日军西进的时候，第372旅以持久的战略方针，决心在西郊村东西两侧，利用高山深谷作持久抵抗的战术部署，迟滞日军，以掩护正太线友军右侧安全。第744团代理团长阙焕然（因团长蒋永臣生病，由副团长阙焕然代理团长）率该团主力（欠第3营）占领石门口以西、西郊村以东高山，构成纵深阵地，拒敌西进。第743团迅即占领西郊村西部山区构筑阵地，与正太线上左方友军密切联系。旅指挥所即在西郊东谷口岩洞内。

28日早晨，日军步兵第79联队集结于石门口西北方高地，准备尔后的攻击。此前，川岸师团长除将步兵第80联队主力（欠第3大队）复归左追击队以外，还把野炮兵1个大队也配属给该追击队。随着这两支部队的到来，左追击队队长上月良夫的底气更足了，便于下午1时决定，步兵第79联队立即进攻西郊附近的守军阵地，步兵第80联队准备从石门口－泉头－东前镇大道方面向平定西南地区攻击。

步兵第79联队奉命后，立即对川军第744团阵地发起进攻。该团阵地位于石门口以西、西郊村以东的山区。这里几乎全是光秃秃的石头山，断崖林立，山势极其险要，攀登十分困难。但日军很狡猾，没有盲目进攻，而是在炮火掩护下步步推进，攻占一处巩固一处，逐步"蚕食"。第744团因武器太差，不敢主动出击，只能守在工事里被动挨打，听任日军炮击。黄昏以后，第744团终于顶不住了，全部撤到平定城西收容整顿。步兵第79联队趁势推进到榆树院、东白岸一线，整晚与第743团对峙。

29日上午9时30分，步兵第79联队又对西郊村西部山区的守军阵地发起进攻。该地的守军为川军第743团。该团于27日受领该地的守备任务后，团长刘公台当即作了研究。他根据西郊村西边第一面坡东陡西斜以及第二、三两面坡东斜西陡的特点，提出全团3个营作一线配置方案。第2营营长熊顺义则建议仍按纵深配备较好，即以2个营占领第一面坡，团部率1个营和团直属部队占领第二面坡和第三面坡，形成纵深阵地。争取多打一天时间，而且可以减少伤亡损失。

第十四章 晋东战线的崩溃

但最后刘公台团长仍坚持他的方案，就按第3、2、1营序列由北向南展开在第一面坡上，连夜赶筑工事。

日军步兵第79联队发动攻势后，先是以飞机大炮轰炸猛射，掩护其步兵开到进攻准备位置；然后是机枪猛射，掩护其步兵展开，向守军阵地接近。而第743团已经从第744团的教训中吸取了经验，他们在日军飞机、火炮猛烈轰炸射击时，第一线只留监视哨，大部人员藏在后方掩蔽部里，当日军步兵进入其三四百米火网内时，即迅速进入阵地猛烈射击。当时该团最锐利的武器是曾甦元旅长在四川自筹资金，请东北兵工厂王技师制造的4挺捷克式轻机枪。然而，日军凭借天上飞机扫射、地下大炮轰炸的压倒性火力优势，层层推进、步步紧逼。装备处于劣势的川军根本无法支撑，被迫节节后退。

黄昏前，刘公台团长下令，全团转移到第二面坡上，收容整顿。该团被迫转移到第二面坡上大树村时，已是深夜了，经清点人数，虽然伤亡过半，但士气还很旺盛。当刘公台团长下令到平定城西占领阵地时，许多官兵仍坚持不走，要为死伤战友报仇。经再三说服，才勉强转移下去。

当步兵第79联队进攻川军第743团阵地的时候，步兵第80联队也从南面绕过了西郊村，向平定西南地区前进。

该联队以一部向白家掌、西锁簧、常家沟一线攻击。在平榆大道两侧之第31师一部，奉命守备白家掌。因蛇皮肠之第122师及南盘石之第124师第372旅，于当日11时奉黄绍竑之命赴辛兴镇部署防御，该师阵地过长，兵力单薄，无法增援，全阵地陷于混战苦境，守备白家掌的2个连全部牺牲，该师遂退朱家庄、冶西一带收容。

与此同时，该联队主力2000余人，则在8架飞机的支援下，向第30师右翼攻击。1121高地守军2个连在力量对比极其悬殊的状况下，殊死抵抗，终因寡不敌众，全部壮烈殉国。第30师遂退守西沟村、王家庄、966.5高地，继续抵抗。

下午3时许，在东沟村东南方地区占领阵地的日军细川炮兵队，发现一支约有2000人的中国部队正沿平定南方1里的河谷向西方退却，当即集中火力猛烈射击，给其造成很大的伤亡。日军步兵第80联队趁势向平定县城发起追击。而此时，因川军第122师的守备部队奉命转移，平定县城已经成为了空城。这样，该联队便轻而易举地占领平定县城，并于当日黄昏推进到该地西侧及幕里村一线。

30日，日军左追击队根据师团命令，以主力集结在平定附近。同时为切断右追击队方面中国守军的退路，以步兵第79联队主力向阳泉追击。该联队于上午8时30分从平定出发，途中以一部击退驻守平定西北方高地的守军，上午10时占领阳泉。这样，左追击队切断右追击队方面守军的退路，完成了占领阳泉平原的任务。

寿阳追击战

30日上午10时30分，日军右追击队得知左追击队已占领阳泉，决定继续进击辛兴镇以西的守军。据此,步兵第77联队第2大队于上午10时30分、步兵第78联队主力于正午时分出发,向辛兴镇发起追击。下午2时许,日军开始对"王爷窝"附近的约1000名守军实施攻击,逐次压迫,当晚7时许夺取"王爷窝北方高地线",但到晚上也未能完全击退守军。

29日深夜,第41军第124师第370旅第737团(欠2个营)乘火车赶到榆次时,就被黄绍竑拦住。他命令该团团长吕波澄立即率第1营驰赴辛兴镇,阻止西进之敌。吕波澄感到为难。此时,第124师师部还在风陵渡候车,孙震的第41军军部尚在潼关,该团的另外2个营还阻滞在下一趟北开的列车中。当时吕团除了一部有线电话外,什么通信器材也没有,向上级请示不可能,联络自己的部队更没办法,虽然这样,但副司令长官黄绍竑既已下了命令,吕波澄不敢违抗,只有率第1营乘原车东行。

30日拂晓至测石车站,东去的桥梁已被破坏,站上的人员也已逃散。火车司机恐出错误,立打倒车退回芹泉。吕团长用电话向黄请示,一直等到午饭后才由车站电话转来黄的命令:"该团即在芹泉下车,徒步赶到辛兴,拒敌西进。"他们一下车,只见人马争道,乱作一团,吕团东进队伍的排头,不绝声地喊着:"让一下,我们是增援部队,请把路让开!"

雷云仙副团长后来回忆当时的情景说:"沿正太路这个长长的峡谷中,无论是铁路上、大路上、小路上和两边的农田里,都塞满了从东漫涌而来的'人流'(兵流)。他们虽然都是军人,但却各不相识,只是默默无声地向后逃。询及前方敌情,均瞠目莫知所对,有的摇摇头,唉声叹气!直到午后四五点钟,'人流'才渐渐稀少,最后接近辛兴镇时,就几乎无人了。"这时,退下来的友军后尾部队告诉他们说:"辛兴镇东头高地已被敌占领,明日拂晓,敌人可能西进。"该团即在辛兴镇西头占领阵地,加强防守。

31日拂晓,日军右追击队发现"王爷窝"的守军已撤退,遂跟踪追击,至辛兴镇西头附近与第737团遭遇。上午9时30分,日军步兵在炮火掩护下,对第737团阵地发起进攻。该团只抵抗了2个小时,就溃败下来,沿着正太路西奔榆次。

日军右追击队在击退第737团的阻击以后,因补给不济,不得不停下来等待后方补给。下午5时左右,右追击队队长高木收到川岸师团长的命令:"接下来先向寿阳追击",据此命令步兵第78联队于11月1日先攻击坡头村附近的守军阵地。当晚,日军右追击队得到了后方送来的弹药,并从当地搜刮了大量的粮秣,总算解决了补给问题。

守军方面:连日以来,其右翼第41军第122师及第124师,陆续为日军所击破;左翼第27路军与第17师(兵力不足2个团),也被迫陆续转移;主要正面,仅第26路军独立苦战,伤亡甚重。战至31日止,该方面守军全部残存兵力计第31师约700人,第30师约600人,第27师约1200人,独立第44旅约700人。孙连仲鉴于上述状况,遂决心向正太路附近集结兵力，于31日晚7时令第42军以第27师工兵营仍于原阵地竭力阻击日军；第30师及第31师互相联系，取得一致行动，逐渐向铁路线接近，不得超越第三抵抗地带以西。

11月1日早晨，日军右追击队继续西进，上午8时许在测石驿南北一线附近占领阵地。上午10时左右，右追击队在十余架飞机的配合下，向狼峪、簸箕掌一带的守军阵地发动攻击。守军第27师第30旅的第159团及工兵营、辎重连正面阻击，第160团从狼峪以南向日军侧击。经该旅2个团的协力作战，将日军击退。

日军见正面强攻不行，于是便转而采取迂回攻击战术。下午5时至6时期间，步兵第78联队第3大队由正太线南侧迂回到张净镇东方高地线，当晚8时进入到张净镇南方高地线，使第42军前后被夹击。黄绍竑即令第7军第109师驰援。该师尚未到达，第42军即被击溃。其第27师突出重围后奉命经大东庄向太原转移，其第44旅向芹泉镇以西转移。

2日拂晓，日军右追击队和骑兵第28联队一起向寿阳追击。

当时的寿阳守军是哪支部队呢？

黄绍竑于1日移驻太安驿后，令第26路军占领正太路附近各高地，阻敌西进；第30师（仅300人）及湖北保安队2个连，固守寿阳城，并令第22集团军在上下龙泉镇、松塔镇一带占领阵地，阻敌西进。

孙连仲奉命后，即令第42军迅速收容，在寿阳以东铁路以北占领阵地，第31师驰援马首村，协同第3军一部占领侧面阵地；第30师附湖北保安队2个连，在寿阳城附近占领阵地，并固守寿阳县城。

2日拂晓，第30师张金照部先以主力占领寿阳东方高地，随后又派出一部，前往寿阳县城布防。上午11时许，日军骑兵第28联队推进到寿阳东方高地附近，却并不急于进攻，只是保持远距离监视。双方对峙数小时后，守军决定向卢家庄地区转移。下午2时许，日军发现"约千五六百敌人正沿铁道线南侧地区向寿阳西侧高地退却"，当即对其进行猛烈射击，给其造成很大的损失，接着趁势对寿阳城内约两三百守军发起进攻，下午3时许占领寿阳。2个小时后，日军右追击队的先头部队也进入寿阳。

当日，第20师团师团长川岸文三郎得知忻口镇方面的状况依然没有变化，而该师团的补给已有了保障，遂决定继续进行全力的追击。据此，该师团作出以下部署："右追击队在寿阳短暂休息，接着向鸣谦镇附近急追。左追击队主力明3日从平定附近出发，沿马道镇－松塔镇－下湖－榆次大道向榆次附近急追。师团本队4日从平定出发，跟随在右追击队的后方向张净镇追击。"

下午4时50分，日军右追击队接到川岸师团长的命令："接下来沿寿阳、鸣谦镇地区向鸣谦镇附近急追。"但此时，他们已连续战斗十几日，极为疲劳，需要时间休息。这样，右追击队并没有立即按照这一命令行动，随后集结于寿阳附近，一边休整，一边准备以后的追击。

晋北争锋 忻口会战

黄崖底附近战斗

在晋东战局危急的情况下，第18集团军总部于10月28日，率第115师师部及第343旅，由五台地区南下进至寿阳以南地区，准备指挥第129师和第115师主力，打击沿正太铁路及其南侧西犯的日军，配合友军作战。

此时，日军昔阳支队正向九龙关进发，并准备向昔阳进犯。那么，昔阳支队又是哪支部队呢？说来话长，10月21日，日军华北方面军从第109师团，抽出步兵第31旅团（缺步兵1个联队）、山炮兵1个大队以及工兵1个中队，临时编成一支部队，配属给第1军，准备加入正太路方面的作战。22日，第1军将这支新配属的部队命名为昔阳支队，令其从赞皇、九龙关、昔阳大道方面向昔阳攻击。但当时，第109师团集结在唐山附近，因为滏阳河附近作战期间马匹的损耗甚大，而昔阳支队的山地作战又需要大量的马匹，因此将全师团大部分健康的马都调配给该支队。而第1军司令部期待该部队即刻出发，于是也向部队交付了相当数量的马匹。昔阳支队得到马匹的补充后，于30日到达九龙关附近。

为打击该敌，迟滞其西犯，第129师主力于10月31日进至昔阳以东地区。11月2日，昔阳支队分为两路前进，一路向昔阳，一路向西南绕凤居镇向昔阳迂回。当日，第129师获取情报：第136联队1个大队，将由东冶头镇经黄崖底向昔阳进犯。该师首长在查明情况后，决心在黄崖底利用两侧高地采取诱伏手段歼灭该敌。其部署是：以第386旅第771团于黄崖底以南之凤居村占领阵地，并派出小分队与敌保持接触，诱敌至黄崖底歼灭之；第772团隐蔽集结于黄崖底以东之巩家庄待机，准备协同第771团歼灭该敌。

当日7时，日军经南界都进至黄崖底，第771团派出之小分队与敌接触后，节节抵抗，退至凤居村西北高地扼守。日军屡攻不逞，遂撤到黄崖底河滩集结休息。第386旅抓住这一有利时机，集中轻重机枪及迫击炮，突然向日军实施火力急袭，日军顿时混乱，1小时后，才集结500余人，向第772团阵地连续进行反扑，但均被击退。其后，日军退据黄崖底村，固守待援。第386旅为避免过大伤亡，遂撤出战斗。此次战斗，第386旅伤亡30余人，击毙日军300余人、军马200匹，缴获长短枪100余支、电台1部。但没有对昔阳支队的下一步行动带来多大影响。该支队依然于当晚占领昔阳。

广阳伏击战

为配合友军阻止和迟滞日军由娘子关西进，稳定晋东战局，第18集团军第115师主力（欠第344旅）也奉命由五台山南下，驰援娘子关。部队开往平定途中，突然听到一个消息：日军于10月26日占领娘子关后，除以主力沿正太铁路进逼榆次，直取太原外，又以1个旅团的兵力出动于正太铁路左翼，沿公路与正面部队齐头并进。据此，第115师主力又奉命向昔阳县以西的沾尚镇附近进发，待机打击左翼进犯之敌。

第十四章 晋东战线的崩溃

10月30日,第343旅到达沾尚地区。此时,日军第20师团的左追击队已占领平定、阳泉,其主力正集结于平定附近休整,准备尔后的作战。第115师师长林彪判断,日军左翼沿平定以南迂回之纵队,必沿马道岭、广阳大道西进。该道蜿蜒于山谷之中,便于我军隐蔽设伏,于是决定以第343旅在广阳设伏,痛击日军。

为了选择有利地形,第343旅参谋长陈士榘等人翻山越岭,进行察看。广阳地处沾尚至松塔之间,是个不到200户人家的小村镇。附近都是南北走向的山岭,山峦重叠,沟壑纵横,有的山沟长达几十里,便于运动作战。从沾尚经松塔至榆次,虽有条碎石泥结公路,但由于年久失修,加上山洪暴发,沙石冲击,已经破坏得不成样子,似路非路,似河非河,不便于日军机械化运动。这里地形复杂,又有疏落的树木,便于部队隐蔽,正是打伏击的好地方。经过一番认真勘察,他们终于找到了理想的设伏地点。随后,紧张的战斗准备工作立即展开。第686团1名团级干部亲自带领化装的侦察连,进至马道岭以东,监视日军的行踪;同时,各团派人前往该地进一步勘察地形,对兵力部署和突击方案进行研究;部队召开各种会议,进行战斗动员,讨论战斗的目的意义和完成任务的措施。

11月2日上午10时,日军左追击队的先遣队(以步兵1个大队为基干的部队)从北阳胜出发,沿平定-马道岭-松塔镇-榆次大道前进,渐渐逼近马道岭。陈士榘很快就得到侦察人员的报告,日军正向广阳方向前进。但此时,该旅尚未完成伏击部署,便以第686团第2营,在昔阳以西之杏庄、马道岭、北沟村一带节节抗击,迟滞与疲惫日军,以掩护旅主力完成部署。

下午1时左右,日军先遣队向杏庄开进,当其进至第2营第5连阻击阵地前100米以内时,该连突然向其开火,随后即向马道岭转移,与营主力一起继续抗击日军。日军先遣队遭到意外的打击后,前进速度减慢,于下午5时左右抵达马道岭,当晚于该地宿营。黄昏以后,第2营乘黑夜转移至路南北沟村北山,于次日拂晓归队。

3日早晨,日军左追击队主力又从平定附近出发,沿着先遣队的进路前进;另以步兵1个大队作为右侧支队,沿贵石沟-上龙泉-松塔镇大道前进。与此同时,日军先遣队也由马道岭向广阳前进,因沿途不断遭到第343旅派出的小分队袭扰,前进缓慢,一整天只走了10公里,当晚于广阳宿营。

第343旅以小部队连续两日袭击日军先遣队,为其主力部署争取了时间。这期间,该旅主力抓紧时机,迅速占领广阳及其以东道路南侧的有利地形,并于3日晚完成一翼伏击的作战部署:以第686团占领广阳镇南之瑶村、前小寨以北的高地,担负主要攻击;以第685团第3营由狼窝沟北山出击,协同第686团歼灭进入伏击地区之敌。

4日上午,日军先遣队摆脱了第343旅的袭扰,向松塔镇杀去。该地守军为第3军一部。中午时分,日军先遣队进抵松塔镇南侧高地附近时,即和守军遭遇,马上发起进攻。第3军在新关保卫战中伤亡很大,还未

晋北争锋 忻口会战

得到整补，战至下午1时，就再也支持不住了，全线后撤。

当日早晨，日军左追击队主力也从沾尚镇向松塔镇行进。第343旅的观察哨很快就发现了这支日军的行动，当时他们看到的情景是："先是侦察搜索的骑兵部队，随后是主力部队，其中有步兵、炮兵和少量装甲车。"日军队伍每通过一个地方，观察哨就甩动帽子或摇动树枝，发出信号。

这支日军的主力部队，是不完整的2个步兵联队，即步兵第79、80联队。当其进入第343旅的伏击区时，公路上尘土飞扬，人喊马嘶。

隐蔽在山头上的第343旅官兵目睹了这个情景，不由怒火中烧。但旅长陈光的头脑却异常的清醒。他明白，这支日军的主力部队拥有强大的实力，部队如果此时出击，不但不能吃掉对方，反而会遭到很大损失。因此，他为了整个战斗的胜利，决定采取避强击弱的原则，将其放过，再耐心地等待总攻时机。

这时，陈士榘和李天佑都举着望远镜，不住地向日军来路方向观察瞭望并发出信号。其他官兵也和他们一样，个个怀着紧张、兴奋的心情，像猎人一样静静地等待着野兽的到来。时间一分一秒地过去，大战前夕的焦灼心情是难耐的。

下午1时左右，这支日军前面的主力部队通过广阳进至松塔镇，而其后尾辎重部队则正一步一步地走进第343旅的伏击地区。

当时，日军辎重部队正按辎重兵第20联队第4、5中队、步兵第80联队第4中队、病马收容班及第2野战医院的顺序行进，丝毫没有觉察到危险的来临。

"好，进口袋了！"第343旅的指挥员们一下子兴奋起来。

"咣！"一声信号枪响，埋伏于广阳南山的第343旅，以突然猛烈的火力向日军袭击，机关枪声、步枪声、手榴弹、迫击炮弹的爆炸声响成一片，震撼山谷。

这一突然的袭击，使日军无不惊慌失措。他们还没弄清是怎么回事，就被压在山沟里，欲进不成，欲逃不能，加上辎重队的骡马一乱，队伍霎时就变得七零八落，人仰马翻。

第343旅乘机迅猛冲向山下，将日军切成数段，逐个攻击。第686团第1营在猛烈火力掩护下，向日军掩护中队（步兵第80联队第4中队）展开冲杀。然而，该中队已从最初的慌乱中清醒过来，迅速抢占路旁塄坎进行顽抗。第1营一时还拿他们没有办法，双方形成对峙。

与此同时，第343旅的其他突击部队也以排、班为单位，逐段逐片包围、搜索日军。这些日军大部分都是非战斗人员，连枪也没有，战斗力较弱，在第343旅的穷追猛打之下，不得不化整为零，成伙躲藏在石崖下或窜入附近村庄内。

战斗中，陈士榘从望远镜里发现对面山脚下有少数日军逃到路北洼地，便命令随行的警卫排排长带2个班冲下去抓几个俘虏，以便今后做瓦解日军的工作。警卫排个个配有短枪和长枪，打仗勇猛而灵活。陈士榘用望远镜目送着警卫排长带着战士冲下山去，

第十四章 晋东战线的崩溃

期望他们能出色地完成这一任务。但是在一阵激烈的枪声过后,警卫排很快就回来了,缴了不少"三八大盖",却没抓着一个俘虏。排长气呼呼地说:"他们顽固不化,只好把他们消灭了!"

还有一小股日军藏在某处石崖下企图顽抗。第685团的战士们,一部分从正面用机枪向其扫射,一部分绕到土岔村和广阳村北面在其背后扔手榴弹,很快把这些日军从石崖下轰了出来。逃到小河边的日军像没头苍蝇一样来回乱窜,不一会就全被击毙了。

天色不知不觉暗了下来。此时,除了日军的掩护中队仍在负隅顽抗以外,还有相当数量的零星日军,或潜伏在各个隐蔽的暗角,或依托房屋、石崖固守待援。当陈士榘向林彪汇报战斗进展情况时,电话里传来了林彪的鼓励声音:"希望你们尽快地肃清残敌,将负伤的同志迅速转移下去,战利品也要马上运走,免得明天遭到日军报复。"

陈士榘还没有放下听筒,第686团3营的通信员就来报告说,我们的部队已进入广阳镇,街内除极少数散兵负隅顽抗外,包围圈内再没有日军的踪迹了。听完报告,陈士榘和李天佑当即决定将指挥所转移到广阳镇里,以便指挥消灭最后的残敌和组织转运伤员。

陈士榘他们进入广阳镇时,天已完全黑了。镇内仍有残余日军负隅顽抗,做困兽斗,不时有零星枪声传来。陈士榘顺着枪声急寻过去,看到有不少战士正将一个小院围住,说是有个日本兵藏在里面,不时向外打枪。

陈士榘得知这个情况后,又产生了抓俘虏的念头。这样,他便带着师侦察科科长苏静等人进了院门。那个日本士兵躲藏在小院里的南房的里间屋。陈士榘趁夜色掩护,猫着腰悄悄摸到窗口旁边,用刚刚学会的日语喊道:"缴枪不杀,宽待日本俘虏!"

此时院外的战士们也用刚学会的日语喊话。但那个日本兵不但不肯出来,还向外打枪。陈士榘耐着性子,又喊了几遍,才听到屋里传来生硬的中国话:"明白,明白。"

陈士榘一阵惊喜,可等了老半天仍不见屋里有任何动静。他忍不住一脚踹开房门,冲进屋去,借着月光只见那家伙站在老乡的粮食筐里欲动不能,挣扎无用,此时面对一屋荷枪实弹的中国官兵,更是吓得浑身发抖,两腿打颤。陈士榘命令战士把鬼子从筐里拖出来。这是八路军抓到的第一个日军俘虏。经审讯,这名俘虏是日军第20师团步兵第79联队辎重兵军曹加藤幸夫。

当晚,第343旅在转移伤员,运走战利品之后,即撤出战地,转入山区。

直到5日,日军左追击队队长上月良夫少将才得知其后面的辎重部队遇袭的消息,从松塔镇急派步兵第80联队第1大队前去扫荡。当该大队赶到广阳附近时,昔阳支队也抵达该地,但此时第343旅已撤走。于是,这两支日军部队随即收容了附近的日军残兵。

《八路军表册》记载,是役第343旅

晋北争锋 忻口会战

广阳战斗双方战斗序列

中国军队
第343旅
　　第686团
　　第685团第3营

日本军队
辎重兵第20联队第4、5中队
步兵第80联队第4中队
病马收容班
第2野战医院（包括临时配属的输送监视队）

战死95人，负伤159人。那么，广阳伏击战中，日军有多少人参战呢？伤亡多少呢？

下面笔者先从编制上来推算日军的参战人数：

1．辎重兵第20联队第4、5中队共有兵员1124人，乘马94匹，挽马758匹。（当时，日军四单位常设挽马师团的辎重兵联队一般下辖6个辎重兵中队和1个马厂。其中，2个辎重兵中队专门运送步兵弹药，2个辎重兵中队专门运送炮兵弹药，2个辎重兵中队专门运送粮秣。每个辎重兵中队编制有兵员562人，乘马47匹，挽马379匹。）2．步兵第80联队第4中队编制有兵员194人。4．第20师团第2野战医院编制有兵员240人。5．输送监视队编制有兵员92人，乘马16匹。6．病马收容班的编制人数不明，估计约数十人。

这样，即使考虑到此前的减员因素，进入伏击圈的日军也不会少于1500人，其中战斗人员约400人，其余均为非战斗人员。

关于日军的伤亡情况，《20师团战斗详报》虽承认受到了"相当损害"，却并没有提到具体的伤亡人数。而从其他日军资料来看，进入伏击圈的日军似乎并未被第343旅全歼。例如，第2野战医院的报告称："我病院将兵战死23名（将校3名），生死不明26（内将校1名）"。

鸣谦镇附近的战斗

正当日军第20师团一路推进之时，日军第1军司令部却愁云密布。原来，此时忻口守军还在顽强抵抗，完全没有后撤的迹象。因此，第1军无法判断晋北、晋东两方面守军的真实意图，难以制定攻占太原的作战计划。在这样的情况下，11月3日，华北方面军司令官寺内寿一把《太原作战指挥之要领》交给第1军，其主要内容为，由第1军司

第十四章 晋东战线的崩溃

令官统一指挥第5师团,进攻太原及附近要地,追击只限于占领平地四周之要地,将主力集结于太原、榆次等。恰好当日第1军又接到第5师团的通报,称忻口镇守军已于2日夜开始全面退却。

据此,第1军于4日命令第5师团击灭太原平地之敌,控制该平地;第5师团攻占太原后,继续以一部向汾阳附近追击;第20师团以一部占领榆次西北地区,监视太原东南方阵地,主力进至榆次附近后,继续向介休附近追击;昔阳支队先进至榆次;第109师团(欠步兵第118旅团及骑兵大队)先沿昔阳支队的进路向榆次前进。

此前第109师团已将大量的健康马交付昔阳支队,这样其适合山地作战的驮马数量就不足了。但是,该师团很快便有了对策,除了由第1军补充了一部分马匹之外,还搜刮了大量的中国马充当驮马,勉强完成了编组。该师团11月1日从唐山出发,2日到达元氏;4日又由元氏出发向昔阳前进。到9日,第109师团才到达昔阳,而这时娘子关战役已结束。

3日早晨,川岸师团长接到忻口守军昨夜开始全线后撤的消息。这样,他鉴于第5师团方面的状况好转,就将野炮兵联队主力配属给右追击队,同时要求该追击队在寿阳短暂休息后,排除万难继续进行追击。

右追击队队长高木义人少将奉命后,决定迅速发起追击,进至太原以南地区。当晚9时,步兵第78联队第1大队(配属山炮1个小队)作为右追击队的先遣队,从寿阳出发,向鸣谦镇方向急进。

4日凌晨5时20分,日军右追击队主力也从寿阳附近出发,向鸣谦镇急进;另以左侧卫(步兵第77联队第2大队(欠大队炮小队)、独立山炮兵1个中队(欠1个小队))经干家庄、间家岔、刘家坡向东聂村(鸣谦镇南方4公里)急进。

由于寿阳到鸣谦镇的道路情况极差,加上守军后退时的破坏,使得日军的运输车辆通行困难。高木鉴于这种情况,于上午11时40分以前卫(步兵第78联队主力(欠第2大队)、独立山炮兵1个中队、野炮兵第26联队第2大队为基干)作为追击队进行追击。

4日黄昏,日军步兵第78联队主力到达鸣谦镇及其以东地区。在此之前,日军骑兵第28联队已相继占领鸣谦镇、榆次。这时,日军步兵第77联队第2大队也抵达李坊村。

5日早晨,日军步兵第78联队主力继续向太原以南地区推进,企图切断太原守军的退路。上午9时许,他们在前进途中,忽然发现有支中国部队正由榆次方向向鸣谦镇以东地区前进。这支部队是川军第127师的后续部队第381旅(旅长杨宗礼)。双方随即展开激战。因为该旅装备低劣,又是以疲饿之众仓卒上阵,遭到日军三面的火力急袭之后,很快败下阵来,旅长杨宗礼及第761团团长陈麟,第762团团长邹迪僧等人先后负伤退下火线,余部由第761团营长张曼伯率领,退据北小南村,凭借村中土碉堡固守待援。

日军步兵第78联队主力趁势将其包围,并以大炮猛轰,将土碉堡夷平两处。下午1

晋北争锋 忻口会战

时30分，步兵第78联队主力奉命向小店镇前进，于是主动解除了对北小南村的包围。半个小时后，日军步兵第77联队第2大队从聂店村赶来，接替步兵第78联队主力，继续围攻困守北小南村的川军余部。第381旅坚持至当日黄昏时，张曼伯下令突围，而日军利用火力优势，封锁出路。张曼伯出村不过30米，即中弹身亡，其残部由于缺乏统一指挥造成溃散，遭到了灭顶之灾。结果，除少数人逃脱以外，大部分官兵被日军俘虏后屠杀。连长张伯明藏入稻草堆中深处，日军还用刺刀捅入几次，幸而得免，才趁夜色脱险而回。根据中方资料记载，第381旅在这天的战斗中，牺牲官兵1600余人。而日本方面则称，此战之后，打扫战场，发现约2000具中国兵的尸体。

第22集团军的转进

川军第22集团军总司令邓锡侯抵达太原后，找不到自己的部队在哪里，便于11月1日同孙震一起，赶到榆次东南的明月村第二战区副司令长官的指挥所，去见黄绍竑。他们见到黄后，得知前几天因娘子关方面守军受到日军的猛攻，战况危急，需兵增援，黄即命第41军部队归第2集团军总司令孙连仲指挥，并限令它在阳泉下车，不拘是一团还是一营，随到随即驰赴娘子关南侧的测鱼口镇一带，阻击日军的迂回部队。至于该部的战斗情况，则因师旅团的指挥系统已被打乱，对所属部队失去掌握，电信器材又极端缺乏，联络不上，故很不明了。黄绍竑希望邓、孙两人速到寿阳与孙连仲取得联系，以利掌握各自的部队。邓、孙两人听后十分着急，孙震更急于要到前方去尽快了解第41军的位置和作战情况。

邓、孙两人与黄谈了两三小时之后，又乘车向寿阳继续前进。当车行至马首村时，

邓锡侯抗战简历

陆军二级上将。字晋康，四川营山县人。1889年5月24日出生，1964年3月30日在成都逝世。全面抗战爆发时，任第28军军长。

1937年8月　　第22集团军总司令兼第45军军长

1938年2月11日　委员长重庆行营副主任

　　10月　　川康绥靖公署主任

抗战期间，他参与的战役有娘子关战役等。

孙震抗战简历

陆军上将。谱名孙定懋，后改名孙楙，再改名孙震，字德操，别号梦僧。陆军大学将官班甲级第1期毕业，保定陆军军官学校第1期步兵科肄业。原籍浙江绍兴杨家坻（今齐贤镇），1892年2月5日出生于四川绵竹，1985年9月9日在台湾台北病逝。全面抗战爆发时，任第41军军长

1937年10月23日　第22集团军副总司令兼第41军军长

1938年5月1日　第22集团军总司令

1939年5月2日　特加陆军上将衔

1943年3月23日　升任第五战区副司令长官兼第22集团军总司令

1944年10月　带职入陆军大学将官班甲级第1期学习

1945年1月　陆大毕业后回任原职

5月21日　当选国民党候补中央监察委员

抗战期间，他参与的战役有娘子关战役、台儿庄战役、徐州会战等。1943年10月10日获颁二等宝鼎勋章。

见许多由娘子关方面退下来的零星部队和一些伤兵，正在休息，非常狼狈，其中也有第41军的官兵。经停车询问之后，得知正待联系的孙连仲总司令亦退到这里。于是邓、孙便去会他。孙连仲从睡梦中起来同他们谈了有关情况：其所属部队在娘子关附近与日寇作战被击败后，即向榆次、太原方面撤退；第41军部队曾在固关以南、东西回村参加作战，现正在上下龙泉附近掩护主力撤退。孙连仲要邓、孙两人立即与自己部队切取联系，加以掌握。

邓、孙与孙连仲会晤之后，面对当时情况，一方面为能与自己的部队取得联系而高兴；另一方面又为自己的部队要完成掩护友军后退的任务还可能再遭受重大牺牲而感到为难。所以对以后的行动如何决定，又颇为踌躇。几经研究之后始作了如下的决定，所有第41军的部队由第122师师长王铭章统一指挥，于上下龙泉、松塔之线占领阵地，掩护友军主力的转进，遇敌来攻，可逐次向阔郊、太谷方面引退；第127师师长陈离，率第379旅进驻阔郊镇，限4日以前到达；第

晋北争锋 忻口会战

381旅由太原附近,继续前进。孙震将上述决定以命令下达给王铭章及第124师代理师长税梯青后,邓、孙即由此徒步向阔郊方面转进。

11月3日,黄绍竑得到情报,得知沿正太路西进日军约5个联队,其中2个联队已于2日到达寿阳。据此,他于3日令晋东守军各部队向太原转移。

同日,邓锡侯一行到阔郊的途中,黄绍竑派传令官乘三轮摩托车给邓、孙送来一件命令,其要旨是:第二战区决定集中兵力固守太原,第22集团军应于5日开到太原城南的狄村集结作总预备队。

邓、孙奉命后,令第41军立即改向长凝镇、榆次行军,西渡汾水向狄村前进。邓锡侯、孙震在5日午间到达长凝镇时,第45军第127师师长陈离率所部陶宗伯(即陶凯)的第379旅也到达这里。他们在这里捉到日军的一名身带手枪的白俄侦探,又见日机不断来侦察袭扰。判断情况已趋紧急,便决定在此休息半天,天黑后再行军。

黄昏后,邓锡侯等开始行动。他们决定乘夜由榆次附近越铁道,渡汾河经仁村,向太原南边的北营前进。临行前,邓锡侯命第41军王铭章师长统率各师和陈离的第127师自选捷径,奔向榆次,绕铁道转入太原南郊。邓锡侯偕同高参、警卫,亲自率领一连人出发,准备先赶到狄村布防,以便尽快调动部队进入阵地。

6日上午,邓锡侯一行进到榆次南郊5里的新村,只见沿街关门闭户,一个人影也没有,使人感到有些不对劲,但由于他们走了一个通宵,非常疲劳,这样大家决定在此稍事休息,并找点东西吃。恰好此时有1架日军飞机飞来上空盘旋侦察,并投下一小型炸弹,落在他们休息的院墙外面,幸未爆炸。

日机走后,邓锡侯一行又继续前进。随后,他们在经过的原野上看不见一个人,而且从西北方面逐渐传来枪炮声。原来,日军步兵第78联队已于昨晚占领太原以南小店镇,此时正以一部进攻嘉节村。当然,邓锡侯等人无从知道这个情况,但他们根据枪炮声判断,太原周围已有激战,于是加快脚步向狄村急进。

殊不知,当邓锡侯一行走到南畔村附近时,走在其前面约1公里的警卫营突然与日军步兵第78联队一部遭遇而发生了战斗。邓锡侯以事出意外,而第127师及第41军的部队又在后面未到,若不立即处置,将为日军所乘,发生不幸。于是,邓锡侯命令警卫营就地占领村庄阻击日军,他们立即折向南行数里之后始停下来作进一步的研究与处置。

这之前,第127师第379旅行进到鸣李村以西时,突然和日军步兵第77联队第2大队(欠第7、8中队)遭遇。日军的反应要快一些,其在炮兵(野炮兵第26联队第2中队)协同下,抢先从侧方对第379旅进行急袭。该旅猝不及防,仓促应战。战至正午,该旅丢下五六百具尸体往西北方溃走。

此时,邓锡侯一行与第二战区长官部失去联系。邓、孙商议:认为太原前线的战局发生了巨大变化,集团军应当机立断,绝不能再墨守阎锡山的命令向荻村前进,唯一的办法是向南撤退。但邓、孙二人又有顾虑,若向南撤退,有可能蒋介石、阎锡山以不遵令而行,按军法论处。于是最后商定:(一)以祁县、平遥作为初步转进目标。由于友军大部队均沿太原到汾阳的公路南退,道路拥挤;同时,日军骑兵、机械化部队,进行追击必以公路为主要道路。所以本集团军避开公路,走太原到汾河之间的一般道路南撤。(二)为了避免蒋介石、阎锡山追查擅自行动,令第41军第124师第370旅为后卫,暂留此地,与日军保持接触,逐次向南撤退。当邓锡侯、孙震率部队向祁县、平遥转进途中,才接到阎锡山命令:指定第22集团军到洪洞集结,收容整理部队。

关于晋东其他部队的情况:第27师、第17师及第27路军原本奉命向太原转进,于5日先后到达孟家井、龙王堂、杨家园及庄子上各附近地区(大约在太原以东8公里),但此时状况急剧恶化,已无法向太原方面转移,便于6日分别向汾河右(西)岸转进;接着,第26路军其余部队也在榆次以西西渡汾河;第3军则退向武乡。

当日,日军第20师团的右追击队发现,有不少于1万人的中国大部队正从太原沿汾河右(西)岸向旧太原县退却,立即从小店镇附近对其进行猛烈射击;接着渡河攻击汾河岸的守军,进至东城角村西侧。然后,右追击队以一部守备汾河各桥梁右岸,主力则利用薄暮集结于小店镇附近,对太原方向(北方)的守军采取可随时对应的态势,并准备向南方追击。

第20师团进至太原南侧的小店镇时,原本想趁势攻占太原。然而,第1军司令官香月清司考虑到第5师团在忻口镇连续20余日之苦战蒙受巨大伤亡,确信将攻占太原之"荣誉"给予第5师团乃武士道之情义,于是做了将太原划入第5师团作战区域的安排。这个安排引起了第20师团一些将领的不满。第20师团步兵第39旅团长高木事后曾向香月清司谈到,进抵太原城南侧时,因第1军的命令,禁止突入太原城而产生的失望沮丧心情。

双方的伤亡情况

根据《娘子关会战战斗详报》以及《第22集团军(民国)26年10月至11月晋东战役战斗详报》的记载,娘子关战役期间(1937年10月14日-11月4日),中国军队参战部队为第26路军、第27路军、第3军、第18集团军、第22集团军、晋绥军新编第10团和晋绥军炮垒大队。其参战人数:军官6069人,士兵89799人,计95868人;伤亡人数:军官2043人,士兵约25000人,计27043人。

关于日军伤亡人数,根据第1军军医部的统计数字,战死439人,负伤1320人。其中,第20师团战死413人,负伤1242人;第109师团战死22人,负伤71人;军直属部队战死4人;负伤7人。另据《第20师团战斗详报》记载,仅日军第20师团就死伤约2300名(其中战死650名,战伤1650名)。

娘子关战役后期双方战斗序列

（1937年10月27日—11月4日）

中国军队

总指挥　第二战区副司令长官黄绍竑

第26路军总指挥兼第2集团军总司令孙连仲

第30军军长田镇南

　　第30师师长张金照

　　　　第88旅旅长任泮澜（畹九）

　　　　　　第175团

　　　　　　第176团

　　　　第89旅旅长侯镜如

　　　　　　第177团团长张醴泉

　　　　　　第178团团长李公民

　　第31师师长池峰城

　　　　第91旅旅长黄鼎新

　　　　　　第181团团长乜子彬

　　　　　　第182团团长王贯之

　　　　第92旅旅长刘恒德

　　　　　　第183团团长牛殿楫

　　　　　　第184团团长王震

第42军军长冯安邦

　　第27师师长冯安邦（兼）

　　　　第79旅旅长黄樵松

　　　　　　第157团团长侯象麟

　　　　　　第158团团长杨守道

　　　　第80旅旅长阎廷俊

　　　　　　第159团

　　　　　　第160团

　　　　独立第44旅旅长张华堂

　　　　　　3个团

第3军军长曾万钟

第7师师长曾万钟

第19旅旅长李世龙

第37团

第38团

第21旅旅长沈元镇

第41团

第42团

第12师师长唐淮源

第34旅旅长马崑

第67团

第68团

第35旅旅长朱淮

第69团

第70团

独立团

第27路军总指挥冯钦哉

第7军军长冯钦哉（兼）

第42师师长柳彦彪

第124旅旅长郭景唐

第247团

第248团

第126旅旅长王克敬

第251团

第252团

第169师师长武士敏

第505旅旅长行占鳌（海亭）

第1009团团长冯汉英

第1010团团长潘锡畴

第507旅旅长王宏业

第1013团团长黄维华

第1014团团长辰久哉

第38军第17师师长赵寿山

第49旅旅长耿景惠（志介）
　　第97团团长李维民
　　第98团团长陈际春（会云）
第51旅旅长张骏京
　　第101团团长张桐岗
　　第102团团长张世俊
　　补充团团长翟济民（一说孙子坤）
第38军教导团团长李振西
第22集团军总司令邓锡侯　　副总司令孙震
第41军军长孙震（兼）
　第122师师长王铭章
　　第346旅旅长王志远
　　　第727团团长张宣武
　　　第728团团长魏书琴
　　第366旅旅长童澄
　　　第731团团长王文振
　　　第732团团长寒国珍
　第124师师长孙震（兼）　　副师长税梯青（代）
　　第370旅旅长吕康
　　　第739团团长吕波澄
　　　第740团团长王麟
　　第372旅旅长曾苏元
　　　第743团团长刘公台
　　　第744团团附阙焕然
　第127师师长陈离
　　第379旅
　　第381旅
晋绥军新编第10团团长白长胜　　团附朱崇廉
晋绥军炮兵第30团团长刘倚衡
第18集团军第129师师长刘伯承　　副师长徐向前
　　第386旅旅长陈赓
　　　第771团团长徐深吉

第十四章 晋东战线的崩溃

　　　　第772团团长叶成焕
　　　　第115师第343旅旅长陈光
　　　　第685团团长杨得志
　　　　第686团团长李天佑

日本军队
第1军　　　　　　　司令官香月清司中将
第20师团　　　　　　师团长川岸文三郎中将
　右追击队　　　　　　　　　　队长高木义人少将
　　步兵第39旅团　　　　　　旅团长高木义人少将
　　　步兵第77联队第2大队
　　　步兵第78联队　　　　　联队长小林恒一大佐
　　野炮兵第26联队（欠一部）　联队长细川忠康大佐
　　工兵第20联队第1中队（欠2个小队）
　　卫生队的三分之一
　　10名骑兵
　　（配属部队）独立机枪大队第4大队第1中队
　　（配属部队）独立轻装甲车第2中队
　　（配属部队）迫击炮第3大队（欠1个中队）
　　（配属部队）野战重炮兵第3联队第1大队（欠1个中队）
　　（配属部队）独立山炮兵第1联队（欠本部、1个大队又1个中队）
　左追击队　　　　　　　　　　队长上月良夫少将
　　步兵第40旅团　　　　　　旅团长上月良夫少将
　　　步兵第79联队　　　　　联队长森本伊市郎大佐
　　　步兵第80联队　　　　　联队长铃木谦二大佐
　　辎重兵第20联队的2个中队
　　工兵1个小队
　　传令骑兵10名
　　通信队2个分队
　　卫生队的三分之一
　　第2野战医院
　　（配属部队）独立机枪第4大队1个中队

（配属部队）独立山炮兵第1联队本部、1个大队又1个中队

（配属部队）迫击炮第3大队1个中队

（配属部队）第3师团第1兵站辎重兵中队

师团本队

  师团司令部　　　　　　　　　参谋长杵村久藏大佐

  步兵第77联队（欠第2大队）　　联队长鲤登行一大佐

  骑兵第28联队（欠一部）　　　　联队长冈崎正一中佐

  野炮兵第26联队第1、2大队

  辎重兵第20联队（欠2个中队）　联队长加腾权大佐

  工兵第20联队（欠一部）　　　　联队长南部熏大佐

  卫生队（欠三分之二）

  第1、3、4野战医院

昔阳支队

  步兵第31旅团（欠1个步兵联队）　旅团长谷藤长英少将

  山炮兵1个大队

  工兵1个中队

第109师团　　　　　　　　师团长山冈重厚中将、参谋长仓茂周藏大佐

  步兵第31旅团的1个步兵联队

  山炮兵第109联队　　　联队长黑泽正三中佐

  工兵第109联队　　　　联队长中村义三中佐

  辎重兵第109联队　　　联队长绪方俊夫少佐

  通信队、卫生队、第1至第4野战医院、兵器勤务队、病马厂

第108师团步兵第104旅团　旅团长苫米地四楼少将

  步兵第52联队　　　联队长中村喜代藏大佐

  步兵第105联队　　　联队长工藤镇孝大佐

（配属部队）十五榴部队、特设山炮兵大队、迫击炮大队

注：（1）第1军司令官香月清司根据华北方面军的命令，本于10月30日计划将步兵第104旅团及其配属部队投入正太线战斗，但后来由于平汉线方面局势紧张，就终止了这个计划。这样，该旅团实际未参加正太线战斗。（2）第109师团主力于11月4日从元氏出发，9日至昔阳，16日进至榆林附近，也没有参加正太线战斗。

太原沦陷

11月4日下午，当晋北、晋东两方面的守军纷纷向太原转进之际，阎锡山在太原绥靖公署大会议厅召开军事会议，商讨太原防守事宜。会上，阎锡山不顾黄绍竑等人的反对，敲定了"依城野战"的太原守城作战部署。所谓"依城野战"，就是以傅作义第35军及杨维垣第213旅等部，连同地方保安部队一部作为守城部队，死守太原城。同时以忻口方面退下来的各部以及娘子关撤退的各部作为野战部队，分别据守太原北郊、太原以东的高山既设阵地，准备野战。

可是，从晋北撤下来的中央军各部至太原时，均未进入既定的防守阵地，而是绕城南撤。而晋绥军王靖国、孙楚、郭宗汾、陈长捷等人的队伍，从忻口撤退下来以后，指挥系统被打乱，指挥官掌握不住部队，都成了光杆司令。因此，这些部队到了太原根本停不下来，继续向南撤退，连收容集合都很难，又怎能组成野战部队呢？娘子关溃退的部队情况也是如此，他们根本不走太原，而是从晋东南方向撤走了。就这样，野战部队纷纷向南而去，只剩下太原守城部队在固守孤城。使得依城野战的作战计划成了一纸空文。

11月6日，日军以步兵第21旅团从北侧，步兵第11联队从东侧，混成第15旅团从西侧，三面包围太原城。同时城南10公里之内不部署兵力，给守军留一条撤退路，这是典型的围三缺一。中午时分，板垣师团长到达新城村，随即将战斗司令部设于该村。此时，板垣对太原城是志在必得，但作为著名的"中国通"，他仍试图通过"不战而屈人之兵"，兵不血刃地占领太原城。因此，板垣下令日军各部在当日暂不进攻太原城，并作了两手准备，他一面命人赶印了若干份致太原守军的劝降书，并用飞机向太原城内空投散发；一面下令各部队加紧扫荡城外的守军，为日军接下来的攻城扫清障碍。

太原守军对于日军的劝降书，轻蔑地不予理睬。7日上午9时，板垣看到守军仍没有投降的征兆，遂决定次日拂晓开始攻城，重点指向太原城东、北正面，同时调整了进攻部署：

步兵第21旅团进攻太原城北正面东半部；混成第15旅团以一部进攻太原城北正面西半部；萱岛支队进攻太原城东正面；步兵第11联队作为预备队，于东涧河位置待机。另外，野炮兵第2联队（配属长岐部队及田村部队）实施城墙的破坏射击。

11月8日上午8点，日军开始总攻击，突入了城内。守军顽强抵抗，展开了激烈的巷战。入夜，傅作义率领残余的守军突围撤退，太原名城，就这样沦陷了。

主要参考文献

一、中文书

（1）《山西文史资料》编辑部编：《山西文史资料全编》第2卷（第14辑－第25辑），《山西文史资料》编辑部1999年版。

（2）《山西文史资料》编辑部编：《山西文史资料全编》第3卷（第26辑－第37辑），《山西文史资料》编辑部1999年版。

（3）《山西文史资料》编辑部编：《山西文史资料全编》第4卷（第38辑－第49辑），《山西文史资料》编辑部1999年版。

（4）《山西文史资料》编辑部编：《山西文史资料全编》第7卷（第73辑－第84辑），《山西文史资料》编辑部2001年版。

（5）《山西文史资料》编辑部编：《山西文史资料全编》第9卷（第97辑－第108辑），《山西文史资料》编辑部1999年版。

（6）《山西文史资料》编辑部编：《山西文史资料全编》第10卷（第109辑－第120辑），《山西文史资料》编辑部2000年版。

（7）日本防卫厅防卫研究所战史室：《中国事变陆军作战史》第1卷第1分册，中华书局1979年版。

（8）日本防卫厅防卫研究所战史室：《中国事变陆军作战史》第1卷第2分册，中华书局1981年版。

（9）桑田悦、前原透：《简明日本战史》，军事科学出版社1989年版。

（10）日本防卫厅战史室编纂：《日本军国主义侵华资料长编——大本营陆军部摘译》上卷，四川人民出版社1987年版。

（11）蒋纬国：《抗日御侮》第4卷，台湾黎明文化事业公司1978年版。

（12）全国政协晋绥抗战编写组编：《晋绥抗战》，中国文史出版社1994年版。

（13）郭汝瑰、黄玉章著：《中国抗日战争正面战场作战记》，江苏人民出版社2002年版。

（14）中国第二历史档案馆：《抗日战争正面战场》，凤凰出版社2005年版。

（15）章伯峰等编：《抗日战争》第2

卷（《正面战场与敌后战场》）上册，四川大学出版社1997年版。

（16）中国社会科学院近代史资料编辑部：《近代史资料》总第85号，中国社会科学出版社1994年版。

（17）刘汝明：《刘汝明回忆录》，传记文学出版社1979年版。

（18）欧大雄：《归宿：郑庭笈将军传》，南海出版公司1995年版。

（19）陈赓：《陈赓日记》，战士出版社1982年版。

（20）李茂盛：《阎锡山大传》，山西人民出版社2010年版。

（21）全国政协文史和学习委员会编：《戎马春秋：董其武回忆录》，中国文史出版社2013年版。

（22）李默庵：《世纪之履：李默庵回忆录》，中国文史出版社1995年版。

（23）赵荣生：《回忆卫立煌先生》，文史资料出版社1985年版。

（24）耿成宽、韦显文：《抗日战争时期的侵华日军》，春秋出版社1987年版。

（25）秋山鹤造著，田桓等译：《东条生平和日本陆军兴亡秘史》，商务印书馆1987年版。

（26）四川省政协文史资料研究委员会、四川省人民政府参事室：《川军出川抗战记》，四川人民出版社1985年版。

（27）军事科学院军事历史研究部：《中国人民解放军全史》第4卷，军事科学出版社2000年版。

（28）中国人民解放军历史资料丛书编审委会编：《八路军参考资料（2）》，解放军出版社1992年版。

（29）中国人民解放军历史资料丛书编审委员会编：《八路军回忆史料（1）》，解放军出版社1990年版。

（30）中国人民解放军国防大学党史党建教研室编：《中共党史教学参考资料（第16册）》，中国人民解放军国防大学党史党建教研室1985年印。

（31）张宏志：《中国抗日游击战争史》，陕西人民出版社1995年版。

（32）石同欣编：《光辉的足迹——华夏名将陈正湘》，华艺出版社2000年版。

二、中文期刊

（1）马仲廉：《国共两党军队协同作战之典型一役——忻口战役之研究》，《抗日战争研究》1996年第1期。

（2）陈德真编：《有关忻口战役作战指示和各部队战报选》，《民国档案》1985年第1期。

（3）陈德真、柯绛、陈钢编：《忻口战役中八路军战绩史料选》，《民国档案》1985年第2期。

（4）陈延芝、刘永洪：《忻口战役:国共联手抗战的经典范例》，《环球军事》2009年第5期。

（5）李良志：《英勇悲壮的南口战役》，《北京党史》2007年第5期。

（6）贾易飞：《太原会战》，《军事史林》2013年第9期。

（7）刘岩：《国共两军配合作战的忻口会战》，《纵横》2009年第8期。

（8）于长治，刘永斌：《忻口会战中的八路军》，《军事历史》2000年第6期。

（9）冯杰：《德国莱茵金属战防炮——抗战初期国民党军队的炮兵装备》，《兵器》2013年第2期。

三、未正式出版的文献（包括私人日记、档案等）

（1）日本陆军大学校：《支那事变初期北支那作战史要》第3卷（1941年7月10日）。

（2）第1军参谋部第1课：《第1军机密作战日志》卷1（1937年8月31日至9月18日）。

（3）第1军参谋部第1课：《第1军机密作战日志》卷2（1937年9月19日至30日）。

（4）第1军参谋部第1课：《第1军机密作战日志》卷3（1937年10月1日至13日）。

（5）第1军参谋部第1课：《第1军机密作战日志》卷4（1937年10月14日至31日）。

（6）第1军参谋部第1课：《第1军机密作战日志》卷5（1937年11月1日至15日）。

（7）第1军参谋部第1课：《第1军作战经过概要》第4章《太原攻略战》（1937年12月25日）。

（8）第1军参谋部第1课：《第1军战时旬报》（1937年8月31日至12月20日）。

（9）日本参谋总长载仁亲王：《第5师团决定实施山西作战的经过》（1937年）。

（10）第20师团参谋部：《第20师团机密作战日志》（1937年7月12日至12月31日）。

（11）第20师团参谋部：《第20师团战斗要报》（1937年10月至11月）。

（12）日本防卫厅防卫研究所战史部：《支那驻屯步兵第2联队历史概要》。

（13）步兵第1联队第1大队：《崞县城附近战斗业务详报》（1937年10月7日至8日）。

（14）步兵第11联队第3中队：《步兵第11联队第3中队阵中日志》（1937年7月27日至12月31日）。

（15）步兵第11联队第1大队炮小队：《步兵第11联队第1大队炮小队阵中日志》（1937年7月27日至12月31日）。

（16）步兵第21联队本部：《涞源大梁平型关口附近的战斗》（1937年9月22日至29日）。

（17）步兵第21联队本部：《步兵第21联队忻口镇、太原附近战斗详报（1）》（1937年10月11日至11月19日）。

（18）步兵第21联队本部：《步兵第21联队忻口镇、太原附近战斗详报（2）》（1937年10月11日至11月19日）。

（19）步兵第21联队本部：《太原附近的战斗（包括追击）》（1937年10月11日至11月19日）。

（20）步兵第30联队第2大队：《步兵第30联队第2大队战斗详报》（1937年8月30日至11月25日）。

（21）步兵第30联队：《铁角岭附近战斗详报》（1937年9月28日至29日）。

（22）步兵第30联队：《崞县附近战斗详报》（1937年9月30日至10月3日）。

（23）步兵第30联队：《原平镇附近战斗详报》（1937年10月4日至11日）。

（24）步兵第30联队：《南庄头附近战斗详报》（1937年10月12日至11月3日）。

（25）步兵第42联队：《南怀化、石岭头、太原附近战斗详报》（1937年10月11日至11月9日）。

（26）步兵第42联队：《平型关口附近战斗详报》（1937年9月25日至30日）。

（27）第2师团派遣参谋原田次郎中佐：《篠原兵团机密作战日志》（1937年8月18日至11月23日）。

（28）篠原支队参谋部：《篠原支队阵中日志》（1937年8月18日至12月4日）。

（29）篠原兵团：《篠原支队战斗详报》（1937年10月4日至10月12日）。

（30）篠原兵团：《篠原支队战斗详报》（1937年10月13日至11月2日）。

（31）混成第2旅团：《混成第2旅团张家口会战战斗详报》（1937年8月15日至8月30日）。

（32）独立混成第11旅团：《独立混成第11旅团战斗详报》（1937年8月12日至8月27日）。

（33）《北支军兵站监部行动详报》（1937年9月1日至1938年7月7日）。

（34）步兵第3联队第1大队：《张家口会战：长城线附近的战斗详报》（1937年8月19日至8月23日）。

（35）步兵第57联队第3大队：《张家口会战：张家口附近的战斗详报》（1937年8月24日至8月27日）。

（36）步兵第30联队本部：《支那事变史》（1942年3月）。

（37）第26师团司令部：《第26师团编成详报之件》。

（38）支那事变战史编纂委员会：《支那事变战史》第5（太原攻略战）。

（39）幸村三八吉：《机密文件处理报告之件》（1938年1月24日）。

（40）川岸文三郎：《有关机密文件丢失之件》（1937年12月29日）。

（以上均来自日本国立公文书馆亚洲历史资料中心）

（41）胡博编著：《国民革命军将官总揽》，未刊稿。

（42）《战场上的骆驼部队》，陈尚士译自日本网络http://shanxi.nekoyamada.com/。

（43）《初次临阵蒙受不佳评论的日军初期的机械化部队》，陈尚士译自日本网络http://shanxi.nekoyamada.com/。

（44）《决定山西战场胜负的忻口和娘子关会战》，陈尚士译自日本网络http://shanxi.nekoyamada.com/。

（45）《由形势决定的山西作战》，陈尚士译自日本网络http://shanxi.nekoyamada.com/。

（46）网友zhenbaoxuan：《赵寿

山将军浴血娘子关——纪念"七七事变"75周年》，铁血网http://bbs.tiexue.net/post_5938985_1.html。

（47）足立信义：《支那事变当初的太原攻略战》，转引自日本网络。

http://www.heiwakinen.jp/shiryokan/heiwa/08onketsu/0_08_107_1.pdf

（48）《步八〇Ⅲ战详第九号〇七亘村附近的战斗详报》，转引自日本网络http://shanxi.nekoyamada.com/。

（49）山口步兵第42联队史编纂委员会：《山口步兵第42联队史》，1988年自印本。

四、日文书

（1）防衛研修所戦史室：『支那事変陸軍作戦（1）昭和十三年一月まで』，朝雲新聞社〈戦史叢書〉1975年。

（2）森山康平（著），太平洋戦争研究会（編）：『日中戦争の全貌』，河出書房新社2007年。

（3）越智春海：『華南戦記 広東攻略から仏印進駐まで』，図書出版社1988年。

（4）菊池一隆：『中国抗日軍事史』，有志舎2009年。

（5）土門周平，入江忠国：『激闘戦車戦－鋼鉄のエース列伝』，光人社1999年。

（6）佐山二郎：『機甲入門』，光人社2002年。

（7）秦郁彦編：『日本陸海軍総合事典』（第2版），東京大学出版会2005年。

（8）福川秀樹：『日本陸軍将官辞典』，芙蓉書房2001年。

（9）外山操編：『陸海軍将官人事総覧·陸軍篇』，芙蓉書房1981年。